어삼쉬사 Plus+

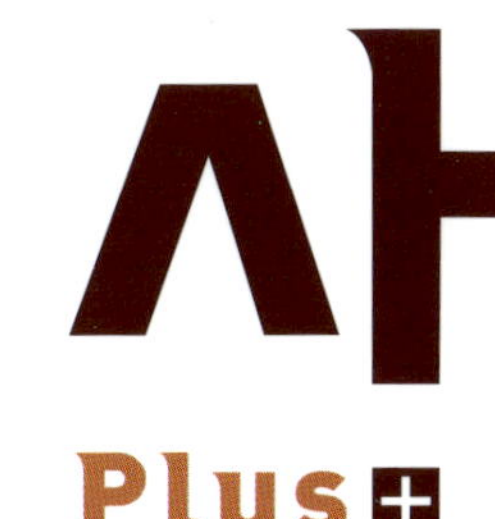

·수능필수·

유형 훈련서

—

수능에 출제되는 **34개 필수 유형** 분류
기출을 모티브로 제작한 **100% 신출 문항** (부록 짝기출 제공)
하루 **10문제씩 24일 단기 완성**

수학 I

240제

어삼쉬사를 넘어야 **1등급** 도전이 시작된다.

34

이투스북

| STAFF |

발행인 정선욱
퍼블리싱 총괄 남형주
기획·개발 김태원 김승필 이유미 김윤희
디자인 김정인 이연수
유통·마케팅 서준성 김지희
제작·물류 김한길 김경수 신영민

| 검토 |

김민정 김진솔 장인호

| 집필진 |

강정우 김명석 김상철 김성준 김원일 김의석 김정배
김형균 김형정 박상윤 박원균 유병범 이경진 이대원
이병하 이종일 정연석 차순규 최현탁

어삼쉬사 수학I | 202310 제5판 1쇄   202601 제5판 8쇄
펴낸곳 이투스에듀㈜ 서울시 서초구 남부순환로 2547
고객센터 1599-3225   **등록번호** 제2007-000035호   **ISBN** 979-11-389-1805-3[53410]

수능·내신 영어의 모든 것을 마스터하세요!

MASTER
Series

독해를 마스터

듣기를 마스터

영단어를 마스터

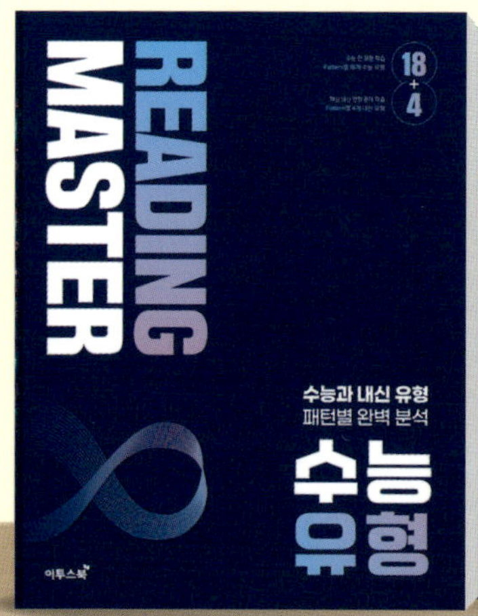

최신 수능 경향 반영!
수준별 독해서

"유형 - 실전 - 고난도"로
영어 독해 체계적 완성

1등급 목표!
수능 영어 듣기 훈련서

유형 학습부터 고난도까지
완벽한 3단계 난이도 구성

반드시 알아야 할
빈출 어휘 영단어장

학습앱&워크북, 미니북
온&오프 복습 시스템

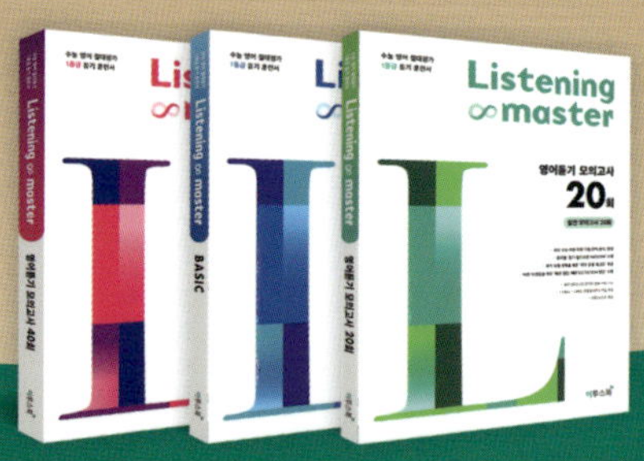

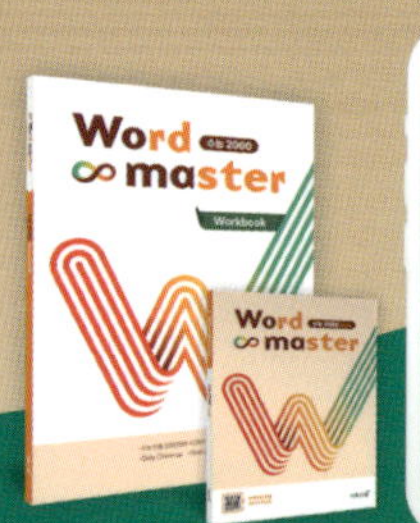

유봉영 류선생 수학 교습소
유승우 중계탑클래스학원
유자현 목동매쓰원수학학원
유재현 일신학원
윤상문 청어람수학원
윤석원 공감수학
윤수현 조이학원
윤여균 전문과외
윤영숙 윤영숙수학전문학원
윤형중 씨알학당
은현 목동CMS 입시센터 과고반
이건우 송파이지엠수학학원
이경용 열공학원
이경주 생각하는 황소수학 서초학원
이규만 SUPERMATH학원
이동훈 감성수학 중계점
이루마 김샘학원 성북캠퍼스
이민아 정수학
이민호 강안교육
이상문 P&S학원
이상영 대치명인학원 백마
이상훈 골든벨 수학학원
이서영 개념폴리아
이서은 송림학원
이성용 전문과외
이성훈 SMC수학
이세복 일타수학학원
이소윤 목동선수학학원
이수지 전문과외
이수진 깡수학과학학원
이수호 준토에듀수학학원
이슬기 예친에듀
이승현 신도림케이투학원
이승호 동작 미래탐구
이시현 SKY미래연수학학원
이영하 서울 신길뉴타운 래미안
프레비뉴 키움수학 공부방
이용우 올림피아드 학원
이용준 수학의비밀로고스학원
이원용 필과수 학원
이원희 대치동 수학공작소
이유강 조재필수학학원 고등부
이유예 스카이플러스학원
이유원 뉴파인 안국중고등관
이유진 명덕외국어고등학교
이윤주 와이제이수학교습소
이은숙 포르테수학
이은영 은수학교습소
이은주 제이플러스수학
이재용 이재용 THE쉬운 수학학원
이재환 조재필수학학원
이정석 CMS 서초영재관
이정섭 은지호영감수학
이정한 전문과외
이정호 정샘수학교습소
이제현 압구정 막강수학
이종운 알바트로스학원
이종혁 강남N플러스
이종호 MathOne 수학

이주희 고덕엠수학
이준석 목동로드맵수학학원
이지애 다비수학교습소
이지연 단디수학학원
이지우 제이 앤 수 학원
이지혜 세레나영어수학학원
이지혜 대치파인만
이진 수박에듀학원
이진덕 카이스트
이진희 서준학원
이창석 핵수학 전문학원
이충훈 QANDA
이태경 엑시엄수학학원
이학송 뷰티풀마인드 수학학원
이한결 밸류인수학학원
이현주 방배 스카이에듀 학원
이현환 21세기 연세 단과 학원
이혜림 대동세무고등학교
이혜림 다오른수학교습소
이혜수 대치 수 학원
이효준 다원교육
이효진 올토수학
임규철 원수학
임다혜 시대인재 수학스쿨
임민정 전문과외
임상혁 양파아카데미
임성국 전문과외
임소영 123수학
임영주 세빛학원
임은희 세종학원
임정수 시그마수학 고등관 (성북구)
임지우 전문과외
임현수 선덕고등학교
임현정 전문과외
장석진 이덕재수학이미선국어학원
장성훈 미독수학
장세영 스펀지 영어수학 학원
장승희 명품이앤엠학원
장영신 위례솔중학교
장지식 피큐브아카데미
장혜숙 수리원수학교육
전기열 유니크학원
전상현 뉴클리어수학
전성식 맥스수학수리논술학원
전은나 상상수학학원
전지수 전문과외
전진남 지니어스 수리논술 교습소
전혜인 송파구주이배
정광조 로드맵수학
정다운 정다운수학교습소
정다운 해내다수학교습소
정대영 대치파인만
정문정 연세수학원
정민경 바른마테마티카학원
정민준 명인학원
정소흔 대치명인sky수학학원
정슬기 티포인트에듀학원
정영아 정이수학교습소
정원선 McB614

정유진 전문과외
정은경 제이수학
정재윤 성덕고등학교
정진아 정선생수학
정찬민 목동매쓰원수학학원
정하윤
정화진 진화수학학원
정환동 씨앤씨0.1%의대수학
정효석 서초 최상위하다 학원
조경미 레벨업수학(feat.과학)
조병훈 꿈을담는수학
조수경 이투스수학학원 방학1동점
조아라 유일수학학원
조아람 로드맵
조원해 연세YT학원
조은경 아이파크해법수학
조은우 한솔플러스수학학원
조의상 서초메가스터디 기숙학원,
강북메가, 분당메가
조재묵 천광학원
조정은 전문과외
조한진 새미기픈수학
조현탁 전문가집단학원
주병준 남다른 이해
주용호 아찬수학교습소
주은재 주은재 수학학원
주정미 수학의꽃
지명훈 선덕고등학교
지민경 고래수학
차민준 이투스수학학원 중계점
차용우 서울외국어고등학교
채미옥 최강성지학원
채성진 수학에빠진학원
채종원 대치의 새벽
최경민 배음틀수학학원
최관석 열매교육학원
최동욱 숭의여자고등학교
최문석 압구정파인만
최백화 주은재 수학학원
최병옥 최코치수학학원
최서훈 피큐브 아카데미
최성용 봉쌤수학교습소
최성재 수학공감학원
최성희 최쌤수학학원
최세남 엑시엄수학학원
최엄견 차수학학원
최영준 문일고등학교
최용희 명인학원
최정언 진화수학학원
최종석 수재학원
최주혜 구주이배
최지나 목동PGA전문가집단
최지선 직독직해 수학연구소
최찬희 CMS서초 영재관
최희서 최상위권수학교습소
편순창 알면쉽다연세수학학원
하태성 은평G1230
한명석 아드폰테스
한선아 쌍솔학원 중계점

한승우 같이상승수학학원
한승환 반포 짱솔학원
한유리 강북청솔
한정우 휘문고등학교
한태인 메가스터디 러셀
한헌주 PMG학원
허윤정 미래탐구 대치
홍상민 수학도서관
홍성유 전문과외
홍성주 굿매쓰수학교습소
홍성진 대치 김앤홍 수학전문학원
홍성현 서초TOT학원
홍재화 티다른수학교습소
홍정아 홍정아수학
홍준기 서초CMS 영재관
홍지윤 대치수과모
홍지현 목동매쓰원수학학원
황의숙 The나은학원
황정미 카이스트수학학원

◇— 인천 —◇
강동인 전문과외
강원우 수학을 탐하다 학원
고준호 베스트교육(마전직영점)
곽나래 일등수학
곽현실 두꺼비수학
권경원 강수학학원
권기우 하늘스터디 수학학원
금상원 수미다
기미나 기쌤수학
기혜선 체리온탑 수학영어학원
김강현 송도강수학학원
김건우 G1230 학원
김남신 클라비스학원
김도영 태풍학원
김미진 미진수학 전문과외
김미희 희수학
김보경 오아수학공부방
김연주 하나M수학
김유미 꼼꼼수학교습소
김윤경 SALT학원
김응수 메타수학학원
김준 쭌에듀학원
김진완 성일 올림학원
김하은 전문과외
김현우 더원스터디수학학원
김현호 온풀이 수학 1관 학원
김형진 형진수학학원
김혜린 밀턴수학
김혜영 김혜영 수학
김혜지 한양학원
김효선 코다에듀학원
남덕우 Fun수학 클리닉
노기성 노기성개인과외교습
문초롱 클리어수학
박용석 절대학원
박재섭 구월스카이수학과학전문학원
박정우 청라디에이블

이름	소속	이름	소속	이름	소속	이름	소속
박찬현	박종호수학학원	용다혜	동백에듀플렉스학원	이유림	광교 성빈학원	정동실	수학의아침
박하늘	일산 후곡 쉬운수학	우선혜	HSP수학학원	이재민	원탑학원	정문영	올타수학
박한솔	SnP수학학원	위경진	한수학	이재민	제이엠학원	정미숙	쑥쑥수학교실
박현숙	전문과외	유남기	의치한학원	이재욱	고려대학교	정민정	S4국영수학원 소사벌점
박현정	탑수학 공부방	유대호	플랜지에듀	이정빈	폴라리스학원	정보람	후곡분석수학
박현정	빡꼼수학학원	유현종	SMT수학전문학원	이정희	JH영수학원	정승호	이프수학학원
박혜림	림스터디 고등수학	유호애	지윤수학	이종문	전문과외	정양헌	9회말2아웃 학원
방미영	JMI 수학학원	윤덕환	여주 비상에듀기숙학원	이종익	분당파인만학원 고등부SKY	정연순	탑클래스영수학원
방상웅	동탄성지학원	윤도형	피에스티 캠프입시학원		대입센터	정영일	해윰수학영어학원
배재준	연세영어고려수학 학원	윤문성	평촌 수학의봄날 입시학원	이주혁	수학의 아침	정영진	공부의자신감학원
백경주	수학의 아침	윤미영	수주고등학교	이준	준수학학원	정영채	평촌 페르마
백미라	신흥유투엠 수학학원	윤여태	103수학	이지연	브레인리그	정옥경	전문과외
백현규	전문과외	윤지혜	천개의바람영수	이지예	최강탑 학원	정용석	수학마녀학원
백홍룡	성공학원	윤채린	전문과외	이지은	과천 리쌤앤탑 경시수학 학원	정유정	수학VS영어학원
변상선	바른샘수학	윤현웅	수학을 수학하다	이지혜	이자경수학	정은선	아이원 수학
봉우리	하이클래스수학학원	윤희	희쌤 수학과학학원	이진주	분당 원수학	정인영	제이스터디
서정환	아이디학원	이건도	아론에듀학원	이창수	와이즈만 영재교육 일산화정센터	정장선	생각하는황소 수학 동탄점
서지은	전문과외	이경민	차앤국 수학국어전문학원	이창훈	나인에듀학원	정재경	산돌수학학원
서한울	수학의품격	이경수	수학의아침	이채열	하제입시학원	정지영	SJ대치수학학원
서효언	아이콘수학	이경희	임수학교습소	이철호	파스칼수학학원	정지훈	최상위권수학영어학원 수지관
서희원	함께하는수학 학원	이광후	수학의 아침 중등입시센터	이태희	펜타수학학원	정진욱	수원메가스터디
설성환	설샘수학학원		특목자사관	이한솔	더바른수학전문학원	정태준	구주이배수학학원
설성희	설쌤수학	이규상	유클리드수학	이현희	폴리아에듀	정필규	명품수학
성계형	맨투맨학원 옥정센터	이규태	이규태수학 1,2,3관,	이형강	HK 수학	정하준	2H수학학원
성인영	정석공부방		이규태수학연구소	이혜령	프로젝트매쓰	정한울	한울스터디
성지희	SNT 수학학원	이나경	수학발전소	이혜민	대감학원	정해도	목동혜윰수학교습소
손경선	업앤업보습학원	이나래	토리103수학학원	이혜수	송산고등학고	정현주	삼성영어쎈수학은계학원
손솔아	ELA수학	이나현	엠브릿지수학	이혜진	S4국영수학원고덕국제점	정황우	운정정석수학학원
손승태	와부고등학교	이대훈	밀알두레학교	이호형	광명 고수학학원	조기민	일산동고등학교
손종규	수학의 아침	이명환	다산 더원 수학학원	이화원	탑수학학원	조민석	마이엠수학학원
손지영	엠베스트에스이프라임학원	이무송	U2m수학학원주엽점	이희정	희정쌤수학	조병욱	신영동수학학원
송민건	수학대가+	이민우	제공학원	임명진	서연고 수학	조상숙	수학의 아침 영통
송빛나	원수학학원	이민정	전문과외	임우빈	리얼수학학원	조상희	에이블수학학원
송숙희	써밋학원	이보형	매쓰코드1학원	임율인	탑수학교습소	조성화	SH수학
송치호	대치명인학원(미금캠퍼스)	이봉주	분당성지 수학전문학원	임은정	마테마티카 수학학원	조영곤	휴브레인수학전문학원
송태원	송태원1프로수학학원	이상윤	엘에스수학전문학원	임지영	하이레벨학원	조욱	청산유수 수학
송혜빈	인재와 고수 본관	이상일	캔디학원	임지원	누나수학	조은	전문과외
송호석	수학세상	이상준	E&T수학전문학원	임찬혁	차수학동삭캠퍼스	조태현	경화여자고등학교
수아	열린학원	이상호	양명고등학교	임채중	와이즈만 영재교육센터	조현웅	추담교육컨설팅
신경성	한수학전문학원	이상훈	lsht	임현주	온수학교습소	조현정	깨단수학
신동휘	KDH수학	이서령	더바른수학전문학원	임현지	위너스 에듀	주설호	SLB입시학원
신수연	신수연 수학과학 전문학원	이서영	수학의아침	임형석	전문과외	주소연	알고리즘 수학연구소
신일호	바른수학교육 한학원	이성환	주선생 영수학원	임홍석	엔터스카이 학원	지슬기	지수학학원
신정화	SnP수학학원	이성희	피타고라스 셀파수학교실	장미희	스터디모드학원	진동준	필탑학원
신준효	열정과의지 수학학원	이소미	공부의 정석학원	장민수	신미주수학	진민하	인스카이학원
안영균	생각하는수학공간학원	이소진	수학의 아침	장서아	한뜻학원	차동희	수학전문공감학원
안하선	안쌤수학학원	이수동	부천E&T수학전문학원	장종민	열정수학학원	차무근	차원이다른수학학원
안현경	매쓰온에듀케이션	이수정	매쓰투미수학학원	장지훈	예일학원	차슬기	브레인리그
안현수	옥길일등급수학	이슬기	대치깊은생각 동탄본원	장혜민	수학의아침	차일훈	대치엠에스학원
안효상	더오름영어수학학원	이승우	제이앤더블유학원	전경진	뉴파인 동탄특목관	채준혁	후곡분석수학학원
안효진	진수학	이승주	입실론수학학원	전미영	영재수학	최경석	TMC수학영재 고등관
양은서	입실론수학학원	이승진	안중 호연수학	전일	생각하는수학공간학원	최경희	최강수학학원
양은진	수플러스수학	이승철	철이수학	전지원	원프로교육	최근정	SKY영수학원
어성웅	어쌤수학학원	이아현	전문과외	전진우	플랜지에듀	최다혜	싹수학학원
엄은희	엄은희스터디	이영현	대치명인학원	전희나	대치명인학원이매점	최대원	수학의아침
엄민식	일로드수학학원	이영훈	펜타수학학원	정경주	광교 공감수학	최동훈	고수학전문학원
엄승호	전문과외	이예빈	아이콘수학	정금재	혜윰수학전문학원	최문채	이얍수학
엄철호	하비투스수학학원	이우선	효성고등학교	정다운	수학의품격	최범균	전문과외
오성원	전문과외	이원녕	대치명인학원	정다해	대치깊은생각동탄본원	최병희	원탑영어수학입시전문학원

하수미 진동삼성영수학원
하윤석 거제 정금학원
한광록 대치퍼스트학원
한희광 양산성신학원
황진호 타임수학학원

◇— 대구 —◇

강민영 매씨지수학학원
고민정 전문과외
곽미선 좀다른수학
곽병무 다원MDS
구정모 제니스
구현태 나인쌤 수학전문학원
권기현 이렇게좋은수학교습소
권보경 수%수학교습소
김기연 스텝업수학
김대운 중앙sky학원
김동규 폴리아수학학원
김동영 통쾌한 수학
김득현 차수학(사월보성점)
김명서 샘수학
김미소 에스엠과학수학학원
김미정 일등수학학원
김상우 에이치투수학 교습소
김수영 봉덕김쌤수학학원
김수진 지니수학
김영진 더퍼스트 김진학원
김우진 종로학원하늘교육 사월학원
김재홍 경일여자중학교
김정우 이룸수학학원
김종희 학문당입시학원
김지연 찐수학
김지영 더이룸국어수학
김지은 정화여자고등학교
김진수 수학의진수수학교습소
김창섭 섭수학과학학원
김태진 구정남수학전문학원
김태환 로고스 수학학원(침산원)
김해은 한상철수학학원
김현숙 METAMATH
김효선 매쓰업
노경희 전문과외
문소연 연쌤 수학비법
문윤정 전문과외
민병문 엠플수학
박경득 파란수학
박도희 전문과외
박민정 빡쎈수학교습소
박산성 Venn수학
박선희 전문과외
박옥기 매쓰플랜수학학원
박정욱 연세(SKY)스카이수학학원
박지훈 더엠수학학원
박철진 전문과외
박태호 프라임수학교습소
박현주 매쓰플래너
방소연 나인쌤수학학원
배한국 굿쌤수학교습소

백승대 백박사학원
백태민 학문당입시학원
백현식 바른입시학원
변용기 라온수학학원
서경도 보승수학study
서재호 절대등급수학
성웅경 더빡쎈수학학원
손승연 스카이수학
손태수 트루매쓰 학원
송영배 수학의정원
신광섭 광 수학학원
신수진 폴리아수학학원
신은경 황금라온수학교습소
양강일 양쌤수학과학학원
오세욱 IP수학과학학원
유화진 진수학
윤기호 샤인수학
윤석창 수학의창학원
윤혜정 채움수학학원
이규철 좋은수학
이나경 대구지성학원
이남희 이남희수학
이동환 동환수학
이명희 잇츠생각수학 학원
이원규 엠제이통수학영어학원
이은주 전문과외
이인호 본투비수학교습소
이일균 수학의달인 수학교습소
이종환 이꼼수학
이준우 깊을준수학
이진욱 시지이룸수학학원
이창우 강철에프엠수학학원
이태형 가토수학과학학원
이효진 진선생수학학원
임신옥 KS수학학원
임유진 박진수학
장두영 바움수학학원
장세완 장선생수학학원
장현정 전문과외
전동형 땡큐수학학원
전수민 전문과외
전지영 전지영수학
정민호 스테듀입시학원
정은숙 페르마학원
정재현 율사학원
조성애 조성애세움영어수학학원
조익제 MVP수학학원
조인혁 루트원수학과학학원
       범어시매쓰영재교육
조지연 연쌤영·수학원
주기헌 송현여자고등학교
최대진 엠프로학원
최시연 이룸수학 교습소
최정이 탑수학교습소(국우동)
최현정 MQ멘토수학
하태호 팀하이퍼 수학학원
한원기 한쌤수학
현혜수 현혜수 수학
황가영 루나수학

황지현 위드제스트수학학원

◇— 경북 —◇

강경훈 예천여자고등학교
강혜연 BK 영수전문학원
권수지 에임(AIM)수학교습소
권오준 필수학영어학원
권호준 인투학원
김대훈 이상렬입시학원
김동수 문화고등학교
김동욱 구미정보고등학교
김득락 우석여자고등학교
김보아 매쓰킹공부방
김성용 경북 영천 이리풀수학
김수현 꿈꾸는 아이
김영희 라온수학
김윤정 더채움영수학원
김은미 매쓰그로우 수학학원
김이슬 포항제철고등학교
김재경 필즈수학영어학원
김정훈 현일고등학교
김형진 닥터박수학전문학원
남영준 아르베수학전문학원
문소연 조쌤보습학원
박명훈 메디컬수학학원
박윤신 한국수학교습소
박진성 포항제철중학교
방성훈 유성여자고등학교
배재현 수학만영어도학원
백기남 수학만영어도학원
성세현 이투스수학두호장량학원
소효진 전문과외
손나래 이든샘영수학원
손주희 이루다수학과학
송종진 김천중앙고등학교
신승규 영남삼육고등학교
신승용 유신수학전문학원
신지현 문영수학 학원
신채윤 포항제철고등학교
염성군 근화여고
오선민 수학만영어도
오세현 칠곡수학여우공부방
오윤경 닥터박수학학원
윤장영 윤쌤아카데미
이경하 안동 풍산고등학교
이다례 문매쓰달쌤수학
이민선 공감수학학원
이상원 전문가집단 영수학원
이상현 인투학원
이성국 포스카이학원
이영성 영주여자고등학교
이재광 생존학원
이재억 안동고등학교
이혜은 김천고등학교
장아름 아름수학 학원
전정현 YB일등급수학학원
정은주 정스터디
조진우 늘품수학학원

조현정 올댓수학
채원석 영남삼육고등학교
최민 엠베스트 옥계점
최수영 수학만영어도학원
최이광 혜윰플러스학원
추민지 닥터박 수학학원
표현석 안동풍산고등학교
홍영준 하이맵수학학원
홍현기 비상아이비츠학원

◇— 광주 —◇

강민결 광주수피아여자중학교
강승완 블루마인드아카데미
공민지 심미선수학학원
곽웅수 카르페영수학원
김국진 김국진짜학원
김국철 풍암필즈수학학원
김대균 김대균수학학원
김미경 임팩트학원
김안나 풍암필즈수학학원
김원진 메이블수학전문학원
김은석 만문제수학전문학원
김재광 디투엠 영수전문보습학원
김종민 퍼스트수학학원
김태성 일곡지구 김태성 수학
김현진 에이블수학학원
나혜경 고수학원
박용우 광주 더샘수학학원
박주홍 KS수학
박충현 본수학과학학원
박현영 KS수학
변석주 153유클리드수학전문학원
빈선욱 빈선욱수학전문학원
서세은 피타과학수학학원
손광일 송원고등학교
송승용 송승용수학학원
신예준 광주 JS영재학원
신현석 프라임아카데미
양귀제 양선생수학전문학원
양동식 A+수리수학원
이만재 매쓰로드수학 학원
이상혁 감성수학
이승현 본영수학원
이주헌 리얼매쓰수학전문학원
이창현 알파수학학원
이채연 알파수학학원
이충현 전문과외
이헌기 보문고등학교
어흥범 매쓰피아
임태관 매쓰멘토수학전문학원
장민경 일대일코칭수학학원
장성태 장성태수학학원
전주원 이창길수학학원
정다ول 광주인성고등학교
정다희 다희쌤수학
정미연 신샘수학학원
정수인 더최선학원
정원섭 수리수학학원

정인용	일품수학학원	성영재	성영재수학전문학원	박지성	엠아이큐수학학원	이현아	다정 현수학
정재윤	대성여자중학교	성준우	광양제철고등학교	배용제	굿티쳐강남학원	장준영	백년대계입시학원
정태규	가우스수학전문학원	손주형	전주토피아학원	서동원	수학의 중심학원	조은애	전문과외
정형진	BMA롱맨영수학원	송시영	블루오션수학학원	서영준	힐탑학원	최성실	샤이너스학원
조은주	조은수학교습소	신영진	유나이츠 학원	선진규	로하스학원	최시안	고운동 최쌤수학
조일양	서안수학	심우성	오늘은수학학원	손일형	손일형수학	황성관	전문과외
조현진	조현진수학학원	양옥희	쎈수학 전주혁신학원	송규성	하이클래스학원		
조형서	전문과외	양은지	군산중앙고등학교	송다인	일인주의학원		
천지선	고수학원	양재호	양재호카이스트학원	송정은	바른수학	◇— 충북 —◇	
최성호	광주동신여자고등학교	양형준	대들보 수학	심훈흠	일인주의 학원	고정균	엠스터디수학학원
최승원	더풀수학학원	오윤하	오늘도신이나효자학원	오세준	오엠수학교습소	구강서	상류수학 전문학원
최지웅	미라클학원	유현수	수학당 학원	오우진	양영학원	구태우	전문과외
		윤병오	이투스247학원 익산	우현석	EBS 수학우수학원	김경희	점프업수학
		이가영	마루수학국어학원	유수림	이앤유수학학원	김대호	온수학전문학원
◇— 전남 —◇		이은지	리젠입시학원	유준호	더브레인코어 수학	김미화	참수학공간학원
김광현	한수위수학학원	이인성	전주우림중학교	윤석주	윤석주수학전문학원	김병용	동남 수학하는 사람들 학원
김도희	가람수학전문과외	이정현	로드맵수학학원	이규영	쉐마수학학원	김영은	연세고려E&M
김성문	창평고등학교	이지원	전문과외	이봉환	메이저	김용구	용프로수학학원
김은경	목포덕인고	이한나	알파스터디영어수학전문학원	이성재	알파수학학원	김재광	노블가온수학학원
김은지	나주혁신위즈수학영어학원	이혜상	S수학전문학원	이수진	대전관저중학교	김정호	생생수학
박미옥	목포폴리아학원	임승진	이터널수학영어학원	이인욱	양영학원	김주희	매쓰프라임수학학원
박유정	해봄학원	정용재	성영재수학전문학원	이일녕	양영학원	김하나	하나수학
박진성	해남한가람학원	정혜승	샤인학원	이준희	전문과외	김현주	루트수학학원
백지하	M&m	정환희	릿지수학학원	이채윤	대전대신고등학교	문지혁	수학의 문 학원
유혜정	전문과외	조세진	수학의 길	인승열	신성수학나무 공부방	박영경	전문과외
이강화	강승학원	채승희	윤영권수학전문학원	임병수	모티브에듀학원	박준	오늘수학 및 전문과외
임정원	순천매산고등학교	최성훈	최성훈수학학원	임율리	더브레인코어 수학	안진아	전문과외
정현옥	Jk영수전문	최영준	최영준수학학원	임현호	전문과외	윤성길	엑스클래스 수학학원
조두희		최윤	엠투엠수학학원	장용훈	프라임수학교습소	윤성희	윤성수학
조예은	스페셜매쓰	최형진	수학본부중고등수학전문학원	전하윤	전문과외	이경미	행복한수학 공부방
진양수	목포덕인고등학교			전혜진	일인주의학원	이예찬	입실론수학학원
한지선	전문과외			정재현	양영수학학원	이지수	일신여자고등학교
				조영선	대전 관저중학교	전병호	이루다 수학
		◇— 대전 —◇		조용호	오르고 수학학원	정수연	모두의 수학
		강유식	연세제일학원	조충현	로하스학원	조병교	에르매쓰수학학원
◇— 전북 —◇		강홍규	최강학원	진상욱	양영학원 특목관	조형우	와이파이수학학원
강원택	탑시드 영수학원	강희규	최성수학학원	차영진	연세언더우드수학	최윤아	피티엠수학학원
권정욱	권정욱 수학과외	고지훈	고지훈수학 지적공감학원	최지영	둔산마스터학원	한상호	한매쓰수학전문학원
김석진	영스타트학원	권은향	권샘수학	홍진국	저스트수학	홍병관	서울학원
김선호	혜명학원	김근아	닥터매쓰205	황성필	일인주의학원		
김성혁	S수학전문학원	김근하	MCstudy 학원	황은실	나린학원		
김수연	전선생 수학학원	김남홍	대전 종로학원			◇— 충남 —◇	
김재순	김재순수학학원	김덕한	더칸수학전문학원			강범수	전문과외
김혜정	차수학	김도혜	더브레인코어 수학	◇— 세종 —◇		고영지	전문과외
나승현	나승현전유나수학전문학원	김복응	더브레인코어 수학	강태원	원수학	권순필	에이커리어학원
문승혜	이일여자고등학교	김상현	세종입시학원	고창균	더올림입시학원	권오운	광풍중학교
민태홍	전주한일고	김수빈	제타수학학원	권현수	권현수 수학전문학원	김경민	수학다이닝학원
박광수	박선생수학학원	김승환	청운학원	김기평	바른길수학전문학원	김명은	더하다 수학
박미숙	매쓰트리 수학전문 (공부방)	김영우	뉴샘학원	김서현	봄날영어수학학원	김태화	김태화수학학원
박미화	엄쌤수학전문학원	김윤혜	슬기로운수학	김수경	김수경수학교실	김한빛	한빛수학학원
박선미	박선생수학학원	김은동	더브레인코어 수학	김영웅	반곡고등학교	김현영	마루공부방
박세희	멘토이젠수학	김일화	대전 엘트	김혜림	너희가꽃이다	남구현	내포 강의하는 아이들
박소영	황규종수학전문학원	김주성	대전 양영학원	류바른	세종 YH영수학원(중고등관)	노서윤	스터디멘토학원
박영진	필즈수학학원	김지현	파스칼 대덕학원	배명욱	GTM수학전문학원	박유진	제이홈스쿨
박은미	박은미수학교습소	김진	발상의전환 수학전문학원	배지후	해밀수학과학학원	박재혁	명성학원
박재성	올림수학학원	김진수	김진수학교실	윤여민	전문과외	박혜정	
박지유	박지유수학전문학원	김태형	청명대입학원	이경미	매쓰 히어로(공부방)	서봉원	서산SM수학교습소
박철우	청운학원	김하은	고려바움수학학원	이민호	세종과학예술영재학교	서승우	전문과외
배태익	스키마아카데미 수학교실	나효명	열린아카데미	이지희	수학의강자학원	서유리	더배움영수학원
서현수	수학귀신	류재원	양영학원				

서정기 시너지S클래스 불당학원
성유림 Jns오름학원
송명준 JNS오름학원
송은선 전문과외
송재호 불당한일학원
신경미 Honeytip
신유미 무한수학학원
유정수 천안고등학교
유창훈 전문과외
윤보희 충남삼성고등학교
윤재웅 베테랑수학전문학원
윤지영 더올림
이근영 홍주중학교
이봉이 더수학 교습소
이승훈 탑씨크리트
이아람 퍼펙트브레인학원
이은아 한다수학학원
이재장 깊은수학학원
이현주 수학다방
장정수 G.O.A.T수학
전성호 시너지S클래스학원
전혜영 타임수학학원
조현정 J.J수학전문학원
채영미 미매쓰
최문근 천안중앙고등학교
최소영 빛나는수학
최원석 명사특강
한상훈 신불당 한일학원
한호선 두드림영어수학학원
허영재 와이즈만 영재교육학원

◇── 강원 ──◇
고민정 로이스물맷돌수학
강선아 펀&FUN수학학원
김명동 이코수학
김서인 세모가꿈꾸는수학당학원
김성영 빨리강해지는 수학 과학 학원
김성진 원주이루다수학과학학원
김수지 이코수학
김호동 하이탑 수학학원
남정훈 으뜸장원학원
노명훈 노명훈쌤의 알수학학원
노명희 탑클래스
박미경 수올림수학전문학원
박병석 이코수학
박상윤 박상윤수학
박수지 이코수학학원
배형진 화천학습관
백경수 춘천 이코수학
손선나 전문과외
손영숙 이코수학
신동혁 수학의 부활 이코수학
신현정 hj study
심상용 동해 과수원 학원
안현지 전문과외
오준환 수학다움학원
윤소연 이코수학
이경복 전문과외

이민호 하이탑 수학학원
이우성 이코수학
이태현 하이탑 수학학원
장윤의 수학의부활 이코수학
정복인 하이탑 수학학원
정인혁 수학과통하다학원
최수남 강릉 영 · 수배움교실
최재현 KU고대학원
최정현 최강수학전문학원

◇── 제주 ──◇
강경혜 강경혜수학
고진우 전문과외
김기정 저청중학교
김대환 The원 수학
김보라 라딕스수학
김시운 전문과외
김지영 생각틔움수학교실
김홍남 셀파우등생학원
류혜선 진정성 영어수학학원
박승우 남녕고등학교
박찬 찬수학학원
오동조 에임하이학원
오재일
이민경 공부의마침표
이상민 서이현아카데미
이선혜 더쎈 MATH
이현우 루트원플러스입시학원
장영환 제로링수학교실
편미경 편쌤수학
하혜림 제일아카데미
현수진 학고제 입시학원

어 삼 쉬 사 Plus+

수능 수학
'어려운 3점 ~ 쉬운 4점'을 공략한다!

수능 및 평가원 모의평가 수학영역의 문제의 배점은 2점, 3점, 4점으로 구분되며
배점이 높은 문항일수록 난이도가 어렵게 출제됩니다.
하지만 배점이 같은 문항이지만 시험의 변별력을 위해
공통과목 선다형 마지막 문항인 15번과 단답형 마지막 문항인 22번, 선택과목 마지막 문항인 30번은
다른 4점 문항에 비해서도 높은 난이도의 문제로 출제되고 있습니다.
마찬가지로 3점 문항도 출제 번호에 따라 난이도가 다르게 출제되고 있습니다.
그렇기 때문에 모의고사 30문항을 난이도에 따라 '2점', '쉬운 3점', '어려운 3점', '쉬운 4점', '어려운 4점'
으로 분류하여 학습 목표에 따라 난이도별 집중 학습 전략을 세우는 것이 중요합니다.
다음은 수능 수학영역 30문항을 난이도에 따라 분류한 예입니다.

구분	공통과목																					선택과목						
점수	2점		쉬운 3점				어려운 3점		쉬운 4점						어려운 4점	쉬운 3점			어려운 3점	쉬운 4점		어려운 4점	2점	쉬운 3점			어려운 3점	어려운 4점	쉬운 4점	어려운 4점
번호	1	2	3	4	5	6	7	8	9	10	11	12	13	14	15	16	17	18	19	20	21	22	23	24	25	26	27	28	29	30

어려운 3점~쉬운 4점 문항에 대한 연습이 부족하다면
중하위권 학생은 고득점은커녕 '어려운 4점' 문항을 풀기도 전에 시험시간 100분이 다 지나가버릴 수 있고,
상위권 학생은 실수로 앞의 문항을 틀려 '어려운 4점' 문항을 풀었더라도 본인의 목표를 달성하지 못할 수 있습니다.

그렇다면 어떻게 어려운 3점~쉬운 4점 문항들을 연습해야 할까요?
그 해답은 수학영역 30문항 중 '허리'에 해당하는 어려운 3점~쉬운 4점을 집중 공략하는 <어삼쉬사>에 있습니다.
중하위권 학생이라면 빈출 유형을 집중적으로 연습하여 완벽히 해결하고 본인의 약점을 파악하여 보완할 수 있습니다.
상위권 학생이라면 빠르고 정확하게 문항을 푸는 습관을 길러 실수를 줄이고
어려운 4점 문항을 풀 시간을 확보할 수 있습니다.
많은 학생들이 <어삼쉬사>를 통해 목표하는 등급의 고지를 점령하길 바랍니다.

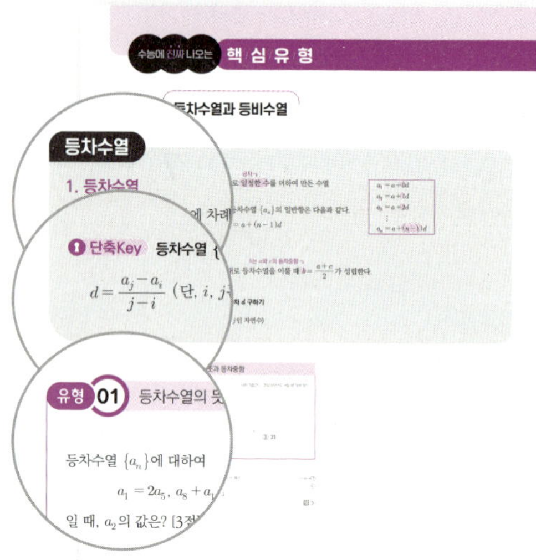

수능에 진짜 나오는 핵 / 심 / 유 / 형

- **개념정리**
- 수능에 진짜 나오는 핵심 개념 정리 제공

- **① 단축Key**
- 문제 접근 순서, 예시를 통해 빠르게 푸는 방법 제공

- **대표기출**
- 유형 이해를 돕기 위한 대표 기출문제와 해설 제시
- 너기출과 연계 학습이 가능하도록 동일한 유형 분류 제시

어려운 3점 쉬운 4점 핵 / 심 / 문 / 제

- **10문항씩 1세트, 총 24세트 구성**
- 기출의 핵심내용 담은 100% 제작문제
- 각 대단원별 8세트를 난이도 순으로 수록
- 세트별 고른 유형 분배로 단원별 전범위 학습 가능

- **'유형', '짝기출' 번호 제시**
- 약점 유형, 제작 모티브가 된 기출문제 확인 가능

|부록| 핵심 문제 짝기출

- **문항 제작의 모티브가 된 기출문제를 '짝기출'로 제시**
- 제작 문제와 실제 기출문제의 핵심 아이디어 비교 가능
  (짝기출은 해설 없이 정답만 제공)

약점 유형 확인

각 유형별로 틀린 문제를 기입하여 약점 유형 확인 및 복습

Ⅰ. 지수함수와 로그함수

중단원명	유형명	문항번호	틀린갯수
① 지수와 로그	유형01 거듭제곱근과 지수법칙의 계산	001, 011, 025, 031, 039, 052, 063, 075	3 / 8개
	유형02 지수법칙의 실생활 활용	003	/ 1개
	유형03 로그의 뜻과 성질	004, 012, 024, 032, 042, 055, 062, 066, 072	2 / 9개
	유형04 로그의 실생활 활용	027, 035	/ 2개
	유형05 상용로그의 뜻	021, 041, 051, 073	1 / 4개
	유형06 상용로그의 실생활 활용	017	/ 1개
② 지수함수와 로그함수	유형07 지수함수의 뜻과 그래프	005, 009, 015, 019, 028, 033, 045, 059, 070, 077	2 / 10개
	유형08 로그함수의 뜻과 그래프	008, 016, 022, 037, 050, 057, 067, 071	2 / 8개
	유형09 지수·로그함수의 최대·최소	014, 018, 036, 046, 061	/ 5개
	유형10 지수·로그함수의 역함수	006, 020, 023, 034, 049, 053, 068, 079	/ 8개
	유형11 지수·로그방정식의 풀이	002, 013, 043, 048, 058, 078	2 / 6개
	유형12 지수·로그부등식의 풀이	026, 040, 047, 056, 065, 074	/ 6개
	유형13 지수·로그방정식과 부등식 (치환)	007, 029, 038, 044, 064, 069, 076	/ 7개
	유형14 지수·로그부등식의 실생활 활용	054	/ 1개
	유형15 지수·로그함수와 개수 세기	010, 030, 060, 080	/ 4개

Ⅱ. 삼각함수

중단원명	유형명	문항번호	틀린갯수
① 삼각함수	유형01 호도법과 삼각함수의 뜻	081, 097, 101, 116, 131, 142, 155	/ 7개
	유형02 삼각함수 사이의 관계	087, 092, 103, 117, 126, 132, 147, 152	/ 8개
	유형03 삼각함수의 그래프	084, 096, 100, 106, 110, 111, 122, 129, 133, 144, 153, 154	/ 12개
	유형04 삼각함수의 성질	082, 090, 095, 104, 114, 124, 134, 148, 157	/ 9개
	유형05 삼각함수의 활용(1) – 기본형	089, 094, 099, 102, 112, 113, 121, 125, 135, 141, 156	/ 11개
	유형06 삼각함수의 활용(2) – 치환	086, 098, 105, 115, 123, 136, 139, 145, 150, 158	/ 10개
	유형07 사인법칙의 이해	083, 091, 109, 118, 127, 140, 143, 151	/ 8개
	유형08 코사인법칙의 이해	085, 093, 108, 120, 128, 137, 146, 159	/ 8개
	유형09 사인법칙과 코사인법칙의 활용	088, 107, 119, 130, 138, 149, 160	/ 7개

풀이 시간 확인

SET별로 풀이 시간을 기입하여 시간 단축 연습

Ⅰ. 지수함수와 로그함수

SET	SET 01	SET 02	SET 03	SET 04	SET 05	SET 06	SET 07	SET 08
Time	15분	15분	15분	20분	15분	25분	25분	20분

Ⅱ. 삼각함수

SET	SET 09	SET 10	SET 11	SET 12	SET 13	SET 14	SET 15	SET 16
Time	15분	15분	15분	20분	15분	25분	25분	20분

Ⅲ. 수열

SET	SET 17	SET 18	SET 19	SET 20	SET 21	SET 22	SET 23	SET 24
Time	15분	15분	15분	20분	15분	25분	25분	20분

① 개념학습 및 대표기출로 유형을 학습한다.

② 한 세트를 시간을 재고 푼다.

③ 답을 맞추어 보고, 틀린 문제와 풀이 시간을 '학습진단표'에 기록한다.

④ 이렇게 총 24세트 분량을 '학습진단표'에 기록한 후 자신의 약점 유형을 찾는다.

⑤ 개념 및 대표기출, 짝기출 등을 활용하여 약점을 보완한다.

I

지수함수와 로그함수

1 지수와 로그

지수

1. 거듭제곱근의 뜻

실수 a와 2 이상의 자연수 n에 대하여 'n제곱하여 a가 되는 수'를 a의 n제곱근이라 한다.

a의 n제곱근 중에서 실수인 것을 구하면 다음과 같다.

$x^n = a$
↳ a의 n제곱근

'a의 n제곱근 중에서 실수인 것'
⇔ '방정식 $x^n = a$의 실근'
⇔ '곡선 $y = x^n$과 직선 $y = a$의 교점의 x좌표'

n이 홀수	$a > 0$	$a = 0$	$a < 0$
	$\sqrt[n]{a}$ (1개)	0 (1개)	$\sqrt[n]{a}$ (1개)

n이 짝수	$a > 0$	$a = 0$	$a < 0$
	$\sqrt[n]{a}$, $-\sqrt[n]{a}$ (2개)	0 (1개)	없음

2. 거듭제곱근의 성질

$a > 0$, $b > 0$이고 m, n이 2 이상인 자연수일 때

❶ $\sqrt[n]{a}\,\sqrt[n]{b} = \sqrt[n]{ab}$

❷ $\dfrac{\sqrt[n]{a}}{\sqrt[n]{b}} = \sqrt[n]{\dfrac{a}{b}}$

❸ $(\sqrt[n]{a})^m = \sqrt[n]{a^m}$

❹ $\sqrt[m]{\sqrt[n]{a}} = \sqrt[mn]{a}$

3. 지수의 확장

❶ $a \neq 0$이고 n이 자연수일 때 $a^0 = 1$, $a^{-n} = \dfrac{1}{a^n}$

❷ $a > 0$이고 m, $n\,(n \geq 2)$이 정수일 때 $a^{\frac{m}{n}} = \sqrt[n]{a^m}$

4. 지수법칙

$a > 0$, $b > 0$이고 x, y가 실수일 때

❶ $a^x a^y = a^{x+y}$

❷ $a^x \div a^y = a^{x-y}$

❸ $(a^x)^y = a^{xy}$

❹ $(ab)^x = a^x b^x$

유형 01 거듭제곱근과 지수법칙의 계산

대표기출1 _ 2023학년도 수능 1번

$\left(\dfrac{4}{2^{\sqrt{2}}}\right)^{2+\sqrt{2}}$ 의 값은? [2점]

① $\dfrac{1}{4}$　　　② $\dfrac{1}{2}$　　　③ 1

④ 2　　　⑤ 4

| 풀이 | $\left(\dfrac{4}{2^{\sqrt{2}}}\right)^{2+\sqrt{2}} = \left(\dfrac{2^2}{2^{\sqrt{2}}}\right)^{2+\sqrt{2}}$

$\quad\quad = (2^{2-\sqrt{2}})^{2+\sqrt{2}}$

$\quad\quad = 2^{(2-\sqrt{2})(2+\sqrt{2})}$

$\quad\quad = 2^{4-2} = 2^2 = 4$

답 ⑤

유형 02 지수법칙의 실생활 활용

대표기출2 _ 2014학년도 6월 평가원 A형 15번 / B형 24번

지면으로부터 H_1인 높이에서 풍속이 V_1이고 지면으로부터 H_2인 높이에서 풍속이 V_2일 때, 대기 안정도 계수 k는 다음 식을 만족시킨다.

$$V_2 = V_1\left(\dfrac{H_2}{H_1}\right)^{\frac{2}{2-k}}$$

(단, $H_1 < H_2$, 높이의 단위는 m, 풍속의 단위는 m/초이다.)
A지역에서 지면으로부터 $12\,\text{m}$와 $36\,\text{m}$ 높이에서 풍속이 각각 $2(\text{m/초})$와 $8(\text{m/초})$이고, B지역에서 지면으로부터 $10\,\text{m}$와 $90\,\text{m}$인 높이에서 풍속이 각각 $a(\text{m/초})$와 $b(\text{m/초})$일 때, 두 지역의 대기 안정도 계수 k가 서로 같았다. $\dfrac{b}{a}$의 값은?

(단, a, b는 양수이다.) [4점]

① 10　　　② 13　　　③ 16

④ 19　　　⑤ 22

| 풀이 | A 지역에서 $8 = 2 \times \left(\dfrac{36}{12}\right)^{\frac{2}{2-k}}$, 즉 $3^{\frac{2}{2-k}} = 4$ 이고

B 지역에서 $b = a \times \left(\dfrac{90}{10}\right)^{\frac{2}{2-k}}$, 즉 $9^{\frac{2}{2-k}} = \dfrac{b}{a}$ 이다.

$\therefore \dfrac{b}{a} = (3^2)^{\frac{2}{2-k}} = \left(3^{\frac{2}{2-k}}\right)^2 = 4^2 = 16$

답 ③

로그

1. 로그의 정의

$a > 0$, $a \neq 1$, $N > 0$일 때

$$a^x = N \iff x = \log_a N$$

진수 ↓ ／ 밑 ↑

$a^x = N$을 만족시키는 실수 x는 $\log_a N$으로 오직 하나 존재하고 이를 밑이 a인 N의 로그라 한다.

2. 로그의 성질

$a > 0$, $a \neq 1$, $M > 0$, $N > 0$일 때

❶ $\log_a 1 = 0$, $\log_a a = 1$

❷ $\log_a MN = \log_a M + \log_a N$

❸ $\log_a \dfrac{M}{N} = \log_a M - \log_a N$

❹ $\log_a M^k = k\log_a M$ (단, k는 실수)

❺ $\log_{a^k} M = \dfrac{1}{k}\log_a M$ (단, k는 0이 아닌 실수)

3. 로그의 밑의 변환과 여러 가지 성질

$a > 0$, $a \neq 1$, $b > 0$, $c > 0$, $c \neq 1$일 때

❶ $\log_a b = \dfrac{\log_c b}{\log_c a}$　　　특히 $c = b$이면 $\log_a b = \dfrac{1}{\log_b a}$

❷ $a^{\log_c b} = b^{\log_c a}$

❸ $a^{\log_a b} = b$

4. 상용로그의 정의

10을 밑으로 하는 로그를 상용로그라 하며 보통 밑을 생략하여 나타낸다. ($\log_{10} N = \log N$)

대표기출3 _ 2020학년도 6월 평가원 나형 8번

$\log_2 5 = a$, $\log_5 3 = b$일 때, $\log_5 12$를 a, b로 옳게 나타낸 것은?

[3점]

① $\dfrac{1}{a} + b$　　　② $\dfrac{2}{a} + b$　　　③ $\dfrac{1}{a} + 2b$

④ $a + \dfrac{1}{b}$　　　⑤ $2a + \dfrac{1}{b}$

| **풀이** |
$$\log_5 12 = \log_5(2^2 \times 3) = 2\log_5 2 + \log_5 3$$
$$= \frac{2}{\log_2 5} + \log_5 3 = \frac{2}{a} + b$$

답 ②

대표기출5 _ 2020학년도 9월 평가원 나형 28번

네 양수 a, b, c, k가 다음 조건을 만족시킬 때, k^2의 값을 구하시오. [4점]

> (가) $3^a = 5^b = k^c$
> (나) $\log c = \log(2ab) - \log(2a+b)$

| **풀이** | 조건 (가)에서

$3^a = 5^b = k^c = d$라 하면 (단, $d > 0$)

$3 = d^{\frac{1}{a}}$, $5 = d^{\frac{1}{b}}$, $k = d^{\frac{1}{c}}$ 이다.　　　……㉠

조건 (나)를 정리하면

$$\log c = \log \frac{2ab}{2a+b},$$

$$c = \frac{2ab}{2a+b},$$

$$\frac{1}{c} = \frac{2a+b}{2ab},$$

$$\frac{1}{c} = \frac{1}{b} + \frac{1}{2a} \text{ 이다.}$$

이때 ㉠을 이용하기 위해 다음과 같이 변형할 수 있다.

$$d^{\frac{1}{c}} = d^{\frac{1}{b} + \frac{1}{2a}} = d^{\frac{1}{b}} \times d^{\frac{1}{2a}}$$

$$= d^{\frac{1}{b}} \times \left(d^{\frac{1}{a}} \right)^{\frac{1}{2}}$$

따라서 $k = 5 \times \sqrt{3}$ 이다.

$\therefore\ k^2 = 75$

답 75

대표기출4 _ 2015학년도 6월 평가원 A형 15번

세대당 종자의 평균 분산거리가 D이고 세대당 종자의 증식률이 R인 나무의 10세대 동안 확산에 의한 이동거리를 L이라 하면 다음과 같은 관계식이 성립한다고 한다.

$$L^2 = 100D^2 \times \log_3 R$$

세대당 종자의 평균 분산거리가 20이고 세대당 종자의 증식률이 81인 나무의 10세대 동안 확산에 의한 이동거리 L의 값은?

(단, 거리의 단위는 m이다.) [4점]

① 400　　　② 500　　　③ 600
④ 700　　　⑤ 800

| **풀이** | $D = 20$, $R = 81$이므로
$$L^2 = 100 \times 20^2 \times \log_3 81 = 10^2 \times 20^2 \times \log_3 3^4$$
$$= 10^2 \times 20^2 \times 4 = (10 \times 20 \times 2)^2$$
$$\therefore\ L = 400\ (\because\ L > 0)$$

답 ①

대표기출6 _ 2016학년도 9월 평가원 A형 16번 / B형 25번

고속철도의 최고소음도 $L(\mathrm{dB})$을 예측하는 모형에 따르면 한 지점에서 가까운 선로 중앙 지점까지의 거리를 $d(\mathrm{m})$, 열차가 가까운 선로 중앙 지점을 통과할 때의 속력을 $v(\mathrm{km/h})$라 할 때, 다음과 같은 관계식이 성립한다고 한다.

$$L = 80 + 28\log \frac{v}{100} - 14\log \frac{d}{25}$$

가까운 선로 중앙 지점 P까지의 거리가 75 m인 한 지점에서 속력이 서로 다른 두 열차 A, B의 최고소음도를 예측하고자 한다. 열차 A가 지점 P를 통과할 때의 속력이 열차 B가 지점 P를 통과할 때의 속력의 0.9배일 때, 두 열차 A, B의 예측 최고소음도를 각각 L_A, L_B라 하자. $L_B - L_A$의 값은? [4점]

① $14 - 28\log 3$　　　② $28 - 56\log 3$　　　③ $28 - 28\log 3$
④ $56 - 84\log 3$　　　⑤ $56 - 56\log 3$

| **풀이** | 열차 A, B가 지점 P를 통과할 때의 속력을 각각 v_A, v_B라 하면

$$L_A = 80 + 28\log \frac{v_A}{100} - 14\log \frac{75}{25} \qquad ……㉠$$

$$L_B = 80 + 28\log \frac{v_B}{100} - 14\log \frac{75}{25} \qquad ……㉡$$

㉡-㉠을 하면

$$L_B - L_A = 28\log \frac{v_B}{100} - 28\log \frac{v_A}{100} = 28\log \frac{v_B}{v_A}$$

$$= 28\log \frac{v_B}{0.9v_B}\ (\because\ v_A = 0.9v_B)$$

$$= 28\log \frac{10}{9} = 28(1 - 2\log 3)$$

$$= 28 - 56\log 3$$

답 ②

2 지수함수와 로그함수

지수함수

1. 지수함수 $y=a^x \,(a>0,\ a\neq1)$의 뜻과 그래프의 성질

임의의 실수 x에 대하여 a^x을 대응시킨 함수 $y=a^x$은 다음과 같은 성질을 갖는다.

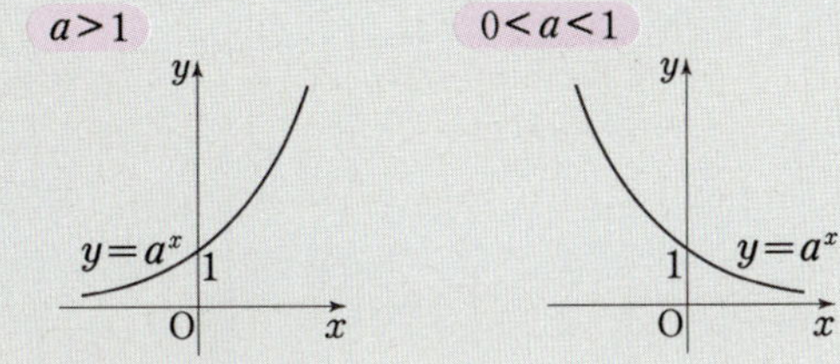

❶ 정의역 : $\{x \mid x$는 모든 실수$\}$

　치역 : $\{y \mid y>0\}$

　점근선 : x축 (직선 $y=0$)

❷ 일대일대응이다.　일반적으로 지수함수에서는 공역을 $\{y \mid y>0\}$으로 생각한다.

❸ $a>1$일 때, x의 값이 커지면 y의 값도 커진다.

　$0<a<1$일 때, x의 값이 커지면 y의 값은 작아진다.

❹ a의 값에 관계없이 그래프는 점 $(0,\,1)$을 지난다.

2. 함수 $y=a^{f(x)}$의 최대·최소

❶ $a>1$일 때, $f(x)$의 값이 최소(최대)이면 y의 값도 최소(최대)이다.

❷ $0<a<1$일 때, $f(x)$의 값이 최소(최대)이면 y의 값은 최대(최소)이다.

3. 지수함수 $y=a^x$의 그래프의 대칭이동, 평행이동

x축에 대하여 대칭이동	$y=-a^x$	
y축에 대하여 대칭이동	$y=a^{-x}$, 즉 $y=\left(\dfrac{1}{a}\right)^x$	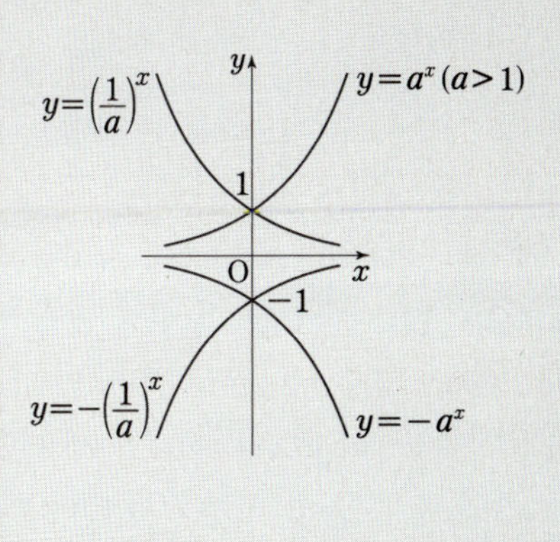
원점에 대하여 대칭이동	$y=-a^{-x}$, 즉 $y=-\left(\dfrac{1}{a}\right)^x$	
직선 $x=m$에 대하여 대칭이동	$y=a^{2m-x}$	
직선 $y=n$에 대하여 대칭이동	$y=2n-a^x$	
x축, y축의 방향으로 각각 $m,\,n$만큼 평행이동	$y=a^{x-m}+n$	

1. 로그함수 $y = \log_a x$ $(a > 0,\ a \neq 1)$의 뜻과 그래프의 성질

지수함수 $y = a^x$의 역함수 $y = \log_a x$는 다음과 같은 성질을 갖는다.

$a > 1$

$0 < a < 1$

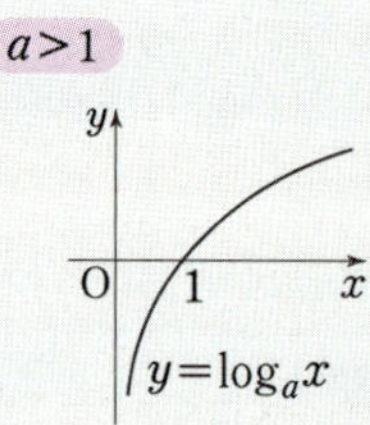
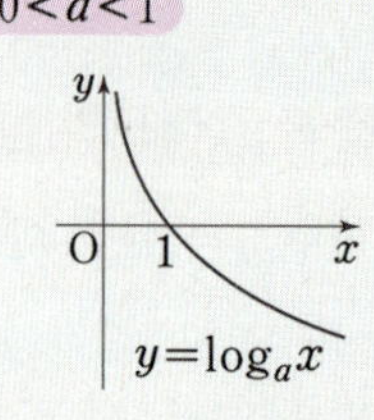

두 곡선 $y = a^x$, $y = \log_a x$는 직선 $y = x$에 대하여 대칭이다.

❶ 정의역 : $\{x \mid x > 0\}$

치역 : $\{y \mid y$는 모든 실수$\}$

점근선 : y축 (직선 $x = 0$)

❷ 일대일대응이다.

❸ $a > 1$일 때, x의 값이 커지면 y의 값도 커진다.

$0 < a < 1$일 때, x의 값이 커지면 y의 값은 작아진다.

❹ a의 값에 관계없이 그래프는 점 $(1,\ 0)$을 지난다.

2. 함수 $y = \log_a f(x)$의 최대·최소

❶ $a > 1$일 때, $f(x)$의 값이 최소(최대)이면 y의 값도 최소(최대)이다.

❷ $0 < a < 1$일 때, $f(x)$의 값이 최소(최대)이면 y의 값은 최대(최소)이다.

3. 로그함수 $y = \log_a x$의 그래프의 대칭이동, 평행이동

x축에 대하여 대칭이동	$y = -\log_a x$, 즉 $y = \log_{\frac{1}{a}} x$
y축에 대하여 대칭이동	$y = \log_a(-x)$
원점에 대하여 대칭이동	$y = -\log_a(-x)$, 즉 $y = \log_{\frac{1}{a}}(-x)$
직선 $x = m$에 대하여 대칭이동	$y = \log_a(2m - x)$
직선 $y = n$에 대하여 대칭이동	$y = 2n - \log_a x$
x축, y축의 방향으로 각각 m, n만큼 평행이동	$y = \log_a(x - m) + n$

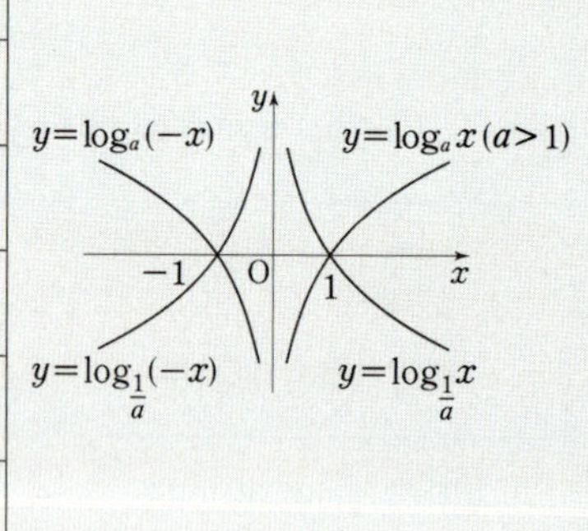

🔑 단축Key 지수함수 $y = a^{x-m} + n$의 역함수 구하기

[1단계] $y = a^{x-m} + n$에서 x를 y에 대한 식으로 나타낸다.

$$a^{x-m} = y - n,\quad x - m = \log_a(y - n),\quad x = \log_a(y - n) + m$$

[2단계] x와 y를 서로 바꾼다.

$$y = \log_a(x - n) + m$$

이 구조를 기억해두면 지수함수와 로그함수의 역함수 관계를 빠르게 판단할 수 있다.

대표기출7 _ 2019학년도 9월 평가원 가형 7번

함수 $f(x) = -2^{4-3x} + k$의 그래프가 제2사분면을 지나지 않도록 하는 자연수 k의 최댓값은? [3점]

① 10 ② 12 ③ 14
④ 16 ⑤ 18

| 풀이 | $-2^{4-3x} = -\left(\dfrac{1}{2}\right)^{3x-4}$ 이다.

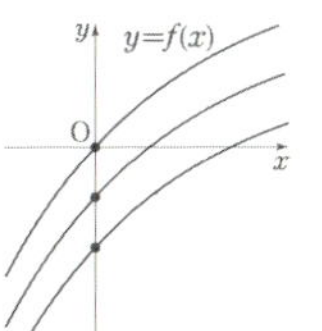

함수 $f(x) = -\left(\dfrac{1}{2}\right)^{3x-4} + k$의 그래프는 오른쪽 위를 향하므로
이 그래프가 제2사분면을 지나지 않으려면
오른쪽 그림과 같이 $f(0) = -16 + k$가 0보다 크지 않아야 한다.
따라서 $-16 + k \leq 0$, 즉 $k \leq 16$이므로
자연수 k의 최댓값은 16이다.

답 ④

대표기출8 _ 2019학년도 6월 평가원 가형 14번

직선 $x = k$가 두 곡선 $y = \log_2 x$, $y = -\log_2(8-x)$와 만나는
점을 각각 A, B라 하자. $\overline{AB} = 2$가 되도록 하는 모든 실수 k의
값의 곱은? (단, $0 < k < 8$) [4점]

① $\dfrac{1}{2}$ ② 1 ③ $\dfrac{3}{2}$
④ 2 ⑤ $\dfrac{5}{2}$

| 풀이 | 직선 $x = k$가 두 곡선 $y = \log_2 x$, $y = -\log_2(8-x)$와 만나는 점은 각각
$A(k, \log_2 k)$, $B(k, -\log_2(8-k))$이므로 $\overline{AB} = 2$, 즉
$|\log_2 k - \{-\log_2(8-k)\}| = |\log_2 k(8-k)| = 2$가 되려면
$k(8-k) = 2^2$ 또는 $k(8-k) = 2^{-2}$에서
$k^2 - 8k + 4 = 0$ 또는 $k^2 - 8k + \dfrac{1}{4} = 0$

$\therefore k = 4 \pm 2\sqrt{3}$ 또는 $k = \dfrac{8 \pm 3\sqrt{7}}{2}$

모든 k의 값은 로그의 진수가 양수인 조건 $k > 0$, $8 - k > 0$을 만족시키므로
이차방정식의 근과 계수의 관계에 의하여
방정식 $k^2 - 8k + 4 = 0$의 서로 다른 실근의 곱은 4이고
방정식 $k^2 - 8k + \dfrac{1}{4} = 0$의 서로 다른 실근의 곱은 $\dfrac{1}{4}$이다.
따라서 모든 실수 k의 값의 곱은
$4 \times \dfrac{1}{4} = 1$

답 ②

대표기출9 _ 2021학년도 6월 평가원 가형 9번

함수
$$f(x) = 2\log_{\frac{1}{2}}(x+k)$$
가 닫힌구간 $[0, 12]$에서 최댓값 -4, 최솟값 m을 갖는다.
$k+m$의 값은? (단, k는 상수이다.) [3점]

① -1 ② -2 ③ -3
④ -4 ⑤ -5

| 풀이 | 함수 $f(x) = 2\log_{\frac{1}{2}}(x+k)$에서 밑이 $0 < \dfrac{1}{2} < 1$이므로
x의 값이 증가하면 y의 값은 감소한다.
따라서 함수 $f(x)$는 닫힌구간 $[0, 12]$에서
$x = 0$일 때 최댓값 -4, $x = 12$일 때 최솟값 m을 갖는다.
$f(0) = -4$에서 $2\log_{\frac{1}{2}} k = -4$

$\log_{2^{-1}} k = -2$, $-\log_2 k = -2$

$\therefore k = 2^2 = 4$
즉, $f(x) = 2\log_{\frac{1}{2}}(x+4)$이므로
$f(12) = m$에서 $2\log_{\frac{1}{2}} 16 = m$

$2\log_{2^{-1}} 2^4 = m$

$\therefore m = 2 \times (-4) = -8$
$\therefore k + m = 4 + (-8) = -4$

답 ④

대표기출10 _ 2019학년도 수능 가형 5번

함수 $y = 2^x + 2$의 그래프를 x축의 방향으로 m만큼 평행이동한
그래프가 함수 $y = \log_2(8x)$의 그래프를 x축의 방향으로 2만큼
평행이동한 그래프와 직선 $y = x$에 대하여 대칭일 때, 상수 m의
값은? [3점]

① 1 ② 2 ③ 3
④ 4 ⑤ 5

| 풀이 | 함수 $y = 2^x + 2$의 그래프를 x축의 방향으로 m만큼 평행이동시킨
그래프의 식은 $y = 2^{x-m} + 2$이고,
함수 $y = \log_2(8x)$, 즉 $y = 3 + \log_2 x$의 그래프를 x축의 방향으로 2만큼
평행이동시킨 그래프의 식은 $y = 3 + \log_2(x-2)$이다.
이때 두 함수의 그래프가 직선 $y = x$에 대하여 대칭, 즉 서로 역함수 관계이려면
$m = 3$이어야 한다.

답 ③

1. 방정식에의 활용

- 지수방정식

  ❶ 일반적인 풀이

  $a > 0$, $a \neq 1$일 때, $a^{f(x)} = a^{g(x)} \Leftrightarrow f(x) = g(x)$

  ❷ a^{2x}, a^x이 함께 있는 경우

  방정식 $a^{2x} + pa^x + q = 0$에서 $a^x = t\ (t > 0)$로 치환하여 t에 대한 이차방정식 $t^2 + pt + q = 0$의 해를 구한 뒤 구해진 양수 t의 값을 이용하여 $x = \log_a t$의 값을 구한다.

- 로그방정식

  ❶ 일반적인 풀이

  $a > 0$, $a \neq 1$일 때, $\log_a f(x) = \log_a g(x) \Leftrightarrow f(x) = g(x)$

  (단, 진수 조건 $f(x) > 0$, $g(x) > 0$을 확인해야 함에 유의)

  ❷ $(\log_a x)^2$, $\log_a x$가 함께 있는 경우

  방정식 $(\log_a x)^2 + p\log_a x + q = 0$에서 $\log_a x = t$로 치환하여 t에 대한 이차방정식 $t^2 + pt + q = 0$의 해를 구한 뒤 구해진 t의 값을 이용하여 $x = a^t$의 값을 구한다.

2. 부등식에의 활용

- 지수부등식

  ❶ 일반적인 풀이

  $a > 1$일 때, $a^{f(x)} < a^{g(x)} \Leftrightarrow f(x) < g(x)$

  $0 < a < 1$일 때, $a^{f(x)} < a^{g(x)} \Leftrightarrow f(x) > g(x)$

  ❷ a^{2x}, a^x이 함께 있는 경우

  부등식 $a^{2x} + pa^x + q > 0$에서 $a^x = t\ (t > 0)$로 치환하여 t에 대한 이차부등식 $t^2 + pt + q > 0$의 해를 구한 뒤 구해진 양수 t의 값의 범위를 이용하여 $x = \log_a t$의 값의 범위를 구한다.

- 로그부등식

  ❶ 일반적인 풀이

  $a > 1$일 때, $\log_a f(x) < \log_a g(x) \Leftrightarrow f(x) < g(x)$

  $0 < a < 1$일 때, $\log_a f(x) < \log_a g(x) \Leftrightarrow f(x) > g(x)$

  (단, 진수 조건 $f(x) > 0$, $g(x) > 0$을 확인해야 함에 유의)

  ❷ $(\log_a x)^2$, $\log_a x$가 함께 있는 경우

  부등식 $(\log_a x)^2 + p\log_a x + q > 0$에서 $\log_a x = t$로 치환하여 t에 대한 이차부등식 $t^2 + pt + q > 0$의 해를 구한 뒤 구해진 t의 값의 범위를 이용하여 $x = a^t$의 값의 범위를 구한다.

유형 11 지수·로그방정식의 풀이

대표기출11 _ 2024학년도 9월 평가원 16번

방정식 $\log_2(x-1)=\log_4(13+2x)$를 만족시키는 실수 x의 값을 구하시오. [3점]

| 풀이 | 로그의 진수는 양수이므로
$x-1>0,\ 13+2x>0$에서 $x>1$
$\log_2(x-1)=\log_4(13+2x)$에서
$\log_2(x-1)=\dfrac{1}{2}\log_2(13+2x),\ \log_2(x-1)^2=\log_2(13+2x)$이므로
$(x-1)^2=13+2x,\ x^2-4x-12=0,\ (x+2)(x-6)=0$
$\therefore\ x=6\ (\because\ x>1)$

답 6

유형 12 지수·로그부등식의 풀이

대표기출12 _ 2021학년도 수능 가형 5번 / 나형 7번

부등식 $\left(\dfrac{1}{9}\right)^x<3^{21-4x}$을 만족시키는 자연수 x의 개수는? [3점]

① 6 ② 7 ③ 8
④ 9 ⑤ 10

| 풀이 | $\left(\dfrac{1}{9}\right)^x=3^{-2x}<3^{21-4x}$에서 $-2x<21-4x,\ 2x<21$
$\therefore\ x<\dfrac{21}{2}$
따라서 부등식을 만족시키는 자연수 x는 $1,\ 2,\ 3,\ \cdots,\ 10$으로 10개이다.

답 ⑤

유형 13 지수·로그방정식과 부등식 (치환)

대표기출13 _ 2014학년도 9월 평가원 A형 25번

방정식 $(\log_3 x)^2-6\log_3\sqrt{x}+2=0$의 서로 다른 두 실근을 α, β라 할 때, $\alpha\beta$의 값을 구하시오. [3점]

| 풀이 | 방정식 $(\log_3 x)^2-6\log_3\sqrt{x}+2=0$,
즉 $(\log_3 x)^2-3\log_3 x+2=0$에서 $\log_3 x=t$라 치환하면
$t^2-3t+2=0$, 즉 $(t-1)(t-2)=0$에서 $t=1$ 또는 $t=2$이다.
따라서 $\alpha=3^1=3,\ \beta=3^2=9$이다.
$\therefore\ \alpha\beta=27$

답 27

유형 14 지수·로그부등식의 실생활 활용

대표기출14 _ 2012학년도 9월 평가원 7번

특정 환경의 어느 웹사이트에서 한 메뉴 안에 선택할 수 있는 항목이 n개 있는 경우, 항목을 1개 선택하는 데 걸리는 시간 T(초)가 다음 식을 만족시킨다.

$$T=2+\frac{1}{3}\log_2(n+1)$$

메뉴가 여러 개인 경우, 모든 메뉴에서 항목을 1개씩 선택하는 데 걸리는 전체 시간은 각 메뉴에서 항목을 1개씩 선택하는 데 걸리는 시간을 모두 더하여 구한다.
예를 들어, 메뉴가 3개이고 각 메뉴 안에 항목이 4개씩 있는 경우, 모든 메뉴에서 항목을 1개씩 선택하는 데 걸리는 전체 시간은 $3\left(2+\dfrac{1}{3}\log_2 5\right)$초이다. 메뉴가 10개이고 각 메뉴 안에 항목이 n개씩 있을 때, 모든 메뉴에서 항목을 1개씩 선택하는 데 걸리는 전체 시간이 30초 이하가 되도록 하는 n의 최댓값은? [3점]

① 7 ② 8 ③ 9
④ 10 ⑤ 11

| 풀이 | 메뉴가 10개이고 각 메뉴 안에 항목이 n개씩 있으므로
$10\left\{2+\dfrac{1}{3}\log_2(n+1)\right\}\le 30$
$2+\dfrac{1}{3}\log_2(n+1)\le 3$
$\log_2(n+1)\le 3,\ \log_2(n+1)\le\log_2 8,\ n+1\le 8$
$\therefore\ n\le 7$
따라서 구하는 자연수 n의 최댓값은 7이다.

답 ①

유형 15 지수·로그함수와 개수 세기

대표기출15 _ 2015학년도 수능 A형 30번

좌표평면에서 자연수 n에 대하여 다음 조건을 만족시키는 삼각형 OAB의 개수를 $f(n)$이라 할 때, $f(1)+f(2)+f(3)$의 값을 구하시오. (단, O는 원점이다.) [4점]

> (가) 점 A의 좌표는 $(-2,\ 3^n)$이다.
> (나) 점 B의 좌표를 $(a,\ b)$라 할 때, a와 b는 자연수이고
> $\quad b\le\log_2 a$를 만족시킨다.
> (다) 삼각형 OAB의 넓이는 50 이하이다.

| 풀이 | 삼각형 OAB의 넓이는 윗변, 아랫변의 길이가 각각 3^n이고 b이고 높이가 $a+2$인 사다리꼴의 넓이에서
직각을 낀 두 변의 길이가 각각 $2,\ 3^n$이고 $a,\ b$인 두 직각삼각형의 넓이의 합을 뺀 것과 같으므로
$\dfrac{3^n+b}{2}\times(a+2)-\left(\dfrac{1}{2}\times 2\times 3^n+\dfrac{1}{2}\times a\times b\right)=\dfrac{3^n}{2}\times a+b$
따라서 조건을 만족시키는 삼각형 OAB의 개수 $f(n)$은
두 부등식 $b\le\log_2 a$, 즉 $2^b\le a$와 $\dfrac{3^n}{2}\times a+b\le 50$, 즉 $2^b\le a\le\dfrac{100-2b}{3^n}$를
모두 만족시키는 자연수 a, b의 순서쌍 $(a,\ b)$의 개수와 같다.

b	$2^b\le a\le\dfrac{100-2b}{3}$	$2^b\le a\le\dfrac{100-2b}{9}$	$2^b\le a\le\dfrac{100-2b}{27}$
1	31개	9개	2개
2	29개	7개	×
3	24개	3개	×
4	15개	×	×
	$f(1)=99$	$f(2)=19$	$f(3)=2$

$\therefore\ f(1)+f(2)+f(3)=120$

답 120

001

실수 a가 $5^a = 15$를 만족시킬 때, $9^{\frac{1}{a-1}}$ 의 값은?

① 5　　　　② 10　　　　③ 15

④ 20　　　　⑤ 25

002

1보다 큰 두 실수 x, y에 대하여

$$\log_2 \frac{y}{x} = \log_4 \frac{x^8}{y^2}$$

이 성립할 때, $2\log_x y$의 값을 구하시오.

003

어떤 호수에서 수면에서의 빛의 세기가 $A_0\,\mathrm{W/m^2}$일 때, 수심이 $h\,\mathrm{m}$인 곳에서의 빛의 세기를 $A_h\,\mathrm{W/m^2}$라 하면

$$A_h = A_0 \times 2^{-\frac{h}{4}}$$

인 관계가 성립한다. 이 호수에서 수심이 $2\,\mathrm{m}$인 곳에서의 빛의 세기가 수심이 $8\,\mathrm{m}$인 곳에서의 빛의 세기의 a배일 때, a의 값은?

① $\dfrac{\sqrt{2}}{2}$　　　　② 1　　　　③ $\sqrt{2}$

④ $2\sqrt{2}$　　　　⑤ 4

004

짝기출 004 유형 **03**

이차방정식 $x^2 + ax + 8 = 0$이 서로 다른 두 양의 실근 α, β를 가질 때, 이차방정식 $x^2 + bx - 4 = 0$은 서로 다른 두 실근 $\log_2 \alpha$, $\log_2 \beta$를 갖는다. 두 실수 a, b에 대하여 $a + b$의 값은?

① $-\dfrac{39}{2}$ ② -19 ③ $-\dfrac{37}{2}$

④ -18 ⑤ $-\dfrac{35}{2}$

005

짝기출 005 유형 **07**

두 함수 $y = 2^{1-2x} - 8$, $y = 2^x - k$의 그래프의 교점이 제3사분면에 존재하도록 하는 모든 정수 k의 값의 합을 구하시오.

006

유형 **10**

함수

$$f(x) = \begin{cases} 2^{1-x} + 1 & (x < 1) \\ \log_2 \dfrac{4}{x} & (x \geq 1) \end{cases}$$

에 대하여 $f^{-1}(-2) + f^{-1}(5)$의 값은?

① 11 ② 12 ③ 13

④ 14 ⑤ 15

007

방정식 $x^{\log_3 x} = 27x^3$의 모든 실근의 곱을 구하시오.

008

상수 $t\ (t > 2)$에 대하여 함수 $y = \log_2(x - t)$의 그래프의 점근선이 두 곡선 $y = -\log_4 x$, $y = \log_{\frac{1}{2}} \dfrac{16}{x}$과 만나는 점을 각각 A, B라 하자. $\overline{AB} = 5$일 때, t의 값은?

① 4 ② 8 ③ 16

④ 32 ⑤ 64

009

유형 07

곡선 $y = (\sqrt{2})^x$과 직선 $y = mx + 1$이 서로 다른 두 점 A, B에서 만난다. 삼각형 OAB의 넓이가 3이 되도록 하는 양수 m의 값을 m_1, m_2 $(m_1 < m_2)$라 할 때, $\dfrac{m_2}{m_1}$의 값은?

(단, O는 원점이다.)

① 2   ② 4   ③ 6

④ 8   ⑤ 10

010

유형 15

자연수 n에 대하여 함수 $f(n)$은

$$f(n) = \begin{cases} \log_4 n & (n \text{은 홀수}) \\ \log_2 n & (n \text{은 짝수}) \end{cases}$$

이다. $f(a) + f(b) \leq 2$를 만족시키는 두 자연수 a, b의 모든 순서쌍 (a, b)의 개수는?

① 21   ② 23   ③ 25

④ 27   ⑤ 29

011

유형 01

두 실수 x, y에 대하여 $12^x = 3$, $12^y = 8$일 때, $64^{\frac{2-x}{y}}$ 의 값은?

① 47^2 ② 48^2 ③ 49^2

④ 50^2 ⑤ 51^2

012

유형 03

등식

$$\log_2(x^2 - x + k) = 2$$

를 만족시키는 실수 x가 존재하기 위한 모든 자연수 k의 값의 합은?

① 6 ② 7 ③ 8
④ 9 ⑤ 10

013

유형 11

방정식 $\left(\dfrac{x}{2}\right)^{\log_x 3} = x^{\log_3 \frac{x}{2}}$ 의 모든 실근의 합은?

① $\dfrac{14}{3}$ ② 5 ③ $\dfrac{16}{3}$

④ $\dfrac{17}{3}$ ⑤ 6

014

짝기출 007 유형 09

닫힌구간 $[-2,\ 1]$에서 함수 $f(x) = a^{|x|}$ 의 최댓값과 최솟값의 합이 10일 때, 양수 a의 값은?

① $\dfrac{1}{9}$ ② $\dfrac{1}{3}$ ③ 3
④ 9 ⑤ 27

015

그림과 같이 두 함수 $f(x) = a^x \, (a > 1)$,
$g(x) = -b^x + c \, (b > 1, \, c > 2)$의 그래프가 제1사분면
위의 점 P 에서 만난다. 두 함수 $y = f(x)$, $y = g(x)$의
그래프가 y 축과 만나는 점을 각각 A, B 라 하자. 삼각형
APB는 선분 AB 를 빗변으로 하는 직각이등변삼각형이고
넓이가 16이다. $(ab)^2 + c$ 의 값은? (단, a, b, c는 상수이다.)

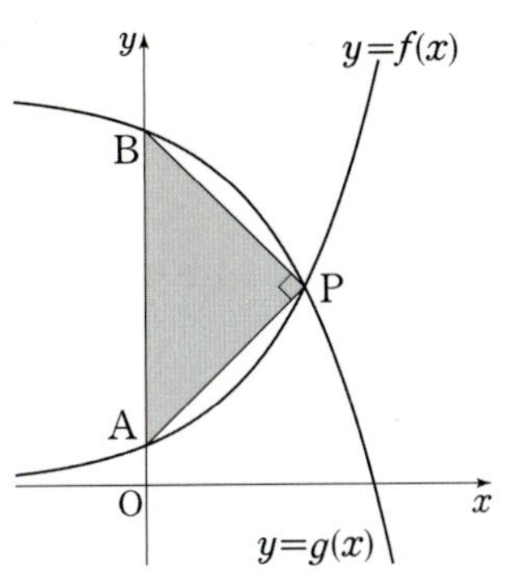

① 12   ② 13   ③ 14

④ 15   ⑤ 16

016

양수 a에 대하여 직선 $y = a$가 두 곡선 $y = \log_2 x$,
$y = -\log_2(-x)$와 만나는 점을 각각 A, B 라 하고, 직선
$y = -a$가 두 곡선 $y = \log_2 x$, $y = -\log_2(-x)$와 만나는
점을 각각 C, D 라 하자. 사각형 ABDC 가 $\overline{AB} = \overline{AC}$ 인
평행사변형일 때, 사각형 ABDC 의 넓이는?

① 4   ② 5   ③ 6

④ 7   ⑤ 8

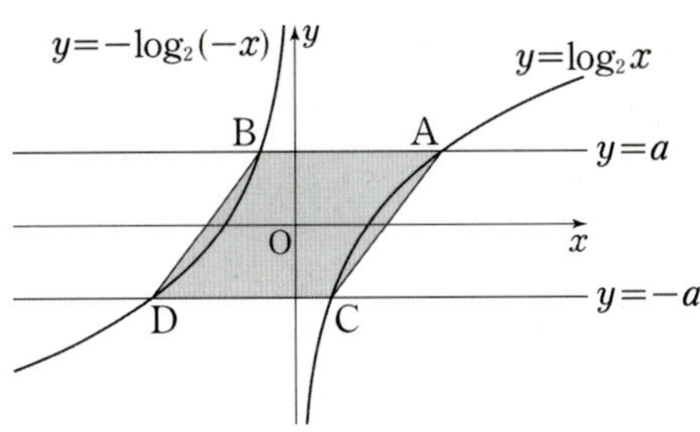

017

세포 안팎으로 발생하는 전위차는 세포막을 경계로 하여 이온 A, B의 농도가 다를 때 발생한다. 두 이온 A, B의 세포 안에서의 농도를 각각 A_1, B_1, 두 이온 A, B의 세포 밖에서의 농도를 각각 A_2, B_2라 하고 세포 안팎으로 발생하는 전위차를 V라 하면 다음과 같은 관계식이 성립한다고 한다.

$$V = C \log \frac{10A_2 + B_2}{10A_1 + B_1}$$

(단, C는 0이 아닌 상수이고 농도의 단위는 mM, 전위차의 단위는 mV이다.)

두 이온 A, B의 세포 안에서의 농도가 각각 295, 50이고, 두 이온 A, B의 세포 밖에서의 농도가 각각 15, 450일 때 발생하는 전위차를 V_1이라 하자. 두 이온 A, B의 세포 안에서의 농도가 각각 247, 30이고, 두 이온 A, B의 세포 밖에서의 농도가 각각 x, 350일 때 발생하는 전위차를 V_2라 하자. $V_1 = V_2$일 때, x의 값은?

① 5 　　　　　② 10 　　　　　③ 15

④ 20 　　　　　⑤ 25

018

곡선 $y = -\log_2(-x)$를 x축의 방향으로 4만큼, y축의 방향으로 $k+2$만큼 평행이동한 곡선을 $y = f(x)$라 하고, 곡선 $y = 3^{2-x}$을 x축의 방향으로 $-k$만큼, y축의 방향으로 -1만큼 평행이동한 곡선을 $y = g(x)$라 하자. 곡선 $y = f(x)$는 제4사분면을 지나지 않고, 곡선 $y = g(x)$는 제3사분면을 지나지 않도록 하는 모든 정수 k의 값의 합을 구하시오.

019

짝기출 010　유형 07

그림과 같이 세 함수 $y = a^{-x}$, $y = \left(\dfrac{1}{5}\right)^{x}$, $y = b^{-x}$의

그래프 및 직선 $x = 0$이 직선 $y = k$와 만나는 점을 차례대로
A, B, C, D 라 하자. 점 B는 선분 AC를 $3 : 1$로 내분하고
점 C는 선분 BD를 $2 : 1$로 내분할 때, $a^{3}b$의 값을
구하시오. (단, $1 < a < 5 < b$, $k > 1$)

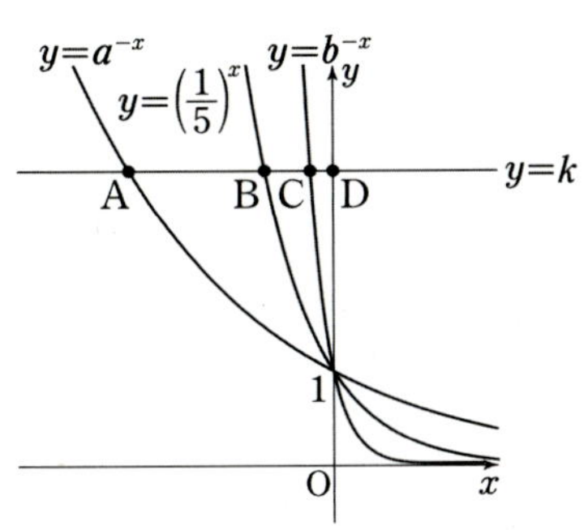

020

짝기출 011　유형 10

$a > 1$, $b > 0$인 두 실수 a, b에 대하여 함수 $y = a^{x} - b$의
그래프와 그 역함수의 그래프가 원점 O와 원점이 아닌 점
P에서 만난다. $\overline{\mathrm{OP}} = \dfrac{\sqrt{2}}{2}$를 만족시키는 모든 순서쌍
(a, b)에 대하여 ab의 값의 합은?

① 1　　　　② $\dfrac{9}{4}$　　　　③ 4

④ $\dfrac{25}{4}$　　　　⑤ 9

021

유형 05

$\log 2 = a$, $\log 3 = b$일 때, $\log_8 75$를 두 실수 a, b로 나타낸 것은?

① $\dfrac{2-2a+b}{5a}$
② $\dfrac{2-a+2b}{3a}$
③ $\dfrac{2-2a+b}{3a}$
④ $\dfrac{2-a+2b}{a}$
⑤ $\dfrac{2-2a+b}{a}$

022

짝기출 012 유형 08

$n \geq 2$인 자연수 n에 대하여 두 곡선

$$y = \log_{\frac{1}{n}} x, \quad y = \log_n (x+2) - 1$$

이 만나는 점의 x좌표를 x_n이라 하자. $1 < x_n < 3$을 만족시키는 모든 n의 개수는?

① 10
② 11
③ 12
④ 13
⑤ 14

023

짝기출 013 유형 10

함수 $f(x) = \left(\dfrac{1}{3}\right)^{x-4}$ 에 대하여 함수 $g(x)$가 모든 양의 실수 x에 대하여 $(f \circ g)(x) = x$를 만족시킬 때, $g(g(1))$의 값은?

① $\log_3 \dfrac{1}{4}$
② $\log_3 \dfrac{3}{4}$
③ $\log_3 \dfrac{9}{4}$
④ $\log_3 \dfrac{27}{4}$
⑤ $\log_3 \dfrac{81}{4}$

024

유형 03

2 이상의 자연수 n에 대하여 $4\log_n 3$의 값이 자연수가 되도록 하는 모든 n의 값의 합을 구하시오.

025

유형 01

$2^{\frac{1}{3}} + 2^{-\frac{1}{3}}$이 x에 대한 방정식 $2x^3 - 6x - a = 0$의 실근이 되도록 하는 상수 a의 값은?

① 3   ② 5   ③ 7

④ 9   ⑤ 11

026

짝기출 014   유형 12

부등식

$$2^{-x+1} \geq \left(\frac{1}{2}\right)^x + \frac{1}{32}$$

을 만족시키는 자연수 x의 최댓값과 최솟값의 합을 구하시오.

유형 04

어느 심리학자의 이론에 따르면 사람에게 주어진 선택가능한 선택지의 개수를 n, 그 사람이 이 중 한 개를 선택하는 데 걸리는 시간을 t초라 할 때, 다음과 같은 관계식이 성립한다고 한다.

$$t = k\log_2(n+1) \ (\text{단, } k\text{는 상수이다.})$$

어떤 사람에게 주어진 선택지의 개수가 각각 11, 15, 23일 때, 한 개를 선택하는 데 걸리는 시간은 각각 t_1초, 8초, t_2초이다. $t_2 - t_1$의 값은?

① 1   ② 2   ③ 3

④ 4   ⑤ 5

짝기출 015   유형 07

그림과 같이 1보다 큰 양수 a, b에 대하여 두 곡선 $f(x) = a^x$, $g(x) = b^{-x}$의 교점을 A 라 하고 두 곡선 $y = f(x)$, $y = g(x)$가 직선 $y = 4$와 만나는 점을 각각 B, C 라 하자. 삼각형 ABC 의 넓이가 $\dfrac{9}{2}$이고 점 D $(0, 4)$는 선분 BC를 $2 : 1$로 내분할 때, $a + b$의 값은?

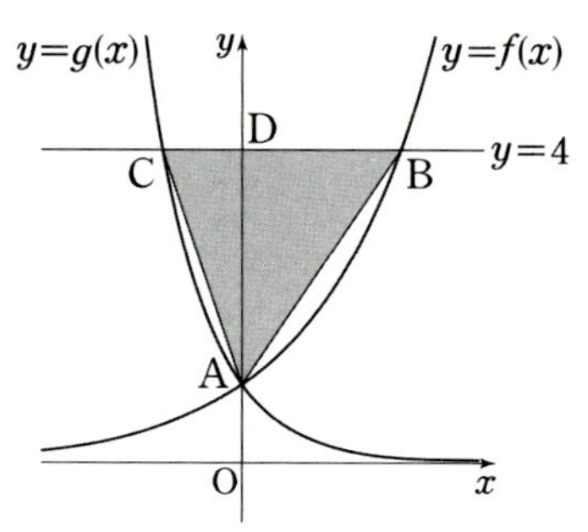

① 3   ② 4   ③ 5

④ 6   ⑤ 7

029

짝기출 016 · 유형 13

모든 실수 x에 대하여 부등식

$$2^{2x} + 2^{x+1} - k + 10 \geq 0$$

이 성립하도록 하는 실수 k의 최댓값은?

① 9 　　　② 10 　　　③ 11
④ 12 　　　⑤ 13

030

유형 15

함수 $f(x)$가 다음 조건을 만족시킬 때, 방정식
$f(x) = \log_6 |x|$의 서로 다른 실근의 개수를 구하시오.

> (가) $0 \leq x \leq 2$일 때, $f(x) = \dfrac{1}{2}x$이다.
>
> (나) 모든 실수 x에 대하여 $f(-x) = f(x)$,
> 　　$f(x+4) = f(x)$이다.

031

짝기출 017 · 유형 01

$\sqrt[3]{2^{n+1}}$ 이 자연수가 되도록 하는 100 이하의 모든 자연수 n의 개수를 구하시오.

032

유형 03

두 양수 a, b에 대하여

$$\log_2 a = \log_3 b = \log_6 5$$

일 때, ab의 값은?

① 1 ② 2 ③ 3

④ 4 ⑤ 5

033

짝기출 018 · 유형 07

함수 $y = a^x \ (a > 1)$의 그래프를 x축의 방향으로 3만큼, y축의 방향으로 2만큼 평행이동한 그래프를 나타내는 함수를 $y = f(x)$라 하자. 함수 $y = f(x)$의 그래프와 직선 $y = 4$가 만나는 점을 A라 할 때, 점 $\mathrm{B}(10,\ 0)$에 대하여 직선 OA와 직선 AB가 서로 수직이 되도록 하는 a의 값은? (단, O는 원점이다.)

① $\dfrac{\sqrt[5]{2}}{3}$ ② $\dfrac{\sqrt[5]{2}}{2}$ ③ $\sqrt[5]{2}$

④ $2\sqrt[5]{2}$ ⑤ $3\sqrt[5]{2}$

034

짝기출 019 · 유형 10

함수 $y = \log_3(9x)$의 그래프를 y축의 방향으로 a만큼 평행이동시킨 그래프와 함수 $y = 3^{x-1}$의 그래프를 x축의 방향으로 b만큼 평행이동시킨 그래프가 직선 $y = x$에 대하여 대칭이다. $a - b$의 값은?

① -2 ② -1 ③ 0

④ 1 ⑤ 2

035

짝기출 020 유형 04

에어컨의 작동 원리는 차가운 냉매와 뜨거운 공기가 만나 공기의 온도를 낮추는 것이다. 어떤 에어컨에서 공기와 냉매의 입구온도차와 출구온도차를 각각 T_1, T_2라 할 때, 평균온도차 T는 다음과 같이 구할 수 있다고 한다.

$$T = \frac{T_1 - T_2}{\log_a T_1 - \log_a T_2}$$

(단, a는 $a > 1$인 상수이고 온도차의 단위는 ℃ 이다.)
공기와 냉매의 입구온도차와 출구온도차가 각각 16, 8일 때의 평균온도차를 T_A라 하고 공기와 냉매의 입구온도차와 출구온도차가 각각 24, 6일 때의 평균온도차를 T_B라 하자.

$\dfrac{T_B}{T_A} = \dfrac{q}{p}$ 일 때, $p + q$의 값을 구하시오.

(단, p와 q는 서로소인 자연수이다.)

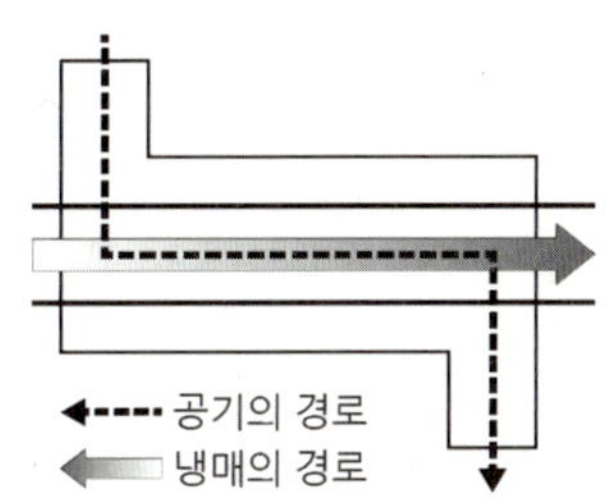

036

유형 09

두 함수 $f(x) = a^x$, $g(x) = \dfrac{1}{2}x^2 - 2x$에 대하여

$1 \leq x \leq 6$에서 함수 $(f \circ g)(x)$의 최댓값이 64가 되도록 하는 1이 아닌 모든 양수 a의 값의 합은?

① $\dfrac{13}{8}$ ② $\dfrac{7}{4}$ ③ $\dfrac{15}{8}$

④ 2 ⑤ $\dfrac{17}{8}$

037

그림과 같이 자연수 n에 대하여 두 점 A, B는 곡선 $y = \dfrac{1}{n+1}\log_2(x+1)$ 위의 점이고 두 점 C, D는 곡선 $y = \log_2(x+1)$ 위의 점이다. 두 선분 AC, BD는 각각 y축에 평행하고 선분 BC는 x축에 평행하다. $\dfrac{\overline{BD}}{\overline{AC}} = 10$을 만족시키는 자연수 n의 값은?

(단, 점 A의 x좌표는 점 B의 x좌표보다 작다.)

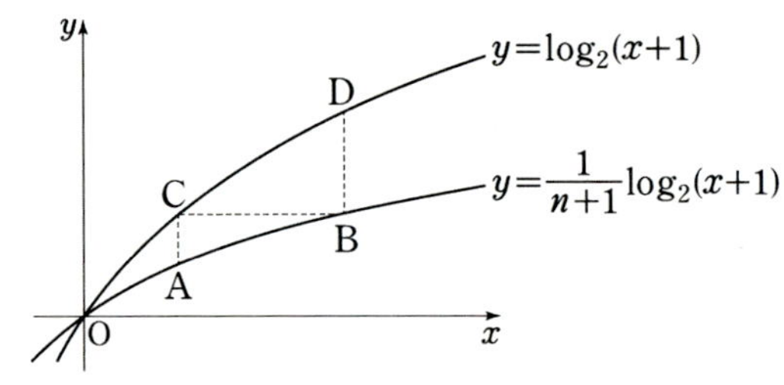

① 6   ② 7   ③ 8
④ 9   ⑤ 10

038

모든 실수 x에 대하여 부등식

$$4^x + 4 \geq a(2^{x+1} - 3)$$

이 성립하도록 하는 실수 a의 최댓값과 최솟값의 합은?

① 2   ② $\dfrac{7}{3}$ ③ $\dfrac{8}{3}$
④ 3   ⑤ $\dfrac{10}{3}$

039

2 이상의 자연수 n에 대하여 $n(n-6)$의 n제곱근 중 실수인 것의 개수를 $f(n)$이라 하자. $\displaystyle\sum_{k=2}^{10} f(k)$의 값을 구하시오.

040

정수 k에 대하여

$$k < \log_2(n^2 - 4n + 7) < k+1$$

을 만족시키는 모든 자연수 n의 값의 합을 $S(k)$라 하자. $S(3) + S(6)$의 값은?

① 48   ② 49   ③ 50
④ 51   ⑤ 52

041

짝기출 022 유형 05

두 실수 a, b가

$$-3a + b = \log_3 25, \quad ab = \log_{27} 5$$

를 만족시킬 때, $\dfrac{1}{3a} - \dfrac{1}{b}$의 값은?

① 1　　　　② 2　　　　③ 3
④ 4　　　　⑤ 5

042

짝기출 023 유형 03

1이 아닌 세 양수 a, b, c가 다음 조건을 만족시킨다.

> (가) 세 수 $\log a$, $\log b$, $\log c$는 이 순서대로
> 　　 등비수열을 이룬다.
> (나) $\log_b c = 64 \log_c a$

$\log_a b$의 값은?

① 2　　　　② $2\sqrt{2}$　　　　③ 4
④ $4\sqrt{2}$　　　　⑤ 8

043

유형 11

방정식 $(x^2 - 5x + 5)^{x-5} = 1$의 모든 실근의 합을 구하시오.

044

짝기출 024 유형 13

x에 대한 두 방정식 $4^x - 10 \times 2^x + 16 = 0$,
$(\log_2 x)^2 = a \log_2 x$에 대하여 각각의 해의 집합이 서로
같을 때, 4^a의 값을 구하시오. (단, a는 상수이다.)

045

짝기출 025 유형 07

직선 $y = -x + 6$이 두 함수 $y = 2^x$, $y = 2^x + k$의
그래프와 만나는 점을 각각 P, Q라 하자. $\overline{PQ} = \sqrt{2}$ 일 때,
양수 k의 값은?

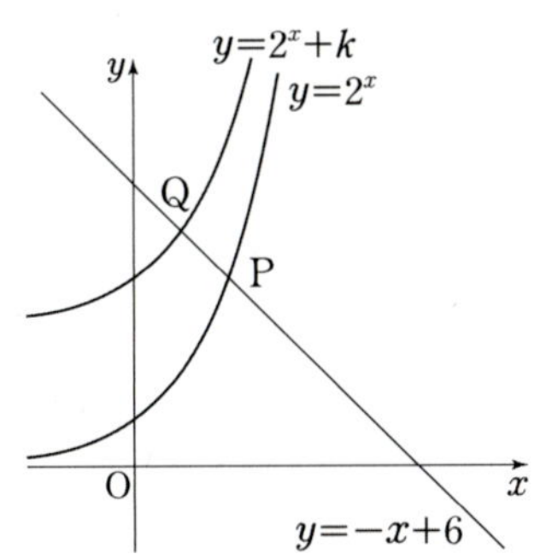

① 1   ② $\dfrac{3}{2}$ ③ 2

④ $\dfrac{5}{2}$ ⑤ 3

046

유형 09

두 함수 $f(x) = \left(\dfrac{1}{2}\right)^x$, $g(x) = \dfrac{2x+1}{x-3}$에 대하여
$4 \leq x \leq 10$에서 함수 $(f \circ g)(x)$의 최댓값을 M,
최솟값을 m이라 할 때, $\dfrac{M}{m}$의 값을 구하시오.

047

이차함수 $y=f(x)$의 그래프가 그림과 같을 때, x에 대한 부등식 $k \times \left(\dfrac{1}{2}\right)^{f(x)} \leq 16$을 만족시키는 정수 x의 개수가 3이 되도록 하는 양수 k의 값의 범위는 $a < k \leq b$이다. ab의 값은?

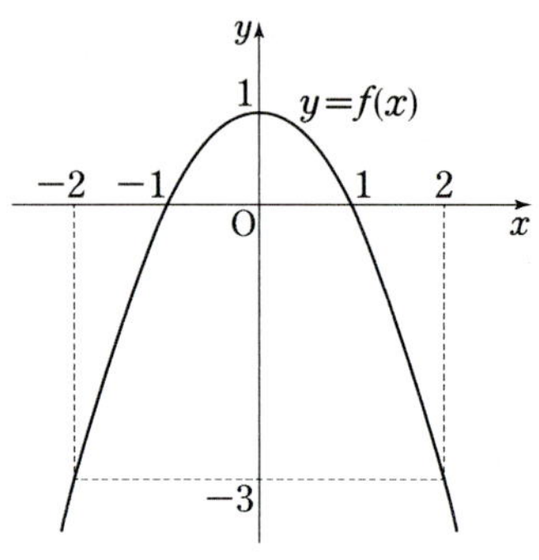

① 8
② 16
③ 32
④ 64
⑤ 128

048

x에 대한 방정식

$$\log_3(x+1) + \log_3(1-2x) = \log_3 a$$

를 만족시키는 실수 x가 존재하도록 하는 자연수 a의 값을 구하시오.

049

그림과 같이 함수 $y = a^x$의 그래프가 직선 $y = -x + 20$과 만나는 점을 A, y축과 만나는 점을 B라 하고 함수 $y = \log_a x$의 그래프가 직선 $y = -x + 20$과 만나는 점을 D, x축과 만나는 점을 C라 하자. 점 D는 점 A와 직선 $y = -x + 20$이 x축과 만나는 점을 이은 선분을 $3 : 1$로 내분하는 점일 때, a의 값과 사각형 ABCD의 넓이의 곱을 구하시오. (단, $a > 1$)

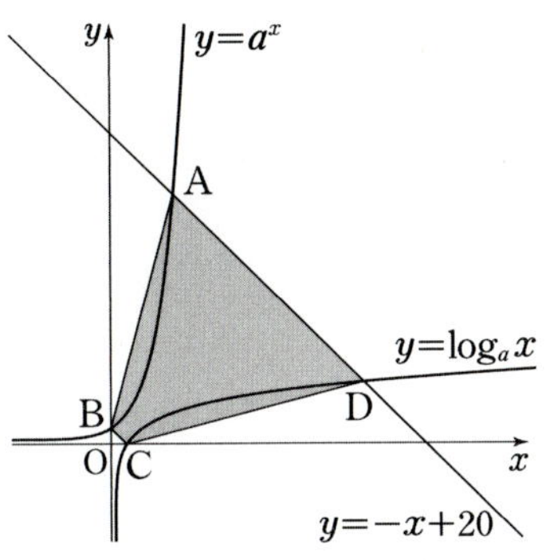

050

그림과 같이 두 함수 $f(x) = \log_2 x$, $g(x) = \log_2 (32x)$에 대하여 직선 $x = a$가 두 곡선 $y = f(x)$, $y = g(x)$와 만나는 점을 각각 A, B라 하고 직선 $x = b$가 두 곡선 $y = f(x)$, $y = g(x)$와 만나는 점을 각각 C, D라 하자. 사각형 ACDB는 넓이가 15인 마름모일 때, 두 양수 a, b에 대하여 $a + b$의 값은? (단, $0 < a < b$)

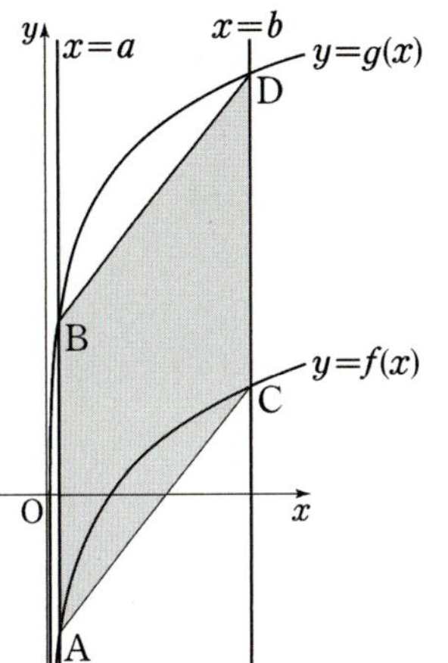

① 3 ② $\dfrac{17}{5}$ ③ $\dfrac{19}{5}$

④ $\dfrac{21}{5}$ ⑤ $\dfrac{23}{5}$

051

$a = 0.3579$, $b = -0.6421$일 때, 다음의 상용로그표를 이용하여 구한 $10^a + 10^b$의 값은?

수	$\cdots$	6	7	8	$\cdots$
$\cdots$	$\cdots$	$\cdots$	$\cdots$	$\cdots$	$\cdots$
2.1	$\cdots$	0.3345	0.3365	0.3385	$\cdots$
2.2	$\cdots$	0.3541	0.3560	0.3579	$\cdots$
2.3	$\cdots$	0.3729	0.3747	0.3766	$\cdots$
$\cdots$	$\cdots$	$\cdots$	$\cdots$	$\cdots$	$\cdots$

① 2.468　　　② 2.475　　　③ 2.488

④ 2.495　　　⑤ 2.508

052

함수 $f(x) = x^2 - 4x + k$에 대하여 다음 조건을 만족시키는 정수 n이 오직 한 개만 존재할 때, 상수 k의 값은?

> $\sqrt[3]{2}^{f(n)}$의 네제곱근 중 실수인 것을 모두 곱한 값은 -4이다.

① 2　　　② 4　　　③ 8

④ 16　　　⑤ 32

053

양수 k에 대하여 함수 $f(x) = 5^{x-2} + k$의 역함수의 그래프를 x축의 방향으로 k^2만큼 평행이동한 그래프를 나타내는 식을 $y = g(x)$라 하자. 두 곡선 $y = f(x)$, $y = g(x)$의 점근선의 교점이 직선 $y = \dfrac{1}{2}x$ 위에 있을 때, k의 값을 구하시오.

054 유형 14

처음 온도가 $T_0(\text{℃})$인 달걀이 온도가 $T_W(\text{℃})$인 물에서 완전히 익는 데 걸리는 시간을 $t(\text{초})$라 할 때, 다음 관계가 성립한다.

$$t = b \log_a \left(0.8 \times \frac{T_W - T_0}{T_W - 68} \right)$$

(단, a, b는 양수이고 $a > 1$, $T_0 < 68 < T_W$이다.)

처음 온도가 $4(\text{℃})$인 달걀이 온도가 $n(\text{℃})$인 물에서 완전히 익는 데 걸리는 시간이 처음 온도가 $20(\text{℃})$인 달걀이 온도가 $100(\text{℃})$인 물에서 완전히 익는 데 걸리는 시간의 2배 넘게 걸릴 때, 자연수 n의 최댓값은?

① 81 ② 83 ③ 85
④ 87 ⑤ 89

055 유형 03

세 양수 a, b, c와 세 실수 x, y, z가 다음 조건을 만족시킬 때,  $\dfrac{1}{x} + \dfrac{3}{y} + \dfrac{6}{z}$의 값을 구하시오.

$$\text{(가)} \ \log_3 \frac{a^5}{b^2} + \log_3 \frac{b^5}{c^2} + \log_3 \frac{c^5}{a^2} = 729$$

$$\text{(나)} \ a^x = (\sqrt[3]{b})^y = (\sqrt[6]{c})^z = 27$$

056 짝기출 032 유형 12

실수 x에 대한 두 조건

$$p : x^2 - (3a+1)x \leq -2a^2 - a$$

$$q : \log_{\frac{1}{3}} (x^2 - 8x + 18) > -1$$

에 대하여 p가 q이기 위한 필요조건이 되도록 하는 모든 정수 a의 값의 합을 구하시오.

057

두 함수 $f(x) = \log_2(x-a)$, $g(x) = \log_2(b-x)$가 다음 조건을 만족시킨다.

> (가) 곡선 $y = g(x)$의 점근선이 곡선 $y = f(x)$와 x축의 교점을 지난다.
> (나) 두 곡선 $y = f(x)$, $y = g(x)$의 교점의 x좌표가 $\dfrac{7}{2}$이다.

두 상수 a, b에 대하여 ab의 값은?

① 6 ② 12 ③ 20

④ 30 ⑤ 42

058

$a > 2$인 상수 a에 대하여 두 함수 $y = \log_3 x$, $y = \log_3(a-x)$의 그래프가 x축과 만나는 두 점을 각각 A, B라 하고, 두 함수 $y = \log_3 x$, $y = \log_3(a-x)$의 그래프의 교점을 C라 하자. 삼각형 CAB의 넓이가 삼각형 COA의 넓이의 8배일 때, 점 C의 y좌표는?

(단, O는 원점이다.)

① $\log_3 5$ ② $\log_3 6$ ③ $\log_3 7$

④ $\log_3 8$ ⑤ 2

059

1보다 큰 두 실수 a, b에 대하여 직선 $y = \dfrac{1}{2}$이 두 곡선

$y = a^x$, $y = a^{2x}$과 만나는 점을 각각 A, B라 하고, 직선

$y = b$가 두 곡선 $y = a^x$, $y = a^{2x}$과 만나는 점을 각각 C,

D라 하자. 〈보기〉에서 옳은 것만을 있는 대로 고른 것은?

───〈보기〉───

ㄱ. 점 A의 x좌표는 점 B의 x좌표의 2배이다.

ㄴ. 사각형 ABCD가 평행사변형이면 $b = 2$이다.

ㄷ. 두 직선 AD, BC의 기울기가 모두 2이면

　$a = 2$이다.

① ㄱ　　　　② ㄱ, ㄴ　　　　③ ㄱ, ㄷ

④ ㄴ, ㄷ　　　　⑤ ㄱ, ㄴ, ㄷ

060

2 이상의 자연수 n에 대하여 좌표평면에서 다음 조건을
만족시키는 가장 큰 정사각형의 한 변의 길이를 a_n이라 하자.

───────────────

(가) 정사각형의 각 변은 좌표축에 평행하다.

(나) 정사각형의 두 대각선의 교점은 곡선
　　$y = \log_2 x$와 직선 $x = 2^n$의 교점이다.

(다) 정사각형의 내부에 있는 점 중에서 곡선
　　$y = \log_2 x$ 위에 있으며 x좌표와 y좌표가 모두
　　자연수인 점은 1개이다.

───────────────

$a_n < 100$을 만족시키는 자연수 n의 최댓값을 구하시오.

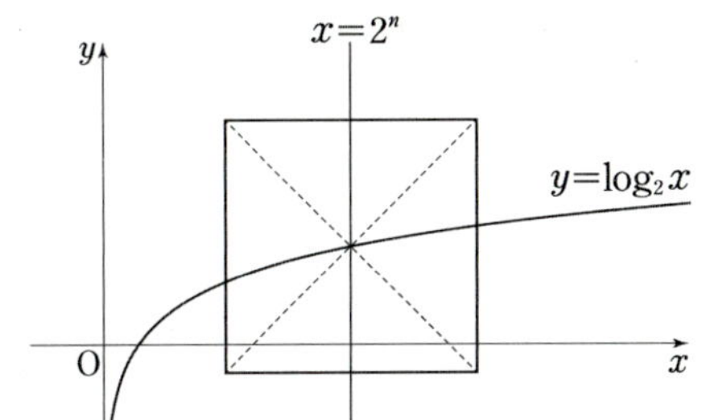

061

$-1 \leq x \leq 2$에서 함수 $f(x) = a - 4^{1-x}$의 최솟값이 -10일 때, $f(x)$는 최댓값 M을 갖는다. $4aM$의 값을 구하시오. (단, a는 상수이다.)

062

두 양수 a, b가

$$\log_4 a = \log_{10} b = \log_{25}(2a+b)$$

를 만족시킬 때, $\dfrac{b}{a}$의 값은?

① $\dfrac{3}{2}$　　② $\dfrac{7}{4}$　　③ 2

④ $\dfrac{9}{4}$　　⑤ $\dfrac{5}{2}$

063

어떤 자연수가 $(\sqrt{2^3})^{10-n}$의 n제곱근 중 하나가 되도록 하는 2 이상의 모든 자연수 n의 값의 합을 구하시오.

064

부등식

$$(\sqrt{3}-1)^m \geq (4-2\sqrt{3})^{4-n}$$

을 만족시키는 자연수 m, n의 모든 순서쌍 (m, n)의 개수는?

① 8　　② 9　　③ 10

④ 11　　⑤ 12

065

이차함수 $y = f(x)$의 그래프와 일차함수 $y = g(x)$의 그래프가 그림과 같을 때, 부등식

$$3^{|f(x) - 2|g(x)} \geq 9^{g(x)}$$

을 만족시키는 모든 자연수 x의 값의 합을 구하시오.

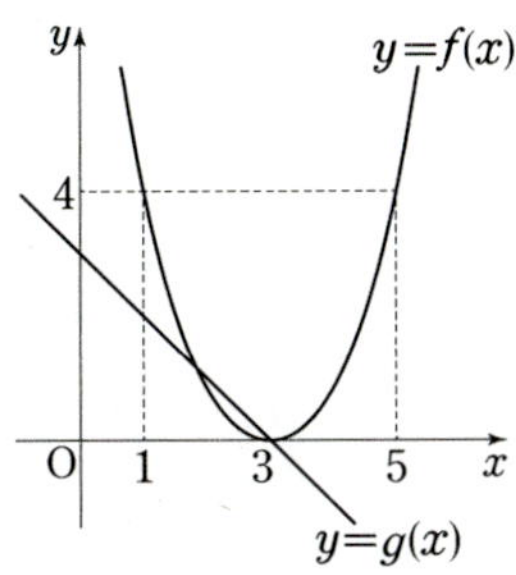

066

다음 조건을 만족시키는 모든 자연수 n의 값의 합을 구하시오.

> (가) $1 < n < 1000$
>
> (나) $\log_{81}\left(\dfrac{3}{n+2}\right)^2$의 값은 정수이다.

067

곡선 $y = \log_{\frac{1}{3}} x$ 위의 한 점 $A\left(a, \log_{\frac{1}{3}} a\right)$를 지나고

x축에 평행한 직선이 곡선 $y = \log_{\frac{1}{3}}(x-3)$과 만나는

점을 B, 점 B를 지나고 y축에 평행한 직선이 곡선

$y = \log_{\frac{1}{3}} x$와 만나는 점을 C, 점 C를 지나고 x축에

평행한 직선이 곡선 $y = \log_{\frac{1}{3}}(x-3)$과 만나는 점을 D,

점 D를 지나고 y축에 평행한 직선이 곡선 $y = \log_{\frac{1}{3}} x$와

만나는 점을 E라 하자. 삼각형 ABC와 삼각형 CDE의

넓이의 비가 $2:1$일 때, $2a$의 값은? (단, $a > 0$)

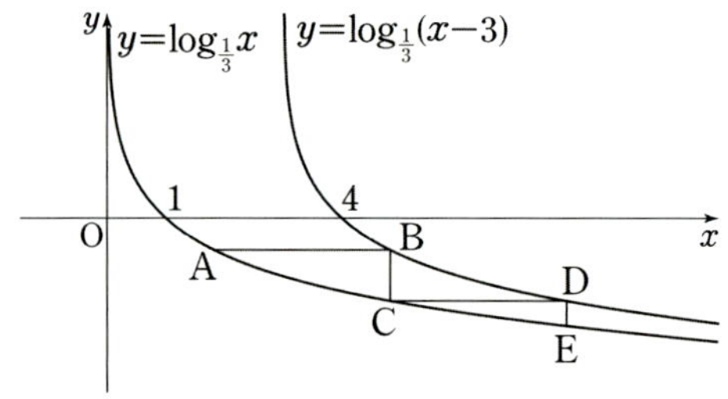

① $-6 + 3\sqrt{6}$ ② $-5 + 3\sqrt{6}$ ③ $-4 + 3\sqrt{5}$

④ $-3 + 3\sqrt{5}$ ⑤ $-2 + 3\sqrt{5}$

068

1보다 큰 실수 a에 대하여 직선 $y = -x + 6$이 y축, 곡선

$y = a^x + 2$, 곡선 $y = \log_a(ax - a)$와 만나는 점을 각각

A, B, C라 하자. $\overline{AB} = \overline{BC}$일 때, $a^5 = \dfrac{q}{p}$이다. $p + q$의

값을 구하시오. (단, p와 q는 서로소인 자연수이다.)

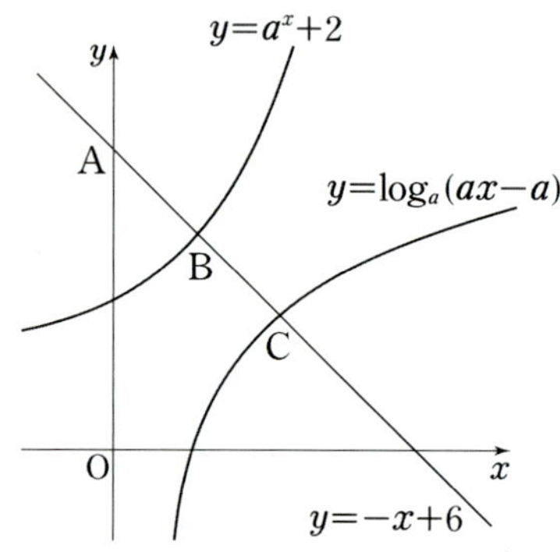

069

유형 13

부등식

$$(\log_{\frac{1}{2}} x^2)(\log_2 x^2) + 24\log_2 |x| \geq n$$

이 다음 조건을 모두 만족시키도록 하는 자연수 n의 값을
구하시오.

> (가) 부등식을 만족시키는 양수 x의 최솟값, 최댓값은
> 모두 자연수이다.
> (나) 부등식을 만족시키는 모든 정수 x의 개수는
> 26이다.

070

유형 07

$1 < p < q$인 두 실수 p, q에 대하여 두 곡선 $y = 4^x$,
$y = 2^{-x}$이 직선 $y = p$와 만나는 점을 각각 A, B라 하고
직선 $y = q$와 만나는 점을 각각 C, D라 하자. 네 점 A, B,
C, D가 다음 조건을 만족시킬 때, $p + q$의 값을 구하시오.

> (가) $\overline{AB} : \overline{CD} = 1 : 3$
> (나) 직선 AC의 기울기는 6이다.
> (다) 사각형 ACDB의 넓이는 18이다.

Ⅰ 지수함수와 로그함수

핵심유형
SET 01
SET 02
SET 03
SET 04
SET 05
SET 06
SET 07
SET 08

071

짝기출 040　유형 08

곡선 $y = \log_2(ax + b)$가 점 $(1,\ 0)$을 지나고 점근선이 직선 $x = -2$일 때, 두 상수 $a,\ b$에 대하여 ab의 값은?

① $\dfrac{1}{9}$　　② $\dfrac{2}{9}$　　③ $\dfrac{1}{3}$

④ $\dfrac{4}{9}$　　⑤ $\dfrac{5}{9}$

072

짝기출 041　유형 03

$1 < \log_2 x^3 < 25$인 양수 x에 대하여 $\log_2 \sqrt[3]{x} + \dfrac{3}{2}$의 값이 자연수가 되도록 하는 x의 최댓값과 최솟값의 곱은?

① 128　　② 256　　③ 512

④ 1024　　⑤ 2048

073

짝기출 042　유형 05

네 양수 $x,\ y,\ z,\ a$가 다음 조건을 만족시킬 때, a^3의 값은?

$$(가)\ 2^x = 3^y = a^z$$
$$(나)\ \log 3 + \log xy - \log(3x - y) = \log z$$

① $\dfrac{23}{2}$　　② 12　　③ $\dfrac{25}{2}$

④ 13　　⑤ $\dfrac{27}{2}$

074

찍기출 043 유형 12

x에 대한 부등식

$$3 \leq \log_2(x+2)+\log_2(x+4) \leq k$$

를 만족시키는 모든 정수 x의 개수가 6이 되도록 하는 자연수 k의 값을 구하시오.

076

유형 13

자연수 n에 대하여 부등식

$$n < \log_2 m \leq n+2$$

를 만족시키는 자연수 m의 개수를 $f(n)$이라 하자.
$f(2k)-12f(k)+96=0$을 만족시키는 모든 자연수 k의
값의 합을 구하시오.

핵심유형
SET 01
SET 02
SET 03
SET 04
SET 05
SET 06
SET 07
SET 08

075

찍기출 044 유형 01

다음 조건을 만족시키는 최고차항의 계수가 1인 이차함수
$f(x)$가 존재하도록 하는 모든 짝수 n의 값의 합은?

> (가) x에 대한 방정식 $(x^n - 16)f(x) = 0$은 서로
>   다른 세 실근을 갖는다.
> (나) 함수 $f(x)$는 서로 다른 두 양의 실근을 갖고,
>   두 근의 곱은 1이다.
> (다) $f(1)$의 값은 유리수이다.

① 2 　　　　② 4 　　　　③ 6
④ 8 　　　　⑤ 10

두 곡선 $y = 4^x$, $y = 16^x$과 한 점 $A(1, 4)$가 있다. 점 A를 지나며 y축에 평행한 직선이 곡선 $y = 16^x$과 만나는 점을 P_1이라 하고, 점 P_1을 지나며 x축에 평행한 직선이 곡선 $y = 4^x$과 만나는 점을 Q_1이라 하자.

점 Q_1을 지나며 y축에 평행한 직선이 곡선 $y = 16^x$과 만나는 점을 P_2라 하고, 점 P_2를 지나며 x축에 평행한 직선이 곡선 $y = 4^x$과 만나는 점을 Q_2라 하자.

이와 같은 과정을 계속하여 n번째 얻은 두 점을 각각 P_n, Q_n이라 하고 점 Q_n의 x좌표를 x_n이라 할 때, $x_n > k$를 만족시키는 자연수 n의 최솟값이 8이 되도록 하는 자연수 k의 최솟값을 구하시오.

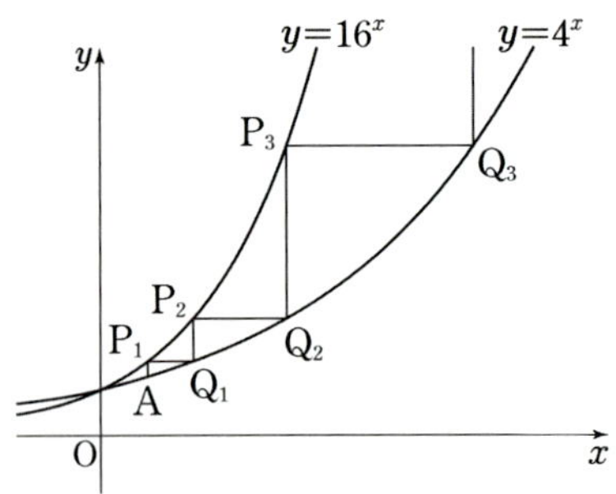

x에 대한 방정식 $|3^{-x-1} - 2| = a$가 서로 다른 두 실근 α, β를 갖고 $\alpha\beta < 0$을 만족시키도록 하는 양수 a의 값의 범위는?

① $1 < a < 2$ ② $1 < a < \dfrac{5}{3}$ ③ $\dfrac{4}{3} < a < 2$

④ $\dfrac{4}{3} < a < \dfrac{5}{3}$ ⑤ $\dfrac{5}{3} < a < 2$

079

세 점 $A(1, 5)$, $B(8, 1)$, $C(7, 4)$에 대하여 함수 $y = \log_2(x + a)$의 그래프와 이 함수의 역함수의 그래프가 모두 삼각형 ABC와 만날 때, 실수 a의 최댓값을 M, 최솟값을 m이라 하자. $M - m$의 값을 구하시오.

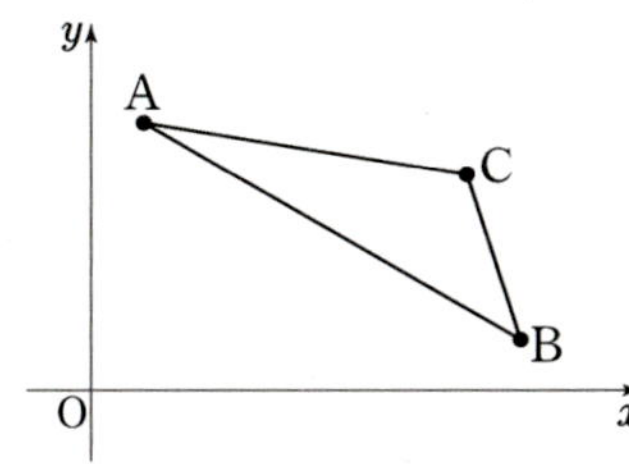

080

$2 \le x \le 32$에서 정의된 함수 $f(x) = \log_2 x$와 2 이상의 모든 자연수 n에 대하여 두 곡선 $y = f(x)$, $y = f(\sqrt[n]{x})$와 두 직선 $x = 2$, $x = 32$로 둘러싸인 부분의 내부 또는 그 경계에 포함되고 x좌표와 y좌표가 모두 자연수인 점의 개수를 $g(n)$이라 하자. 〈보기〉에서 옳은 것만을 있는 대로 고른 것은?

〈보기〉

ㄱ. 곡선 $y = f(x)$ 위의 점 중 x좌표와 y좌표가 모두 자연수인 점은 5개이다.

ㄴ. 함수 $f(\sqrt[n]{x})$의 최댓값과 최솟값의 합은 $\dfrac{6}{n}$이다.

ㄷ. $g(n) \ge g(3) + 16$을 만족시키는 자연수 n의 최솟값은 5이다.

---

① ㄱ 　　② ㄱ, ㄴ 　　③ ㄱ, ㄷ
④ ㄴ, ㄷ 　　⑤ ㄱ, ㄴ, ㄷ

II

삼각함수

1 삼각함수

호도법

1. 일반각의 뜻

고정된 시초선 OX 에 대하여 동경 OP 가 나타내는 한 각의 크기를 $\alpha°$라 할 때,
동경 OP 가 나타내는 각의 크기는 다음과 같이 여러 가지로 표현할 수 있다.

$360° \times n + \alpha°$ (단, n은 정수)

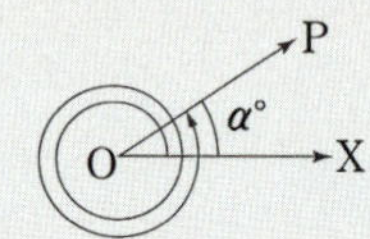

이때 크기가 이와 같은 각을 동경 OP 가 나타내는 일반각이라 한다.

2. 호도법의 뜻

반지름의 길이와 호의 길이가 같은 부채꼴의 중심각의 크기 $\dfrac{180°}{\pi}$ 를 1(라디안)으로 정의한다.

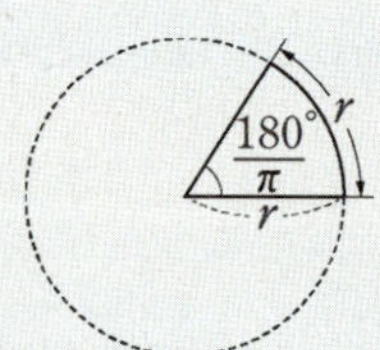

180° = π인 관계가 있고, 보통 단위 '라디안'을 생략하여 실수처럼 쓴다.

$$30° = \frac{\pi}{6} \qquad 90° = \frac{\pi}{2} \qquad 150° = \frac{5}{6}\pi$$
$$45° = \frac{\pi}{4} \qquad 120° = \frac{2}{3}\pi$$
$$60° = \frac{\pi}{3} \qquad 135° = \frac{3}{4}\pi$$

이것을 단위로 하여 각의 크기를 나타내는 방법을 호도법이라 한다.

3. 호도법을 이용한 부채꼴의 호의 길이와 넓이

반지름의 길이가 r, 중심각의 크기가 θ인 부채꼴의 호의 길이를 l, 넓이를 S라고 하면

$l = r\theta$ 호의 길이는 반지름의 길이에 비례하고 중심각의 크기에 비례한다.

$$S = \frac{1}{2}r^2\theta = \frac{1}{2}rl$$

유형 01 호도법과 삼각함수의 뜻

대표기출16 _ 2020년 3월 시행 교육청 고3 가형 23번

중심각의 크기가 1라디안이고 둘레의 길이가 24인 부채꼴의
넓이를 구하시오. [3점]

| 풀이 | 부채꼴의 반지름의 길이를 r, 호의 길이를 l이라 하자.
중심각의 크기가 1라디안이므로 $l = r$
부채꼴의 둘레의 길이가 24이므로 $2r + l = 24$
$l = r$를 대입하면 $3r = 24$
$\therefore r = 8,\ l = 8$
따라서 부채꼴의 넓이는 $\dfrac{1}{2}rl = \dfrac{1}{2} \times 8 \times 8 = 32$ **답** 32

삼각함수

1. 삼각함수의 정의

점 $P(x, y)$에서 원점 O에 이르는 거리를 $d = \sqrt{x^2 + y^2}$ 이라 하자.

반직선 OP가 x축의 양의 방향으로부터 시곗바늘이 도는 반대 방향으로 회전한 각의 크기가 θ일 때

$$\sin\theta = \frac{y}{d} = \frac{y\text{좌표}}{\text{원점까지 거리}}$$

$$\cos\theta = \frac{x}{d} = \frac{x\text{좌표}}{\text{원점까지 거리}}$$

$$\tan\theta = \frac{y}{x} = \frac{y\text{좌표}}{x\text{좌표}} = (\text{직선 } OP \text{의 기울기})$$

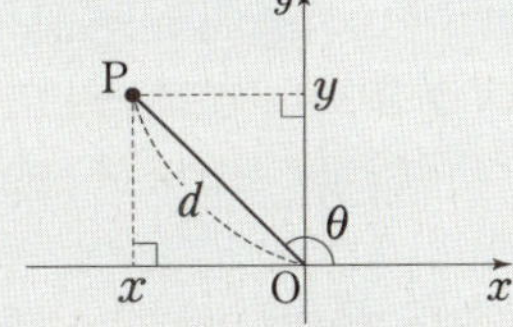

로 삼각함수를 정의한다. 이때 점 P의 좌표는 $(d\cos\theta, d\sin\theta)$로 나타내어진다.

> **단축Key** **삼각형의 넓이**
>
> 두 변의 길이가 a, b이고 그 끼인각의 크기가 θ $(0 < \theta < \pi)$인 삼각형의 넓이는 $\frac{1}{2}ab\sin\theta$이다.

2. 특수한 각의 삼각함수의 값

정삼각형과 정사각형으로부터 구해지는 각을 포함한 여러 가지 특수한 각에 대한 삼각함수의 값은 다음과 같다.

함수＼각	0	$\dfrac{\pi}{6}$	$\dfrac{\pi}{4}$	$\dfrac{\pi}{3}$	$\dfrac{\pi}{2}$
$\sin$	0	$\dfrac{1}{2}$	$\dfrac{\sqrt{2}}{2}$	$\dfrac{\sqrt{3}}{2}$	1
$\cos$	1	$\dfrac{\sqrt{3}}{2}$	$\dfrac{\sqrt{2}}{2}$	$\dfrac{1}{2}$	0
$\tan$	0	$\dfrac{\sqrt{3}}{3}$	1	$\sqrt{3}$	없음

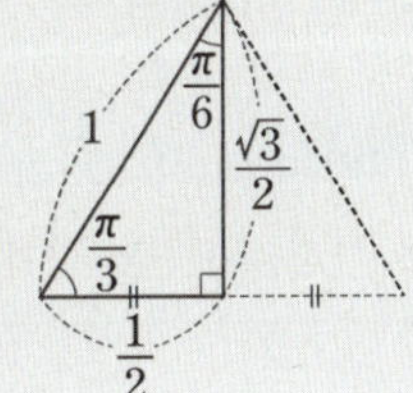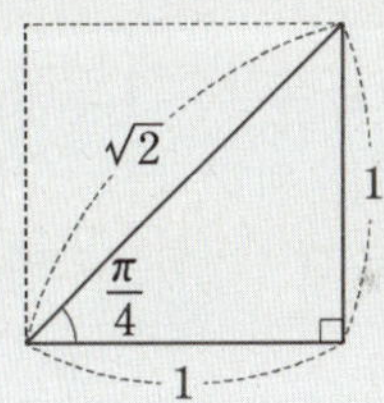

3. 삼각함수 사이의 관계

삼각함수의 정의에 의하여 다음과 같은 관계가 성립한다.

❶ $\tan\theta = \dfrac{y}{x} = \dfrac{\frac{y}{d}}{\frac{x}{d}} = \dfrac{\sin\theta}{\cos\theta}$

❷ $\sin^2\theta + \cos^2\theta = \left(\dfrac{y}{d}\right)^2 + \left(\dfrac{x}{d}\right)^2 = \dfrac{x^2 + y^2}{d^2} = 1$

유형 02 삼각함수 사이의 관계

대표기출17 _ 2024학년도 9월 평가원 3번

$\dfrac{3}{2}\pi < \theta < 2\pi$인 θ에 대하여 $\cos\theta = \dfrac{\sqrt{6}}{3}$일 때, $\tan\theta$의 값은? [3점]

① $-\sqrt{2}$
② $-\dfrac{\sqrt{2}}{2}$
③ 0
④ $\dfrac{\sqrt{2}}{2}$
⑤ $\sqrt{2}$

｜풀이｜ $\dfrac{3}{2}\pi < \theta < 2\pi$에서 $\sin\theta < 0$이므로

$$\sin\theta = -\sqrt{1 - \cos^2\theta} = -\sqrt{1 - \left(\dfrac{\sqrt{6}}{3}\right)^2} = -\dfrac{\sqrt{3}}{3}$$

$$\therefore \tan\theta = \dfrac{\sin\theta}{\cos\theta} = \dfrac{-\dfrac{\sqrt{3}}{3}}{\dfrac{\sqrt{6}}{3}} = -\dfrac{\sqrt{2}}{2}$$

답 ②

1. 기본 형태의 삼각함수의 그래프

(단, n은 정수)

함수	$y=\sin x$	$y=\cos x$	$y=\tan x$
그래프			
정의역	실수 전체의 집합		$x \neq n\pi + \dfrac{\pi}{2}$ 인 실수 전체의 집합
치역	$\{y \mid -1 \le y \le 1\}$		실수 전체의 집합
최대·최소	최댓값 1, 최솟값 -1		없음
주기	2π		π
점대칭 기준	점 $(n\pi, 0)$	점 $\left(n\pi + \dfrac{\pi}{2}, 0\right)$	점 $\left(\dfrac{n}{2}\pi, 0\right)$
선대칭 기준	직선 $x = n\pi + \dfrac{\pi}{2}$	직선 $x = n\pi$	없음
기타 특징	두 함수의 그래프는 평행이동 또는 대칭이동에 의하여 서로 겹쳐진다.		점근선 : 직선 $x = n\pi + \dfrac{\pi}{2}$

2. 복잡한 형태의 삼각함수의 그래프

기본 형태의 삼각함수의 그래프를 적당히 변형 또는 이동시켜 얻을 수 있고

a는 그래프의 세로폭($\updownarrow$), b는 그래프의 가로폭($\leftrightarrow$), c는 그래프의 위치를 결정한다.

함수	$y=a\sin(bx)+c$	$y=a\cos(bx)+c$	$y=a\tan(bx)+c$
최대·최소	최댓값 $\|a\|+c$, 최솟값 $-\|a\|+c$		없음
주기	$\dfrac{2\pi}{\|b\|}$		$\dfrac{\pi}{\|b\|}$

유형 03 삼각함수의 그래프

대표기출18 _ 2020년 7월 시행 교육청 고3 가형 5번

두 양수 a, b에 대하여 함수 $f(x) = a\cos bx + 3$이 있다. 함수 $f(x)$는 주기가 4π이고 최솟값이 -1일 때, $a+b$의 값은? [3점]

① $\dfrac{9}{2}$ ② $\dfrac{11}{2}$ ③ $\dfrac{13}{2}$

④ $\dfrac{15}{2}$ ⑤ $\dfrac{17}{2}$

| 풀이 | 양수 b에 대하여 함수 $f(x) = a\cos bx + 3$의 주기가 4π이므로

$\dfrac{2\pi}{b} = 4\pi$ $\therefore$ $b = \dfrac{1}{2}$

양수 a에 대하여 함수 $f(x) = a\cos bx + 3$의 최솟값이 -1이므로

$-a + 3 = -1$ $\therefore$ $a = 4$

$\therefore a + b = 4 + \dfrac{1}{2} = \dfrac{9}{2}$

답 ①

3. 삼각함수의 성질

❶ $\sin(2n\pi + x) = \sin x$ (단, n은 정수)

$\cos(2n\pi + x) = \cos x$ (단, n은 정수)

$\tan(n\pi + x) = \tan x$ (단, n은 정수)

❷ $\sin(-x) = -\sin x$

$\cos(-x) = \cos x$

$\tan(-x) = -\tan x$

❸ $\sin(\pi + x) = -\sin x,\ \sin(\pi - x) = \sin x$

$\cos(\pi + x) = -\cos x,\ \cos(\pi - x) = -\cos x$

$\tan(\pi + x) = \tan x,\ \tan(\pi - x) = -\tan x$

❹ $\sin\left(\dfrac{\pi}{2} + x\right) = \cos x,\ \sin\left(\dfrac{\pi}{2} - x\right) = \cos x$

$\cos\left(\dfrac{\pi}{2} + x\right) = -\sin x,\ \cos\left(\dfrac{\pi}{2} - x\right) = \sin x$

$\tan\left(\dfrac{\pi}{2} + x\right) = -\dfrac{1}{\tan x},\ \tan\left(\dfrac{\pi}{2} - x\right) = \dfrac{1}{\tan x}$

유형 04 삼각함수의 성질

대표기출19 _ 2021학년도 9월 평가원 나형 3번

$\cos^2\left(\dfrac{\pi}{6}\right) + \tan^2\left(\dfrac{2\pi}{3}\right)$의 값은? [2점]

① $\dfrac{3}{2}$ ② $\dfrac{9}{4}$ ③ 3

④ $\dfrac{15}{4}$ ⑤ $\dfrac{9}{2}$

| 풀이 | $\cos\dfrac{\pi}{6} = \dfrac{\sqrt{3}}{2}$

$\tan\dfrac{2\pi}{3} = \tan\left(\pi - \dfrac{\pi}{3}\right) = -\tan\dfrac{\pi}{3} = -\sqrt{3}$

$\therefore\ \cos^2\left(\dfrac{\pi}{6}\right) + \tan^2\left(\dfrac{2\pi}{3}\right) = \left(\dfrac{\sqrt{3}}{2}\right)^2 + (-\sqrt{3})^2$

$$= \dfrac{3}{4} + 3 = \dfrac{15}{4}$$

답 ④

1. 삼각함수가 포함된 방정식

❶ 일반적인 풀이

방정식 $\sin x = a$의 해

$\Leftrightarrow$ 곡선 $y = \sin x$와 직선 $y = a$의 교점의 x좌표

방정식 $\cos x = a$, $\tan x = a$도 마찬가지이다.

❷ 각이 복잡한 형태인 경우

방정식 $\sin x = a$의 해를 $\alpha_1,\ \alpha_2,\ \cdots,\ \alpha_n$이라 하면 (❶을 이용)

방정식 $\sin f(x) = a$의 해

$\Leftrightarrow$ 방정식 $f(x) = \alpha_i$의 해의 합집합 (단, $1 \le i \le n$)

방정식 $\cos f(x) = a$, $\tan f(x) = a$도 마찬가지이다.

❸ $\sin^2 x$ 또는 $\cos^2 x$가 포함된 경우

방정식 $\sin^2 x + p\cos x + q = 0$에서 $\sin^2 x + \cos^2 x = 1$임을 이용하여

방정식 $(1 - \cos^2 x) + p\cos x + q = 0$으로 바꾼다.

이 방정식에서 $\cos x = t\ (-1 \le t \le 1)$로 치환하여

t에 대한 이차방정식 $t^2 - pt - 1 - q = 0$의 해를 구한 뒤

구해진 t의 값을 이용하여 ❶의 방식으로 x의 값을 구한다.

🔑 **단축Key** $\ 0 \le x \le 2\pi$에서 **방정식 $\sin x = a$의 모든 해의 합** $\Leftrightarrow 0 \le x \le 2\pi$에서 곡선 $y = \sin x$와 직선 $y = a$의 모든 교점의 x좌표의 합

(1) $0 < a < 1$일 때

두 교점이 직선 $x = \dfrac{\pi}{2}$에 대하여 대칭이므로 두 교점의 x좌표의 합은 π이다.

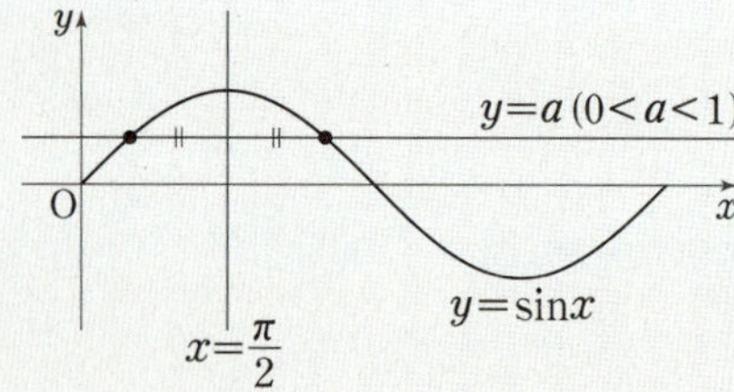

(2) $-1 < a < 0$일 때

두 교점이 직선 $x = \dfrac{3}{2}\pi$에 대하여 대칭이므로 두 교점의 x좌표의 합은 3π이다.

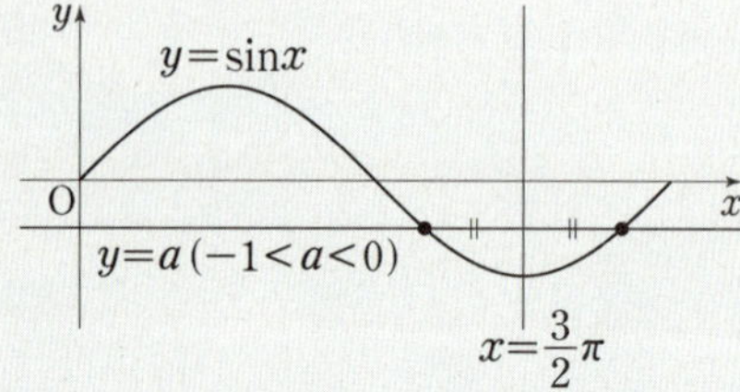

$0 \le x \le 2\pi$에서 방정식 $\cos x = a$의 모든 해의 합도 마찬가지로 $\Leftrightarrow 0 \le x \le 2\pi$에서 곡선 $y = \cos x$와 직선 $y = a$의 모든 교점의 x좌표의 합

함수 $y = \cos x$의 그래프가 직선 $x = \pi$에 대하여 대칭임을 이용하면 된다.

🔑 단축Key **방정식 $\tan x = a$의 모든 해의 합**

함수 $\tan x$는 주기가 π이므로

방정식 $\tan x = a$의 해를 $\alpha \left(-\dfrac{\pi}{2} < \alpha < \dfrac{\pi}{2} \right)$라 하면

또 다른 해는 $\cdots$, $\alpha - \pi$, $\alpha + \pi$, $\alpha + 2\pi$, $\cdots$ 이다.

따라서 제한된 범위에서 방정식의 모든 해의 합은 이 중 범위에 속하는 모든 해를 더해서 얻을 수 있다.

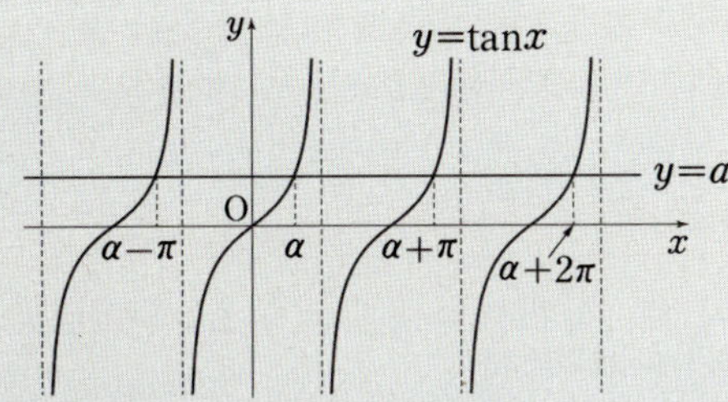

2. 삼각함수가 포함된 부등식

❶ 일반적인 풀이

부등식 $\sin x > a$(또는 $\sin x < a$)의 해

$\Leftrightarrow$ 곡선 $y = \sin x$가 직선 $y = a$보다 위쪽(또는 아래쪽)에 있는 부분의 x의 값의 범위

부등식 $\cos x > a$, $\tan x > a$도 마찬가지이다.

❷ $\sin^2 x$ 또는 $\cos^2 x$가 포함된 경우

부등식 $\cos^2 x + p\sin x + q > 0$에서 $\sin^2 x + \cos^2 x = 1$임을 이용하여

부등식 $(1 - \sin^2 x) + p\sin x + q > 0$으로 바꾼다.

이 부등식에서 $\sin x = t$ $(-1 \leq t \leq 1)$로 치환하여

t에 대한 이차부등식 $t^2 - pt - 1 - q < 0$의 해를 구한 뒤

구해진 t의 값의 범위를 이용하여 ❶의 방식으로 x의 값의 범위를 구한다.

대표기출20 _ 2018학년도 9월 평가원 가형 6번

$0 \le x \le \pi$일 때, 방정식

$$1+\sqrt{2}\sin(2x)=0$$

의 모든 해의 합은? [3점]

① π ② $\dfrac{5}{4}\pi$ ③ $\dfrac{3}{2}\pi$

④ $\dfrac{7}{4}\pi$ ⑤ 2π

| 풀이 | $0 \le x \le \pi$일 때 방정식 $1+\sqrt{2}\sin(2x)=0$,

즉 $\sin(2x)=-\dfrac{\sqrt{2}}{2}$ 의 해는

$0 \le x \le \pi$에서 곡선 $y=\sin(2x)$와 직선 $y=-\dfrac{\sqrt{2}}{2}$ 의 교점의 x좌표와 같다.

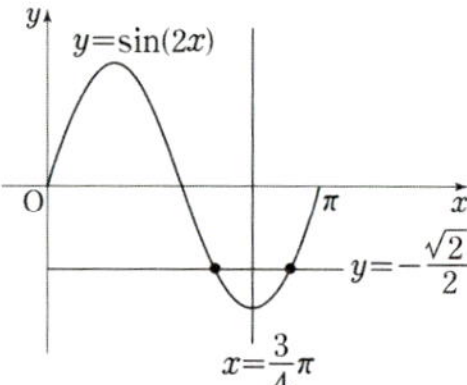

이때 두 교점은 직선 $x=\dfrac{3}{4}\pi$에 대하여 대칭이므로

구하는 모든 해의 합은 $\dfrac{3}{4}\pi \times 2 = \dfrac{3}{2}\pi$ 이다.

답 ③

대표기출21 _ 2019학년도 수능 가형 11번

$0 \le \theta < 2\pi$일 때, x에 대한 이차방정식

$$6x^2+(4\cos\theta)x+\sin\theta=0$$

이 실근을 갖지 않도록 하는 모든 θ의 값의 범위는 $\alpha < \theta < \beta$이다. $3\alpha+\beta$의 값은? [3점]

① $\dfrac{5}{6}\pi$ ② π ③ $\dfrac{7}{6}\pi$

④ $\dfrac{4}{3}\pi$ ⑤ $\dfrac{3}{2}\pi$

| 풀이 | 이차방정식 $6x^2+(4\cos\theta)x+\sin\theta=0$이 실근을 갖지 않으므로 주어진 이차방정식의 판별식을 D라 하면

$\dfrac{D}{4}=(2\cos\theta)^2-6\sin\theta<0$에서

$2\cos^2\theta-3\sin\theta<0$

$2(1-\sin^2\theta)-3\sin\theta<0$

$2\sin^2\theta+3\sin\theta-2>0$

이때 $\sin\theta=t\,(-1\le t\le 1)$라 하면   ……㉠

$2t^2+3t-2>0,\ (t+2)(2t-1)>0$에서

$t<-2$ 또는 $t>\dfrac{1}{2}$ ……㉡

㉠, ㉡에 의하여 $\dfrac{1}{2}<t\le 1$, 즉 $\dfrac{1}{2}<\sin\theta\le 1$이고

$0\le\theta<2\pi$이므로 구하는 θ의 값의 범위는 $\dfrac{\pi}{6}<\theta<\dfrac{5}{6}\pi$이다.

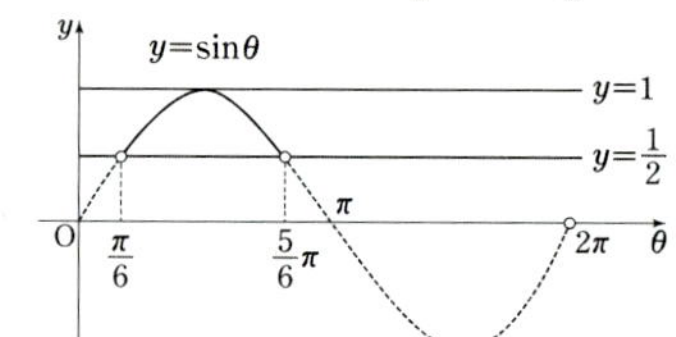

$\therefore\ 3\alpha+\beta=\dfrac{3}{6}\pi+\dfrac{5}{6}\pi=\dfrac{4}{3}\pi$

답 ④

1. 사인법칙 두 쌍의 '마주 보는 변의 길이, 각의 크기' 중 3개의 정보를 알면 나머지 1개를 구할 수 있다.
한 쌍의 '마주 보는 변의 길이, 각의 크기'와 '삼각형의 외접원의 반지름의 길이' 중 2개의 정보를 알면 나머지 1개를 구할 수 있다.

삼각형 ABC에서 외접원의 반지름의 길이를 R라 하면

$$\frac{a}{\sin A} = \frac{b}{\sin B} = \frac{c}{\sin C} = 2R$$

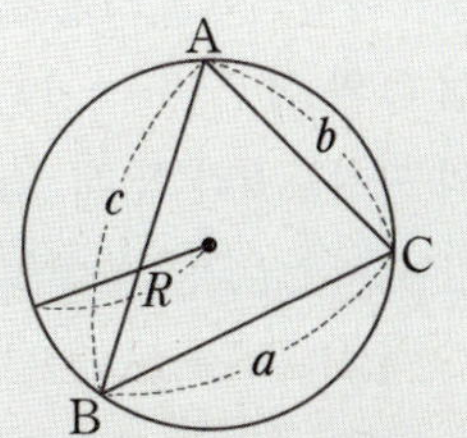

2. 코사인법칙 세 변의 길이와 한 각의 크기 중 3개의 정보를 알면 나머지 1개를 구할 수 있다.

삼각형 ABC에서

$$a^2 = b^2 + c^2 - 2bc\cos A, \ b^2 = c^2 + a^2 - 2ca\cos B, \ c^2 = a^2 + b^2 - 2ab\cos C$$

위의 코사인법칙을 다음과 같이 변형하여 사용할 수도 있다.

$$\cos A = \frac{b^2 + c^2 - a^2}{2bc}, \ \cos B = \frac{c^2 + a^2 - b^2}{2ca}, \ \cos C = \frac{a^2 + b^2 - c^2}{2ab}$$

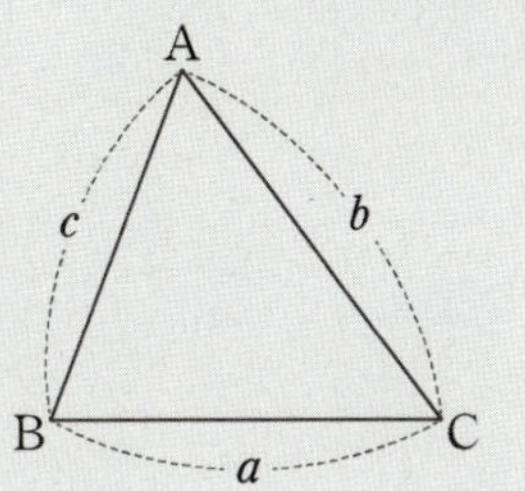

유형 07 사인법칙의 이해

대표기출22 _ 2021학년도 9월 평가원 나형 9번

$\overline{AB} = 8$이고 $\angle A = 45°$, $\angle B = 15°$인 삼각형 ABC에서 선분 BC의 길이는? [3점]

① $2\sqrt{6}$ ② $\dfrac{7\sqrt{6}}{3}$ ③ $\dfrac{8\sqrt{6}}{3}$

④ $3\sqrt{6}$ ⑤ $\dfrac{10\sqrt{6}}{3}$

| 풀이 | 삼각형 ABC에서

$\angle C = 180° - (45° + 15°) = 120°$

사인법칙에 의하여 $\dfrac{8}{\sin 120°} = \dfrac{\overline{BC}}{\sin 45°}$

$\therefore \ \overline{BC} = \dfrac{8}{\sin 120°} \times \sin 45°$

$= \dfrac{8}{\frac{\sqrt{3}}{2}} \times \dfrac{\sqrt{2}}{2} = \dfrac{8\sqrt{6}}{3}$

답 ③

유형 08 코사인법칙의 이해

대표기출23 _ 2021학년도 9월 평가원 나형 25번

$\overline{AB} = 6$, $\overline{AC} = 10$인 삼각형 ABC가 있다. 선분 AC 위에 점 D를 $\overline{AB} = \overline{AD}$가 되도록 잡는다. $\overline{BD} = \sqrt{15}$일 때, 선분 BC의 길이를 k라 하자. k^2의 값을 구하시오. [3점]

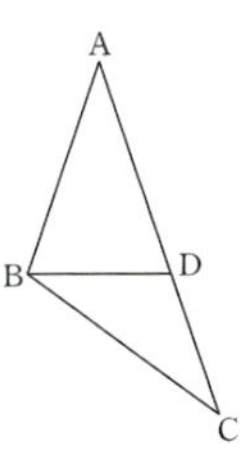

| 풀이 | 삼각형 ABD에서 $\overline{AB} = \overline{AD} = 6$, $\overline{BD} = \sqrt{15}$ 이므로
코사인법칙에 의하여

$\cos(\angle BAD) = \dfrac{6^2 + 6^2 - (\sqrt{15})^2}{2 \times 6 \times 6} = \dfrac{19}{24}$

이때 삼각형 ABC에서 $\overline{AB} = 6$, $\overline{AC} = 10$이므로
코사인법칙에 의하여

$k^2 = \overline{BC}^2 = 6^2 + 10^2 - 2 \times 6 \times 10 \times \dfrac{19}{24}$

$= 36 + 100 - 95 = 41$

답 41

유형 09 사인법칙과 코사인법칙의 활용

대표기출24 _ 2021학년도 수능 나형 28번

$\angle A = \dfrac{\pi}{3}$이고 $\overline{AB} : \overline{AC} = 3 : 1$인 삼각형 ABC가 있다. 삼각형 ABC의 외접원의 반지름의 길이가 7일 때, 선분 AC의 길이를 k라 하자. k^2의 값을 구하시오. [4점]

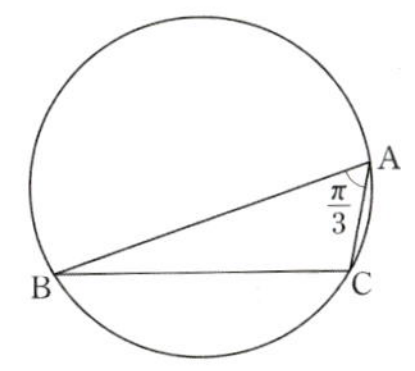

| 풀이 | $\overline{AB} : \overline{AC} = 3 : 1$이고 $\overline{AC} = k \, (k > 0)$이므로 $\overline{AB} = 3k$이다.
삼각형 ABC에서 코사인법칙에 의하여

$\overline{BC}^2 = k^2 + (3k)^2 - 2 \times k \times 3k \times \cos\dfrac{\pi}{3}$

$= k^2 + 9k^2 - 2 \times k \times 3k \times \dfrac{1}{2} = 7k^2$

$\therefore \ \overline{BC} = \sqrt{7}\,k$

삼각형 ABC의 외접원의 반지름의 길이가 7이므로 사인법칙에 의하여

$\dfrac{\overline{BC}}{\sin A} = 2 \times 7, \ \dfrac{\sqrt{7}\,k}{\sin\frac{\pi}{3}} = 14$

$\sqrt{7}\,k = 14 \times \sin\dfrac{\pi}{3} = 14 \times \dfrac{\sqrt{3}}{2} = 7\sqrt{3}$

$\therefore \ k = \dfrac{7\sqrt{3}}{\sqrt{7}} = \sqrt{21}$

$\therefore \ k^2 = (\sqrt{21})^2 = 21$

답 21

081

<유형 01>

원점 O와 점 $P\,(5,\,-12)$에 대하여 동경 OP가 나타내는 각의 크기를 θ라 할 때, $\sin\theta + \cos\theta$의 값은?

① $-\dfrac{7}{13}$ ② $-\dfrac{4}{13}$ ③ $-\dfrac{1}{13}$

④ $\dfrac{2}{13}$ ⑤ $\dfrac{5}{13}$

082

<유형 04> 짤기출 046

$\sin\!\left(\dfrac{\pi}{2}+\theta\right)<0$이고 $\sin\,(2\pi-\theta)-\dfrac{1}{2}\cos\theta = 0$일 때, $\sin\theta$의 값은?

① $-\dfrac{2\sqrt{5}}{5}$ ② $-\dfrac{\sqrt{5}}{5}$ ③ 0

④ $\dfrac{\sqrt{5}}{5}$ ⑤ $\dfrac{2\sqrt{5}}{5}$

083

<유형 07>

그림과 같이 $\angle BAD = \dfrac{2}{3}\pi$, $\angle BCD = \dfrac{\pi}{4}$인 사각형 $ABCD$에서 세 점 A, B, D를 지나는 원의 넓이를 S_1, 세 점 B, C, D를 지나는 원의 넓이를 S_2라 하자. $\dfrac{S_2}{S_1}$의 값은?

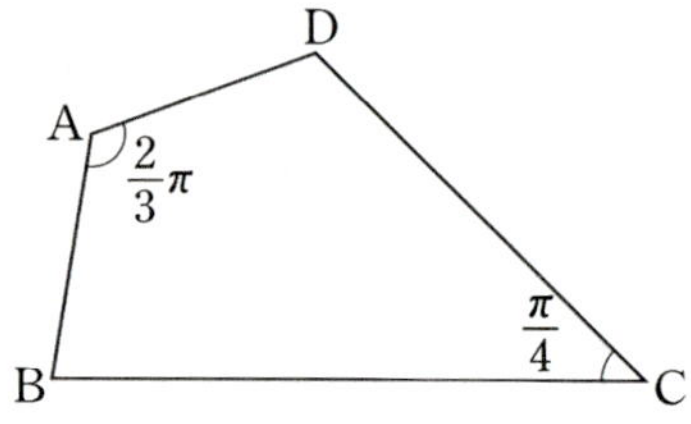

① $\dfrac{7}{6}$ ② $\dfrac{4}{3}$ ③ $\dfrac{3}{2}$

④ $\dfrac{5}{3}$ ⑤ $\dfrac{11}{6}$

084

 짝기출 047 유형 03

$0 < x < 5$에서 정의된 함수 $f(x) = 2\cos\dfrac{\pi}{2}x$가

$x = a$에서 최솟값을 갖고 $x = b$에서 최댓값을 갖는다.
곡선 $y = f(x)$ 위의 두 점 $(a,\ f(a))$, $(b,\ f(b))$를 지나는
직선의 기울기는?

① -2 ② -1 ③ 1

④ 2 ⑤ 3

085

 짝기출 048 유형 08

삼각형 ABC가 다음 조건을 만족시킨다.

> (가) $\overline{AB} = 3$, $\overline{BC} = \sqrt{19}$
>
> (나) $\angle BAC = \dfrac{2}{3}\pi$

삼각형 ABC의 넓이를 S라 할 때, $8S^2$의 값을 구하시오.

086

$0 < x < \dfrac{\pi}{2}$ 일 때, 방정식 $1 + \tan x = \dfrac{1}{\cos^2 x}$ 의 실근은?

① $\dfrac{\pi}{12}$　　　　② $\dfrac{\pi}{6}$　　　　③ $\dfrac{\pi}{4}$

④ $\dfrac{\pi}{3}$　　　　⑤ $\dfrac{5}{12}\pi$

087

이차방정식 $3x^2 - 2x + k = 0$의 두 근이 $\sin\theta, \cos\theta$일 때, 상수 k의 값은?

① $-\dfrac{5}{6}$　　　　② $-\dfrac{1}{2}$　　　　③ $-\dfrac{1}{6}$

④ $\dfrac{1}{3}$　　　　⑤ $\dfrac{2}{3}$

088

유형 09

$\dfrac{\sin A}{7} = \dfrac{\sin B}{5} = \dfrac{\sin C}{3}$ 를 만족시키는 삼각형 ABC에 외접하는 원의 넓이가 12π일 때, 선분 BC의 길이를 구하시오.

089

함수 $f(x) = a \sin(bx)$의 그래프가 그림과 같을 때, 함수

$$g(x) = \begin{cases} x^2 & (x \geq 1) \\ 1 - 2x & (x < 1) \end{cases}$$

에 대하여 $0 < x \leq 4$에서 방정식 $(g \circ f)(x) = 1$을 만족시키는 모든 x의 값의 곱은? (단, $a > 0$, $b > 0$)

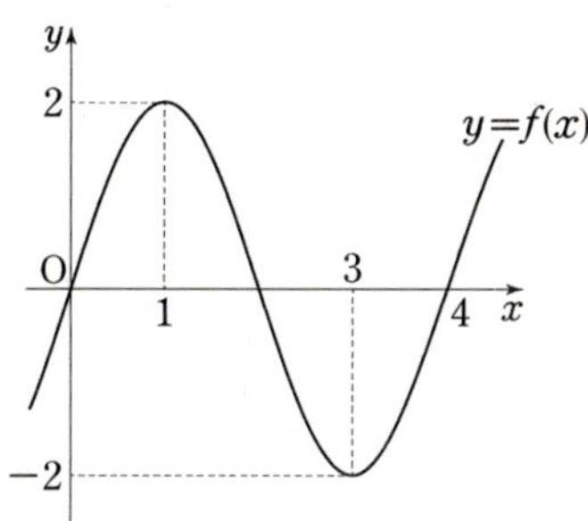

① $\dfrac{20}{9}$　　　② $\dfrac{10}{3}$　　　③ $\dfrac{40}{9}$

④ $\dfrac{50}{9}$　　　⑤ $\dfrac{20}{3}$

090

자연수 n에 대하여 점 P_n이 원 $x^2 + y^2 = 1$ 위의 점일 때, 점 P_{n+1}을 다음 규칙에 따라 정한다. (단, 점 P_n은 좌표축 위의 점이 아니다.)

> 동경 OP_1이 나타내는 각의 크기를 $\theta\,(0 < \theta < 2\pi)$라 할 때
>
> (가) 점 P_n이 제1사분면 또는 제3사분면 위의 점이면, 점 P_{n+1}은 점 P_n을 원 위의 호를 따라 시계 반대 방향으로 $\dfrac{\pi}{2}$만큼 이동시킨 점이다.
>
> (나) 점 P_n이 제2사분면 위의 점이면, 점 P_{n+1}은 점 P_n을 원 위의 호를 따라 시계 반대 방향으로 θ만큼 이동시킨 점이다.
>
> (다) 점 P_n이 제4사분면 위의 점이면, 점 P_{n+1}은 점 P_n을 원 위의 호를 따라 시계 반대 방향으로 $\dfrac{\theta}{2}$만큼 이동시킨 점이다.

점 P_1의 좌표가 $\left(-\dfrac{1}{2}, \dfrac{\sqrt{3}}{2}\right)$일 때, 점 P_{11}의 좌표는?

① $\left(\dfrac{1}{2}, \dfrac{\sqrt{3}}{2}\right)$　　　② $\left(\dfrac{\sqrt{3}}{2}, \dfrac{1}{2}\right)$

③ $\left(\dfrac{\sqrt{3}}{2}, -\dfrac{1}{2}\right)$　　　④ $\left(-\dfrac{1}{2}, \dfrac{\sqrt{3}}{2}\right)$

⑤ $\left(-\dfrac{\sqrt{3}}{2}, -\dfrac{1}{2}\right)$

091

짝기출 052 유형 07

그림과 같이 외접원의 지름의 길이가 $8\sqrt{2}$ 이고 $\overline{BC}=8$,

$\angle B = \dfrac{\pi}{3}$ 인 예각삼각형 ABC 가 있다. 점 C 에서 선분

AB 에 내린 수선의 발을 H 라 할 때, 선분 AH 에 대하여

$\overline{AH}^2$ 의 값을 구하시오.

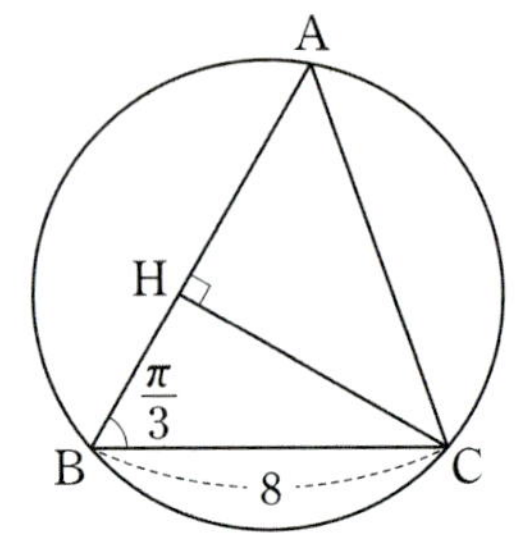

092

짝기출 053 유형 02

$\sin\theta + \cos\theta = \dfrac{1}{2}$ 일 때,

$$\dfrac{\sin\theta}{(1-\sin\theta)(1+\sin\theta)} + \dfrac{\cos\theta}{(1-\cos\theta)(1+\cos\theta)}$$ 의

값은?

① $\dfrac{44}{9}$ ② 5 ③ $\dfrac{46}{9}$

④ $\dfrac{47}{9}$ ⑤ $\dfrac{16}{3}$

093

짝기출 054 유형 08

그림과 같이 삼각형 ABC 에서 $\overline{AB}=4$, $\overline{BC}=\sqrt{21}$,

$\overline{CA}=5$ 이다. $\angle A$ 를 이등분하는 직선이 선분 BC 와

만나는 점을 D 라 할 때, 선분 AD 의 길이는?

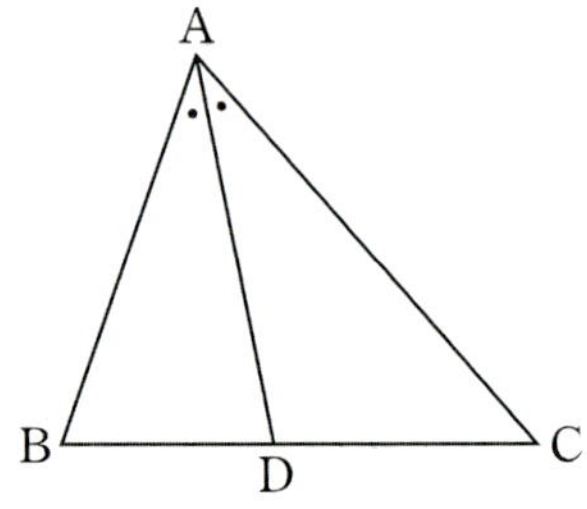

① $\dfrac{11\sqrt{3}}{9}$ ② $\dfrac{14\sqrt{3}}{9}$ ③ $\dfrac{17\sqrt{3}}{9}$

④ $\dfrac{20\sqrt{3}}{9}$ ⑤ $\dfrac{23\sqrt{3}}{9}$

094

딱기출 055 유형 05

$0 < a < 2\pi$에서 $\log_2(\cos a) = -\dfrac{1}{2}$을 만족시키는 모든 실수 a에 대하여 서로 다른 $a \sin a$의 값의 합은?

① $-\dfrac{5\sqrt{2}}{4}\pi$ ② $-\dfrac{3\sqrt{2}}{4}\pi$ ③ $-\dfrac{\sqrt{2}}{4}\pi$

④ $\dfrac{\sqrt{2}}{4}\pi$ ⑤ $\dfrac{3\sqrt{2}}{4}\pi$

095

유형 04

$\sin\theta = \dfrac{\sqrt{7}}{5}$이고 $\sin\left(\dfrac{\pi}{2}+\theta\right) > 0$일 때,

$$\{\tan(50\pi-\theta)+\tan(60\pi-\theta)+\tan(70\pi-\theta)$$
$$+\tan(80\pi-\theta)+\tan(90\pi-\theta)+\tan(100\pi-\theta)\}^2$$

의 값을 구하시오.

096

딱기출 056 유형 03

$x < 0$일 때, 함수 $y = \cos(\pi x) + |\cos(\pi x)|$의 그래프와 직선 $y = \dfrac{1}{8}x + 1$의 모든 교점의 개수를 구하시오.

그림과 같이 길이가 12인 선분 AB를 지름으로 하는 반원이
있다. 반원 위에서 호 AC의 길이가 4π인 점 C를 잡고,
점 C에서 선분 AB에 내린 수선의 발을 H라 할 때, 선분
HB의 길이를 구하시오.

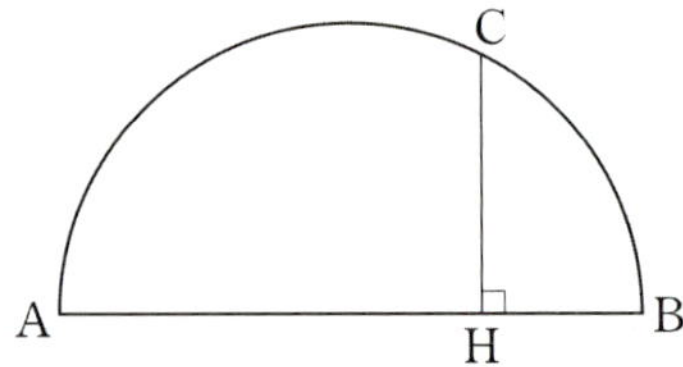

함수 $f(x) = 4\cos^2(3\pi - x) + 8\sin\left(\dfrac{3}{2}\pi - x\right)$의

최댓값과 최솟값의 합을 구하시오.

099

유형 05

$0 \leq \alpha \leq 2\pi$이고 $0 \leq \beta \leq 2\pi$일 때

$$\sin^2(\pi\cos\alpha) + \cos^2(\pi\sin\beta) = 0$$

을 만족시키는 두 실수 α, β의 순서쌍 (α, β)의 개수를 구하시오.

100

유형 03

5 이하의 두 자연수 a, b에 대하여 $0 \leq x \leq 2\pi$에서 정의된 함수 $y = \sin\left(ax + \dfrac{b}{3}\pi\right)$의 그래프와 x축의 교점의 개수가 7일 때, ab의 값을 구하시오.

101

유형 01

함수 $f(x) = \sin\dfrac{x}{2}\ (-\pi < x < \pi)$의 역함수를 $g(x)$라

할 때, $g\left(\dfrac{1}{2}\right)$의 값은?

① $-\dfrac{\pi}{3}$　　　② $-\dfrac{\pi}{6}$　　　③ 0

④ $\dfrac{\pi}{6}$　　　⑤ $\dfrac{\pi}{3}$

102

짝기출 058 유형 05

$0 \le x \le 2\pi$에서 부등식

$$2\cos x \le \sqrt{3}$$

의 해가 $\alpha \le x \le \beta$일 때, $\cos(\beta - \alpha)$의 값은?

① $-\dfrac{\sqrt{3}}{2}$　　　② $-\dfrac{1}{2}$　　　③ 0

④ $\dfrac{1}{2}$　　　⑤ $\dfrac{\sqrt{3}}{2}$

103

짝기출 059 유형 02

$\dfrac{\pi}{2} < \theta < \pi$인 θ에 대하여

$$(\sin^2\theta - 1)(1 - \tan^2\theta) = \dfrac{1}{3}$$

일 때, $\sin\theta - \cos\theta$의 값은?

① $\dfrac{\sqrt{6} + \sqrt{3}}{3}$　　　② $\dfrac{\sqrt{6} - \sqrt{3}}{3}$　　　③ $\dfrac{\sqrt{7} + \sqrt{2}}{3}$

④ $\dfrac{\sqrt{7} - \sqrt{2}}{3}$　　　⑤ $\dfrac{2\sqrt{2} + 1}{3}$

104

함수 $f(x) = k\sin x + \sin(\pi + x)$의 최솟값이 $3k$일 때, $f\left(\dfrac{\pi}{6}\right)$의 값은? (단, k는 상수이다.)

① $-\dfrac{3}{4}$　　② $-\dfrac{1}{4}$　　③ $\dfrac{1}{4}$

④ $\dfrac{3}{4}$　　⑤ $\dfrac{5}{4}$

105

$-\pi \le x \le \pi$에서 부등식

$$2\cos^2\left(x - \dfrac{\pi}{6}\right) - 3\sin\left(x + \dfrac{\pi}{3}\right) + 1 \le 0$$

의 해가 $a\pi \le x \le b\pi$일 때, $a + b$의 값은?

① $\dfrac{1}{3}$　　② $\dfrac{2}{3}$　　③ 1

④ $\dfrac{4}{3}$　　⑤ $\dfrac{5}{3}$

106

그림과 같이 곡선 $y = 3\sin(ax)\,(x \ge 0)$와 직선 $y = -1$의 교점의 x좌표를 작은 것부터 차례대로 α, β라 하자. $\cos(\alpha + \beta) = \dfrac{1}{2}$일 때, 자연수 a의 값을 구하시오.

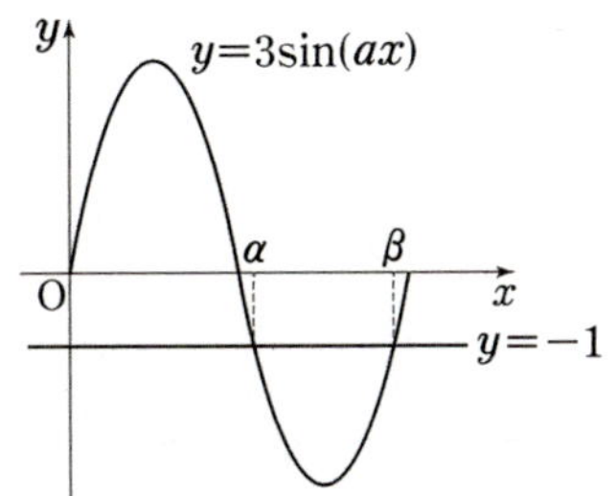

107

그림과 같이 $\overline{AB}=4$, $\overline{AC}=3$이고 $\angle BAC=\dfrac{\pi}{3}$인

삼각형 ABC가 있다. $\angle BAC$의 이등분선이 선분 BC와

만나는 점을 P라 할 때, 삼각형 APC의 외접원의 넓이는?

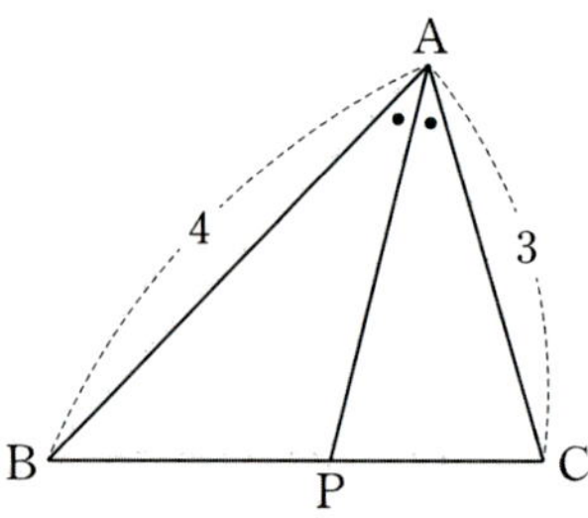

① $\dfrac{117}{49}\pi$ ② $\dfrac{16}{7}\pi$ ③ $\dfrac{107}{49}\pi$

④ $\dfrac{102}{49}\pi$ ⑤ $\dfrac{97}{49}\pi$

108

그림과 같은 정사각형 ABCD에 대하여 두 선분 AD,

CB를 $1:5$로 내분하는 점을 각각 P, R라 하고, 선분

AB를 $1:2$로 내분하는 점을 Q라 하자. $\angle QPR=\theta$라

할 때, $\sin^2\theta$의 값은?

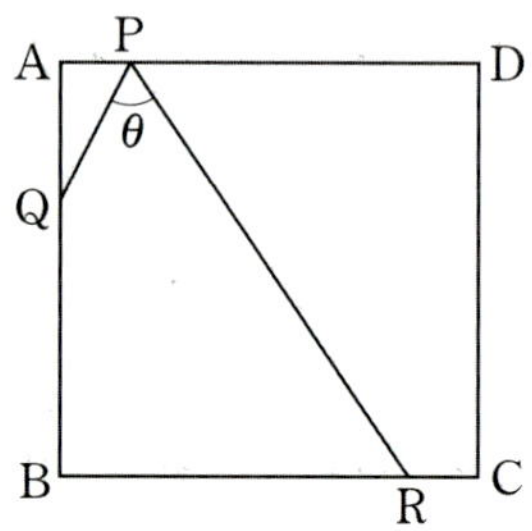

① $\dfrac{9}{13}$ ② $\dfrac{47}{65}$ ③ $\dfrac{49}{65}$

④ $\dfrac{51}{65}$ ⑤ $\dfrac{53}{65}$

109

유형 07

그림과 같이 반지름의 길이가 $\dfrac{2\sqrt{3}}{3}$ 인 원이 삼각형 ABC 에 내접하고 있다. 원이 선분 BC와 만나는 점을 D 라 할 때, $\overline{\mathrm{BD}}=6$, $\overline{\mathrm{CD}}=2$이다. 삼각형 ABC 의 외접원의 넓이는?

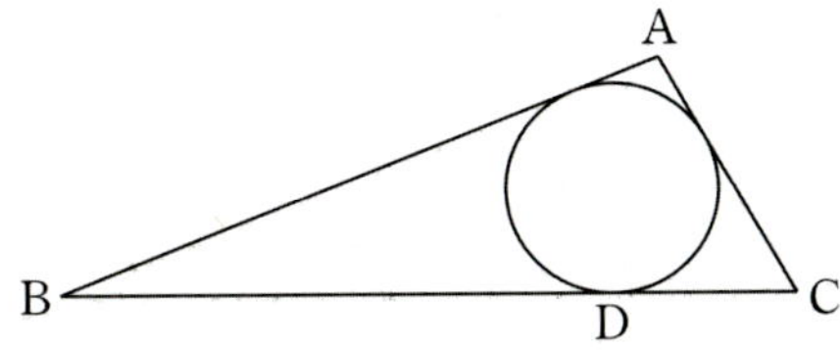

① $\dfrac{47}{3}\pi$　　② 16π　　③ $\dfrac{49}{3}\pi$

④ $\dfrac{50}{3}\pi$　　⑤ 17π

110

유형 03

$0 \le x \le 5$에서 정의된 함수 $f(x)$가 5 이하인 모든 자연수 k에 대하여

$$f(x) = \sin(k\pi x)\ (k-1 \le x \le k)$$

를 만족시킨다. 두 곡선 $y = f(x)$, $y = \cos(\pi x)$의 모든 교점의 개수는?

① 11　　② 13　　③ 15

④ 17　　⑤ 19

111

유형 03

닫힌구간 $[0, 2\pi]$에서 곡선 $y = |3\sin 4x + 2|$와 직선 $y = 1$이 만나는 서로 다른 점의 개수는?

① 10   ② 11   ③ 12

④ 13   ⑤ 14

112

찍기출 062   유형 05

$0 \le x \le 2\pi$일 때, 방정식

$$\sin(2x) \times \cos(3x) = 0$$

의 서로 다른 실근의 개수는?

① 3   ② 5   ③ 7

④ 9   ⑤ 11

113

유형 05

그림과 같이 원 $x^2 + y^2 = 1$ 위의 점 P에 대하여 동경 OP가 나타내는 각을 θ라 하자. 부등식 $4\cos^2\theta - 3 \ge 0$을 만족시키는 점 P가 나타내는 곡선의 길이는?

(단, O는 원점이다.)

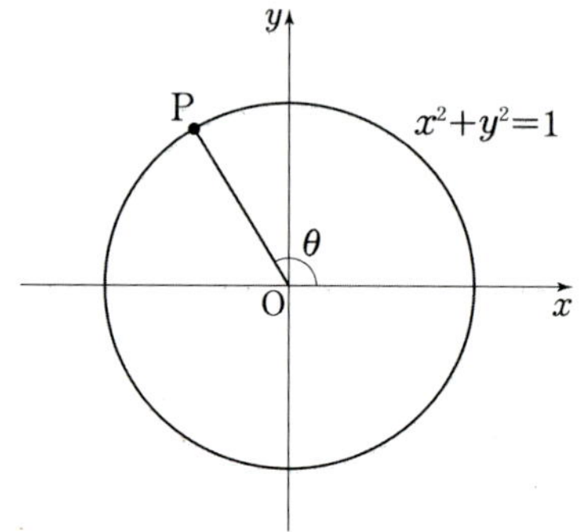

① $\dfrac{\pi}{3}$ ② $\dfrac{2}{3}\pi$ ③ π

④ $\dfrac{4}{3}\pi$ ⑤ $\dfrac{5}{3}\pi$

114

유형 04

이차방정식 $3x^2 - ax + 4 = 0$이 서로 다른 두 실근 x_1, x_2를 갖고 $\tan(x_1 x_2 \pi) = x_1 - x_2$일 때, $|a|$의 값은? (단, a는 상수이다.)

① $5\sqrt{3}$　　　② $6\sqrt{3}$　　　③ $7\sqrt{3}$
④ $8\sqrt{3}$　　　⑤ $9\sqrt{3}$

115

짝기출 063 유형 06

x에 대한 방정식 $16\cos^2 x - 8\cos x = k$가 실근을 갖지 않도록 하는 양의 정수 k의 최솟값을 m, 음의 정수 k의 최댓값을 M이라 할 때, $m - M$의 값을 구하시오.

116

짝기출 064 유형 01

그림과 같이 중심각의 크기가 $\dfrac{3}{7}\pi$인 두 부채꼴 OAB, OCD에 대하여 점 C와 점 D는 각각 선분 OA와 선분 OB를 $3 : 1$로 내분하는 점이다. 두 부채꼴의 호 AB, CD와 두 선분 AC, BD로 둘러싸인 도형의 넓이가 6π일 때, 이 도형의 둘레의 길이는?

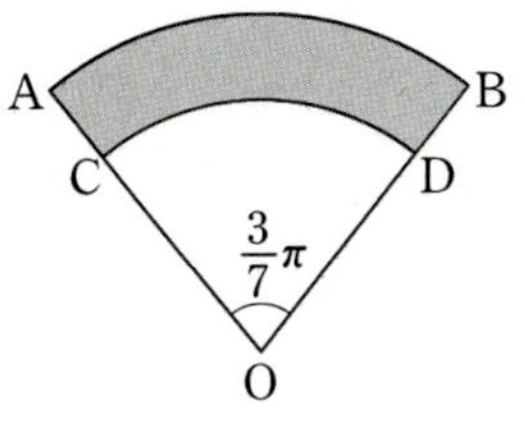

① $2 + 4\pi$　　　② $4 + 4\pi$　　　③ $2 + 6\pi$
④ $4 + 6\pi$　　　⑤ $2 + 8\pi$

핵심유형
SET 09
SET 10
SET 11
SET 12
SET 13
SET 14
SET 15
SET 16

117

이차함수 $f(x) = x^2 - 2x\tan\theta - \dfrac{1}{\cos^2\theta}$ 에 대하여 곡선 $y = f(x)$의 꼭짓점이 직선 $2x + y + 5 = 0$ 위에 있을 때, $\tan\theta$의 값은 a 또는 b이다. $a^2 + b^2$의 값을 구하시오.

(단, θ는 실수이고, $a \neq b$이다.)

118

그림과 같이 원에 내접하는 사각형 $ABCD$에서 $\angle ADC = 30°$, $\overline{AC} = 3$, $\overline{BD} = 2\sqrt{5}$ 이다. $\tan^2(\angle DAB) = \dfrac{q}{p}$ 일 때, pq의 값을 구하시오.

(단, p와 q는 서로소인 자연수이다.)

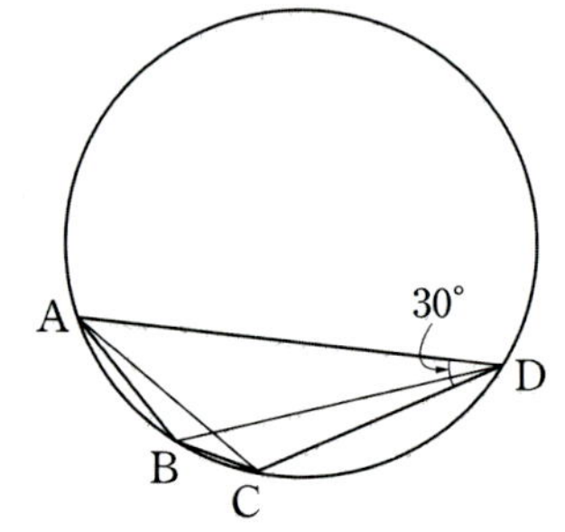

119

그림과 같이 $\overline{AB} = 2\sqrt{3}$, $\overline{CA} = 8$, $\angle BAC = \dfrac{\pi}{6}$ 인 삼각형 ABC 가 있다.

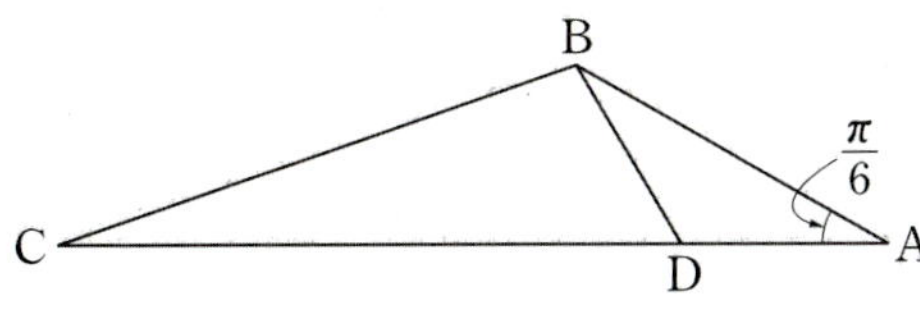

선분 CA 를 $3 : 1$ 로 내분하는 점을 D 라 하고, 삼각형 ABD 의 외접원의 반지름의 길이를 R_1, 삼각형 BCD 의 외접원의 반지름의 길이를 R_2 라 할 때, 다음은 $R_1{}^2 \times R_2{}^2$ 의 값을 구하는 과정이다.

삼각형 ABD 에서 사인법칙에 의하여

$$R_1 = \overline{BD}$$

이고, 코사인법칙에 의하여

$$\overline{BD}^2 = \boxed{\text{(가)}}$$

이다. 삼각형 BCD 에서 사인법칙에 의하여

$$R_2 = \boxed{\text{(나)}} \times \overline{BC}$$

이고, 코사인법칙에 의하여

$$\overline{BC}^2 = \boxed{\text{(다)}}$$

이므로

$$R_1{}^2 \times R_2{}^2 = \boxed{\text{(가)}} \times \left(\boxed{\text{(나)}} \right)^2 \times \boxed{\text{(다)}}$$

이다.

위의 (가), (나), (다)에 알맞은 수를 각각 p, q, r 라 할 때, $q^2 \times (2p + r)$ 의 값을 구하시오.

120

그림과 같이 $\angle ABC = \dfrac{\pi}{2}$ 이고 $\overline{AB} : \overline{BC} = 4 : 3$ 인 직각삼각형 ABC 의 세 선분 AB, BC, CA 위에 각각 점 D, E, F가 있다. 점 A를 두 대각선의 교점으로 하고 선분 DF를 한 변으로 갖는 직사각형의 넓이를 S_1, 점 B를 두 대각선의 교점으로 하고 선분 DE를 한 변으로 갖는 직사각형의 넓이를 S_2, 점 C를 두 대각선의 교점으로 하고 선분 EF를 한 변으로 갖는 직사각형의 넓이를 S_3라 하자. $\overline{BF} = \sqrt{29}$ 일 때, $S_1 + S_2 + S_3$의 값을 구하시오.

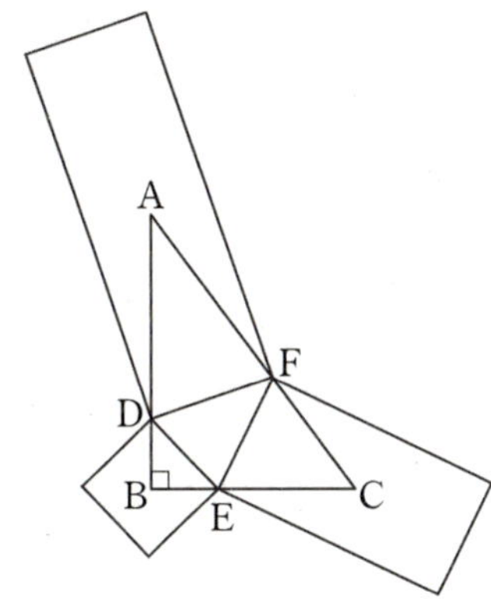

121

유형 05

$-2\pi < x < 2\pi$일 때, 방정식 $\sin x = \cos x$의 모든 실근의 합은?

① -2π ② $-\pi$ ③ 0

④ π ⑤ 2π

122

유형 03

두 함수 $f(x) = \sin\dfrac{\pi}{3}x$, $g(x) = \cos\dfrac{\pi}{4}x$가 있다. 모든 실수 x에 대하여

$$\{f(x+a) - f(x)\}^2 + \{g(x+a) - g(x)\}^2 = 0$$

을 만족시키는 양수 a의 최솟값은?

① 20 ② 24 ③ 28

④ 32 ⑤ 36

123

 유형 06

$0 \le x < 2\pi$일 때, 방정식

$$\left|2\sin^2 x - 1\right| = \cos x$$

의 서로 다른 모든 실근의 합은?

① $\dfrac{2}{3}\pi$ ② π ③ $\dfrac{4}{3}\pi$

④ $\dfrac{5}{3}\pi$ ⑤ 2π

124

유형 04

함수 $f(x) = \tan(ax)$에 대하여 두 함수 $y = f(b+x)$, $y = f(b-x)$의 그래프가 x축에 대하여 서로 대칭이 되도록 하는 양수 b의 최솟값이 3π일 때, 양수 a의 값은?

① $\dfrac{1}{6}$ ② $\dfrac{1}{3}$ ③ 1

④ 3 ⑤ 6

125

정의역이 $\left\{x \mid 0 < x < \dfrac{\pi}{2},\ \dfrac{\pi}{2} < x < \dfrac{3}{2}\pi\right\}$ 인 함수

$f(x) = \tan x$에 대하여 방정식 $f(x) = a$의 서로 다른

모든 실근의 합이 $\dfrac{5}{3}\pi$이다. 방정식 $f(x) = -a$의 실근은?

(단, a는 상수이다.)

① $\dfrac{\pi}{6}$　　　② $\dfrac{\pi}{3}$　　　③ $\dfrac{2}{3}\pi$

④ $\dfrac{5}{6}\pi$　　　⑤ π

126

$\sin\theta + \cos\theta = \dfrac{\sqrt{5}}{2}$ 일 때, $\tan^2\theta + \dfrac{1}{\tan^2\theta}$ 의 값을

구하시오.

127

그림과 같이 $\angle BAC = \dfrac{\pi}{3}$, $\overline{BC} = \sqrt{3}$ 인 삼각형 ABC가 있다. 선분 AB 위에 점 D와 선분 AC 위에 점 E를 $\angle ABE = \angle ACD = \dfrac{\pi}{6}$ 가 되도록 잡을 때, $\dfrac{\overline{DC}}{\overline{DE}}$ 의 값과 항상 같은 것은?

① $\overline{AC}$ ② $\overline{AE}$ ③ $\overline{AD}$

④ $\overline{BC}$ ⑤ $\overline{CE}$

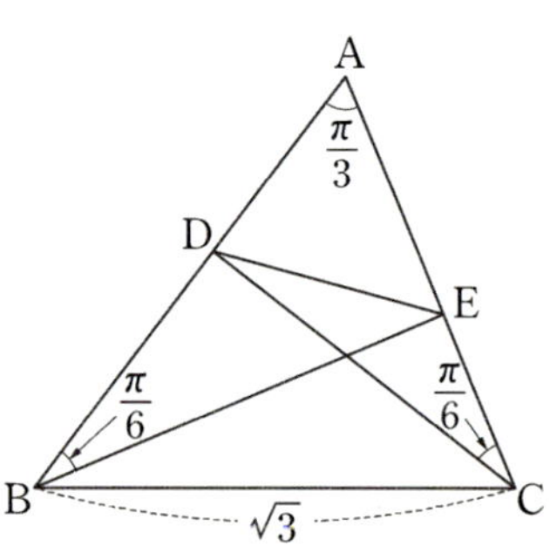

128

삼각형 ABC에서 $\overline{AB} = 4$, $\overline{AC} = 6$, $\angle BAC = \dfrac{\pi}{3}$ 이다.

그림과 같이 삼각형 ABC의 변 AB의 길이를 25 % 줄이고 변 AC의 길이를 a % 늘여서 삼각형 APQ를 만들었다. 두 삼각형 ABC, APQ의 넓이가 서로 같을 때, 선분 PQ의 길이는?

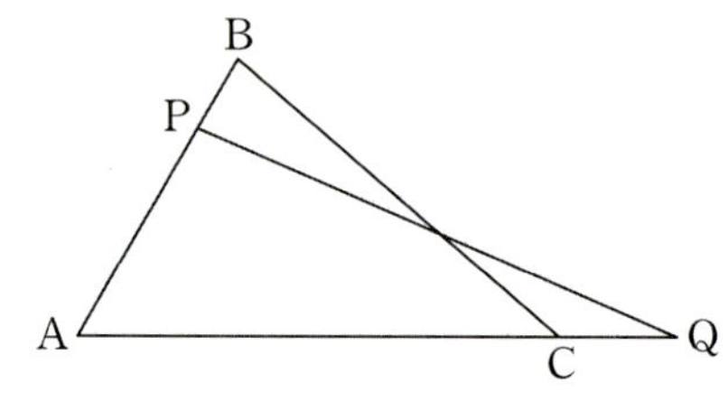

① 7   ② 8   ③ 9

④ 10   ⑤ 11

129

그림과 같이 함수 $y = \cos\left(\dfrac{5}{4}x\right) (0 \leq x \leq 2\pi)$의

그래프와 직선 $y = a\,(0 < a < 1)$가 만나는 점의 x좌표를

각각 α, β, $\gamma\,(\alpha < \beta < \gamma)$라 하자. $\dfrac{\beta}{\alpha} = 4$일 때, $\dfrac{\gamma}{\alpha}$의

값은?

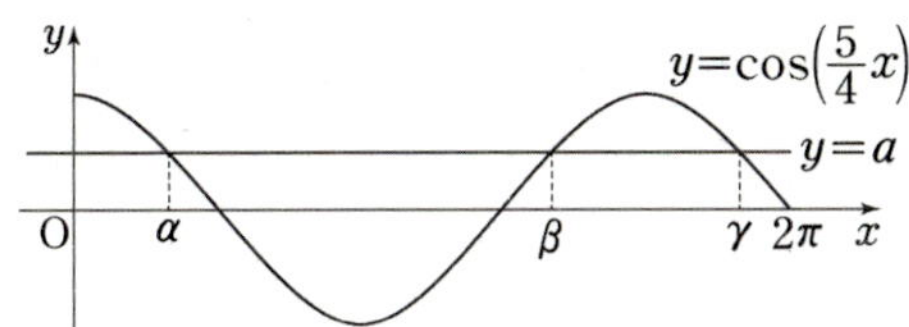

① 5 　　② $\dfrac{11}{2}$ 　　③ 6

④ $\dfrac{13}{2}$ 　　⑤ 7

130

넓이가 $\dfrac{1}{2}$인 삼각형 ABC의 외접원의 넓이가 $\dfrac{5}{2}\pi$이다.

$\sin(A+B) \times \sin C = \dfrac{1}{2}$일 때, $\overline{AB}^2 + \overline{BC}^2 + \overline{CA}^2$의

최솟값을 구하시오.

131

그림과 같이 점 O 가 중심이고 선분 AB 를 지름으로 하는 반원 위의 점 C 에 대하여 $\overset{\frown}{AC} = \dfrac{3}{4}\pi$ 이고 부채꼴 BOC 의 넓이는 $\dfrac{5}{4}\pi$ 이다. 부채꼴 BOC 의 둘레의 길이는?

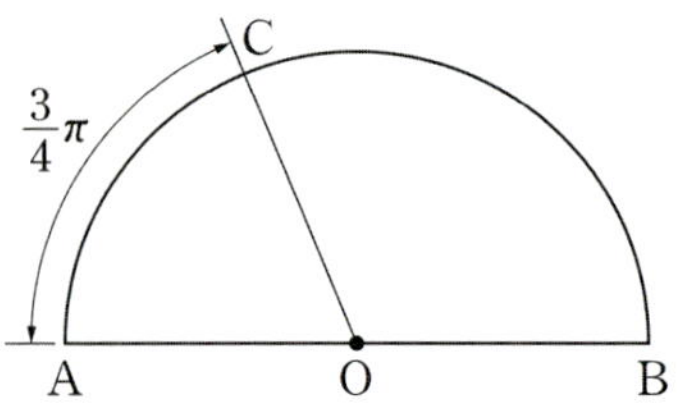

① $1 + \dfrac{3}{4}\pi$ ② $2 + \dfrac{3}{4}\pi$ ③ $3 + \dfrac{3}{4}\pi$

④ $4 + \dfrac{5}{4}\pi$ ⑤ $5 + \dfrac{5}{4}\pi$

132

θ 가 제3사분면의 각이고 $\tan\theta - \dfrac{4}{\tan\theta} = 3$ 일 때, $\dfrac{1}{\cos^2\theta} - \dfrac{1}{\sin^2\theta}$ 의 값은?

① $-\dfrac{255}{16}$ ② $-\dfrac{127}{16}$ ③ 0

④ $\dfrac{127}{16}$ ⑤ $\dfrac{255}{16}$

133

함수 $f(x) = a\sin bx + c\ (a > 0,\ b > 0)$ 가 다음 조건을 만족시킬 때, 세 상수 a, b, c 에 대하여 $ac + b$ 의 값을 구하시오.

> (가) 함수 $f(x)$ 의 최댓값은 8, 최솟값은 -2 이다.
> (나) 모든 실수 x 에 대하여 $f(x+p) = f(x)$ 를 만족시키는 음수 p 의 최댓값은 $-\dfrac{\pi}{6}$ 이다.

134

함수 $f(x) = -2\tan(\pi - ax) - b$ 의 주기가 4π 이고, 함수 $y = f(x)$ 의 그래프가 점 $(0, 3)$ 에 대하여 대칭일 때, 두 상수 a, b 에 대하여 ab 의 값은? (단, $a > 0$)

① $-\dfrac{6}{7}$ ② $-\dfrac{5}{6}$ ③ $-\dfrac{4}{5}$

④ $-\dfrac{3}{4}$ ⑤ $-\dfrac{2}{3}$

135

찍기출 074 유형 05

$0 < x < 2\pi$일 때, 두 부등식

$$\cos\left(\frac{\pi}{2} - x\right) > \sin\left(\frac{\pi}{2} + x\right),$$
$$\sin(4\pi + x)\cos(\pi - x) < 0$$

을 동시에 만족시키는 x의 값의 범위는 $p < x < q$ 또는 $r < x < s$이다. 실수 p, q, r, s에 대하여 $\dfrac{rs}{pq}$의 값을 구하시오. (단, $p < r$)

136

찍기출 075 유형 06

$0 \leq \theta < 2\pi$일 때, x에 대한 이차방정식

$$3x^2 + (4\sin\theta)x + 2\cos\theta = 0$$

이 실근을 갖도록 하는 모든 θ의 값의 범위는 $\alpha \leq \theta \leq \beta$이다. $\alpha + 2\beta$의 값은?

① $\dfrac{7}{3}\pi$ ② $\dfrac{8}{3}\pi$ ③ 3π

④ $\dfrac{10}{3}\pi$ ⑤ $\dfrac{11}{3}\pi$

137

그림과 같이 $\overline{AC}=6$, $\overline{CB}=5$, $\cos(\angle ACB)=\dfrac{3}{4}$ 인
예각삼각형 ABC 가 한 원에 내접하고 있다. 점 A 를 지나지 않는 호 BC 위에 $\overline{BD}=4$ 가 되도록 점 D 를 잡고 두 직선 AD, BC 가 만나는 점을 M 이라 할 때, 선분 CM 의 길이는?

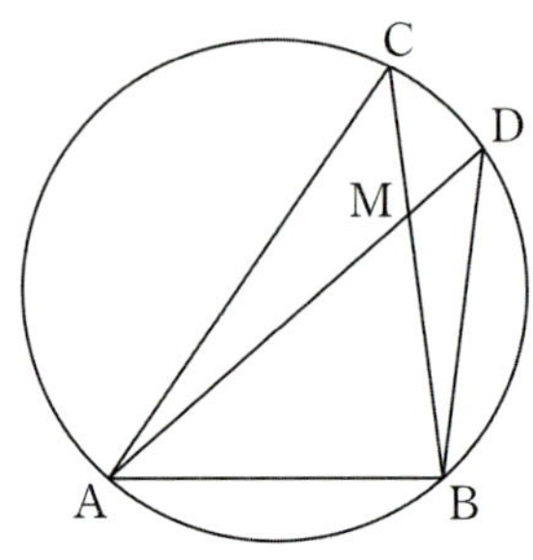

① $\dfrac{9}{5}$　　② $\dfrac{12}{5}$　　③ $\dfrac{16}{5}$

④ 4　　⑤ $\dfrac{24}{5}$

138

그림과 같이 사각형 $ABCD$ 가 한 원에 내접하고

$$\overline{AB}=5, \ \overline{BC}=3, \ \overline{AD}=\overline{DC}=7$$

일 때, 이 원의 반지름의 길이는?

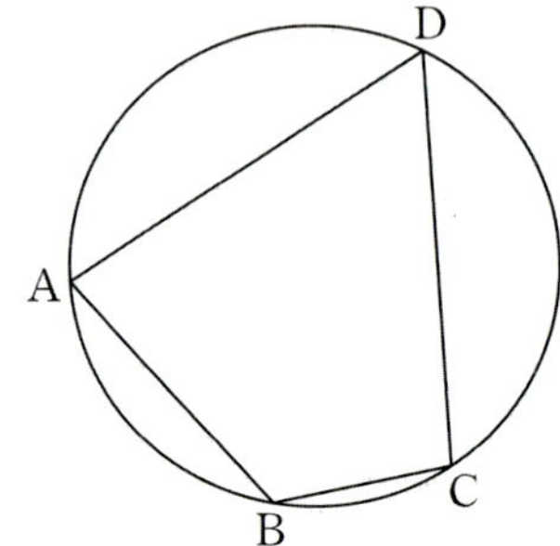

① $\dfrac{7\sqrt{3}}{3}$　　② $3\sqrt{3}$　　③ $\dfrac{10\sqrt{3}}{3}$

④ $4\sqrt{3}$　　⑤ $\dfrac{14\sqrt{3}}{3}$

139

유형 06

실수 x에 대하여 θ에 대한 함수
$f(\theta) = \cos^2\theta + 2x\sin\theta - 5$의 최댓값을 $g(x)$라 하자.
함수 $y = g(x)$의 그래프와 x축으로 둘러싸인 도형의
내부에 있고 x좌표와 y좌표가 모두 정수인 점의 개수를
구하시오.

140

유형 07

세 변의 길이가 $\overline{AB} = \overline{AC} = t$, $\overline{BC} = 2$인 삼각형
ABC가 있다. 삼각형 ABC의 내접원의 반지름의 길이를
r, 외접원의 반지름의 길이를 R라 하자. $\dfrac{r}{R} = \dfrac{5}{18}$가
되도록 하는 모든 양수 t의 값의 곱은?

① $\dfrac{36}{5}$ ② $\dfrac{37}{5}$ ③ $\dfrac{38}{5}$

④ $\dfrac{39}{5}$ ⑤ 8

141

픽기출 078 · 유형 05

두 자연수 a, b에 대하여 함수

$$f(x) = a\cos bx + a$$

가 다음 조건을 만족시킬 때, $a+b$의 값은?

> (가) 모든 실수 x에 대하여 $f(x) \le 8$이다.
> (나) $0 \le x < 2\pi$일 때, x에 대한 방정식 $f(x) = 8$의 서로 다른 실근의 개수는 3이다.

① 3   ② 4   ③ 5

④ 6   ⑤ 7

142

유형 01

각 $\dfrac{1}{5}\theta$를 나타내는 동경과 각 4θ를 나타내는 동경이 x축에 대하여 서로 대칭일 때, $0 < \theta < \pi$인 모든 θ의 값의 합은?

① $\dfrac{6}{7}\pi$ ② π ③ $\dfrac{8}{7}\pi$

④ $\dfrac{9}{7}\pi$ ⑤ $\dfrac{10}{7}\pi$

143

유형 07

그림과 같이 오각형 ABCDE가 선분 AE를 지름으로 하는 원에 내접하고 있다. $\overline{\mathrm{AC}} = 4$이고 $\overline{\mathrm{AE}} = 5$일 때, $\sin(\angle \mathrm{ABC}) - \sin(\angle \mathrm{CDE})$의 값은?

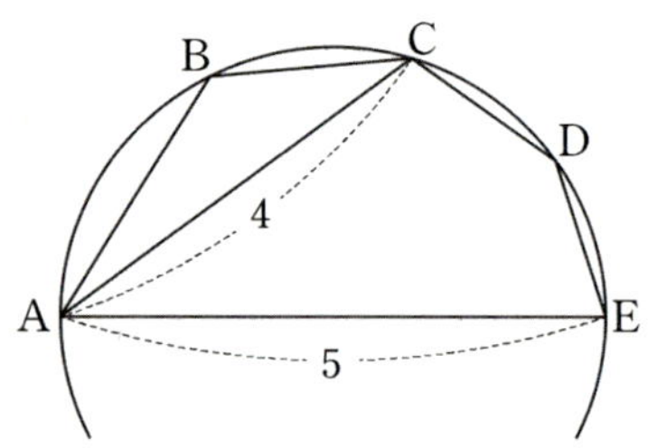

① $\dfrac{1}{5}$ ② $\dfrac{2}{5}$ ③ $\dfrac{3}{5}$

④ $\dfrac{4}{5}$ ⑤ 1

144

유형 03

실수 전체의 집합에서 정의된 함수 $f(x)$는 모든 실수 x에 대하여 $f(x+4\pi)=f(x)$를 만족시키고, $-2\pi \leq x \leq 2\pi$에서 함수 $y=f(x)$의 그래프가 그림과 같다.

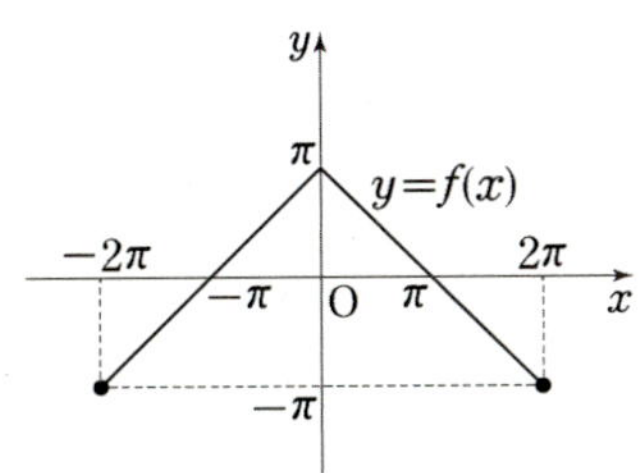

함수 $g(x)=\cos\dfrac{x}{2}$에 대하여 합성함수 $y=(g\circ f)(x)$

의 그래프의 개형으로 옳은 것은?

① 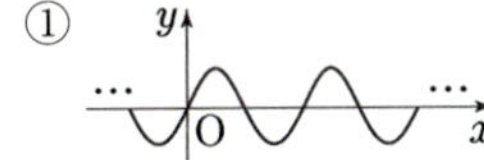

② 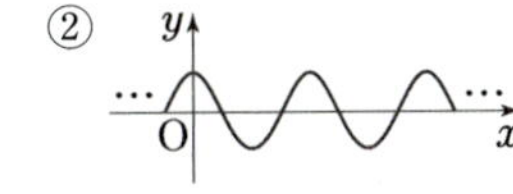

③ 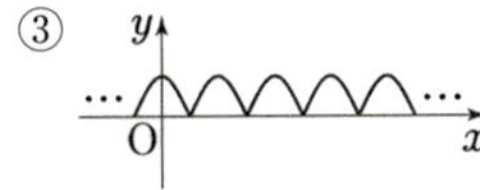

④ 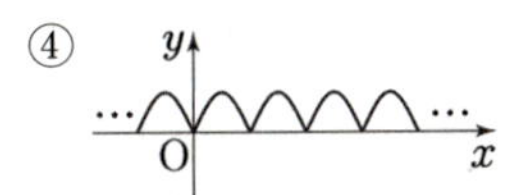

⑤

145

유형 06

정의역이 $\{x \mid -\pi \leq x \leq \pi\}$인 함수

$y=\cos^2\left(x+\dfrac{4}{3}\pi\right)+\cos\left(x+\dfrac{11}{6}\pi\right)+3$이 $x=\alpha$ 또는

$x=\beta$에서 최댓값 M을 갖고 $x=\gamma$에서 최솟값 m을

갖는다. $\dfrac{\alpha\beta}{\gamma\pi}+Mm$의 값은? (단, $\alpha < \beta$)

① $\dfrac{39}{5}$

② 8

③ $\dfrac{41}{5}$

④ $\dfrac{42}{5}$

⑤ $\dfrac{43}{5}$

146

그림과 같이 $\overline{AB} = \overline{AC} = \dfrac{10}{3}$ 인 이등변삼각형 ABC가 있다. 변 AB 위의 점 D와 변 BC 위의 점 E에 대하여

$$\angle ACD = \angle DCE = \angle BDE, \quad \overline{CE} = \dfrac{21}{5}$$

이고 $\cos(\angle ACD) = \dfrac{\sqrt{14}}{4}$ 일 때, 삼각형 BDE의 넓이는?

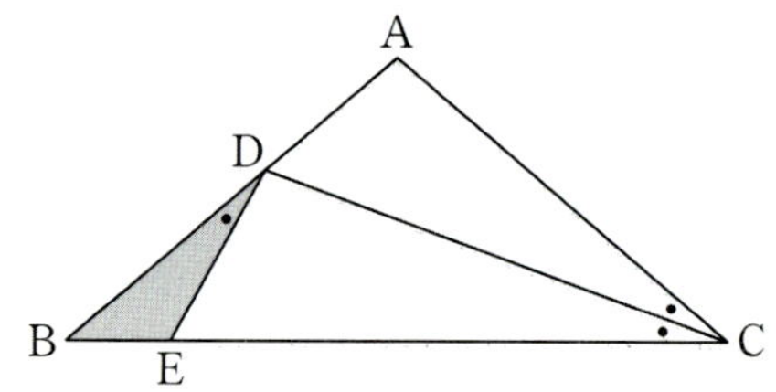

① $\dfrac{\sqrt{7}}{10}$　　② $\dfrac{\sqrt{14}}{10}$　　③ $\dfrac{\sqrt{21}}{10}$

④ $\dfrac{\sqrt{7}}{5}$　　⑤ $\dfrac{\sqrt{35}}{10}$

147

$\sin\theta\cos\theta \neq 0$ 이고

$$\dfrac{\cos\theta}{1 - \sin\theta} + \dfrac{\sin\theta}{1 - \cos\theta} = -2$$

일 때, $\sin\theta + \cos\theta$ 의 값은?

① $-\dfrac{\sqrt{2}}{2}$　　② $-\dfrac{1}{2}$　　③ 0

④ $\dfrac{1}{2}$　　⑤ $\dfrac{\sqrt{2}}{2}$

148

$0 \leq x \leq a$ 에서 함수 $f(x) = \tan x$ 의 그래프가 직선 $y = f\left(\dfrac{\pi}{5}\right)$ 또는 직선 $y = \dfrac{1}{f\left(\dfrac{\pi}{5}\right)}$ 과 만나는 점의 개수가 15가 되도록 하는 a 의 값의 범위가 $m \leq a < M$ 일 때, $\dfrac{M}{m}$ 의 값은?

① $\dfrac{23}{24}$　　② $\dfrac{71}{72}$　　③ $\dfrac{73}{72}$

④ $\dfrac{25}{24}$　　⑤ $\dfrac{77}{72}$

149

짝기출 081 유형 09

$\angle \mathrm{ADC} = \dfrac{2}{3}\pi$ 이고 $\overline{\mathrm{AD}} = \dfrac{1}{3}\overline{\mathrm{CD}} = \dfrac{1}{2}\overline{\mathrm{BC}}$ 인 사각형

ABCD 의 외접원의 넓이가 $\dfrac{13}{3}\pi$ 일 때, 선분 AB 의

길이는?

① $1 + \sqrt{6}$　　② $1 + 2\sqrt{2}$　　③ $1 + \sqrt{10}$

④ $1 + 2\sqrt{3}$　　⑤ $1 + \sqrt{14}$

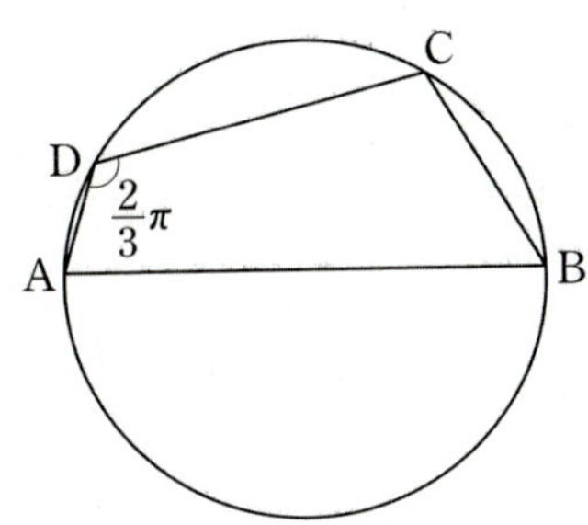

150

짝기출 082 유형 06

정의역이 $\{\, x \mid 0 \le x < 4\pi \,\}$ 인 함수

$$f(x) = 3\cos^2 x + 2\cos\left(\dfrac{3}{2}\pi + x\right)$$

가 있다. 정의역에 속하는 모든 실수 x에 대하여
$f(a) \ge f(x)$를 만족시키는 모든 실수 a의 값의 합을 S라
하고, $f(b) \le f(x)$를 만족시키는 모든 실수 b의 값의 합을
T라 하자. $S - T$의 값은?

① $\dfrac{\pi}{2}$　　② π　　③ $\dfrac{3}{2}\pi$

④ 2π　　⑤ $\dfrac{5}{2}\pi$

151

짝기출 083 유형 07

둘레의 길이가 54이고 세 내각의 크기가 α, β, γ인 삼각형 ABC가 있다. 삼각형 ABC의 외접원의 둘레의 길이가 25π일 때, $100(\sin\alpha + \sin\beta + \sin\gamma)$의 값을 구하시오.

152

짝기출 084 유형 02

이차방정식 $x^2 - k = 0$이 서로 다른 두 실근 $2\cos\theta$, $3\tan\theta$를 가질 때, 상수 k의 값을 구하시오.

153

짝기출 085 유형 03

그림과 같이 두 양수 p, q에 대하여 함수

$f(x) = p\sin\left(qx - \dfrac{3}{4}\pi\right)$가 $f\left(\dfrac{5}{6}\pi\right) = 3$, $f\left(\dfrac{7}{6}\pi\right) = 0$을

만족시킨다. 함수 $g(x) = \dfrac{3}{4}p\sin\left(4qx + \dfrac{\pi}{2}\right)$의 최댓값을

a, 등식 $g(x + k) = g(x)$를 만족시키는 양수 k의 최솟값을

b, 방정식 $g(x) = 0$을 만족시키는 양수 x의 최솟값을 c라

할 때, $\dfrac{144abc}{\pi^2}$의 값을 구하시오.

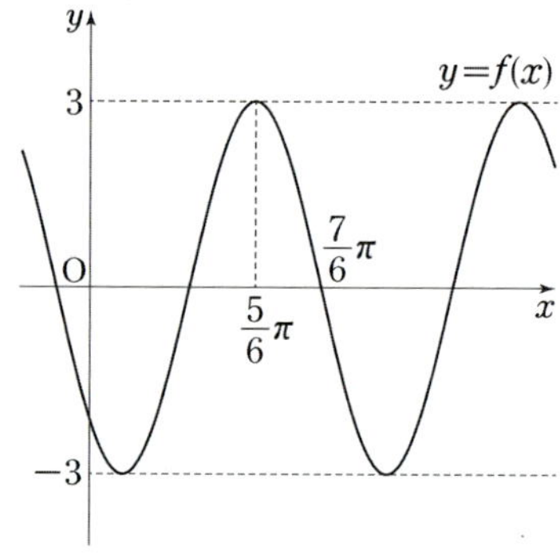

154

유형 03

좌표평면 위의 원 $x^2 + y^2 = 1$과 함수

$y = \sin(2x) \left(0 \leq x \leq \dfrac{\pi}{2}\right)$의 그래프의 교점을 A라

하고, 점 A에서 x축에 내린 수선의 발을 B라 하자. 점 C$(1, 0)$에 대하여 두 삼각형 OAB, OAC의 넓이를 각각 S_1, S_2라 하고 부채꼴 OAC의 넓이를 S_3이라 할 때,

$\dfrac{S_2 \times S_3}{S_1}$의 값은? (단, O는 원점이다.)

① $\dfrac{1}{4}$ ② $\dfrac{1}{2}$ ③ 1

④ 2   ⑤ 4

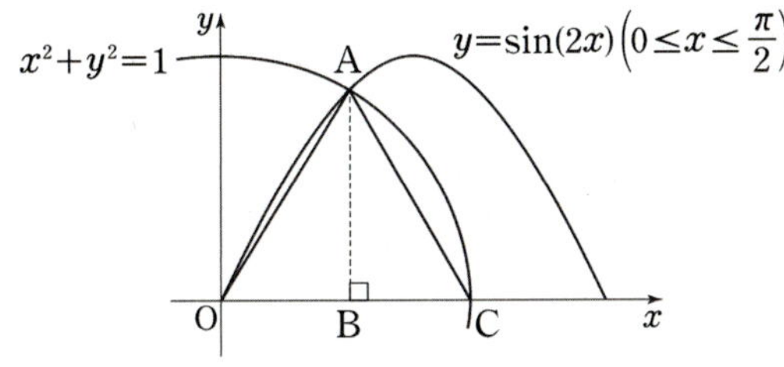

155

유형 01

다음은 $\cos\left(\dfrac{2}{5}\pi\right) = \boxed{}$ 임을 증명한 것이다.

그림과 같이 삼각형 ABC의 변 BC 위에 다음 조건을 만족시키는 점 D가 있다.

$$\angle DAB = \angle DBA = \angle DCA = \theta,$$
$$\overline{AC} = \overline{DC} = 1$$

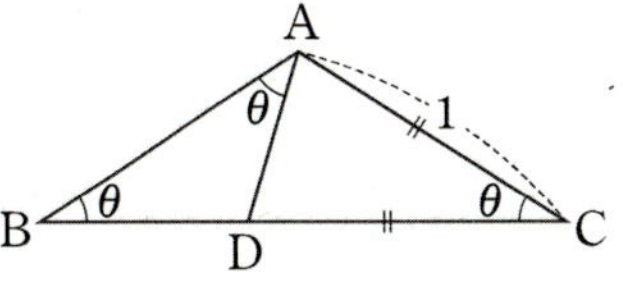

이때

$$\dfrac{2}{5}\pi = \boxed{} \times \theta$$

이고, 삼각형 ABC와 삼각형 DAB는 서로 닮음이므로

$\overline{BC} : \overline{AB} = \overline{AB} : \overline{DA}$에 의하여

$$\overline{DA} = \boxed{}$$

이다. 따라서

$$\cos\left(\dfrac{2}{5}\pi\right) = \cos\left(\boxed{} \times \theta\right)$$
$$= \dfrac{\overline{DA}}{2\overline{AC}}$$
$$= \boxed{}$$

이다.

위의 (가), (나), (다)에 알맞은 수를 각각 a, b, c라 할 때, $ac + b$의 값은?

① $\dfrac{11 - \sqrt{5}}{2}$ ② $\dfrac{13 - \sqrt{5}}{2}$

③ $\dfrac{11 - \sqrt{5}}{4}$ ④ $\dfrac{13 - \sqrt{5}}{4}$

⑤ $\dfrac{11 - \sqrt{5}}{8}$

II 삼각함수

핵심유형
SET 09
SET 10
SET 11
SET 12
SET 13
SET 14
SET 15
SET 16

156

짝기출 086 유형 05

양수 a에 대하여 함수

$$f(x) = \sqrt{3}\,\tan\left(x - \frac{\pi}{2}\right) + a$$

가 닫힌구간 $\left[\dfrac{\pi}{3},\ b\right]$ 에서 최댓값 6, 최솟값 2를 가질 때, ab의 값은?

① $\dfrac{\pi}{2}$ ② π ③ $\dfrac{3}{2}\pi$

④ 2π ⑤ $\dfrac{5}{2}\pi$

157

유형 04

$0 \leq a < 2\pi$인 실수 a에 대하여 함수 $y = \sin(3x)$의 그래프를 x축의 방향으로 a만큼 평행이동시킨 그래프와 함수 $y = \cos(3x - \pi)$의 그래프가 서로 일치할 때, 실수 a의 개수는?

① 1   ② 2   ③ 3

④ 4   ⑤ 5

158

유형 06

부등식 $2\sin^2\dfrac{n\pi}{4} > 1 + \cos\dfrac{n\pi}{4}$ 를 만족시키는 10 이하의 자연수 n 의 개수는?

① 1   ② 3   ③ 5

④ 7   ⑤ 9

159

유형 08

그림과 같이 정팔각형에서 정팔각형의 네 변을 각각
빗변으로 하는 직각이등변삼각형 4개를 잘라 내어 만들어진
➕ 모양의 도형이 있다. 정팔각형의 가장 긴 대각선의
길이가 2일 때, ➕ 모양의 도형의 넓이는?

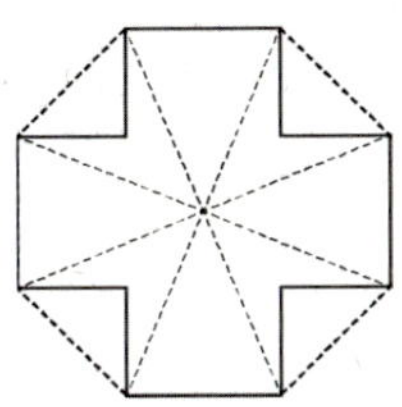

① $3\sqrt{2}-2$　　② $3\sqrt{2}-\dfrac{5}{2}$　　③ $3\sqrt{2}-3$

④ $2\sqrt{2}-2$　　⑤ $2\sqrt{2}-\dfrac{5}{2}$

160

짝기출 087　유형 09

그림과 같이 $\overline{AB}=6$, $\overline{BC}=2\sqrt{6}$, $\overline{AC}=2$인 삼각형
ABC의 외접원 위를 움직이는 점 P가 있다. 삼각형
BCP의 넓이의 최댓값을 k라 할 때, k^2의 값을 구하시오.

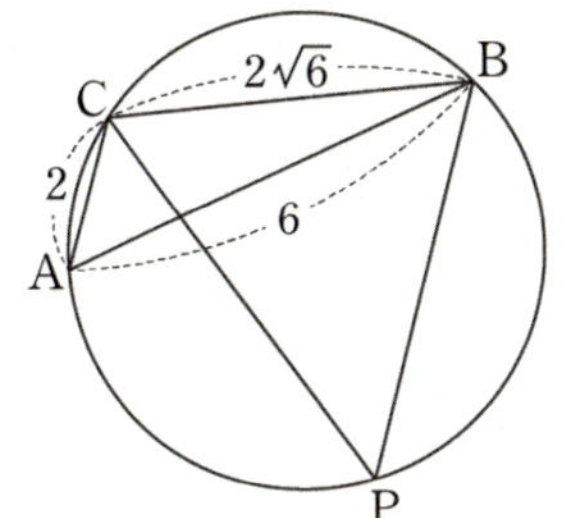

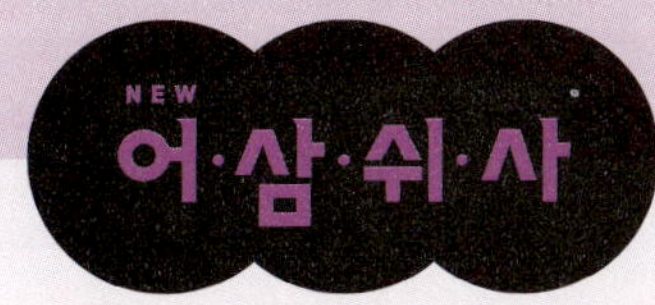

III

수열

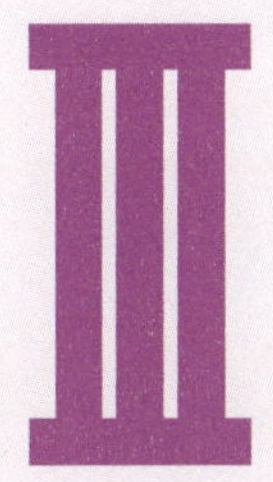

1 등차수열과 등비수열

등차수열

1. 등차수열

- 등차수열 : 첫째항에 차례로 일정한 수를 더하여 만든 수열
- 등차수열의 일반항

  첫째항이 a, 공차가 d인 등차수열 $\{a_n\}$의 일반항은 다음과 같다.

  $$a_n = a + (n-1)d$$

$$a_1 = a + 0d$$
$$a_2 = a + 1d$$
$$a_3 = a + 2d$$
$$\vdots$$
$$a_n = a + (n-1)d$$

- 등차중항

  세 수 a, b, c가 이 순서대로 등차수열을 이룰 때 $b = \dfrac{a+c}{2}$가 성립한다.

🔑 단축Key 등차수열 $\{a_n\}$의 공차 d 구하기

$$d = \frac{a_j - a_i}{j - i} \quad (\text{단, } i,\ j \text{는 } i < j \text{인 자연수})$$

유형 01 등차수열의 뜻과 등차중항

대표기출25 _ 2023학년도 9월 평가원 5번

등차수열 $\{a_n\}$에 대하여

$$a_1 = 2a_5,\ a_8 + a_{12} = -6$$

일 때, a_2의 값은? [3점]

① 17   ② 19   ③ 21

④ 23   ⑤ 25

| 풀이 | 등차수열 $\{a_n\}$의 공차를 d라 하면

$a_1 = 2a_5$에서 $a_1 = 2a_1 + 8d$ $\therefore\ a_1 = -8d$ ……㉠

$a_8 + a_{12} = -6$에서 $2a_1 + 18d = -6$ ……㉡

㉠, ㉡을 연립하여 풀면 $a_1 = 24$, $d = -3$

$\therefore\ a_2 = 24 - 3 = 21$ **답** ③

2. 등차수열의 합 구하기

등차수열의 첫째항부터 제n항까지의 합을 S_n이라 하면

❶ 첫째항이 a, 제n항이 l일 때

$$S_n = \frac{n(a+l)}{2}$$

❷ 첫째항이 a, 공차가 d일 때

$$S_n = \frac{n\{2a+(n-1)d\}}{2}$$

3. 수열의 합과 일반항 사이의 관계

수열 $\{a_n\}$의 첫째항부터 제n항까지의 합 S_n이 주어지면 수열의 모든 항을 구할 수 있다.

$$\begin{cases} a_1 = S_1 \\ a_n = S_n - S_{n-1} \ (n \geq 2) \end{cases}$$

$$\underbrace{a_1 + a_2 + a_3 + \cdots + \overbrace{a_{n-1} + a_n}}_{S_{n-1}}^{S_n}$$

유형 02 등차수열의 합

대표기출26 _ 2022학년도 6월 평가원 7번

첫째항이 2인 등차수열 $\{a_n\}$의 첫째항부터 제n항까지의 합을 S_n이라 하자.

$$a_6 = 2(S_3 - S_2)$$

일 때, S_{10}의 값은? [3점]

① 100   ② 110   ③ 120

④ 130   ⑤ 140

| 풀이 | $a_6 = 2(S_3 - S_2)$에서 $S_3 - S_2 = a_3$이므로

$a_6 = 2a_3$

등차수열 $\{a_n\}$의 공차를 d라 하면

$2 + 5d = 2(2 + 2d)$에서

$2 + 5d = 4 + 4d$

$\therefore d = 2$

$\therefore S_{10} = \dfrac{10(2 \times 2 + 9 \times 2)}{2} = 5 \times 22 = 110$ 답 ②

SET 17 / SET 18 / SET 19 / SET 20 / SET 21 / SET 22 / SET 23 / SET 24

1. 등비수열

- 등비수열 : 첫째항에 차례로 일정한 수를 곱하여 만든 수열 (공비)
- 등비수열의 일반항

  첫째항이 a, 공비가 r인 등비수열 $\{a_n\}$의 일반항은 다음과 같다.

  $$a_n = a \times r^{n-1}$$

$$\begin{aligned} a_1 &= a \times r^0 \\ a_2 &= a \times r^1 \\ a_3 &= a \times r^2 \\ &\vdots \\ a_n &= a \times r^{n-1} \end{aligned}$$

- 등비중항 (b는 a와 c의 등비중항)

  세 수 a, b, c가 이 순서대로 등비수열을 이룰 때 $b^2 = ac$가 성립한다.

2. 등비수열의 합 구하기

첫째항이 a, 공비가 $r \, (r \neq 0)$인 등비수열의 첫째항부터 제n항까지의 합을 S_n이라 하면

❶ $r \neq 1$일 때

$$S_n = \frac{a(1-r^n)}{1-r} = \frac{a(r^n-1)}{r-1}$$

❷ $r = 1$일 때

$$S_n = na$$

🔑 단축Key 등비수열 $\{a_n\}$의 공비 r 구하기

$$r^{j-i} = \frac{a_j}{a_i} \ (\text{단, } i, \, j\text{는 } i < j\text{인 자연수})$$

유형 03 등비수열의 뜻과 등비중항

대표기출27 _ 2022학년도 9월 평가원 3번

등비수열 $\{a_n\}$에 대하여

$$a_1 = 2, \ a_2 a_4 = 36$$

일 때, $\dfrac{a_7}{a_3}$의 값은? [3점]

① 1 ② $\sqrt{3}$ ③ 3
④ $3\sqrt{3}$ ⑤ 9

| 풀이 | 등비수열 $\{a_n\}$의 공비를 r라 하면 $a_2 a_4 = a_1 r \times a_1 r^3 = 36$에서

$r^4 = 9 \ (\because \ a_1 = 2)$ $\therefore \ \dfrac{a_7}{a_3} = r^4 = 9$ 답 ⑤

유형 05 수열의 합과 일반항 사이의 관계

대표기출29 _ 2021학년도 9월 평가원 가형 27번

등비수열 $\{a_n\}$의 첫째항부터 제n항까지의 합을 S_n이라 하자.
모든 자연수 n에 대하여

$$S_{n+3} - S_n = 13 \times 3^{n-1}$$

일 때, a_4의 값을 구하시오. [4점]

| 풀이 | 등비수열 $\{a_n\}$의 첫째항을 a, 공비를 r라 하자.
$S_4 - S_1 = a_1 + a_3 + a_2 = 13$ ······㉠
$S_5 - S_2 = a_5 + a_4 + a_3 = r(a_1 + a_3 + a_2) = 39$에서 $r = 3$
㉠에서 $27a + 9a + 3a = 13$이므로 $a = \dfrac{1}{3}$ $\therefore \ a_4 = ar^3 = 9$ 답 9

유형 04 등비수열의 합

대표기출28 _ 2021학년도 6월 평가원 나형 25번

등비수열 $\{a_n\}$의 첫째항부터 제n항까지의 합을 S_n이라 하자.

$$a_1 = 1, \ \frac{S_6}{S_3} = 2a_4 - 7$$

일 때, a_7의 값을 구하시오. [3점]

| 풀이 | 등비수열 $\{a_n\}$의 공비를 r라 하자.

$r = 1$이면 $a_n = 1$이므로 $\dfrac{S_6}{S_3} = \dfrac{6}{3} = 2$이고

$2a_4 - 7 = 2 \times 1 - 7 = -5$이므로 $\dfrac{S_6}{S_3} \neq 2a_4 - 7$

즉, 주어진 조건을 만족시키지 않는다.
$\therefore \ r \neq 1$

따라서 $S_3 = \dfrac{r^3 - 1}{r - 1}$, $S_6 = \dfrac{r^6 - 1}{r - 1}$이므로

$$\frac{S_6}{S_3} = \frac{\dfrac{r^6 - 1}{r - 1}}{\dfrac{r^3 - 1}{r - 1}} = \frac{r^6 - 1}{r^3 - 1} = \frac{(r^3 + 1)(r^3 - 1)}{r^3 - 1} = r^3 + 1$$

이고

$2a_4 - 7 = 2r^3 - 7$이므로 $r^3 + 1 = 2r^3 - 7$에서
$r^3 = 8$ $\therefore \ r = 2$
$\therefore \ a_7 = r^6 = 2^6 = 64$ 답 64

2 수열의 합

1. $\sum$의 뜻과 성질

• $\sum$의 뜻 : 수열 $\{a_n\}$의 연속한 몇 개의 항의 합을 나타낼 때 기호 $\sum$를 사용한다.

제j항까지 차례로 더한다.

$$a_i + a_{i+1} + a_{i+2} + \cdots + a_j = \sum_{k=i}^{j} a_k \ (\text{단, } i \le j)$$

제i항부터

$\displaystyle\sum_{k=1}^{n} a_k$가 주어지면 수열의 모든 항을 구할 수 있다.

$$\begin{cases} a_1 = \displaystyle\sum_{k=1}^{1} a_k \\ a_n = \displaystyle\sum_{k=1}^{n} a_k - \sum_{k=1}^{n-1} a_k \ (n \ge 2) \end{cases}$$

• $\sum$의 성질 : 두 수열 $\{a_n\}$, $\{b_n\}$과 상수 c에 대하여

❶ $\displaystyle\sum_{k=1}^{n}(a_k \pm b_k) = \sum_{k=1}^{n} a_k \pm \sum_{k=1}^{n} b_k$ (복부호동순)

❷ $\displaystyle\sum_{k=1}^{n} ca_k = c\sum_{k=1}^{n} a_k$

❸ $\displaystyle\sum_{k=1}^{n} c = cn$

2. 여러 가지 수열의 합

• 자연수의 거듭제곱의 합

❶ $\displaystyle\sum_{k=1}^{n} k = \frac{n(n+1)}{2}$

❷ $\displaystyle\sum_{k=1}^{n} k^2 = \frac{n(n+1)(2n+1)}{6}$

❸ $\displaystyle\sum_{k=1}^{n} k^3 = \left\{\frac{n(n+1)}{2}\right\}^2$

• 일반항이 분수 꼴인 수열의 합

❶ $\displaystyle\sum_{k=1}^{n} \frac{1}{(k+a)(k+b)} = \frac{1}{b-a}\sum_{k=1}^{n}\left(\frac{1}{k+a} - \frac{1}{k+b}\right)$

❷ $\displaystyle\sum_{k=1}^{n} \frac{1}{\sqrt{k}+\sqrt{k+1}} = \sum_{k=1}^{n}(\sqrt{k+1} - \sqrt{k})$

🔑 **단축Key** 자주 쓰이는 $\sum$의 계산

$$\sum_{k=1}^{n}(2k-1) = n^2, \quad \sum_{k=1}^{10} k = 55, \quad \sum_{k=1}^{10} k^2 = 385$$

핵심유형

SET 17
SET 18
SET 19
SET 20
SET 21
SET 22
SET 23
SET 24

유형 06 $\sum$의 뜻과 성질

대표기출30 _ 2023학년도 수능 18번

두 수열 $\{a_n\}$, $\{b_n\}$에 대하여

$$\sum_{k=1}^{5}(3a_k+5) = 55, \quad \sum_{k=1}^{5}(a_k+b_k) = 32$$

일 때, $\displaystyle\sum_{k=1}^{5} b_k$의 값을 구하시오. [3점]

| 풀이 | $\displaystyle\sum_{k=1}^{5}(3a_k+5) = 55$에서 $3\displaystyle\sum_{k=1}^{5} a_k + \sum_{k=1}^{5} 5 = 3\sum_{k=1}^{5} a_k + 25 = 55$이므로

$3\displaystyle\sum_{k=1}^{5} a_k = 30 \quad \therefore \ \sum_{k=1}^{5} a_k = 10$

이때 $\displaystyle\sum_{k=1}^{5}(a_k+b_k) = 32$에서 $\displaystyle\sum_{k=1}^{5} a_k + \sum_{k=1}^{5} b_k = 10 + \sum_{k=1}^{5} b_k = 32$이므로

$\displaystyle\sum_{k=1}^{5} b_k = 22$ **目 22**

유형 07 여러 가지 수열의 합

대표기출31 _ 2020학년도 9월 평가원 나형 26번

n이 자연수일 때, x에 대한 이차방정식

$$x^2 - (2n-1)x + n(n-1) = 0$$

의 두 근을 α_n, β_n이라 하자. $\displaystyle\sum_{n=1}^{81} \frac{1}{\sqrt{\alpha_n}+\sqrt{\beta_n}}$의 값을 구하시오. [4점]

| 풀이 | 이차방정식 $(x-n)\{x-(n-1)\} = 0$의 두 근이

$x = n$, $x = n-1$이므로

$\dfrac{1}{\sqrt{\alpha_n}+\sqrt{\beta_n}} = \dfrac{1}{\sqrt{n}+\sqrt{n-1}} = \dfrac{\sqrt{n}-\sqrt{n-1}}{(\sqrt{n}+\sqrt{n-1})(\sqrt{n}-\sqrt{n-1})}$

$\qquad\qquad\qquad = \sqrt{n}-\sqrt{n-1}$

$\therefore \ \displaystyle\sum_{n=1}^{81} \frac{1}{\sqrt{\alpha_n}+\sqrt{\beta_n}} = \sum_{n=1}^{81}(\sqrt{n}-\sqrt{n-1})$

$\qquad\qquad = (\sqrt{1}-\sqrt{0}) + (\sqrt{2}-\sqrt{1}) + \cdots + (\sqrt{81}-\sqrt{80})$

$\qquad\qquad = \sqrt{81} - \sqrt{0} = 9$ **目 9**

3 수학적 귀납법

귀납적 정의

1. 수열의 귀납적 정의

특정한 항의 값과 이웃하는 항 사이의 관계식으로 수열을 정의하는 것을 수열의 귀납적 정의라 한다.

귀납적으로 정의한 수열에 $n = 1, 2, 3, \cdots$을 차례로 대입하여 계산하면 모든 항을 구할 수 있다.

- **등차수열과 등비수열의 귀납적 정의**

  수열 $\{a_n\}$이 등차수열 또는 등비수열임을 나타내는 이웃하는 항 사이의 관계식

등차수열	등비수열
$a_{n+1} = a_n + d$ (단, d는 상수)	$a_{n+1} = ra_n$ (단, r는 상수)
$a_{n+2} - a_{n+1} = a_{n+1} - a_n$	$\dfrac{a_{n+2}}{a_{n+1}} = \dfrac{a_{n+1}}{a_n}$
$a_{n+1} = \dfrac{a_n + a_{n+2}}{2}$	$(a_{n+1})^2 = a_n a_{n+2}$

유형 08 수열의 귀납적 정의

대표기출32 _ 2020학년도 9월 평가원 나형 24번

수열 $\{a_n\}$이 모든 자연수 n에 대하여

$$a_{n+1} + a_n = 3n - 1$$

을 만족시킨다. $a_3 = 4$일 때, $a_1 + a_5$의 값을 구하시오. [3점]

| 풀이 | 주어진 식의 n에 1, 2, 3, 4를 차례대로 대입하면

$a_2 + a_1 = 2$ ……㉠

$a_3 + a_2 = 5$ ……㉡

$a_4 + a_3 = 8$ ……㉢

$a_5 + a_1 = 11$ ……㉣

이때 $a_3 = 4$이므로

㉠ $-$ ㉡에서

$a_1 - a_3 = -3$, $a_1 - 4 = -3$

$\therefore a_1 = 1$

㉣ $-$ ㉢에서

$a_5 - a_3 = 3$, $a_5 - 4 = 3$

$\therefore a_5 = 7$

$\therefore a_1 + a_5 = 1 + 7 = 8$

답 8

유형 09 발견적 추론

대표기출33 _ 2019학년도 수능 나형 13번

수열 $\{a_n\}$은 $a_1 = 2$이고, 모든 자연수 n에 대하여

$$a_{n+1} = \begin{cases} \dfrac{a_n}{2 - 3a_n} & (n \text{이 홀수인 경우}) \\ 1 + a_n & (n \text{이 짝수인 경우}) \end{cases}$$

를 만족시킨다. $\displaystyle\sum_{n=1}^{40} a_n$의 값은? [3점]

① 30 ② 35 ③ 40

④ 45 ⑤ 50

| 풀이 | 주어진 조건에 의하여

$$a_1 = 2, \quad a_2 = \frac{2}{2 - 3 \times 2} = -\frac{1}{2}, \quad a_3 = 1 + \left(-\frac{1}{2}\right) = \frac{1}{2}, \quad a_4 = \frac{\frac{1}{2}}{2 - 3 \times \frac{1}{2}} = 1,$$

$a_5 = 1 + 1 = 2, \cdots$ 이므로

$2, -\dfrac{1}{2}, \dfrac{1}{2}, 1$이 반복적으로 나타난다.

또한 $40 = 4 \times 10$이므로

$$\sum_{n=1}^{40} a_n = 10 \sum_{n=1}^{4} a_n$$

$$= 10 \times \left\{ 2 + \left(-\frac{1}{2}\right) + \frac{1}{2} + 1 \right\} = 30$$

답 ①

1. 수학적 귀납법

명제 $p(n)$이 모든 자연수 n에 대하여 성립한다는 것을 (i), (ii)에 따라 증명하는 방법

(i) $n=1$일 때 명제 $p(n)$이 성립한다.

(ii) $n=k$일 때 명제 $p(n)$이 성립한다고 가정하면, $n=k+1$일 때에도 명제 $p(n)$이 성립한다.

유형 10 수학적 귀납법

대표기출34 _ 2021학년도 6월 평가원 가형 15번

수열 $\{a_n\}$의 일반항은

$$a_n = (2^{2n}-1)\times 2^{n(n-1)} + (n-1)\times 2^{-n}$$

이다. 다음은 모든 자연수 n에 대하여

$$\sum_{k=1}^{n} a_k = 2^{n(n+1)} - (n+1)\times 2^{-n} \qquad \cdots\cdots(*)$$

임을 수학적 귀납법을 이용하여 증명한 것이다.

(i) $n=1$일 때, (좌변)$=3$, (우변)$=3$이므로 $(*)$이 성립한다.

(ii) $n=m$일 때, $(*)$이 성립한다고 가정하면

$$\sum_{k=1}^{m} a_k = 2^{m(m+1)} - (m+1)\times 2^{-m}$$

이다. $n=m+1$일 때,

$$\sum_{k=1}^{m+1} a_k = 2^{m(m+1)} - (m+1)\times 2^{-m}$$
$$+ (2^{2m+2}-1)\times \boxed{\text{(가)}} + m\times 2^{-m-1}$$
$$= \boxed{\text{(가)}} \times \boxed{\text{(나)}} - \frac{m+2}{2}\times 2^{-m}$$
$$= 2^{(m+1)(m+2)} - (m+2)\times 2^{-(m+1)}$$

이다. 따라서 $n=m+1$일 때도 $(*)$이 성립한다.

(i), (ii)에 의하여 모든 자연수 n에 대하여

$$\sum_{k=1}^{n} a_k = 2^{n(n+1)} - (n+1)\times 2^{-n}$$

이다.

위의 (가), (나)에 알맞은 식을 각각 $f(m)$, $g(m)$이라 할 때, $\dfrac{g(7)}{f(3)}$ 의 값은? [4점]

① 2   ② 4   ③ 8

④ 16   ⑤ 32

| 풀이 | (i) $n=1$일 때, (좌변)$=3$, (우변)$=3$이므로 $(*)$이 성립한다.

(ii) $n=m$일 때, $(*)$이 성립한다고 가정하면

$$\sum_{k=1}^{m} a_k = 2^{m(m+1)} - (m+1)\times 2^{-m}$$

이다. $n=m+1$일 때,

$$\sum_{k=1}^{m+1} a_k = \sum_{k=1}^{m} a_k + a_{m+1}$$
$$= 2^{m(m+1)} - (m+1)\times 2^{-m}$$
$$+ \{2^{2(m+1)}-1\}\times 2^{(m+1)m} + m\times 2^{-(m+1)}$$
$$= 2^{m(m+1)} - (m+1)\times 2^{-m}$$
$$+ (2^{2m+2}-1)\times \boxed{2^{m(m+1)}} + m\times 2^{-m-1}$$
$$= 2^{m(m+1)}\times \{1+(2^{2m+2}-1)\} - 2^{-m}\Big\{(m+1)-\frac{m}{2}\Big\}$$
$$= \boxed{2^{m(m+1)}} \times \boxed{2^{2m+2}} - \frac{m+2}{2}\times 2^{-m}$$
$$= 2^{(m+1)(m+2)} - (m+2)\times 2^{-(m+1)}$$

이다. 따라서 $n=m+1$일 때도 $(*)$이 성립한다.

(i), (ii)에 의하여 모든 자연수 n에 대하여

$$\sum_{k=1}^{n} a_k = 2^{n(n+1)} - (n+1)\times 2^{-n}$$

이다.

∴ (가) : $f(m) = 2^{m(m+1)}$, (나) : $g(m) = 2^{2m+2}$

∴ $\dfrac{g(7)}{f(3)} = \dfrac{2^{16}}{2^{12}} = 2^4 = 16$

답 ④

핵심유형

SET 17
SET 18
SET 19
SET 20
SET 21
SET 22
SET 23
SET 24

161

유형 02

등차수열 $\{a_n\}$에 대하여

$$a_5 + a_6 = 5$$

이다. 수열 $\{a_n\}$의 첫째항부터 제10항까지의 합은?

① 5 ② 10 ③ 15
④ 20 ⑤ 25

162

찍기출 088 유형 03

첫째항이 0이 아니고 공비가 3인 등비수열 $\{a_n\}$에 대하여

$$a_2 + a_4 = (a_3)^2$$

일 때, a_5의 값을 구하시오.

163

유형 07

수열 $\{a_n\}$이 모든 자연수 n에 대하여

$$\sum_{k=1}^{n} (a_{k+1} - a_k) = 4n$$

을 만족시킨다. $a_3 = 10$일 때, a_8의 값을 구하시오.

164

유형 04

첫째항이 4이고 공비가 양수인 등비수열 $\{a_n\}$의
첫째항부터 제10항까지의 곱이 2^{110}일 때, 수열 $\{a_n\}$의
첫째항부터 제20항까지의 합은?

① $\dfrac{4}{3}(2^{30}-1)$ ② $\dfrac{4}{3}(2^{40}-1)$ ③ $\dfrac{4}{3}(2^{50}-1)$

④ $\dfrac{4}{3}(4^{30}-1)$ ⑤ $\dfrac{4}{3}(4^{40}-1)$

165

짝기출 089   유형 05

수열 $\{a_n\}$의 첫째항부터 제n항까지의 합을 S_n이라 하면
수열 $\{a_n + S_n\}$이 공차가 4인 등차수열을 이룬다.
$a_8 = 8$일 때, a_7의 값은?

① 10   ② 12   ③ 14

④ 16   ⑤ 18

166

유형 01

모든 자연수 n에 대하여 좌표평면 위의 세 점 $A_n(0, y_n)$,
$B_n(x_n, 0)$, $C_n(x_n, y_n)$과 사각형 $OB_nC_nA_n$의 넓이
S_n이 다음 조건을 만족시킨다.

> (가) $y_1 = 4$, $y_2 = 8$
>
> (나) $2y_{n+1} = y_n + y_{n+2}$, $x_n > 0$
>
> (다) $S_n = n \times 2^{n+2}$

선분 C_3C_4의 길이는? (단, O는 원점이다.)

① $2\sqrt{5}$ ② $3\sqrt{5}$ ③ $4\sqrt{5}$

④ $5\sqrt{5}$ ⑤ $6\sqrt{5}$

Ⅲ 수열

핵심유형
SET 17
SET 18
SET 19
SET 20
SET 21
SET 22
SET 23
SET 24

167

수열 $\{a_n\}$은 $a_3 = 1$이고, 모든 자연수 n에 대하여

$$a_{n+1} + (-1)^n a_n = 5n$$

을 만족시킨다. $a_1 + a_5$의 값은?

① 2   ② 4   ③ 6

④ 8   ⑤ 10

168

수열 $\{a_n\}$이

$$a_1 = -\frac{1}{2}, \ a_n = 1 + \sum_{k=1}^{n-1} a_k \ (n \geq 2)$$

를 만족시킬 때, $\displaystyle\sum_{k=1}^{9} a_k$의 값은?

① 127   ② 128   ③ 129

④ 130   ⑤ 131

169

팍기출 092 유형 10

수열 $\{a_n\}$은 $a_1 = 9$이고,

$$2na_{n+1} = (n+1)a_n + (7n-1)2^{2n+1} \ (n \geq 1)$$

을 만족시킨다. 다음은 일반항 a_n이

$$a_n = 2 \times 4^n + n \times 2^{1-n} \qquad \cdots\cdots (*)$$

임을 수학적 귀납법을 이용하여 증명한 것이다.

(i) $n = 1$일 때

(좌변)$= a_1 = 9$, (우변)$= 8 + 1 = 9$이므로

$(*)$이 성립한다.

(ii) $n = k$일 때 $(*)$이 성립한다고 가정하면

$a_k = 2 \times 4^k + k \times 2^{1-k}$이므로

$2ka_{k+1} = (k+1)a_k + (\boxed{\ \ (가)\ \ }) \times 4^k$

$\qquad\quad = k \times 4^{\boxed{(나)}} + k(k+1)2^{1-k}$

이다. 따라서 $n = k+1$일 때도 $(*)$이 성립한다.

(i), (ii)에 의하여 모든 자연수 n에 대하여

$a_n = 2 \times 4^n + n \times 2^{1-n}$이다.

위의 (가), (나)에 알맞은 식을 각각 $f(k)$, $g(k)$라 할 때,
$f(6) + g(8)$의 값은?

① 90   ② 92   ③ 94

④ 96   ⑤ 98

170

유형 09

수열 $\{a_n\}$이 모든 자연수 n에 대하여 다음 조건을
만족시킨다.

(가) $a_{2n-1} < a_{2n}$

(나) $|a_{n+1} - a_n| = 2n$

$a_3 = 8$일 때, $a_1 + a_6$의 최댓값을 구하시오.

171

첫째항이 10이고 공차가 -2인 등차수열의 첫째항부터
제 n항까지의 합이 0일 때, n의 값을 구하시오.

172

모든 항이 양수이고, 공비가 1이 아닌 등비수열 $\{a_n\}$에
대하여

$$\frac{a_{11} - a_{12}}{a_5 - a_6} = 3^7$$

이 성립할 때, 등비수열 $\{a_n\}$의 공비는?

① $3^{\frac{7}{2}}$ ② $3^{\frac{7}{3}}$ ③ $3^{\frac{7}{4}}$

④ $3^{\frac{7}{5}}$ ⑤ $3^{\frac{7}{6}}$

173

수열 $\{a_n\}$이 모든 자연수 n에 대하여

$$a_n a_{n+1} = \frac{2n-1}{n+1}$$

이고 $a_1 = 1$일 때, a_5의 값은?

① $\dfrac{52}{21}$ ② $\dfrac{54}{23}$ ③ $\dfrac{56}{25}$

④ $\dfrac{58}{27}$ ⑤ $\dfrac{60}{29}$

174

짝기출 096 유형 06

두 수열 $\{a_n\}$, $\{b_n\}$에 대하여

$$\sum_{k=1}^{10} a_k = 20, \ \sum_{k=1}^{10} b_k = 10$$

일 때, $\displaystyle\sum_{k=1}^{10} ca_k = \sum_{k=1}^{10} (c+b_k)$를 만족시키는 상수 c의 값을 구하시오.

175

유형 07

수열 $\{a_n\}$은 $a_1 = 1$이고, 모든 자연수 n에 대하여

$$a_n - a_{n+1} = a_n a_{n+1} d$$

를 만족시킨다. $a_{31} = \dfrac{1}{91}$일 때, $\displaystyle\sum_{k=1}^{20} a_k a_{k+1}$의 값은?

(단, d는 상수이다.)

① $\dfrac{17}{61}$ ② $\dfrac{18}{61}$ ③ $\dfrac{19}{61}$

④ $\dfrac{20}{61}$ ⑤ $\dfrac{21}{61}$

176

짝기출 097 유형 05

수열 $\{a_n\}$의 첫째항부터 제n항까지의 합 S_n이

$$S_n = 2^n - 5n + 10$$

일 때, $0 < a_n < 100$을 만족시키는 모든 자연수 n의 값의 합은?

① 23   ② 24   ③ 25

④ 26   ⑤ 27

177

$\sqrt{2}$ 와 $\sqrt{5}$ 사이에 네 개의 수 a, b, c, d를 넣어 만든 수열

$$\sqrt{2},\ a,\ b,\ c,\ d,\ \sqrt{5}$$

가 이 순서대로 등비수열을 이룰 때,

$\log(a^2)+\log(b^2)+\log(c^2)+\log(d^2)$의 값은?

① 1 ② 2 ③ 3

④ 4 ⑤ 5

178

수열 $\{a_n\}$은 $a_1 = 8$이고 모든 자연수 n에 대하여

$$a_{n+1} = \begin{cases} a_n + 5 & (a_n \text{이 홀수인 경우}) \\ \dfrac{a_n}{2} & (a_n \text{이 짝수인 경우}) \end{cases}$$

을 만족시킨다. $\displaystyle\sum_{n=1}^{40} a_n$의 값을 구하시오.

179

유형 04

공비가 1이 아닌 등비수열 $\{a_n\}$의 첫째항부터 제n항까지의 합을 S_n이라 하자. a_n과 S_n이 다음 조건을 만족시킬 때, a_{21}의 값은?

> (가) $a_1 + a_{11} = 1$
> (나) 세 수 $a_1 - a_2$, a_6, S_{10}은 이 순서대로 등비수열을 이룬다.

① $\dfrac{1}{8}$　　　② $\dfrac{1}{6}$　　　③ $\dfrac{1}{4}$

④ $\dfrac{1}{2}$　　　⑤ 1

180

짝기출 099　유형 01

함수 $f(x) = \log_{\frac{1}{4}} x$에 대하여 두 함수 $g(x)$, $h(x)$를 각각

$$g(x) = -f(x),\quad h(x) = -\frac{2}{3} f(x)$$

라 하자. 직선 $y = k$가 y축 및 세 곡선 $y = f(x)$, $y = g(x)$, $y = h(x)$와 만나는 점을 차례대로 A, B, C, D라 할 때, 세 선분 AB, CD, BC의 길이는 이 순서대로 등차수열을 이룬다. 양수 k의 값은?

① $\log_2 \dfrac{9}{8}$　　　② $\log_2 \dfrac{5}{4}$　　　③ $\log_2 \dfrac{3}{2}$

④ $\log_2 \dfrac{7}{4}$　　　⑤ 1

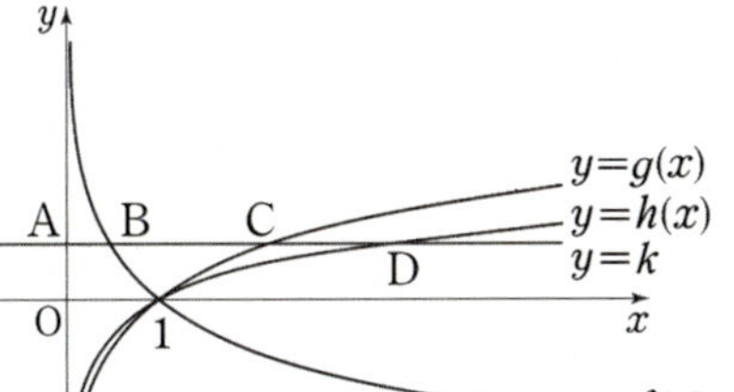

181

첫째항이 양수인 등비수열 $\{a_n\}$에 대하여

$$\frac{a_4}{a_2} + \frac{a_2}{a_1} = 12, \ a_4 = -1$$

일 때, a_1의 값은?

① 1　　　② $\dfrac{1}{8}$　　　③ $\dfrac{1}{27}$

④ $\dfrac{1}{64}$　　　⑤ $\dfrac{1}{125}$

182

수열 $\{a_n\}$이 임의의 두 자연수 m, n $(m > n)$에 대하여

$$a_m - a_n = a_{m-n}$$

을 만족시킨다. $a_7 = 63$일 때, a_1의 값을 구하시오.

183

수열 $\{a_n\}$의 첫째항부터 제n항까지의 합을 S_n이라 할 때, 모든 자연수 n에 대하여

$$a_1 = 1, \ S_{n+2} - S_n = 3a_{n+1} - a_n$$

이 성립한다. $S_{20} = 100$일 때, a_{20}의 값을 구하시오.

184

짝기출 101 유형 04

자연수 n에 대하여 다항식 $(x-3)^n+1$을 $x-1$로 나눈 나머지를 a_n이라 할 때, 수열 $\{a_n\}$의 첫째항부터 제10항까지의 합을 구하시오.

185

짝기출 102 유형 02

첫째항이 215이고 공차가 -4인 등차수열 $\{a_n\}$의 첫째항부터 제n항까지의 합을 S_n이라 할 때, $|S_n|$이 최소가 되는 자연수 n의 값을 구하시오.

186

유형 06

n이 자연수일 때, 부등식

$$k-1 < \log_2 n \le k$$

를 만족시키는 정수 k에 대하여 $a_n = k+1$이라 하자.

$\displaystyle\sum_{n=1}^{50} a_n$의 값을 구하시오.

187

두 등차수열 $\{a_n\}$, $\{b_n\}$이 모든 자연수 n에 대하여 다음 조건을 만족시킨다.

> (가) $a_n + b_n = 5n + 1$
> (나) $a_6 - b_6 = a_3 - b_3$

$a_2 + b_4$의 값을 구하시오.

188

다음은 모든 자연수 n에 대하여 등식

$$\sum_{k=1}^{n} k\{2(n-1) - 2k + 3\} = \frac{n(n+1)(2n+1)}{6}$$

$$\cdots\cdots(*)$$

이 성립함을 수학적 귀납법을 이용하여 증명한 것이다.

> (i) $n = 1$일 때
>
> $$(\text{좌변}) = \sum_{k=1}^{1} k(-2k + 3) = 1, \ (\text{우변}) = 1$$
>
> 이므로 $(*)$이 성립한다.
>
> (ii) $n = m$일 때, $(*)$이 성립한다고 가정하면
>
> $$\sum_{k=1}^{m} k\{2(m-1) - 2k + 3\}$$
>
> $$= \frac{m(m+1)(2m+1)}{6} \ \text{이고}$$
>
> $n = m + 1$일 때
>
> $$\sum_{k=1}^{m+1} k\{2(m+1-1) - 2k + 3\}$$
>
> $$= \sum_{k=1}^{m+1} k(2m - 2k + 3)$$
>
> $$= \sum_{k=1}^{m} k(2m - 2k + 3) + \boxed{\text{(가)}}$$
>
> $$= \sum_{k=1}^{m} k\{2(m-1) - 2k + 3\} + \boxed{\text{(나)}}$$
>
> $$= \frac{(m+1)(m+2)(2m+3)}{6}$$
>
> 이다. 따라서 $n = m + 1$일 때도 $(*)$이 성립한다.
>
> (i), (ii)에 의하여 모든 자연수 n에 대하여 $(*)$이 성립한다.

위의 (가), (나)에 알맞은 식을 각각 $f(m)$, $g(m)$이라 할 때, $f(15) + g(4)$의 값은?

① 37   ② 38   ③ 39

④ 40   ⑤ 41

189

수열 $\{a_n\}$은 $a_1 = 45$이고 모든 자연수 n에 대하여

$$a_n + a_{n+1} = 103 - 4n$$

을 만족시킨다. $a_k > 0$을 만족시키는 자연수 k의 최댓값을 구하시오.

190

모든 항이 0이 아닌 정수이고 다음 조건을 만족시키는 등차수열 $\{a_n\}$에 대하여 a_1의 최솟값을 구하시오.

(가) $\displaystyle\sum_{k=1}^{10} a_k = \sum_{k=1}^{10} |a_k|$

(나) $\displaystyle\sum_{k=1}^{12} a_k = \sum_{k=1}^{12} |a_k| - 2$

191

유형 03

등비수열 $\{a_n\}$에 대하여 $(a_2)^2 + a_5 = 6$,

$(a_3)^2 + a_7 = 12$일 때, $a_3 a_5 + a_9$의 값을 구하시오.

192

픽기출 106 유형 02

수열 $\{a_n\}$이 모든 자연수 n에 대하여

$$a_n - a_{n+1} = k$$

를 만족시킨다. 수열 $\{a_n\}$의 첫째항부터 제5항까지의 합이

10, 첫째항부터 제10항까지의 합이 30일 때, $\dfrac{a_1}{k}$의 값은?

(단, k는 상수이다.)

① -3 ② -1 ③ 1

④ 2 ⑤ 4

193

유형 04

첫째항이 4이고 공비가 0이 아닌 등비수열 $\{a_n\}$의

첫째항부터 제n항까지의 합을 S_n이라 하자. 수열

$\{8 + S_n\}$이 등비수열일 때, 수열 $\{a_n\}$의 공비는?

① $\dfrac{1}{2}$ ② $\dfrac{3}{4}$ ③ 1

④ $\dfrac{5}{4}$ ⑤ $\dfrac{3}{2}$

194

픽기출 107 유형 05

등차수열 $\{a_n\}$의 첫째항부터 제n항까지의 합을 S_n이라

하자. 모든 자연수 n에 대하여

$$S_{3n} - S_{n+1} = 8n^2 - 6n + 1$$

일 때, a_{10}의 값은?

① 15 ② 16 ③ 17

④ 18 ⑤ 19

195

첫째항이 1인 수열 $\{a_n\}$이 모든 자연수 n에 대하여

$$\sum_{k=1}^{n} \frac{a_{k+1} - a_k}{a_k a_{k+1}} = \frac{2n+2}{2n+3}$$

를 만족시킬 때, $\displaystyle\sum_{k=1}^{10} a_k$의 값을 구하시오.

196

수열 $\{a_n\}$은 $a_1 = 1$이고

$$\sum_{k=1}^{n} k a_k = n^3 a_n \ (n \geq 1)$$

을 만족시킨다. 다음은 일반항 a_n이

$$a_n = \frac{2}{n^2(n+1)} \qquad\qquad \cdots\cdots(*)$$

임을 수학적 귀납법을 이용하여 증명한 것이다.

(i) $n = 1$일 때

(좌변)$= a_1 = 1$,

(우변)$= \dfrac{2}{1^2 \times (1+1)} = 1$

이므로 $(*)$이 성립한다.

(ii) $n = m$일 때, $(*)$이 성립한다고 가정하면

$a_m = \dfrac{2}{m^2(m+1)}$ 이므로

$\boxed{\text{(가)}} \times a_{m+1}$

$= \displaystyle\sum_{k=1}^{m+1} k a_k = \sum_{k=1}^{m} k a_k + (m+1)a_{m+1}$

$= \boxed{\text{(나)}} \times a_m + (m+1)a_{m+1}$

이다. 따라서

$a_{m+1} = \boxed{\text{(다)}} \times a_m = \dfrac{2}{(m+1)^2(m+2)}$

이므로 $n = m+1$일 때도 $(*)$이 성립한다.

(i), (ii)에 의하여 모든 자연수 n에 대하여

$a_n = \dfrac{2}{n^2(n+1)}$ 이다.

위의 (가), (나), (다)에 알맞은 식을 각각 $f(m)$, $g(m)$, $h(m)$이라 할 때, $\dfrac{f(2)h(4)}{g(4)}$의 값은?

① $\dfrac{3}{20}$　　② $\dfrac{9}{40}$　　③ $\dfrac{3}{10}$

④ $\dfrac{3}{8}$　　⑤ $\dfrac{9}{20}$

197

수열 $\{a_n\}$이 모든 자연수 n에 대하여

$$\sum_{k=2}^{n+2} a_k - \sum_{k=1}^{n} a_k = 4$$

를 만족시킨다. $\displaystyle\sum_{k=1}^{21} a_k = 73$일 때, $\displaystyle\sum_{k=1}^{31} a_k$의 값을 구하시오.

198

등차수열 $\{a_n\}$이 다음 조건을 만족시킬 때, a_2의 값은?

> (가) $|a_3| = |a_7|$
> (나) $3|a_9 + a_4| = 3a_1 - 2$

① $-\dfrac{10}{3}$ ② -2 ③ $-\dfrac{2}{3}$

④ $\dfrac{2}{3}$ ⑤ 2

199 유형 09

수열 $\{a_n\}$은 첫째항이 9 이하의 자연수이고 공비가 7인 등비수열이다. 수열 $\{b_n\}$을

$$b_n = (a_n의\ 일의\ 자리\ 수)$$

라 할 때, $\displaystyle\sum_{n=1}^{15} b_n$의 최솟값을 m, 최댓값을 M이라 하자. $m+M$의 값을 구하시오.

200 유형 07

2 이상의 자연수 n에 대하여 곡선 $f(x) = n \times 2^x$ 위의 서로 다른 두 점 $A_n(a_n,\ f(a_n))$, $B_n(b_n,\ f(b_n))$이 다음 조건을 만족시킨다.

> (가) $f(n+a_n) = 2^n$
> (나) $f(a_n),\ f(0),\ f(b_n)$이 이 순서대로 등비수열을 이룬다.

선분 A_nB_n 위의 점 $C_n(0,\ c_n)$에 대하여 $\displaystyle\sum_{n=2}^{10} c_n$의 값은?

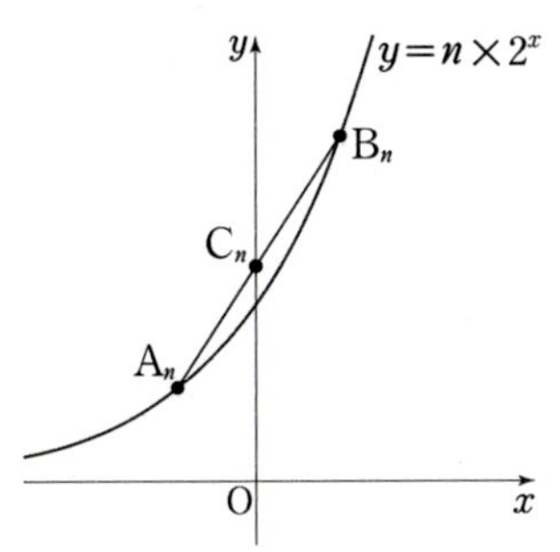

① $\dfrac{391}{2}$ ② $\dfrac{393}{2}$ ③ $\dfrac{395}{2}$

④ $\dfrac{397}{2}$ ⑤ $\dfrac{399}{2}$

201

유형 02

등차수열 $\{a_n\}$의 첫째항부터 제n항까지의 합을 S_n이라 하자.

$$S_{10} + 5a_1 = 5(S_8 - S_4)$$

일 때, $\dfrac{a_7}{a_2}$의 값은?

① $\dfrac{7}{12}$ ② $\dfrac{3}{4}$ ③ $\dfrac{11}{12}$

④ $\dfrac{7}{13}$ ⑤ $\dfrac{9}{13}$

202

짝기출 111 유형 05

수열 $\{a_n\}$의 첫째항부터 제n항까지의 합을 S_n이라 하자. 2 이상의 자연수 n에 대하여

$$S_{n+1} - 2a_n = S_n - a_{n-1}$$

을 만족시키고 $S_6 - S_5 = a_4 + 7$일 때, $a_{11} - a_1$의 값을 구하시오.

203

짝기출 112 유형 07

첫째항이 1이고 공차가 2인 등차수열 $\{a_n\}$에 대하여

$$\sum_{k=1}^{40} \frac{1}{\sqrt{a_{k+1}} + \sqrt{a_k}}$$

의 값은?

① 1 ② 2 ③ 4

④ 6 ⑤ 8

204

수열 $\{a_n\}$에 대하여

$$\sum_{k=1}^{10} a_k = 20, \quad \sum_{k=1}^{n} (a_k + a_{k+4}) = n^3 - 4n^2$$

일 때, $a_5 + a_6$의 값은?

① 44   ② 48   ③ 52

④ 56   ⑤ 60

205

모든 항이 양수인 등비수열 $\{a_n\}$의 첫째항부터 제n항까지의 합 S_n이 다음 조건을 만족시킨다.

(가) $\dfrac{S_{12}}{S_6} = 730$

(나) $\dfrac{S_6}{S_3} = \dfrac{k}{20}$

상수 k의 값을 구하시오.

206

첫째항이 3인 수열 $\{a_n\}$의 첫째항부터 제n항까지의 합을 S_n이라 하자. 모든 자연수 n에 대하여

$$a_n a_{n+1} = S_n$$

일 때, S_5의 값은?

① 11   ② 12   ③ 13

④ 14   ⑤ 15

207

$a_1 = 1$인 수열 $\{a_n\}$의 첫째항부터 제n항까지의 합을 S_n이라 할 때, 모든 자연수 n에 대하여

$$(n+1)a_{n+1} = -S_n + 5$$

를 만족시킨다. 다음은

$$a_n = \frac{4}{(n-1)n} \ (n \geq 2) \qquad \cdots\cdots(*)$$

이 성립함을 수학적 귀납법을 이용하여 증명한 것이다.

(i) $n = 2$일 때

(좌변)$= a_2 = 2$이고 (우변)$= 2$이므로

$(*)$이 성립한다.

(ii) $n = m \ (m \geq 2)$일 때 $(*)$이 성립한다고 가정하면

$$a_m = \frac{4}{(m-1)m}$$이므로

$$(m+1)a_{m+1} = -S_m + 5$$
$$= (\boxed{\quad (\text{가}) \quad}) \times a_m$$
$$= \boxed{\quad (\text{나}) \quad}$$

이다. 따라서

$$a_{m+1} = \frac{4}{m(m+1)}$$

이므로 $n = m+1$일 때도 $(*)$이 성립한다.

(i), (ii)에 의하여 2 이상의 모든 자연수 n에 대하여

$$a_n = \frac{4}{(n-1)n}$$이다.

위의 (가), (나)에 알맞은 식을 각각 $f(m)$, $g(m)$이라 할 때, $f(10) + g(10)$의 값은?

① $\dfrac{46}{5}$　　　② $\dfrac{47}{5}$　　　③ $\dfrac{48}{5}$

④ $\dfrac{49}{5}$　　　⑤ 10

208

공비가 자연수인 등비수열 $\{a_n\}$에 대하여

$$a_2 a_4 = 4, \ \sum_{k=2}^{4} (|a_k| \times a_k) = 21$$

일 때, a_5의 값을 구하시오.

209

짝기출 117 · 유형 01

공차가 d인 등차수열 $\{a_n\}$이 다음 조건을 만족시킬 때, 모든 자연수 d의 값의 합은?

> (가) $|a_{3k} - |a_k|| = |a_{2k}|$ 인 자연수 k가 존재한다.
> (나) $(a_1 + 30)(a_1 - 20) = 0$

① 64 ② 68 ③ 72
④ 76 ⑤ 80

210

짝기출 118 · 유형 09

첫째항이 자연수인 수열 $\{a_n\}$이 모든 자연수 n에 대하여

$$a_{n+1} = \begin{cases} \dfrac{a_n + 1}{2} & (a_n \text{이 홀수인 경우}) \\ a_n + 1 & (a_n \text{이 짝수인 경우}) \end{cases}$$

를 만족시킬 때, $a_3 + a_5 = 6$이 되도록 하는 모든 a_1의 값의 합은?

① 12 ② 14 ③ 16
④ 18 ⑤ 20

211

짝기출 119 유형 06

수열 $\{a_n\}$이

$$\sum_{k=1}^{5} a_{k+1} = \sum_{k=1}^{6} (a_k + 2)$$

를 만족시킬 때, a_1의 값은?

① -12 ② -6 ③ 0

④ 6 ⑤ 12

212

유형 02

공차가 3인 등차수열 $\{a_n\}$의 첫째항부터 제n항까지의 합을 S_n이라 하자. S_n의 값이 최소가 되도록 하는 모든 자연수 n이 12, 13일 때, S_{30}의 값을 구하시오.

213

짝기출 120 유형 05

첫째항이 -4이고 공비가 r인 등비수열 $\{a_n\}$의 첫째항부터 제n항까지의 합을 S_n이라 할 때,

$$\frac{S_8 - S_5}{S_5 - S_2} = r^2 + 18$$

이 성립한다. 실수 r의 값은?

① 1 ② 2 ③ 3

④ 4 ⑤ 5

214

첫째항이 양수이고 공차가 $\dfrac{1}{2}$ 인 등차수열 $\{a_n\}$ 이 있다.

자연수 n에 대하여 직선 $y = a_n$과 곡선 $y = \sqrt{x-1}$ 의 교점의 x좌표를 b_n이라 하자. $b_6 - b_2 = 8$일 때, a_5의 값은?

① $\dfrac{5}{2}$ ② 3 ③ $\dfrac{7}{2}$

④ 4 ⑤ $\dfrac{9}{2}$

215

수열 $\{a_n\}$이 모든 자연수 n에 대하여

$$a_{n+1} = \begin{cases} (a_n - 1) \times (-2)^n & (n\text{이 }4\text{의 배수가 아닌 경우}) \\ 3a_n + 2 & (n\text{이 }4\text{의 배수인 경우}) \end{cases}$$

를 만족시킨다. $a_4 - a_6 = 0$일 때, $776a_1$의 값을 구하시오.

216

수열 $\{a_n\}$이 모든 자연수 n에 대하여

$$\sum_{k=1}^{n} \frac{a_k}{k} = n^2 + 3n$$

을 만족시킬 때, $\displaystyle\sum_{n=1}^{10} \frac{2}{a_n}$의 값은?

① $\dfrac{6}{11}$ ② $\dfrac{7}{11}$ ③ $\dfrac{8}{11}$

④ $\dfrac{9}{11}$ ⑤ $\dfrac{10}{11}$

217

첫째항이 3이고 공비가 정수인 등비수열 $\{a_n\}$의 첫째항부터 제n항까지의 합을 S_n이라 할 때,

$$30 < S_3 - S_1 \leq 39$$

이다. 자연수 m에 대하여 $S_m = 120$일 때, a_m의 값을 구하시오.

218

다음은 모든 자연수 n에 대하여

$$\sum_{k=1}^{2n}\{(-1)^{k+1}\times 2^k\times 2k\}= \frac{4-(6n+1)4^{n+1}}{9}$$

이 성립함을 수학적 귀납법을 이용하여 증명한 것이다.

(i) $n=1$일 때

$$(좌변)=(우변)=\boxed{\text{(가)}}$$

이므로 주어진 등식은 성립한다.

(ii) $n=m$일 때 주어진 등식이 성립한다고 가정하면

$$\sum_{k=1}^{2m}\{(-1)^{k+1}\times 2^k\times 2k\}$$

$$=\frac{4-(6m+1)4^{m+1}}{9}$$

이다. $n=m+1$일 때 성립함을 보이면

$$\sum_{k=1}^{2m+2}\{(-1)^{k+1}\times 2^k\times 2k\}$$

$$=\sum_{k=1}^{2m}\{(-1)^{k+1}\times 2^k\times 2k\}-\boxed{\text{(나)}}$$

$$=\frac{1}{9}\{4-(\boxed{\text{(다)}})4^{m+1}\}$$

$$=\frac{4-(6m+7)4^{m+2}}{9}$$

이다. 따라서 $n=m+1$일 때도 성립한다.
따라서 모든 자연수 n에 대하여 주어진 등식은 성립한다.

위의 (가)에 알맞은 수를 p라 하고 (나), (다)에 알맞은 식을 각각 $f(m)$, $g(m)$이라 할 때, $f(1)+g(2)+p$의 값은?

① 132   ② 138   ③ 144

④ 150   ⑤ 156

219

짝기출 124　유형 09

수열 $\{a_n\}$이 모든 자연수 n에 대하여

$$a_{n+1} = \begin{cases} a_n - 1 & (a_n \geq 0\text{일 때}) \\ -3a_n & (a_n < 0\text{일 때}) \end{cases}$$

이고 $a_1 \geq 1$, $a_4 = a_1$일 때, a_{20}의 값은?

① $-\dfrac{1}{2}$　　　② 0　　　③ $\dfrac{1}{2}$

④ 1　　　⑤ $\dfrac{3}{2}$

220

유형 02

모든 항이 정수인 등차수열 $\{a_n\}$의 첫째항부터 제n항까지의 합을 S_n이라 할 때, a_n과 S_n이 다음 조건을 만족시킨다.

(가) $a_3 + a_8 = 2$

(나) $S_5 < 60$

$a_1 > 10$일 때, S_{20}의 값은?

① -420　　　② -380　　　③ -340

④ -300　　　⑤ -260

221

첫째항이 1인 등차수열 $\{a_n\}$의 첫째항부터 제n항까지의 합을 S_n이라 하자.

$$S_{10} - S_6 = S_5 - S_1 + 10$$

일 때, a_5의 값을 구하시오.

222

등차수열 $\{a_n\}$에 대하여

$$a_2 = a_4 + 10, \ a_4 = 10 - a_6$$

일 때, $a_1 + a_k = 0$을 만족시키는 자연수 k의 값은?

① 9   ② 10   ③ 11
④ 12   ⑤ 13

223

수열 $\{a_n\}$은 $a_1 = 3$이고 모든 자연수 n에 대하여

$$a_{n+1} = \begin{cases} a_n - 2 & (a_n \geq 0) \\ a_n + 6 & (a_n < 0) \end{cases}$$

일 때, $\displaystyle\sum_{k=1}^{50} a_k$의 값은?

① 96   ② 98   ③ 100
④ 102   ⑤ 104

224

유형 10

다음은 모든 자연수 n에 대하여

$$\sum_{k=1}^{n} \frac{k}{(k+1)!} = 1 - \frac{1}{(n+1)!} \qquad \cdots\cdots(*)$$

이 성립함을 수학적 귀납법을 이용하여 증명한 것이다.

(i) $n=1$일 때

(좌변)$=$(우변)$=$ [(가)] 이므로 $(*)$이 성립한다.

(ii) $n=m$일 때

$$\sum_{k=1}^{m} \frac{k}{(k+1)!} = 1 - \frac{1}{(m+1)!}$$ 이 성립한다고

가정하면

$$\sum_{k=1}^{m+1} \frac{k}{(k+1)!} = 1 - \frac{1}{(m+1)!} + \boxed{\text{(나)}}$$

$$= 1 - \boxed{\text{(다)}}$$

이므로 $n=m+1$일 때도 $(*)$이 성립한다.

(i), (ii)에 의하여 모든 자연수 n에 대하여 $(*)$이 성립한다.

위의 (가)에 알맞은 수를 α라 하고, (나), (다)에 알맞은 식을 각각 $f(m)$, $g(m)$이라 할 때, $\dfrac{\alpha \times f(3)}{g(4)}$ 의 값은?

① 12   ② 18   ③ 24

④ 30   ⑤ 36

225

유형 06

두 수열 $\{a_n\}$, $\{b_n\}$이 모든 자연수 n에 대하여

$$a_{2n-1} + a_{2n} = 1 + 3b_n$$

을 만족시킨다. $\displaystyle\sum_{k=1}^{10} a_k = 50$일 때, $\displaystyle\sum_{k=1}^{5} b_k$의 값은?

① 25   ② 20   ③ 15

④ 10   ⑤ 5

226

유형 04

첫째항이 양수이고 공비가 1이 아닌 등비수열 $\{a_n\}$이 다음 조건을 만족시킨다.

(가) $a_1 + a_2 = \dfrac{5}{36}$

(나) $\displaystyle\sum_{k=1}^{30} a_k = 5 \sum_{k=1}^{15} (a_k)^2$

$\displaystyle\sum_{k=1}^{45} a_k = n \sum_{k=1}^{15} (a_k)^3$을 만족시키는 자연수 n의 값을 구하시오.

핵심유형
SET 17
SET 18
SET 19
SET 20
SET 21
SET 22
SET 23
SET 24

227

첫째항이 양수인 수열 $\{a_n\}$의 첫째항부터 제n항까지의 합을 S_n이라 하자. 모든 자연수 n에 대하여 $S_n = n^2 a_n$이고 $a_3 a_4 = \dfrac{1}{15}$일 때, a_5의 값은?

① $\dfrac{1}{30}$ ② $\dfrac{1}{15}$ ③ $\dfrac{1}{10}$

④ $\dfrac{2}{15}$ ⑤ $\dfrac{1}{6}$

228

모든 항이 자연수인 등차수열 $\{a_n\}$의 첫째항부터 제n항까지의 합을 S_n이라 하자. $S_5 = 50$이고 $\displaystyle\sum_{k=1}^{4} S_k$의 값이 30의 배수가 되도록 하는 모든 a_{10}의 값의 합을 구하시오.

229

유형 03

다음 조건을 만족시키는 100 이하의 자연수 a, b, c의 모든 순서쌍 (a, b, c)의 개수를 구하시오.

> (가) $a < b < c$
> (나) 세 수 a, b, c는 이 순서대로 공비가 자연수인 등비수열을 이룬다.
> (다) $a + b + c$는 홀수이다.

230

짝기출 129 유형 08

첫째항이 1인 수열 $\{a_n\}$은 2 이상의 모든 자연수 n에 대하여

$$a_n = \begin{cases} \dfrac{a_{n-1} + a_{n+1}}{2} & (n\text{이 짝수}) \\ a_{n-1} + a_{n+1} & (n\text{이 홀수}) \end{cases}$$

을 만족시킨다. $a_8 = 5$일 때, a_3의 값은?

① -9 ② -3 ③ 0

④ 3 ⑤ 9

231

공차가 양수인 등차수열 $\{a_n\}$이

$$a_2 = 3, \ a_5 a_6 = 99$$

를 만족시킬 때, a_{10}의 값은?

① 11　　　② 13　　　③ 15

④ 17　　　⑤ 19

232

0이 아닌 세 실수 a, b, c는 이 순서대로 등차수열을 이루고

2^a, 3^b, 4^c은 이 순서대로 등비수열을 이룬다. $\left(\dfrac{4}{3}\right)^{\frac{c}{a}}$의

값은?

① $\sqrt{2}$　　　② $\dfrac{3}{2}$　　　③ 2

④ $\dfrac{5}{2}$　　　⑤ $2\sqrt{2}$

233

유형 02

공차가 0이 아닌 등차수열 $\{a_n\}$의 첫째항부터

제n항까지의 합을 S_n이라 할 때,

$$|a_3 - 5| = |a_7 - 5|, \ S_{10} = 60$$

이다. a_{12}의 값을 구하시오.

234

유형 05

$a_3 < a_1 < a_2$인 등비수열 $\{a_n\}$의 첫째항부터 제n항까지의 합을 S_n이라 하자.

$$S_5 - S_4 = \frac{1}{4a_7}, \; S_{10} - S_9 = \frac{16}{a_8}$$

일 때, $a_2 - a_1$의 값은?

① $\dfrac{3}{64}$ ② $\dfrac{5}{128}$ ③ $\dfrac{1}{32}$

④ $\dfrac{3}{128}$ ⑤ $\dfrac{1}{64}$

235

짝기출 132 유형 06

두 등차수열 $\{a_n\}$, $\{b_n\}$에 대하여

$$S_n = \sum_{k=1}^{n} a_k, \; T_n = \sum_{k=1}^{n} b_k$$

라 하자. $3a_1 + 2b_1 = 6$, $3a_6 + 2b_6 = 16$이고, $S_{20} = 88$일 때, T_{20}의 값을 구하시오.

236

유형 09

다음 조건을 만족시키는 모든 수열 $\{a_n\}$에 대하여 a_1의 값이 될 수 있는 모든 수의 합은?

> (가) $a_5 = 4$
> (나) 모든 자연수 n에 대하여
> $$a_{n+1} = \begin{cases} 2a_n & (a_n > 0) \\ 2^{a_n} & (a_n \leq 0) \end{cases}$$

① $-\dfrac{3}{4}$ ② $-\dfrac{1}{2}$ ③ 0

④ $\dfrac{1}{4}$ ⑤ $\dfrac{1}{2}$

237

모든 항이 자연수인 수열 $\{a_n\}$은 $a_1 = 2$이고, 모든 자연수 n에 대하여 다음 조건을 만족시킨다.

> (가) $a_{n+1} > a_n$
> (나) $a_n = m$이면 $a_m = 3n$이다.

a_{13}의 값은?

① 20   ② 21   ③ 22
④ 23   ⑤ 24

238

실수 전체의 집합에서 정의된 함수 $f(x)$가 모든 실수 x에 대하여 $f(x+4) = f(x)$이고, $0 \le x \le 4$에서 $f(x) = (x-2)^2$이다.

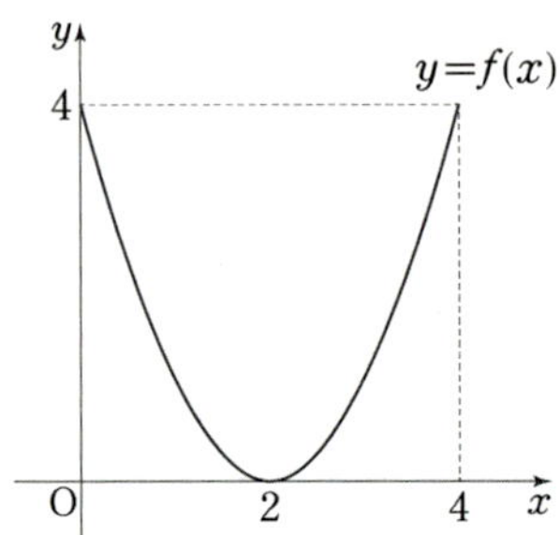

자연수 n에 대하여 x에 대한 방정식 $f(x) = \left| \dfrac{1}{n}x \right|$의 실근의 개수를 a_n이라 하자. $\displaystyle\sum_{k=1}^{10} a_k$의 값은?

① 160   ② 180   ③ 200
④ 220   ⑤ 240

239

픽기출 133 유형 09

수열 $\{a_n\}$이 다음 조건을 만족시킨다.

> (가) $a_1 = 4$
> (나) $a_{n+2} = a_n - 2$ $(n = 1, 2)$
> (다) 모든 자연수 n에 대하여 $a_{n+4} = a_n + 1$이다.

$\displaystyle\sum_{n=1}^{30} a_n = 120$일 때, a_2의 값은?

① $-\dfrac{4}{3}$ ② $-\dfrac{2}{3}$ ③ 0

④ $\dfrac{2}{3}$ ⑤ $\dfrac{4}{3}$

240

픽기출 134 유형 04

자연수 n에 대하여 직선 $y = x$ 위의 점 A_n을 다음 규칙에 따라 정한다.

> (가) 점 A_1은 제1사분면 위의 점이다.
> (나) 점 A_{n+1}은 선분 $A_{n-1}A_n$을 $3:2$로 외분하는 점이다. (단, A_0은 원점이다.)

$\overline{A_1 A_9} = 15\sqrt{2}$ 일 때, 점 A_1의 x좌표와 y좌표의 합을 $\dfrac{q}{p}$라 하자. $p+q$의 값을 구하시오.

(단, p와 q는 서로소인 자연수이다.)

Ⅲ 수열

핵심유형
SET 17
SET 18
SET 19
SET 20
SET 21
SET 22
SET 23
SET 24

짝기출

본문에 수록된 문제의 모티브가 된 수능·평가원 모의고사,
교육청 학력평가 기출문제를 세트별로 수록하였습니다.
실제로는 어떻게 출제되었는지 확인해보세요.

'짝기출'에 수록된 기출문제는
별도의 풀이 없이 정답만 제공합니다.
('빠른정답'에서 확인 가능)

001

2009학년도 9월 평가원 나형 20번

두 실수 a, b가

$$3^{a+b} = 4, \ 2^{a-b} = 5$$

를 만족시킬 때, $3^{a^2 - b^2}$의 값을 구하시오. [3점]

002

2023학년도 수능 16번

방정식 $\log_2(3x+2) = 2 + \log_2(x-2)$를 만족시키는
실수 x의 값을 구하시오. [3점]

003

2011학년도 9월 평가원 6번

양수기로 물을 끌어올릴 때, 펌프의 1분당 회전수 N,
양수량 Q, 양수할 높이 H와 양수기의 비교회전도 S
사이에는 다음과 같은 관계가 있다고 한다.

$$S = NQ^{\frac{1}{2}} H^{-\frac{3}{4}}$$

(단, N, Q, H의 단위는 각각 rpm, $\mathrm{m}^3/분$, m 이다.)
펌프의 1분당 회전수가 일정한 양수기에 대하여 양수량이
24, 양수할 높이가 5일 때의 비교회전도를 S_1, 양수량이
12, 양수할 높이가 10일 때의 비교회전도를 S_2라 하자.
$\dfrac{S_1}{S_2}$의 값은? [3점]

① $2^{\frac{3}{4}}$　　　　② $2^{\frac{7}{8}}$　　　　③ 2

④ $2^{\frac{9}{8}}$　　　　⑤ $2^{\frac{5}{4}}$

004

2015년 4월 시행 교육청 고3 A형 12번

두 양수 a, $b(a < b)$가 다음 조건을 만족시킬 때, $\log \dfrac{b}{a}$의 값은? [3점]

> (가) $ab = 10^2$
> (나) $\log a \times \log b = -3$

① 4   ② 5   ③ 6
④ 7   ⑤ 8

005

2019학년도 9월 평가원 가형 7번

함수 $f(x) = -2^{4-3x} + k$의 그래프가 제2사분면을 지나지 않도록 하는 자연수 k의 최댓값은? [3점]

① 10   ② 12   ③ 14
④ 16   ⑤ 18

006

2024학년도 6월 평가원 7번

상수 $a\,(a > 2)$에 대하여 함수 $y = \log_2 (x - a)$의 그래프의 점근선이 두 곡선 $y = \log_2 \dfrac{x}{4}$, $y = \log_{\frac{1}{2}} x$와 만나는 점을 각각 A, B라 하자. $\overline{AB} = 4$일 때, a의 값은?

[3점]

① 4   ② 6   ③ 8
④ 10   ⑤ 12

007

2021학년도 6월 평가원 나형 9번

닫힌구간 $[-1,\ 3]$ 에서 함수 $f(x) = 2^{|x|}$ 의 최댓값과 최솟값의 합은? [3점]

① 5
② 7
③ 9
④ 11
⑤ 13

008

2015학년도 9월 평가원 A형 11번

그림과 같이 두 곡선 $y = 3^{x+1} - 2$, $y = \log_2(x+1) - 1$ 이 y 축과 만나는 점을 각각 A, B 라 하자. 점 A 를 지나고 x 축에 평행한 직선이 곡선 $y = \log_2(x+1) - 1$ 과 만나는 점을 C, 섬 B 를 지나고 x 축에 평행한 직선이 곡선 $y = 3^{x+1} - 2$ 와 만나는 점을 D 라 할 때, 사각형 ADBC 의 넓이는? [3점]

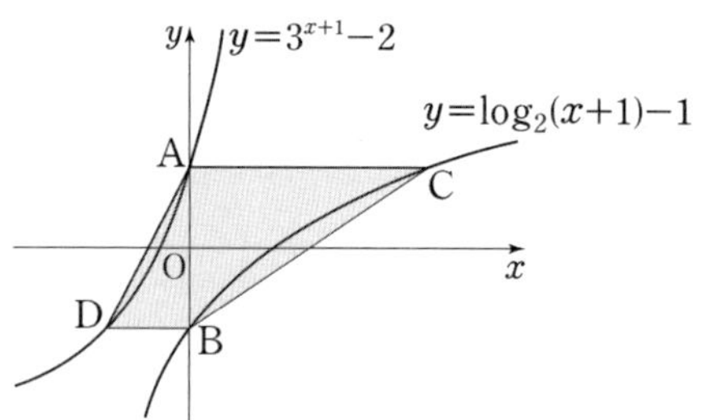

① 3
② $\dfrac{13}{4}$
③ $\dfrac{7}{2}$
④ $\dfrac{15}{4}$
⑤ 4

009

2019년 6월 시행 교육청 고2 가형 12번

함수 $y = 2 + \log_2 x$ 의 그래프를 x 축의 방향으로 -8 만큼, y 축의 방향으로 k 만큼 평행이동한 그래프가 제4사분면을 지나지 않도록 하는 실수 k 의 최솟값은? [3점]

① -1
② -2
③ -3
④ -4
⑤ -5

010

세 지수함수

$$f(x) = a^{-x},\ g(x) = b^x,\ h(x) = a^x\ (1 < a < b)$$

에 대하여 직선 $y = 2$가 세 곡선 $y = f(x)$, $y = g(x)$, $y = h(x)$와 만나는 점을 각각 P, Q, R라 하자. $\overline{\mathrm{PQ}} : \overline{\mathrm{QR}} = 2 : 1$이고 $h(2) = 2$일 때, $g(4)$의 값은? [3점]

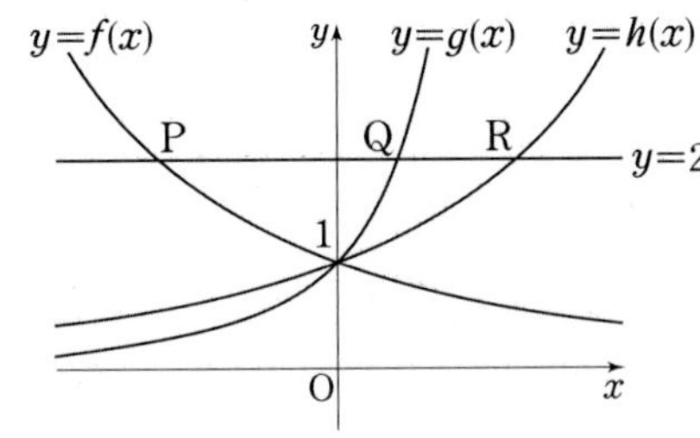

① 16   ② $16\sqrt{2}$ ③ 32

④ $32\sqrt{2}$ ⑤ 64

011

지수함수 $f(x) = a^{x-m}$의 그래프와 그 역함수의 그래프가 두 점에서 만나고, 두 교점의 x좌표가 1과 3일 때, $a + m$의 값은? [3점]

① $2 - \sqrt{3}$ ② 2   ③ $1 + \sqrt{3}$

④ 3   ⑤ $2 + \sqrt{3}$

012

2022학년도 6월 평가원 10번

$n \geq 2$인 자연수 n에 대하여 두 곡선

$$y = \log_n x, \quad y = -\log_n(x+3)+1$$

이 만나는 점의 x좌표가 1보다 크고 2보다 작도록 하는
모든 n의 값의 합은? [4점]

① 30 　　② 35 　　③ 40

④ 45 　　⑤ 50

013

2007학년도 6월 평가원 나형 21번

함수 $f(x) = 1 + 3\log_2 x$에 대하여 함수 $g(x)$가
$(g \circ f)(x) = x$를 만족시킬 때, $g(13)$의 값을 구하시오.

[3점]

014

2017학년도 수능 가형 23번

부등식 $\left(\dfrac{1}{2}\right)^{x-5} \geq 4$를 만족시키는 모든 자연수 x의 값의
합을 구하시오. [3점]

015

그림과 같이 함수 $y = 8^x$ 의 그래프가 두 직선 $y = a$, $y = b$와 만나는 점을 각각 A, B 라 하고, 함수 $y = 4^x$ 의 그래프가 두 직선 $y = a$, $y = b$와 만나는 점을 각각 C, D 라 하자. 점 B 에서 직선 $y = a$에 내린 수선의 발을 E, 점 C 에서 직선 $y = b$에 내린 수선의 발을 F 라 하자. 삼각형 AEB의 넓이가 20일 때, 삼각형 CDF의 넓이는?

(단, $a > b > 1$이다.) [3점]

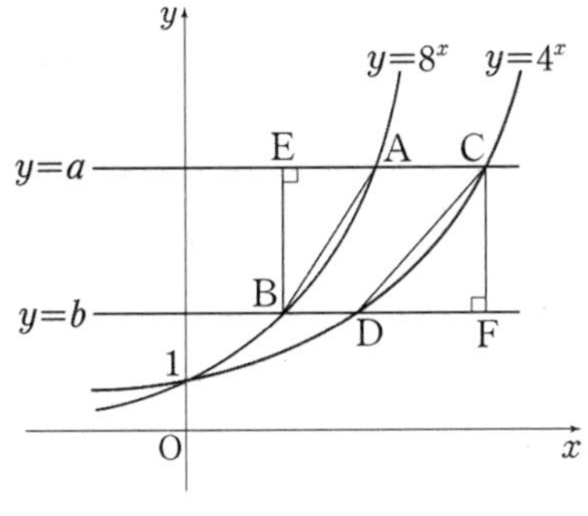

① 26   ② 28   ③ 30

④ 32   ⑤ 34

016

모든 실수 x에 대하여 부등식 $k \times 2^x \leq 4^x - 2^x + 4$가 성립하도록 하는 실수 k 값의 범위는? [3점]

① $k \leq -1$ ② $-4 \leq k \leq 3$

③ $-1 \leq k \leq 3$ ④ $k \leq 3$

⑤ $k \geq 0$

017

2011학년도 9월 평가원 나형 26번

$1 \le m \le 3$, $1 \le n \le 8$인 두 자연수 m, n에 대하여
$\sqrt[3]{n^m}$ 이 자연수가 되도록 하는 순서쌍 (m, n)의 개수는?

[3점]

① 6   ② 8   ③ 10

④ 12   ⑤ 14

018

2021학년도 9월 평가원 나형 15번

곡선 $y = 2^{ax+b}$과 직선 $y = x$가 서로 다른 두 점 A, B에서
만날 때, 두 점 A, B에서 x축에 내린 수선의 발을 각각
C, D라 하자. $\overline{AB} = 6\sqrt{2}$ 이고 사각형 ACDB의 넓이가
30일 때, $a + b$의 값은? (단, a, b는 상수이다.) [4점]

① $\dfrac{1}{6}$ ② $\dfrac{1}{3}$ ③ $\dfrac{1}{2}$

④ $\dfrac{2}{3}$ ⑤ $\dfrac{5}{6}$

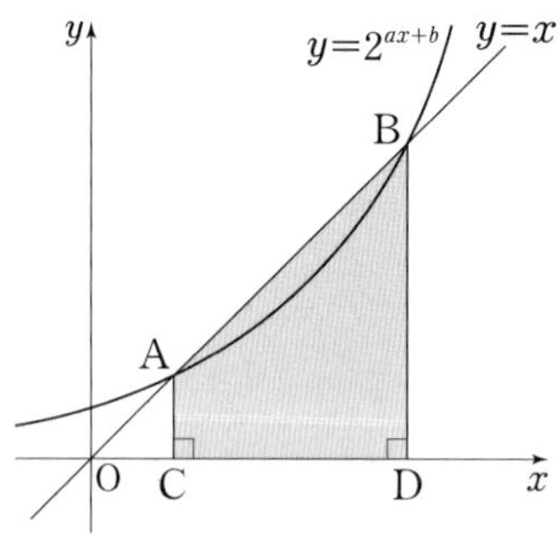

019

2019학년도 수능 가형 5번

함수 $y = 2^x + 2$의 그래프를 x축의 방향으로 m만큼
평행이동한 그래프가 함수 $y = \log_2(8x)$의 그래프를
x축의 방향으로 2만큼 평행이동한 그래프와 직선 $y = x$에
대하여 대칭일 때, 상수 m의 값은? [3점]

① 1   ② 2   ③ 3

④ 4   ⑤ 5

020

세대당 종자의 평균 분산거리가 D이고 세대당 종자의 증식률이 R인 나무의 10세대 동안 확산에 의한 이동거리를 L이라 하면 다음과 같은 관계식이 성립한다고 한다.

$$L^2 = 100D^2 \times \log_3 R$$

세대당 종자의 평균 분산거리가 각각 20, 30인 A 나무와 B 나무의 세대당 종자의 증식률을 각각 R_A, R_B라 하고 10세대 동안 확산에 의한 이동거리를 각각 L_A, L_B라 하자.

$\dfrac{R_A}{R_B} = 27$이고 $L_A = 400$일 때, L_B의 값은?

(단, 거리의 단위는 m 이다.) [3점]

① 200　　　② 300　　　③ 400

④ 500　　　⑤ 600

021

자연수 m $(m \geq 2)$에 대하여 m^{12}의 n제곱근 중에서 정수가 존재하도록 하는 2 이상의 자연수 n의 개수를 $f(m)$이라 할 때, $\displaystyle\sum_{m=2}^{9} f(m)$의 값은? [4점]

① 37　　　② 42　　　③ 47

④ 52　　　⑤ 57

022

2024학년도 9월 평가원 7번

두 실수 a, b가

$$3a + 2b = \log_3 32, \quad ab = \log_9 2$$

를 만족시킬 때, $\dfrac{1}{3a} + \dfrac{1}{2b}$ 의 값은? [3점]

① $\dfrac{5}{12}$ ② $\dfrac{5}{6}$ ③ $\dfrac{5}{4}$

④ $\dfrac{5}{3}$ ⑤ $\dfrac{25}{12}$

023

2021학년도 9월 평가원 가형 11번

1보다 큰 세 실수 a, b, c가

$$\log_a b = \frac{\log_b c}{2} = \frac{\log_c a}{4}$$

를 만족시킬 때, $\log_a b + \log_b c + \log_c a$의 값은? [3점]

① $\dfrac{7}{2}$ ② 4 ③ $\dfrac{9}{2}$

④ 5 ⑤ $\dfrac{11}{2}$

024

2014학년도 9월 평가원 A형 25번

방정식 $(\log_3 x)^2 - 6\log_3 \sqrt{x} + 2 = 0$의 서로 다른 두 실근을 α, β라 할 때, $\alpha\beta$의 값을 구하시오. [3점]

025

2022학년도 수능 9번

직선 $y = 2x + k$가 두 함수

$$y = \left(\frac{2}{3}\right)^{x+3} + 1, \quad y = \left(\frac{2}{3}\right)^{x+1} + \frac{8}{3}$$

의 그래프와 만나는 점을 각각 P, Q라 하자. $\overline{PQ} = \sqrt{5}$ 일 때, 상수 k의 값은? [4점]

① $\dfrac{31}{6}$ ② $\dfrac{16}{3}$ ③ $\dfrac{11}{2}$

④ $\dfrac{17}{3}$ ⑤ $\dfrac{35}{6}$

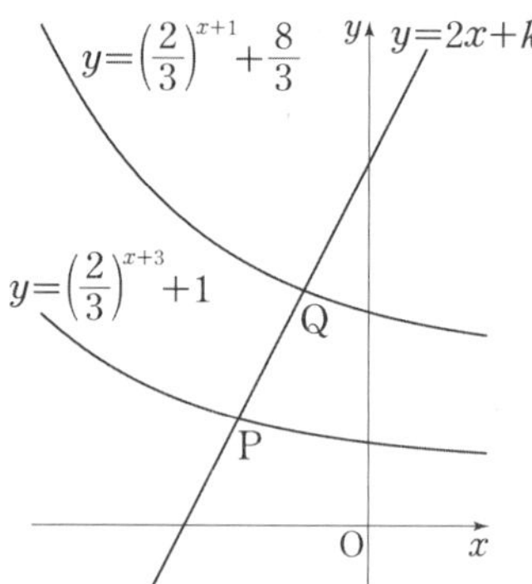

026

2016학년도 6월 평가원 A형 28번

일차함수 $y = f(x)$의 그래프가 그림과 같고 $f(-5) = 0$이다. 부등식

$$2^{f(x)} \leq 8$$

의 해가 $x \leq -4$일 때, $f(0)$의 값을 구하시오. [4점]

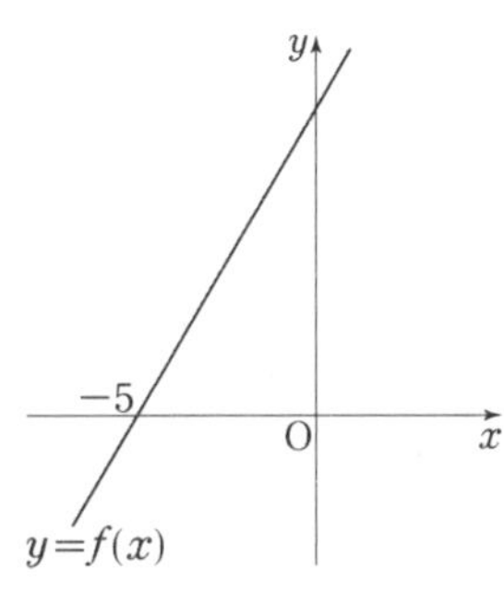

027

2019년 10월 시행 교육청 고3 가형 14번

곡선 $y = \log_{\sqrt{2}}(x - a)$와 직선 $y = \dfrac{1}{2}x$가 만나는 점 중 한 점을 A라 하고, 점 A를 지나고 기울기가 -1인 직선이 곡선 $y = (\sqrt{2})^x + a$와 만나는 점을 B라 하자. 삼각형 OAB의 넓이가 6일 때, 상수 a의 값은?

(단, $0 < a < 4$이고, O는 원점이다.) [4점]

① $\dfrac{1}{2}$ ② 1 ③ $\dfrac{3}{2}$

④ 2 ⑤ $\dfrac{5}{2}$

028

2016학년도 9월 평가원 A형 12번

그림과 같이 두 함수 $y = \log_2 x$, $y = \log_2(x - 2)$의 그래프가 x축과 만나는 점을 각각 A, B라 하자.

직선 $x = k \ (k > 3)$이 두 함수 $y = \log_2 x$, $y = \log_2(x - 2)$의 그래프와 만나는 점을 각각 P, Q라 하고, x축과 만나는 점을 R라 하자. 점 Q가 선분 PR의 중점일 때, 사각형 ABQP의 넓이는? [3점]

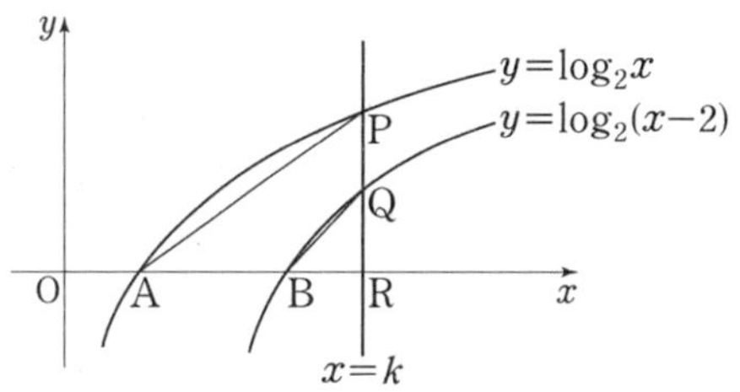

① $\dfrac{3}{2}$ ② 2 ③ $\dfrac{5}{2}$

④ 3 ⑤ $\dfrac{7}{2}$

짝기출 / SET 01 / SET 02 / SET 03 / SET 04 / SET 05 / SET 06 / SET 07 / SET 08

029

2018년 3월 시행 교육청 고3 나형 10번

다음은 상용로그표의 일부이다.

수	$\cdots$	7	8	9
$\cdots$	$\cdots$	$\cdots$	$\cdots$	$\cdots$
4.0	$\cdots$	0.6096	0.6107	0.6117
4.1	$\cdots$	0.6201	0.6212	0.6222
4.2	$\cdots$	0.6304	0.6314	0.6325
$\cdots$	$\cdots$	$\cdots$	$\cdots$	$\cdots$

위의 표를 이용하여 구한 $\log \sqrt{419}$ 의 값은? [3점]

① 1.3106 　　② 1.3111 　　③ 2.3106

④ 2.3111 　　⑤ 3.3111

030

2023학년도 9월 평가원 11번

함수 $f(x) = -(x-2)^2 + k$에 대하여 다음 조건을 만족시키는 자연수 n의 개수가 2일 때, 상수 k의 값은? [4점]

> $\sqrt{3}^{f(n)}$ 의 네제곱근 중 실수인 것을 모두 곱한 값이 -9이다.

① 8 　　② 9 　　③ 10

④ 11 　　⑤ 12

031

2016학년도 6월 평가원 A형 15번

함수 $y = \log_3 x$의 그래프를 x축의 방향으로 a만큼, y축의 방향으로 2만큼 평행이동한 그래프를 나타내는 함수를 $y = f(x)$라 하자. 함수 $f(x)$의 역함수가 $f^{-1}(x) = 3^{x-2} + 4$일 때, 상수 a의 값은? [4점]

① 1 　　② 2 　　③ 3

④ 4 　　⑤ 5

032

실수 x에 대한 두 조건 p, q가 다음과 같다.

$$p : x = a$$

$$q : x^2 - 3x - 4 \leq 0$$

명제 $p \rightarrow q$가 참이 되도록 하는 실수 a의 최댓값은? [3점]

① 1　　　　　② 2　　　　　③ 3

④ 4　　　　　⑤ 5

033

$\dfrac{1}{4} < a < 1$인 실수 a에 대하여 직선 $y = 1$이 두 곡선

$y = \log_a x$, $y = \log_{4a} x$와 만나는 점을 각각 A, B 라 하고,

직선 $y = -1$이 두 곡선 $y = \log_a x$, $y = \log_{4a} x$와 만나는

점을 각각 C, D 라 하자. 〈보기〉에서 옳은 것만을 있는 대로

고른 것은? [4점]

> 〈보기〉
>
> ㄱ. 선분 AB를 $1 : 4$로 외분하는 점의 좌표는 $(0, 1)$이다.
>
> ㄴ. 사각형 ABCD가 직사각형이면 $a = \dfrac{1}{2}$이다.
>
> ㄷ. $\overline{AB} < \overline{CD}$이면 $\dfrac{1}{2} < a < 1$이다.

① ㄱ　　　　　② ㄷ　　　　　③ ㄱ, ㄴ

④ ㄴ, ㄷ　　　　　⑤ ㄱ, ㄴ, ㄷ

034

2018학년도 9월 평가원 가형 7번

$0 < a < 1$인 실수 a에 대하여 함수 $f(x) = a^x$은 정의역이 $\{x \mid -2 \le x \le 1\}$일 때 최솟값 $\dfrac{5}{6}$, 최댓값 M을 갖는다. $a \times M$의 값은? [3점]

① $\dfrac{2}{5}$ ② $\dfrac{3}{5}$ ③ $\dfrac{4}{5}$

④ 1 ⑤ $\dfrac{6}{5}$

035

2018학년도 수능 나형 16번

1보다 큰 두 실수 a, b에 대하여

$$\log_{\sqrt{3}} a = \log_9 (ab)$$

가 성립할 때, $\log_a b$의 값은? [4점]

① 1 ② 2 ③ 3

④ 4 ⑤ 5

036

2013학년도 수능 나형 26번

$2 \le n \le 100$인 자연수 n에 대하여 $\left(\sqrt[3]{3^5} \right)^{\frac{1}{2}}$이 어떤 자연수의 n제곱근이 되도록 하는 n의 개수를 구하시오.

[4점]

037

이차함수 $y = f(x)$의 그래프와 직선 $y = x - 1$이 그림과 같을 때, 부등식

$$\log_3 f(x) + \log_{\frac{1}{3}}(x - 1) \leq 0$$

을 만족시키는 모든 자연수 x의 값의 합을 구하시오.

(단, $f(0) = f(7) = 0$, $f(4) = 3$) [3점]

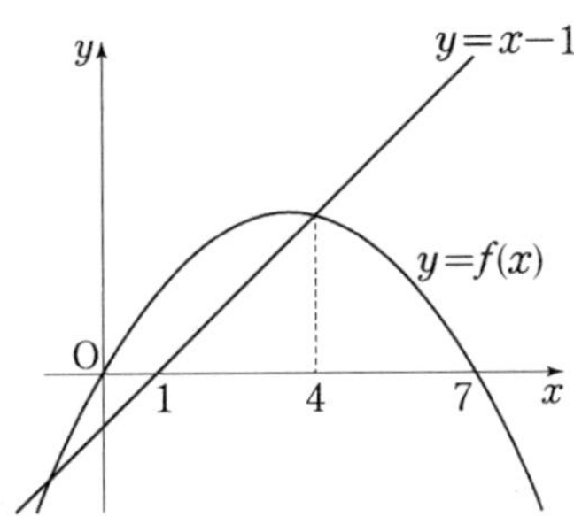

038

자연수 n에 대하여 $4\log_{64}\left(\dfrac{3}{4n + 16}\right)$의 값이 정수가 되도록 하는 1000 이하의 모든 n의 값의 합을 구하시오.

[4점]

039

$a > 1$인 실수 a에 대하여 직선 $y = -x + 4$가 두 곡선

$$y = a^{x-1}, \quad y = \log_a(x - 1)$$

과 만나는 점을 각각 A, B라 하고, 곡선 $y = a^{x-1}$이 y축과 만나는 점을 C라 하자. $\overline{AB} = 2\sqrt{2}$일 때, 삼각형 ABC의 넓이는 S이다. $50 \times S$의 값을 구하시오. [4점]

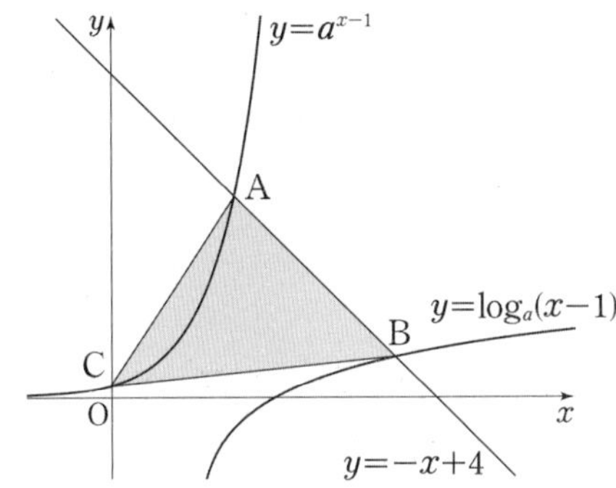

040

2012학년도 6월 평가원 나형 13번

곡선 $y = \log_2(ax+b)$가 점 $(-1, 0)$과 점 $(0, 2)$를 지날 때, 두 상수 a, b의 합 $a+b$의 값은? [3점]

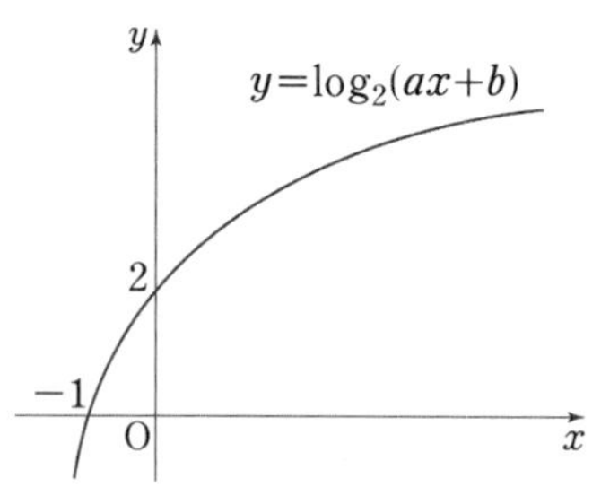

① 5 ② 7 ③ 9
④ 11 ⑤ 13

041

2022학년도 수능 예시문항 10번

$\dfrac{1}{2} < \log a < \dfrac{11}{2}$인 양수 a에 대하여 $\dfrac{1}{3} + \log \sqrt{a}$ 의 값이 자연수가 되도록 하는 모든 a의 값의 곱은? [4점]

① 10^{10} ② 10^{11} ③ 10^{12}
④ 10^{13} ⑤ 10^{14}

042

2020학년도 9월 평가원 나형 28번

네 양수 a, b, c, k가 다음 조건을 만족시킬 때, k^2의 값을 구하시오. [4점]

(가) $3^a = 5^b = k^c$
(나) $\log c = \log(2ab) - \log(2a+b)$

043

2016학년도 수능 A형 11번

x에 대한 부등식

$$\log_5(x-1) \le \log_5\left(\dfrac{1}{2}x + k\right)$$

를 만족시키는 모든 정수 x의 개수가 3일 때, 자연수 k의 값은? [3점]

① 1 ② 2 ③ 3
④ 4 ⑤ 5

044

다음 조건을 만족시키는 최고차항의 계수가 1인 이차함수 $f(x)$가 존재하도록 하는 모든 자연수 n의 값의 합을 구하시오. [4점]

> (가) x에 대한 방정식 $(x^n - 64)f(x) = 0$은 서로 다른 두 실근을 갖고, 각각의 실근은 중근이다.
> (나) 함수 $f(x)$의 최솟값은 음의 정수이다.

045

두 곡선 $y = 16^x$, $y = 2^x$과 한 점 $A\,(64,\ 2^{64})$이 있다. 점 A를 지나며 x축과 평행한 직선이 곡선 $y = 16^x$과 만나는 점을 P_1이라 하고, 점 P_1을 지나며 y축과 평행한 직선이 곡선 $y = 2^x$과 만나는 점을 Q_1이라 하자.

점 Q_1을 지나며 x축과 평행한 직선이 곡선 $y = 16^x$과 만나는 점을 P_2라 하고, 점 P_2를 지나며 y축과 평행한 직선이 곡선 $y = 2^x$과 만나는 점을 Q_2라 하자.

이와 같은 과정을 계속하여 n번째 얻은 두 점을 각각 P_n, Q_n이라 하고 점 Q_n의 x좌표를 x_n이라 할 때, $x_n < \dfrac{1}{k}$을 만족시키는 n의 최솟값이 6이 되도록 하는 자연수 k의 개수는? [4점]

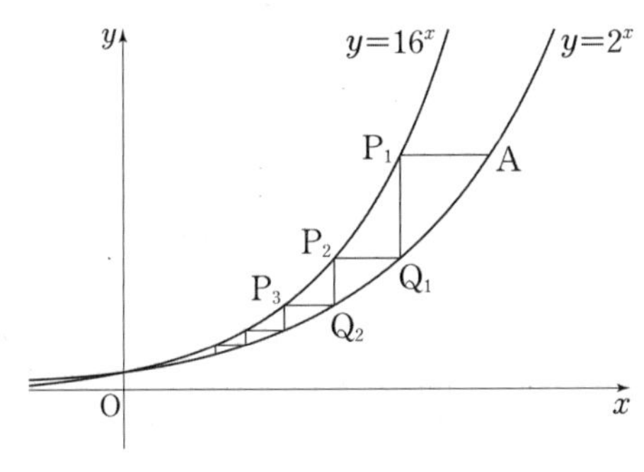

① 48   ② 51   ③ 54

④ 57   ⑤ 60

046

$\cos\theta < 0$이고 $\sin(-\theta) = \dfrac{1}{7}\cos\theta$일 때, $\sin\theta$의 값은?

[3점]

① $-\dfrac{3\sqrt{2}}{10}$　　② $-\dfrac{\sqrt{2}}{10}$　　③ 0

④ $\dfrac{\sqrt{2}}{10}$　　⑤ $\dfrac{3\sqrt{2}}{10}$

047

닫힌구간 $[0,\ \pi]$에서 정의된 함수 $f(x) = -\sin 2x$가
$x = a$에서 최댓값을 갖고 $x = b$에서 최솟값을 갖는다.
곡선 $y = f(x)$ 위의 두 점 $(a,\ f(a))$, $(b,\ f(b))$를 지나는
직선의 기울기는? [3점]

① $\dfrac{1}{\pi}$　　② $\dfrac{2}{\pi}$　　③ $\dfrac{3}{\pi}$

④ $\dfrac{4}{\pi}$　　⑤ $\dfrac{5}{\pi}$

048

$\overline{AB} = 4$, $\overline{BC} = 5$, $\overline{CA} = \sqrt{11}$ 인 삼각형 ABC에서
$\angle ABC = \theta$라 할 때, $\cos\theta$의 값은? [3점]

① $\dfrac{2}{3}$　　② $\dfrac{3}{4}$　　③ $\dfrac{4}{5}$

④ $\dfrac{5}{6}$　　⑤ $\dfrac{6}{7}$

049

$0 < x < 2\pi$일 때, 방정식 $\cos^2 x - \sin x = 1$의 모든

실근의 합은 $\dfrac{q}{p}\pi$이다. $p + q$의 값을 구하시오.

(단, p와 q는 서로소인 자연수이다.) [3점]

050

$\dfrac{\pi}{2} < \theta < \pi$인 θ에 대하여 $\sin\theta\cos\theta = -\dfrac{12}{25}$ 일 때,

$\sin\theta - \cos\theta$의 값은? [3점]

① $\dfrac{4}{5}$ ② 1 ③ $\dfrac{6}{5}$

④ $\dfrac{7}{5}$ ⑤ $\dfrac{8}{5}$

051

자연수 n에 대하여 점 P_n이 원 $x^2 + y^2 = 1$ 위의 점일 때,
점 P_{n+1}을 다음 규칙에 따라 정한다.

(단, 점 P_n은 좌표축 위의 점이 아니다.)

> (가) 점 P_n이 제1사분면 위의 점이면, 점 P_{n+1}은 점
> P_n을 원 위의 호를 따라 시계 반대 방향으로
> $\dfrac{\pi}{2}$만큼 이동시킨 점이다.
>
> (나) 점 P_n이 제2사분면 또는 제4사분면 위의
> 점이면, 점 P_{n+1}은 점 P_n을 x축에 대하여
> 대칭이동시킨 점이다.
>
> (다) 점 P_n이 제3사분면 위의 점이면, 점 P_{n+1}은 점
> P_n을 y축에 대하여 대칭이동시킨 점이다.

점 P_1의 좌표가 $\left(\dfrac{1}{2}, \dfrac{\sqrt{3}}{2}\right)$일 때, 점 P_{2007}의 좌표는? [3점]

① $\left(-\dfrac{1}{2}, -\dfrac{\sqrt{3}}{2}\right)$ ② $\left(-\dfrac{\sqrt{3}}{2}, -\dfrac{1}{2}\right)$

③ $\left(\dfrac{1}{2}, -\dfrac{\sqrt{3}}{2}\right)$ ④ $\left(\dfrac{\sqrt{3}}{2}, -\dfrac{1}{2}\right)$

⑤ $\left(\dfrac{1}{2}, \dfrac{\sqrt{3}}{2}\right)$

052

2020년 4월 시행 교육청 고3 나형 13번

그림과 같이 반지름의 길이가 4인 원에 내접하고 변 AC의 길이가 5인 삼각형 ABC가 있다. $\angle ABC = \theta$라 할 때, $\sin\theta$의 값은? (단, $0 < \theta < \pi$) [3점]

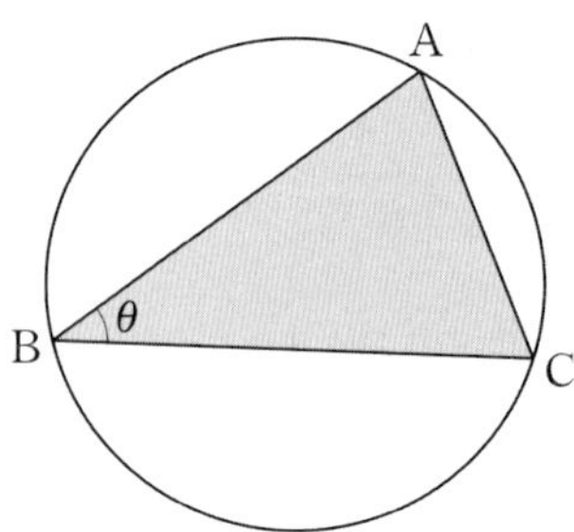

① $\dfrac{1}{4}$ ② $\dfrac{3}{8}$ ③ $\dfrac{1}{2}$

④ $\dfrac{5}{8}$ ⑤ $\dfrac{3}{4}$

053

2022학년도 9월 평가원 6번

$\dfrac{\pi}{2} < \theta < \pi$인 θ에 대하여 $\dfrac{\sin\theta}{1-\sin\theta} - \dfrac{\sin\theta}{1+\sin\theta} = 4$일 때, $\cos\theta$의 값은? [3점]

① $-\dfrac{\sqrt{3}}{3}$ ② $-\dfrac{1}{3}$ ③ 0

④ $\dfrac{1}{3}$ ⑤ $\dfrac{\sqrt{3}}{3}$

054

2020년 7월 시행 교육청 고3 나형 15번

그림과 같이 평면 위에 한 변의 길이가 3인 정사각형 ABCD와 한 변의 길이가 4인 정사각형 CEFG가 있다. $\angle DCG = \theta\,(0 < \theta < \pi)$라 할 때, $\sin\theta = \dfrac{\sqrt{11}}{6}$이다. $\overline{DG} \times \overline{BE}$의 값은? [4점]

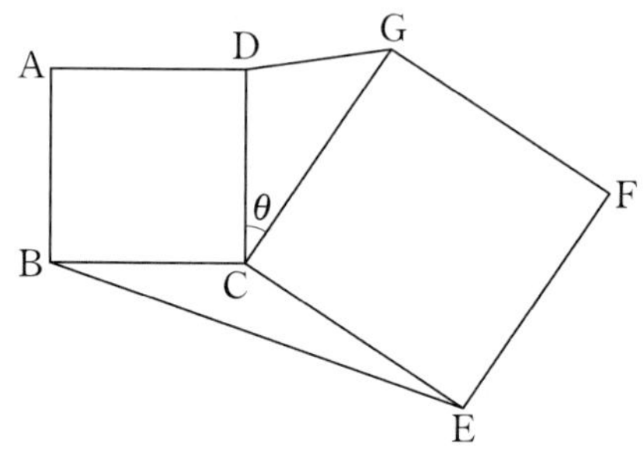

① 15 ② 17 ③ 19

④ 21 ⑤ 23

055

$0 \le x \le \pi$일 때, 방정식

$$1 + \sqrt{2}\,\sin 2x = 0$$

의 모든 해의 합은? [3점]

① π ② $\dfrac{5\pi}{4}$ ③ $\dfrac{3\pi}{2}$

④ $\dfrac{7\pi}{4}$ ⑤ 2π

056

직선 $y = -\dfrac{1}{5\pi}x + 1$ 과 함수 $y = \sin x$ 의 그래프의

교점의 개수는? [4점]

① 7   ② 8   ③ 9

④ 10   ⑤ 11

057

실수 k에 대하여 함수

$$f(x) = \cos^2\!\left(x - \frac{3}{4}\pi\right) - \cos\!\left(x - \frac{\pi}{4}\right) + k$$

의 최댓값은 3, 최솟값은 m이다. $k + m$의 값은? [4점]

① 2   ② $\dfrac{9}{4}$ ③ $\dfrac{5}{2}$

④ $\dfrac{11}{4}$ ⑤ 3

058

2018년 4월 시행 교육청 고3 가형 9번

$0 \le x < 2\pi$에서 부등식 $2\sin x + 1 < 0$의 해가
$\alpha < x < \beta$일 때, $\cos(\beta - \alpha)$의 값은? [3점]

① $-\dfrac{\sqrt{3}}{2}$　　　② $-\dfrac{1}{2}$　　　③ 0

④ $\dfrac{1}{2}$　　　⑤ $\dfrac{\sqrt{3}}{2}$

059

2003년 12월 시행 교육청 고1 2번

$(1 - \sin^2\theta)(1 + \tan^2\theta)$를 간단히 하면? [3점]

① 1　　　② -1　　　③ $\sin^2\theta$

④ $\cos^2\theta$　　　⑤ $\tan^2\theta$

060

2016년 3월 시행 교육청 고3 가형 5번

함수 $f(x) = a\sin x + 1$의 최댓값을 M, 최솟값을 m이라 하자. $M - m = 6$일 때, 양수 a의 값은? [3점]

① 2 ② $\dfrac{5}{2}$ ③ 3

④ $\dfrac{7}{2}$ ⑤ 4

061

2011년 3월 시행 교육청 고2 17번

함수 $f(x) = \sin(\pi x)$ $(x \geq 0)$ 의 그래프와 직선 $y = \dfrac{2}{3}$ 가 만나는 점의 x좌표를 작은 것부터 차례대로 α, β, γ 라 할 때, $f(\alpha + \beta + \gamma + 1) + f\left(\alpha + \beta + \dfrac{1}{2}\right)$의 값은? [4점]

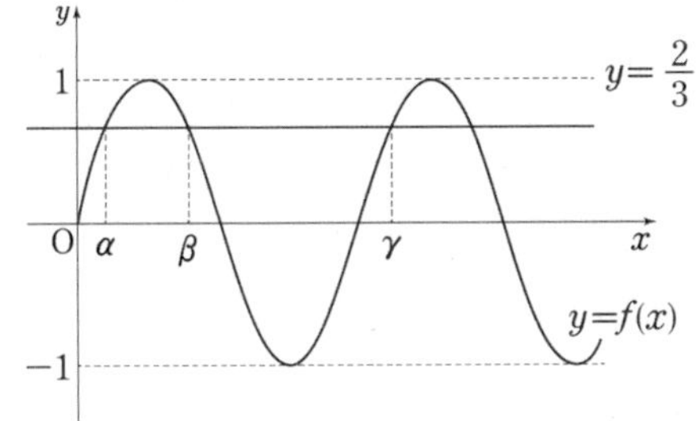

① $-\dfrac{2}{3}$ ② $-\dfrac{1}{3}$ ③ 0

④ $\dfrac{1}{3}$ ⑤ $\dfrac{2}{3}$

062

2004학년도 9월 평가원 인문, 예체능계 29번

$0 \le x \le 2\pi$일 때, 두 함수 $y = \sin(2x)$와 $y = \cos(3x)$의 그래프의 교점의 개수를 구하시오. [3점]

063

2011년 3월 시행 교육청 고2 28번

방정식 $\sin^2 x - \sin x = 1 - k$가 실근을 갖도록 하는 상수 k의 최댓값을 M, 최솟값을 m이라 할 때, $20M + m$의 값을 구하시오. (단, $0 \le x < 2\pi$) [4점]

064

2003년 4월 시행 교육청 고3 인문계 5번 / 예체능계 6번

그림과 같이 반지름의 길이가 각각 2, 5인 동심원이 있다. 어두운 부분의 둘레의 길이가 12일 때, 부채꼴 O AB의 중심각 θ의 값은? [3점]

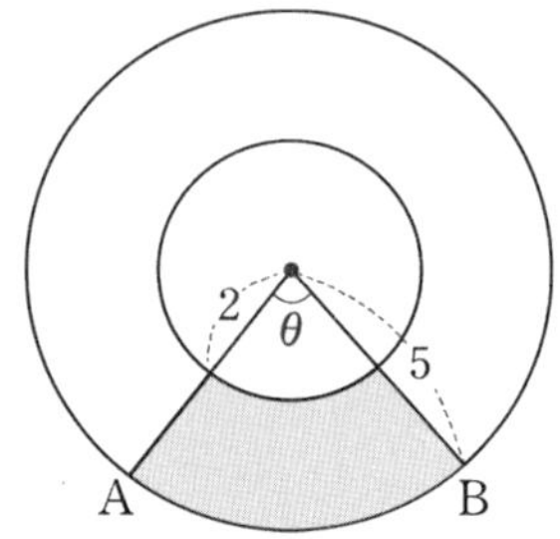

① $\dfrac{2}{7}$ ② $\dfrac{3}{7}$ ③ $\dfrac{4}{7}$

④ $\dfrac{5}{7}$ ⑤ $\dfrac{6}{7}$

065

2010년 3월 시행 교육청 고2 12번

포물선 $y = x^2 - 2x\cos\theta - \sin^2\theta$의 꼭짓점이 직선 $y = 2x$ 위에 있기 위한 모든 θ의 값의 합은?

(단, $0 \le \theta < 2\pi$) [3점]

① π ② $\dfrac{3}{2}\pi$ ③ 2π

④ $\dfrac{5}{2}\pi$ ⑤ 3π

066

그림과 같이

$$\overline{AB} = 2, \ \overline{AD} = 1, \ \angle DAB = \frac{2}{3}\pi, \ \angle BCD = \frac{3}{4}\pi$$

인 사각형 ABCD 가 있다. 삼각형 BCD 의 외접원의 반지름의 길이를 R_1, 삼각형 ABD 의 외접원의 반지름의 길이를 R_2 라 하자.

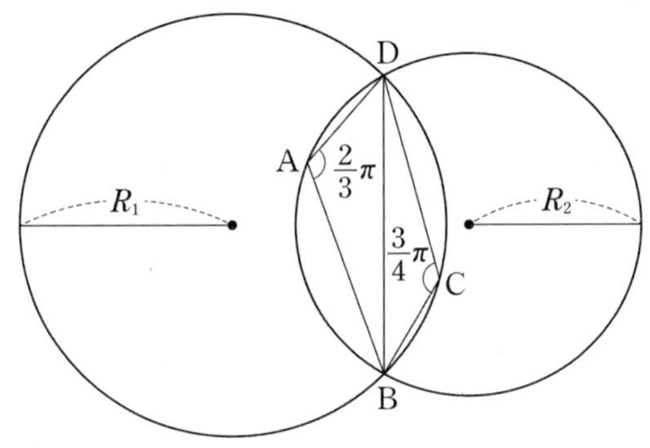

다음은 $R_1 \times R_2$ 의 값을 구하는 과정이다.

삼각형 BCD 에서 사인법칙에 의하여

$$R_1 = \frac{\sqrt{2}}{2} \times \overline{BD}$$

이고, 삼각형 ABD 에서 사인법칙에 의하여

$$R_2 = \boxed{(가)} \times \overline{BD}$$

이다. 삼각형 ABD 에서 코사인법칙에 의하여

$$\overline{BD}^2 = 2^2 + 1^2 - \left(\boxed{(나)} \right)$$

이므로

$$R_1 \times R_2 = \boxed{(다)}$$

이다.

위의 (가), (나), (다)에 알맞은 수를 각각 p, q, r 라 할 때, $9 \times (p \times q \times r)^2$ 의 값을 구하시오. [4점]

067

그림과 같이 직각삼각형 ABC 의 세 변 AB, BC, CA 를 각각 한 변으로 하는 정사각형 APQB, BRSC, CTUA 를 그린다. 세 변 AB, BC, CA 의 길이를 각각 c, a, b 라 할 때, 다음 중 육각형 PQRSTU 의 넓이를 나타낸 것은? [4점]

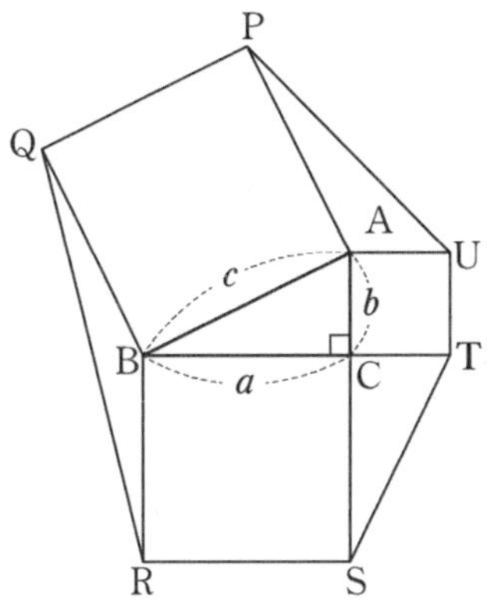

① $2(a^2 + bc)$
② $2(b^2 + ca)$
③ $2(c^2 + ab)$
④ $ab + bc + ca + 2a^2$
⑤ $ab + bc + ca + 2c^2$

II 삼각함수

짝기출
SET 09
SET 10
SET 11
SET 12
SET 13
SET 14
SET 15
SET 16

068

2018학년도 수능 가형 7번

$0 \leq x < 2\pi$일 때, 방정식

$$\cos^2 x = \sin^2 x - \sin x$$

의 모든 해의 합은? [3점]

① 2π　　② $\dfrac{5}{2}\pi$　　③ 3π

④ $\dfrac{7}{2}\pi$　　⑤ 4π

069

2002학년도 수능 예체능계 26번

$\sin\theta + \cos\theta = \dfrac{\sqrt{2}}{2}$ 일 때, $\dfrac{\sin^2\theta}{\cos^2\theta} + \dfrac{\cos^2\theta}{\sin^2\theta}$ 의 값을

구하시오. [3점]

070

그림과 같이 $\overline{AB}=10$, $\overline{BC}=6$, $\overline{CA}=8$인 삼각형 ABC와 그 삼각형의 내부에 $\overline{AP}=6$인 점 P가 있다. 점 P에서 변 AB와 변 AC에 내린 수선의 발을 각각 Q, R라 할 때, 선분 QR의 길이는? [4점]

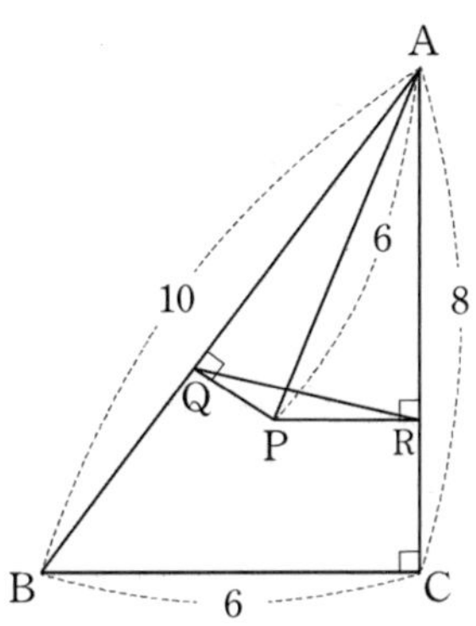

① $\dfrac{14}{5}$ ② 3 ③ $\dfrac{16}{5}$

④ $\dfrac{17}{5}$ ⑤ $\dfrac{18}{5}$

071

그림과 같이 삼각함수 $f(x)=\sin(kx)\left(0 \le x \le \dfrac{5\pi}{2k}\right)$의 그래프와 직선 $y=\dfrac{3}{4}$이 만나는 점의 x좌표를 각각 α, β, γ $(\alpha < \beta < \gamma)$라 할 때, $f(\alpha+\beta+\gamma)$의 값은?

(단, k는 양의 실수이다.) [4점]

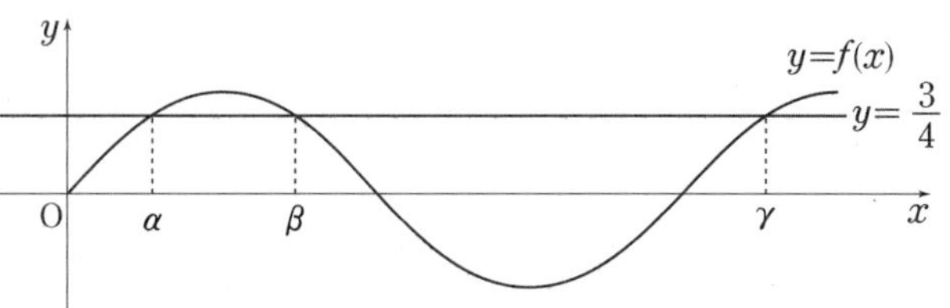

① -1 ② $-\dfrac{7}{8}$ ③ $-\dfrac{3}{4}$

④ 0 ⑤ $\dfrac{3}{4}$

072

2022학년도 6월 평가원 3번

$\pi < \theta < \dfrac{3}{2}\pi$인 θ에 대하여 $\tan\theta = \dfrac{12}{5}$일 때,

$\sin\theta + \cos\theta$의 값은? [3점]

① $-\dfrac{17}{13}$ ② $-\dfrac{7}{13}$ ③ 0

④ $\dfrac{7}{13}$ ⑤ $\dfrac{17}{13}$

073

2017년 3월 시행 교육청 고3 가형 6번

함수 $y = a\sin\dfrac{\pi}{2b}x$의 최댓값은 2이고 주기는 2이다.

두 양수 a, b의 합 $a+b$의 값은? [3점]

① 2 ② $\dfrac{17}{8}$ ③ $\dfrac{9}{4}$

④ $\dfrac{19}{8}$ ⑤ $\dfrac{5}{2}$

074

2020학년도 수능 가형 7번

$0 < x < 2\pi$일 때, 방정식 $4\cos^2 x - 1 = 0$과 부등식

$\sin x \cos x < 0$을 동시에 만족시키는 모든 x의 값의

합은? [3점]

① 2π ② $\dfrac{7}{3}\pi$ ③ $\dfrac{8}{3}\pi$

④ 3π ⑤ $\dfrac{10}{3}\pi$

075

$0 \le \theta < 2\pi$일 때, x에 대한 이차방정식

$$x^2 - (2\sin\theta)x - 3\cos^2\theta - 5\sin\theta + 5 = 0$$

이 실근을 갖도록 하는 θ의 최솟값과 최댓값을 각각 α, β라 하자. $4\beta - 2\alpha$의 값은? [4점]

① 3π ② 4π ③ 5π

④ 6π ⑤ 7π

076

그림과 같이 $\overline{AB} = 3$, $\overline{BC} = 2$, $\overline{AC} > 3$이고 $\cos(\angle BAC) = \dfrac{7}{8}$인 삼각형 ABC가 있다. 선분 AC의 중점을 M, 삼각형 ABC의 외접원이 직선 BM과 만나는 점 중 B가 아닌 점을 D라 할 때, 선분 MD의 길이는? [4점]

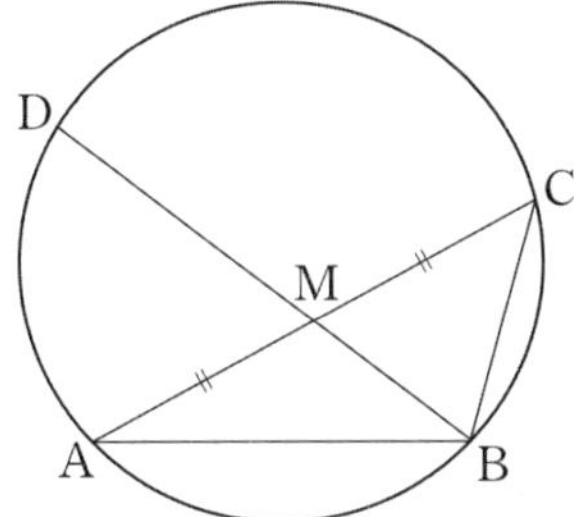

① $\dfrac{3\sqrt{10}}{5}$ ② $\dfrac{7\sqrt{10}}{10}$ ③ $\dfrac{4\sqrt{10}}{5}$

④ $\dfrac{9\sqrt{10}}{10}$ ⑤ $\sqrt{10}$

077

그림과 같이 사각형 $ABCD$가 한 원에 내접하고

$$\overline{AB} = 5, \ \overline{AC} = 3\sqrt{5}, \ \overline{AD} = 7, \ \angle BAC = \angle CAD$$

일 때, 이 원의 반지름의 길이는? [4점]

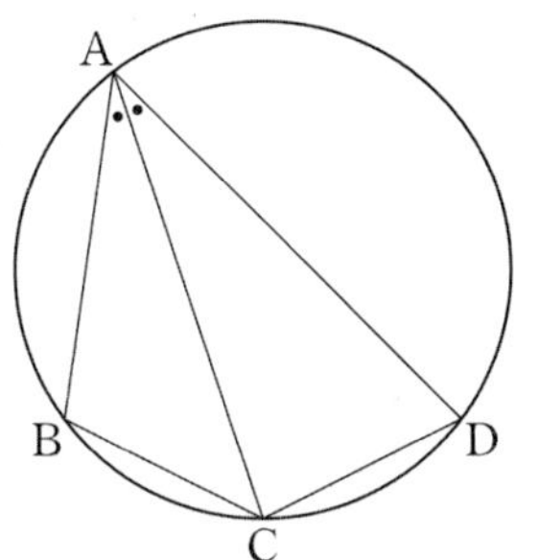

① $\dfrac{5\sqrt{2}}{2}$ ② $\dfrac{8\sqrt{5}}{5}$ ③ $\dfrac{5\sqrt{5}}{3}$

④ $\dfrac{8\sqrt{2}}{3}$ ⑤ $\dfrac{9\sqrt{3}}{4}$

078

2024학년도 6월 평가원 19번

두 자연수 a, b에 대하여 함수

$$f(x) = a\sin bx + 8 - a$$

가 다음 조건을 만족시킬 때, $a+b$의 값을 구하시오. [3점]

> (가) 모든 실수 x에 대하여 $f(x) \geq 0$이다.
> (나) $0 \leq x < 2\pi$일 때, x에 대한 방정식
> $\quad f(x) = 0$의 서로 다른 실근의 개수는 4이다.

079

2022학년도 6월 평가원 12번

그림과 같이 $\overline{AB} = 4$, $\overline{AC} = 5$이고

$\cos(\angle BAC) = \dfrac{1}{8}$인 삼각형 ABC가 있다. 선분 AC

위의 점 D와 선분 BC 위의 점 E에 대하여

$\angle BAC = \angle BDA = \angle BED$일 때, 선분 DE의 길이는?

[4점]

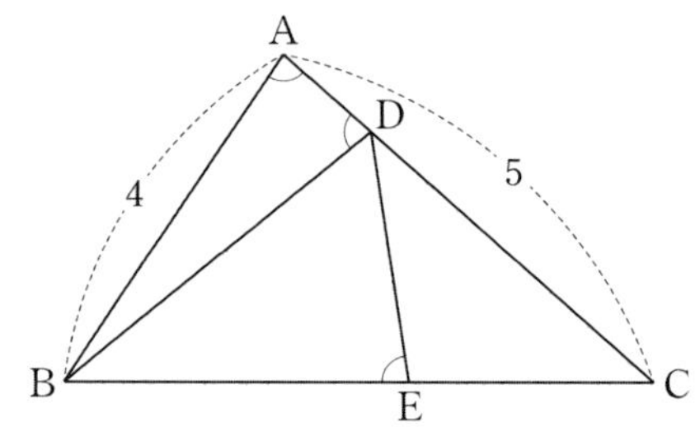

① $\dfrac{7}{3}$ ② $\dfrac{5}{2}$ ③ $\dfrac{8}{3}$

④ $\dfrac{17}{6}$ ⑤ 3

080

$\dfrac{\pi}{2} < \theta < \pi$인 θ에 대하여 $\cos^2\theta = \dfrac{4}{9}$일 때,

$\sin^2\theta + \cos\theta$의 값은? [3점]

① $-\dfrac{4}{9}$ ② $-\dfrac{1}{3}$ ③ $-\dfrac{2}{9}$

④ $-\dfrac{1}{9}$ ⑤ 0

081

반지름의 길이가 $2\sqrt{7}$인 원에 내접하고 $\angle A = \dfrac{\pi}{3}$인

삼각형 ABC가 있다. 점 A를 포함하지 않는 호 BC 위의

점 D에 대하여 $\sin(\angle BCD) = \dfrac{2\sqrt{7}}{7}$일 때,

$\overline{BD} + \overline{CD}$의 값은? [4점]

① $\dfrac{19}{2}$ ② 10 ③ $\dfrac{21}{2}$

④ 11 ⑤ $\dfrac{23}{2}$

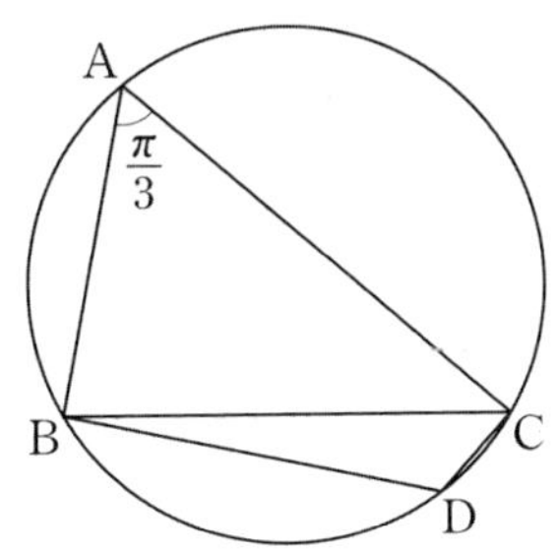

082

$0 \le x < 4\pi$일 때, 방정식

$$4\sin^2 x - 4\cos\left(\dfrac{\pi}{2} + x\right) - 3 = 0$$

의 모든 해의 합은? [4점]

① 5π ② 6π ③ 7π

④ 8π ⑤ 9π

083

2002년 6월 시행 교육청 고2 5번

오른쪽 그림과 같이 $\overline{AB} = 2$, $\overline{BC} = 3$, $\overline{CA} = 4$인 삼각형 ABC에서 $\dfrac{\sin B}{\sin A}$의 값은? [2점]

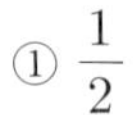

① $\dfrac{1}{2}$ ② $\dfrac{2}{3}$ ③ $\dfrac{3}{2}$

④ $\dfrac{3}{4}$ ⑤ $\dfrac{4}{3}$

084

2022학년도 수능 7번

$\pi < \theta < \dfrac{3}{2}\pi$인 θ에 대하여 $\tan\theta - \dfrac{6}{\tan\theta} = 1$일 때, $\sin\theta + \cos\theta$의 값은? [3점]

① $-\dfrac{2\sqrt{10}}{5}$ ② $-\dfrac{\sqrt{10}}{5}$ ③ 0

④ $\dfrac{\sqrt{10}}{5}$ ⑤ $\dfrac{2\sqrt{10}}{5}$

085

2020년 6월 시행 교육청 고2 10번

세 상수 a, b, c에 대하여 함수 $y = a\sin bx + c$의 그래프가 그림과 같을 때, $a + b + c$의 값은? (단, $a > 0$, $b > 0$) [3점]

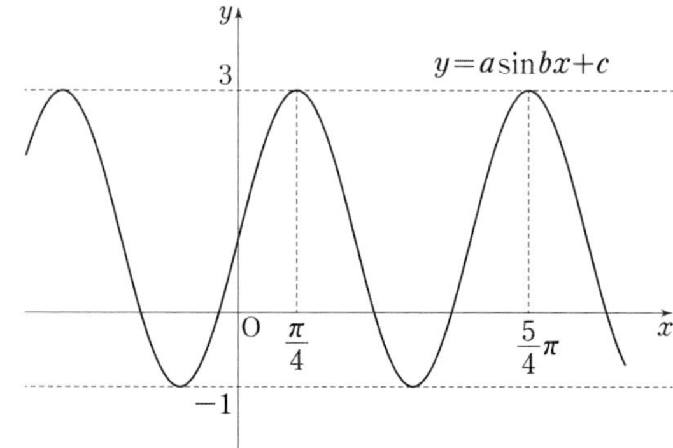

① 4   ② 5   ③ 6

④ 7   ⑤ 8

086

함수

$$f(x) = a - \sqrt{3}\,\tan 2x$$

가 닫힌구간 $\left[-\dfrac{\pi}{6},\ b \right]$ 에서 최댓값 7, 최솟값 3을 가질 때,

$a \times b$의 값은? (단, a, b는 상수이다.) [4점]

① $\dfrac{\pi}{2}$ ② $\dfrac{5\pi}{12}$ ③ $\dfrac{\pi}{3}$

④ $\dfrac{\pi}{4}$ ⑤ $\dfrac{\pi}{6}$

087

그림과 같이 $\overline{AB} = 3$, $\overline{BC} = a$, $\overline{AC} = 4$인 삼각형 ABC가 원에 내접하고 있다. 이 원의 반지름의 길이를 R라 할 때, 옳은 내용을 〈보기〉에서 모두 고른 것은? [4점]

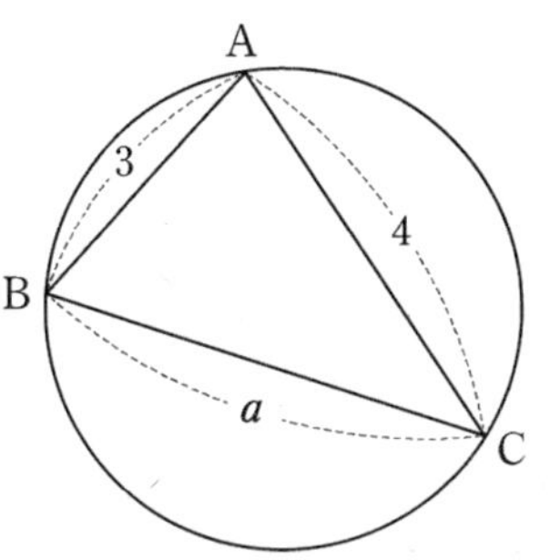

〈보기〉

ㄱ. $a = 5$이면 $R = \dfrac{5}{2}$이다.

ㄴ. $R = 4$이면 $a = 8\sin A$이다.

ㄷ. $1 < a \le \sqrt{13}$일 때, $\angle A$의 최댓값은 $60°$이다.

① ㄱ   ② ㄷ   ③ ㄱ, ㄴ

④ ㄴ, ㄷ   ⑤ ㄱ, ㄴ, ㄷ

088

2015학년도 9월 평가원 B형 22번

공비가 2인 등비수열 $\{a_n\}$에 대하여

$$a_1 + a_2 + a_4 = 55$$

일 때, a_3의 값을 구하시오. [3점]

089

2019학년도 9월 평가원 나형 26번

모든 항이 양수인 등비수열 $\{a_n\}$의 첫째항부터
제n항까지의 합을 S_n이라 하자.

$$S_4 - S_3 = 2, \ S_6 - S_5 = 50$$

일 때, a_5의 값을 구하시오. [4점]

090

2020학년도 6월 평가원 나형 9번

수열 $\{a_n\}$은 $a_1 = 1$이고, 모든 자연수 n에 대하여

$$a_{n+1} + (-1)^n a_n = 2^n$$

을 만족시킨다. a_5의 값은? [3점]

① 1   ② 3   ③ 5

④ 7   ⑤ 9

091

2020학년도 9월 평가원 나형 24번

수열 $\{a_n\}$이 모든 자연수 n에 대하여

$$a_{n+1} + a_n = 3n - 1$$

을 만족시킨다. $a_3 = 4$일 때, $a_1 + a_5$의 값을 구하시오. [3점]

092

2014학년도 9월 평가원 A형 12번

수열 $\{a_n\}$은 $a_1 = 3$이고

$$na_{n+1} - 2na_n + \frac{n+2}{n+1} = 0 \ (n \geq 1)$$

을 만족시킨다. 다음은 일반항 a_n이

$$a_n = 2^n + \frac{1}{n} \qquad\qquad \cdots\cdots(*)$$

임을 수학적 귀납법을 이용하여 증명한 것이다.

(i) $n = 1$일 때,

(좌변)$= a_1 = 3$, (우변)$= 2^1 + \frac{1}{1} = 3$이므로

$(*)$이 성립한다.

(ii) $n = k$일 때 $(*)$이 성립한다고 가정하면

$a_k = 2^k + \dfrac{1}{k}$이므로

$$ka_{k+1} = 2ka_k - \frac{k+2}{k+1}$$

$$= \boxed{\ \text{(가)}\ } - \frac{k+2}{k+1}$$

$$= k2^{k+1} + \boxed{\ \text{(나)}\ }$$

이다. 따라서 $a_{k+1} = 2^{k+1} + \dfrac{1}{k+1}$이므로

$n = k+1$일 때도 $(*)$이 성립한다.

(i), (ii)에 의하여 모든 자연수 n에 대하여

$a_n = 2^n + \dfrac{1}{n}$이다.

위의 (가), (나)에 알맞은 식을 각각 $f(k)$, $g(k)$라 할 때, $f(3) \times g(4)$의 값은? [3점]

① 32   ② 34   ③ 36

④ 38   ⑤ 40

093

2014학년도 5월 예비 시행 A형 23번 / B형 22번

첫째항이 -6이고 공차가 2인 등차수열의 첫째항부터 제n항까지의 합이 30일 때, n의 값을 구하시오. [3점]

094

2017학년도 9월 평가원 나형 6번

첫째항이 1이고 공비가 양수인 등비수열 $\{a_n\}$에 대하여

$$\frac{a_7}{a_5} = 4$$

일 때, a_4의 값은? [3점]

① 6 ② 8 ③ 10
④ 12 ⑤ 14

095

2019학년도 9월 평가원 나형 11번

수열 $\{a_n\}$이 모든 자연수 n에 대하여

$$a_n a_{n+1} = 2n$$

이고 $a_3 = 1$일 때, $a_2 + a_5$의 값은? [3점]

① $\dfrac{13}{3}$ ② $\dfrac{16}{3}$ ③ $\dfrac{19}{3}$
④ $\dfrac{22}{3}$ ⑤ $\dfrac{25}{3}$

096

2023학년도 9월 평가원 18번

수열 $\{a_n\}$에 대하여 $\displaystyle\sum_{k=1}^{5} a_k = 10$일 때,

$$\sum_{k=1}^{5} c a_k = 65 + \sum_{k=1}^{5} c$$

를 만족시키는 상수 c의 값을 구하시오. [3점]

097

수열 $\{a_n\}$의 첫째항부터 제n항까지의 합 S_n이

$$S_n = n^2 - 10n$$

일 때, $a_n < 0$을 만족시키는 자연수 n의 개수는? [3점]

① 5   ② 6   ③ 7

④ 8   ⑤ 9

098

수열 $\{a_n\}$은 $a_1 = 2$이고, 모든 자연수 n에 대하여

$$a_{n+1} = \begin{cases} \dfrac{a_n}{2 - 3a_n} & (n\text{이 홀수인 경우}) \\ 1 + a_n & (n\text{이 짝수인 경우}) \end{cases}$$

를 만족시킨다. $\displaystyle\sum_{n=1}^{40} a_n$의 값은? [3점]

① 30   ② 35   ③ 40

④ 45   ⑤ 50

099

x축 위의 점 $A(2, 0)$을 지나고 x축에 수직인 직선이 세 함수 $y = 8^x$, $y = a^x$, $y = \log_2 x$의 그래프와 만나는 점을 각각 P, Q, R라 하자. $\overline{AP}$, $\overline{AQ}$, $\overline{AR}$가 차례로 등비수열을 이룰 때, a^4의 값을 구하시오. (단, $2 < a < 8$)

[3점]

100

2024학년도 9월 평가원 5번

모든 항이 양수인 등비수열 $\{a_n\}$에 대하여

$$\frac{a_3 a_8}{a_6} = 12, \ a_5 + a_7 = 36$$

일 때, a_{11}의 값은? [3점]

① 72 ② 78 ③ 84

④ 90 ⑤ 96

101

2006학년도 9월 평가원 나형 4번

수열 $\{a_n\}$에서 $a_n = 2^n + (-1)^n$일 때,

$$a_1 + a_2 + a_3 + \ \cdots \ + a_9$$

의 값은? [3점]

① $2^{10} - 3$ ② $2^{10} - 1$ ③ 2^{10}

④ $2^{10} + 1$ ⑤ $2^{10} + 3$

102

2009년 4월 시행 교육청 고3 나형 21번

등차수열 $\{a_n\}$에서 $a_3 = 40$, $a_8 = 30$일 때,

$|a_2 + a_4 + \cdots + a_{2n}|$이 최소가 되는 자연수 n의 값을

구하시오. [3점]

103

공차가 양수인 등차수열 $\{a_n\}$이 다음 조건을 만족시킬 때, a_2의 값은? [4점]

> (가) $a_6 + a_8 = 0$
> (나) $|a_6| = |a_7| + 3$

① -15 ② -13 ③ -11
④ -9 ⑤ -7

104

수열 $\{a_n\}$은 $a_1 = 12$이고, 모든 자연수 n에 대하여

$$a_{n+1} + a_n = (-1)^{n+1} \times n$$

을 만족시킨다. $a_k > a_1$인 자연수 k의 최솟값은? [3점]

① 2   ② 4   ③ 6
④ 8   ⑤ 10

105

공차가 정수인 등차수열 $\{a_n\}$에 대하여

$$a_3 + a_5 = 0, \ \sum_{k=1}^{6}\left(|a_k| + a_k\right) = 30$$

일 때, a_9의 값을 구하시오. [4점]

106

2011학년도 수능 나형 26번

수열 $\{a_n\}$이 모든 자연수 n에 대하여

$$2a_{n+1} = a_n + a_{n+2}$$

를 만족시킨다. $a_2 = -1$, $a_3 = 2$일 때, 수열 $\{a_n\}$의 첫째항부터 제10항까지의 합은? [3점]

① 95   ② 90   ③ 85

④ 80   ⑤ 75

107

2021학년도 9월 평가원 가형 27번

등비수열 $\{a_n\}$의 첫째항부터 제n항까지의 합을 S_n이라 하자. 모든 자연수 n에 대하여

$$S_{n+3} - S_n = 13 \times 3^{n-1}$$

일 때, a_4의 값을 구하시오. [4점]

108

2022학년도 9월 평가원 7번

수열 $\{a_n\}$은 $a_1 = -4$이고, 모든 자연수 n에 대하여

$$\sum_{k=1}^{n} \frac{a_{k+1} - a_k}{a_k a_{k+1}} = \frac{1}{n}$$

을 만족시킨다. a_{13}의 값은? [3점]

① -9 ② -7 ③ -5

④ -3 ⑤ -1

109

수열 $\{a_n\}$에 대하여

$$\sum_{k=1}^{10} a_k - \sum_{k=1}^{7} \frac{a_k}{2} = 56, \quad \sum_{k=1}^{10} 2a_k - \sum_{k=1}^{8} a_k = 100$$

일 때. a_8의 값을 구하시오. [3점]

110

등차수열 $\{a_n\}$에 대하여

$$a_1 = -15, \; |a_3| - a_4 = 0$$

일 때, a_7의 값은? [3점]

① 21   ② 23   ③ 25

④ 27   ⑤ 29

111

2006학년도 9월 평가원 나형 14번

수열 $\{a_n\}$에 대하여 첫째항부터 제 n항까지의 합을 S_n이라 하자.

$$a_1 = 1,\ a_2 = 3$$
$$(S_{n+1} - S_{n-1})^2 = 4a_n a_{n+1} + 4$$
$$(n = 2,\ 3,\ 4,\ \cdots)$$

일 때, a_{20}의 값은?

(단, $a_1 < a_2 < a_3 < \cdots < a_n < \cdots$ 이다.) [3점]

① 39   ② 43   ③ 47
④ 51   ⑤ 55

112

2023학년도 수능 7번

모든 항이 양수이고 첫째항과 공차가 같은 등차수열 $\{a_n\}$이

$$\sum_{k=1}^{15} \frac{1}{\sqrt{a_k} + \sqrt{a_{k+1}}} = 2$$

를 만족시킬 때, a_4의 값은? [3점]

① 6   ② 7   ③ 8
④ 9   ⑤ 10

113

2019학년도 6월 평가원 나형 7번

수열 $\{a_n\}$에 대하여

$$\sum_{k=1}^{10} a_k = 3,\ \sum_{k=1}^{10} (a_k)^2 = 7$$

일 때, $\displaystyle\sum_{k=1}^{10} \left\{ 2(a_k)^2 - a_k \right\}$의 값은? [3점]

① 8   ② 9   ③ 10
④ 11   ⑤ 12

114

2019학년도 수능 나형 24번

첫째항이 7인 등비수열 $\{a_n\}$의 첫째항부터 제 n항까지의 합을 S_n이라 하자.

$$\frac{S_9 - S_5}{S_6 - S_2} = 3$$

일 때, a_7의 값을 구하시오. [3점]

115

2019학년도 9월 평가원 나형 11번

수열 $\{a_n\}$이 모든 자연수 n에 대하여

$$a_n a_{n+1} = 2n$$

이고 $a_3 = 1$일 때, $a_2 + a_5$의 값은? [3점]

① $\dfrac{13}{3}$ ② $\dfrac{16}{3}$ ③ $\dfrac{19}{3}$
④ $\dfrac{22}{3}$ ⑤ $\dfrac{25}{3}$

116

2011학년도 6월 평가원 13번

수열 $\{a_n\}$이 $a_1 = \alpha\,(\alpha \neq 0)$이고, 모든 $n\,(n \geq 2)$에 대하여

$$(n-1)a_n + \sum_{m=1}^{n-1} ma_m = 0$$

을 만족시킨다. 다음은

$$a_n = \frac{(-1)^{n-1}}{(n-1)!}\alpha\,(n \geq 1)$$

임을 수학적 귀납법을 이용하여 증명한 것이다.

---

(1) $n = 1$일 때, $a_1 = \dfrac{(-1)^{1-1}}{(1-1)!}\alpha$이다.

(2) (i) $n = 2$일 때, $a_2 + a_1 = 0$이므로

$$a_2 = -a_1 = \frac{(-1)^{2-1}}{(2-1)!}\alpha$$이다.

　따라서 주어진 식이 성립한다.

(ii) $n = k\,(k \geq 2)$일 때 성립한다고 가정하고,

　$n = k+1$일 때 성립함을 보이자.

$$0 = ka_{k+1} + \sum_{m=1}^{k} ma_m$$

$$= ka_{k+1} + \sum_{m=1}^{k-1} ma_m + ka_k$$

$$= ka_{k+1} + \left(\boxed{\ \text{(가)}\ }\right) \times a_k + ka_k$$

이므로

$$a_{k+1} = \boxed{\ \text{(나)}\ } \times a_k = \frac{(-1)^k}{k!}\alpha$$

이다.

따라서 모든 자연수 n에 대하여

$$a_n = \frac{(-1)^{n-1}}{(n-1)!}\alpha$$이다.

위의 (가), (나)에 알맞은 식의 곱을 $f(k)$라 할 때, $f(10)$의 값은? [4점]

① $\dfrac{1}{10}$　　　② $\dfrac{3}{10}$　　　③ $\dfrac{1}{2}$

④ $\dfrac{7}{10}$　　　⑤ $\dfrac{9}{10}$

117

2022학년도 9월 평가원 13번

첫째항이 -45이고 공차가 d인 등차수열 $\{a_n\}$이 다음 조건을 만족시키도록 하는 모든 자연수 d의 값의 합은? [4점]

(가) $|a_m| = |a_{m+3}|$인 자연수 m이 존재한다.

(나) 모든 자연수 n에 대하여 $\displaystyle\sum_{k=1}^{n} a_k > -100$이다.

---

① 44　　　② 48　　　③ 52

④ 56　　　⑤ 60

118

2024학년도 9월 평가원 12번

첫째항이 자연수인 수열 $\{a_n\}$이 모든 자연수 n에 대하여

$$a_{n+1} = \begin{cases} a_n + 1 & (a_n \text{이 홀수인 경우}) \\ \dfrac{1}{2}a_n & (a_n \text{이 짝수인 경우}) \end{cases}$$

를 만족시킬 때, $a_2 + a_4 = 40$이 되도록 하는 모든 a_1의 값의 합은? [4점]

① 172　　　② 175　　　③ 178

④ 181　　　⑤ 184

Ⅲ 수열

짝기출
SET 17
SET 18
SET 19
SET 20
SET 21
SET 22
SET 23
SET 24

119

2017학년도 9월 평가원 나형 9번

수열 $\{a_n\}$이

$$\sum_{k=1}^{7} a_k = \sum_{k=1}^{6} (a_k + 1)$$

을 만족시킬 때, a_7의 값은? [3점]

① 6　　　　② 7　　　　③ 8
④ 9　　　　⑤ 10

120

2014학년도 수능 A형 6번

첫째항이 6이고 공차가 d인 등차수열 $\{a_n\}$의 첫째항부터 제n항까지의 합을 S_n이라 할 때,

$$\frac{a_8 - a_6}{S_8 - S_6} = 2$$

가 성립한다. d의 값은? [3점]

① -1　　　　② -2　　　　③ -3
④ -4　　　　⑤ -5

121

2017학년도 6월 평가원 나형 20번

첫째항이 a인 수열 $\{a_n\}$은 모든 자연수 n에 대하여

$$a_{n+1} = \begin{cases} a_n + (-1)^n \times 2 & (n\text{이 3의 배수가 아닌 경우}) \\ a_n + 1 & (n\text{이 3의 배수인 경우}) \end{cases}$$

을 만족시킨다. $a_{15} = 43$일 때, a의 값은? [4점]

① 35　　　　② 36　　　　③ 37
④ 38　　　　⑤ 39

122

수열 $\{a_n\}$이 모든 자연수 n에 대하여

$$\sum_{k=1}^{n} \frac{1}{(2k-1)a_k} = n^2 + 2n$$

을 만족시킬 때, $\sum_{n=1}^{10} a_n$의 값은? [4점]

① $\dfrac{10}{21}$ ② $\dfrac{4}{7}$ ③ $\dfrac{2}{3}$

④ $\dfrac{16}{21}$ ⑤ $\dfrac{6}{7}$

123

첫째항이 2이고 공비가 정수인 등비수열 $\{a_n\}$과 자연수 m이 다음 조건을 만족시킬 때, a_m의 값을 구하시오. [4점]

> (가) $4 < a_2 + a_3 \leq 12$
>
> (나) $\displaystyle\sum_{k=1}^{m} a_k = 122$

124

수열 $\{a_n\}$이 모든 자연수 n에 대하여

$$a_{n+1} = \begin{cases} \dfrac{1}{a_n} & (n\text{이 홀수인 경우}) \\ 8a_n & (n\text{이 짝수인 경우}) \end{cases}$$

이고 $a_{12} = \dfrac{1}{2}$일 때, $a_1 + a_4$의 값은? [4점]

① $\dfrac{3}{4}$ ② $\dfrac{9}{4}$ ③ $\dfrac{5}{2}$

④ $\dfrac{17}{4}$ ⑤ $\dfrac{9}{2}$

125

2018년 7월 시행 교육청 고3 나형 25번

등차수열 $\{a_n\}$ 의 첫째항부터 제 n 항까지의 합을 S_n 이라 하자.

$$a_2 = 7, \ S_7 - S_5 = 50$$

일 때, a_{11} 의 값을 구하시오. [3점]

126

2020학년도 9월 평가원 나형 7번

등차수열 $\{a_n\}$ 에 대하여

$$a_1 = a_3 + 8, \ 2a_4 - 3a_6 = 3$$

일 때, $a_k < 0$을 만족시키는 자연수 k의 최솟값은? [3점]

① 8　　　　② 10　　　　③ 12
④ 14　　　　⑤ 16

127

2022학년도 수능 5번

첫째항이 1인 수열 $\{a_n\}$이 모든 자연수 n에 대하여

$$a_{n+1} = \begin{cases} 2a_n & (a_n < 7) \\ a_n - 7 & (a_n \geq 7) \end{cases}$$

일 때, $\displaystyle\sum_{k=1}^{8} a_k$의 값은? [3점]

① 30　　　　② 32　　　　③ 34
④ 36　　　　⑤ 38

128

모든 항이 자연수인 등차수열 $\{a_n\}$의 첫째항부터

제n항까지의 합을 S_n이라 하자. a_7이 13의 배수이고

$\sum\limits_{k=1}^{7} S_k = 644$일 때, a_2의 값을 구하시오. [4점]

129

수열 $\{a_n\}$은 $a_1 = 2$이고, 모든 자연수 n에 대하여

$$a_{n+1} = \begin{cases} a_n - 1 & (a_n \text{이 짝수인 경우}) \\ a_n + n & (a_n \text{이 홀수인 경우}) \end{cases}$$

를 만족시킨다. a_7의 값은? [3점]

① 7 ② 9 ③ 11
④ 13 ⑤ 15

130

2017학년도 6월 평가원 나형 12번

등차수열 $\{a_n\}$에 대하여

$$a_8 = a_2 + 12,\ a_1 + a_2 + a_3 = 15$$

일 때, a_{10}의 값은? [3점]

① 17   ② 19   ③ 21

④ 23   ⑤ 25

131

2016학년도 6월 평가원 A형 16번

공차가 6인 등차수열 $\{a_n\}$에 대하여 세 항 a_2, a_k, a_8은 이 순서대로 등차수열을 이루고, 세 항 a_1, a_2, a_k는

이 순서대로 등비수열을 이룬다. $k + a_1$의 값은? [4점]

① 7   ② 8   ③ 9

④ 10   ⑤ 11

132

2020년 7월 시행 교육청 고3 가형 17번

등차수열 $\{a_n\}$에 대하여

$$S_n = \sum_{k=1}^{n} a_k,\ T_n = \sum_{k=1}^{n} |a_k|$$

라 할 때, S_n, T_n은 다음 조건을 만족시킨다.

> (가) $S_7 = T_7$
> (나) 6 이상의 모든 자연수 n에 대하여
> $S_n + T_n = 84$이다.

T_{15}의 값은? [4점]

① 96   ② 102   ③ 108

④ 114   ⑤ 120

133

수열 $\{a_n\}$은 $a_1 = 7$이고, 다음 조건을 만족시킨다.

> (가) $a_{n+2} = a_n - 4 \ (n = 1, 2, 3, 4)$
>
> (나) 모든 자연수 n에 대하여 $a_{n+6} = a_n$이다.

$\displaystyle\sum_{k=1}^{50} a_k = 258$일 때, a_2의 값을 구하시오. [4점]

134

자연수 n에 대하여 점 P_n을 다음 규칙에 따라 정한다.

> (가) 점 P_1의 좌표는 $(1, 1)$이다.
>
> (나) 점 P_n의 좌표가 (a, b)일 때,
>
> $b < 2^a$이면 점 P_{n+1}의 좌표는 $(a, b+1)$이고
>
> $b = 2^a$이면 점 P_{n+1}의 좌표는 $(a+1, 1)$이다.

점 P_n의 좌표가 $(10, 2^{10})$일 때, n의 값은? [4점]

① $2^{10} - 2$ ② $2^{10} + 2$ ③ $2^{11} - 2$

④ 2^{11} ⑤ $2^{11} + 2$

Ⅰ. 지수함수와 로그함수

SET							
SET 01	001 ⑤	002 5	003 ④	004 ①	005 21	006 ⑤	007 27
	008 ⑤	009 ④	010 ③				
SET 02	011 ②	012 ⑤	013 ③	014 ③	015 ④	016 ②	017 ③
	018 3	019 625	020 ④				
SET 03	021 ③	022 ②	023 ⑤	024 93	025 ②	026 6	027 ②
	028 ④	029 ②	030 4				
SET 04	031 33	032 ⑤	033 ③	034 ②	035 17	036 ⑤	037 ④
	038 ③	039 9	040 ④				
SET 05	041 ②	042 ③	043 13	044 9	045 ⑤	046 64	047 ③
	048 1	049 247	050 ②				
SET 06	051 ⑤	052 ④	053 1	054 ②	055 81	056 5	057 ②
	058 ①	059 ②	060 6				
SET 07	061 138	062 ③	063 18	064 ⑤	065 13	066 266	067 ④
	068 370	069 32	070 10				
SET 08	071 ②	072 ③	073 ⑤	074 6	075 ③	076 5	077 128
	078 ⑤	079 34	080 ⑤				

Ⅱ. 삼각함수

SET							
SET 09	081 ①	082 ④	083 ③	084 ④	085 54	086 ③	087 ①
	088 6	089 ③	090 ③				
SET 10	091 48	092 ①	093 ④	094 ②	095 14	096 8	097 3
	098 8	099 20	100 9				
SET 11	101 ⑤	102 ④	103 ①	104 ①	105 ①	106 9	107 ①
	108 ③	109 ③	110 ②				
SET 12	111 ③	112 ④	113 ②	114 ①	115 27	116 ④	117 5
	118 20	119 12	120 96				
SET 13	121 ②	122 ②	123 ⑤	124 ④	125 ③	126 62	127 ①
	128 ①	129 ③	130 8				
SET 14	131 ④	132 ⑤	133 27	134 ④	135 10	136 ⑤	137 ①
	138 ①	139 7	140 ①				
SET 15	141 ⑤	142 ⑤	143 ①	144 ④	145 ⑤	146 ④	147 ①
	148 ③	149 ③	150 ②				
SET 16	151 216	152 3	153 9	154 ③	155 ①	156 ⑤	157 ③
	158 ③	159 ①	160 180				

Ⅲ. 수열

SET							
SET 17	161 ⑤	162 30	163 30	164 ②	165 ②	166 ③	167 ④
	168 ①	169 ②	170 42				
SET 18	171 11	172 ⑤	173 ③	174 1	175 ④	176 ①	177 ②
	178 159	179 ②	180 ③				
SET 19	181 ④	182 9	183 9	184 692	185 108	186 287	187 16
	188 ⑤	189 28	190 21				
SET 20	191 24	192 ①	193 ⑤	194 ③	195 118	196 ②	197 108
	198 ⑤	199 150	200 ②				
SET 21	201 ①	202 35	203 ③	204 ③	205 560	206 ⑤	207 ②
	208 8	209 ②	210 ③				
SET 22	211 ①	212 225	213 ③	214 ①	215 287	216 ⑤	217 81
	218 ③	219 ③	220 ②				
SET 23	221 3	222 ③	223 ③	224 ①	225 ③	226 31	227 ④
	228 55	229 29	230 ①				
SET 24	231 ⑤	232 ②	233 19	234 ①	235 118	236 ①	237 ③
	238 ④	239 ②	240 18				

I. 지수함수와 로그함수

SET 01	001 25 · 002 10 · 003 ⑤ · 004 ① · 005 ④ · 006 ③
SET 02	007 ③ · 008 ⑤ · 009 ⑤ · 010 ⑤ · 011 ③
SET 03	012 ② · 013 16 · 014 6 · 015 ③ · 016 ④
SET 04	017 ④ · 018 ④ · 019 ③ · 020 ② · 021 ③
SET 05	022 ④ · 023 ① · 024 27 · 025 ① · 026 15 · 027 ④ · 028 ③
SET 06	029 ② · 030 ② · 031 ④ · 032 ④ · 033 ③
SET 07	034 ⑤ · 035 ③ · 036 16 · 037 15 · 038 426 · 039 192
SET 08	040 ② · 041 ① · 042 75 · 043 ① · 044 24 · 045 ①

II. 삼각함수

SET 09	046 ④ · 047 ④ · 048 ② · 049 7 · 050 ④ · 051 ①
SET 10	052 ④ · 053 ① · 054 ① · 055 ③ · 056 ⑤ · 057 ③
SET 11	058 ② · 059 ① · 060 ③ · 061 ②
SET 12	062 6 · 063 24 · 064 ⑤ · 065 ③ · 066 98 · 067 ③
SET 13	068 ④ · 069 14 · 070 ⑤ · 071 ③
SET 14	072 ① · 073 ⑤ · 074 ② · 075 ① · 076 ③ · 077 ①
SET 15	078 8 · 079 ③ · 080 ④ · 081 ② · 082 ②
SET 16	083 ⑤ · 084 ① · 085 ② · 086 ③ · 087 ⑤

III. 수열

SET 17	088 20 · 089 10 · 090 ④ · 091 8 · 092 ⑤
SET 18	093 10 · 094 ② · 095 ② · 096 13 · 097 ① · 098 ① · 099 64
SET 19	100 ⑤ · 101 ① · 102 22 · 103 ① · 104 ④ · 105 25
SET 20	106 ① · 107 9 · 108 ④ · 109 12 · 110 ①
SET 21	111 ① · 112 ④ · 113 ④ · 114 63 · 115 ② · 116 ⑤ · 117 ② · 118 ①
SET 22	119 ① · 120 ① · 121 ⑤ · 122 ① · 123 162 · 124 ⑤
SET 23	125 43 · 126 ② · 127 ① · 128 19 · 129 ②
SET 24	130 ③ · 131 ② · 132 ④ · 133 11 · 134 ③

Memo

Memo

어삼쉬사 Plus+

| 정답과 풀이 |

수학 I

240제

이투스북

어삼쉬사 Plus+

빠른 정답
어려운 3점 쉬운 4점 핵 / 심 / 문 / 제

I. 지수함수와 로그함수

SET 01
001 ⑤　002 5　003 ④　004 ①　005 21　006 ⑤　007 27
008 ⑤　009 ④　010 ③

SET 02
011 ②　012 ⑤　013 ③　014 ③　015 ④　016 ②　017 ③
018 3　019 625　020 ④

SET 03
021 ③　022 ②　023 ⑤　024 93　025 ②　026 6　027 ②
028 ④　029 ②　030 4

SET 04
031 33　032 ⑤　033 ③　034 ②　035 17　036 ⑤　037 ④
038 ④　039 9　040 ④

SET 05
041 ②　042 ③　043 13　044 9　045 ⑤　046 64　047 ③
048 1　049 247　050 ②

SET 06
051 ⑤　052 ④　053 1　054 ②　055 81　056 5　057 ②
058 ①　059 ②　060 6

SET 07
061 138　062 ⑤　063 18　064 ⑤　065 13　066 266　067 ④
068 370　069 32　070 10

SET 08
071 ②　072 ③　073 ⑤　074 6　075 ③　076 5　077 128
078 ⑤　079 34　080 ⑤

II. 삼각함수

SET 09
081 ①　082 ④　083 ③　084 ④　085 54　086 ③　087 ①
088 6　089 ③　090 ③

SET 10
091 48　092 ①　093 ④　094 ②　095 14　096 8　097 3
098 8　099 20　100 9

SET 11
101 ⑤　102 ④　103 ①　104 ①　105 ①　106 9　107 ①
108 ③　109 ③　110 ②

SET 12
111 ③　112 ④　113 ②　114 ①　115 27　116 ④　117 5
118 20　119 12　120 96

SET 13
121 ①　122 ②　123 ⑤　124 ①　125 ③　126 62　127 ①
128 ①　129 ③　130 8

SET 14
131 ④　132 ⑤　133 27　134 ①　135 10　136 ⑤　137 ①
138 ①　139 7　140 ①

SET 15
141 ⑤　142 ⑤　143 ①　144 ④　145 ①　146 ④　147 ③
148 ③　149 ③　150 ②

SET 16
151 216　152 3　153 9　154 ①　155 ③　156 ⑤　157 ①
158 ③　159 ①　160 180

III. 수열

SET 17
161 ⑤　162 30　163 30　164 ②　165 ②　166 ③　167 ④
168 ①　169 ②　170 42

SET 18
171 11　172 ⑤　173 ③　174 1　175 ④　176 ①　177 ②
178 159　179 ②　180 ③

SET 19
181 ④　182 9　183 9　184 692　185 108　186 287　187 16
188 ⑤　189 28　190 21

SET 20
191 24　192 ①　193 ⑤　194 ③　195 118　196 ②　197 108
198 ⑤　199 150　200 ②

SET 21
201 ①　202 35　203 ③　204 ③　205 560　206 ⑤　207 ②
208 8　209 ②　210 ③

SET 22
211 ①　212 225　213 ③　214 ①　215 287　216 ⑤　217 81
218 ③　219 ③　220 ②

SET 23
221 3　222 ⑤　223 ③　224 ①　225 ③　226 31　227 ④
228 55　229 29　230 ①

SET 24
231 ⑤　232 ②　233 19　234 ①　235 118　236 ①　237 ③
238 ④　239 ②　240 18

빠른 정답

Ⅰ. 지수함수와 로그함수

SET 01 001 25 002 10 003 ⑤ 004 ① 005 ④ 006 ③

SET 02 007 ③ 008 ⑤ 009 ⑤ 010 ⑤ 011 ③

SET 03 012 ② 013 16 014 6 015 ③ 016 ④

SET 04 017 ④ 018 ④ 019 ③ 020 ② 021 ③

SET 05 022 ④ 023 ① 024 27 025 ④ 026 15 027 ④ 028 ③

SET 06 029 ② 030 ② 031 ④ 032 ④ 033 ③

SET 07 034 ⑤ 035 ③ 036 16 037 15 038 426 039 192

SET 08 040 ② 041 ① 042 75 043 ① 044 24 045 ①

Ⅱ. 삼각함수

SET 09 046 ④ 047 ④ 048 ② 049 7 050 ④ 051 ①

SET 10 052 ④ 053 ① 054 ① 055 ③ 056 ⑤ 057 ③

SET 11 058 ② 059 ① 060 ③ 061 ②

SET 12 062 6 063 24 064 ⑤ 065 ③ 066 98 067 ③

SET 13 068 ④ 069 14 070 ⑤ 071 ③

SET 14 072 ① 073 ⑤ 074 ② 075 ① 076 ③ 077 ①

SET 15 078 8 079 ③ 080 ④ 081 ② 082 ②

SET 16 083 ⑤ 084 ① 085 ② 086 ③ 087 ⑤

Ⅲ. 수열

SET 17 088 20 089 10 090 ④ 091 8 092 ⑤

SET 18 093 10 094 ② 095 ② 096 13 097 ① 098 ① 099 64

SET 19 100 ⑤ 101 ① 102 22 103 ① 104 ④ 105 25

SET 20 106 ① 107 9 108 ④ 109 12 110 ①

SET 21 111 ① 112 ④ 113 ④ 114 63 115 ② 116 ⑤ 117 ② 118 ①

SET 22 119 ① 120 ① 121 ⑤ 122 ① 123 162 124 ⑤

SET 23 125 43 126 ② 127 ① 128 19 129 ②

SET 24 130 ③ 131 ② 132 ④ 133 11 134 ③

어 삼 쉬 사

Plus+

| 정답과 풀이 |

3 4

수학 I

240제

약점 유형 확인

Ⅰ. 지수함수와 로그함수

중단원명	유형명	문항번호	틀린갯수
	유형 01 거듭제곱근과 지수법칙의 계산	001, 011, 025, 031, 039, 052, 063, 075	/ 8개
	유형 02 지수법칙의 실생활 활용	003	/ 1개
① 지수와 로그	유형 03 로그의 뜻과 성질	004, 012, 024, 032, 042, 055, 062, 066, 072	/ 9개
	유형 04 로그의 실생활 활용	027, 035	/ 2개
	유형 05 상용로그의 뜻	021, 041, 051, 073	/ 4개
	유형 06 상용로그의 실생활 활용	017	/ 1개
	유형 07 지수함수의 뜻과 그래프	005, 009, 015, 019, 028, 033, 045, 059, 070, 077	/ 10개
	유형 08 로그함수의 뜻과 그래프	008, 016, 022, 037, 050, 057, 067, 071	/ 8개
	유형 09 지수·로그함수의 최대·최소	014, 018, 036, 046, 061	/ 5개
	유형 10 지수·로그함수의 역함수	006, 020, 023, 034, 049, 053, 068, 079	/ 8개
② 지수함수와 로그함수	유형 11 지수·로그방정식의 풀이	002, 013, 043, 048, 058, 078	/ 6개
	유형 12 지수·로그부등식의 풀이	026, 040, 047, 056, 065, 074	/ 6개
	유형 13 지수·로그방정식과 부등식 (치환)	007, 029, 038, 044, 064, 069, 076	/ 7개
	유형 14 지수·로그부등식의 실생활 활용	054	/ 1개
	유형 15 지수·로그함수와 개수 세기	010, 030, 060, 080	/ 4개

Ⅱ. 삼각함수

중단원명	유형명	문항번호	틀린갯수
	유형 01 호도법과 삼각함수의 뜻	081, 097, 101, 116, 131, 142, 155	/ 7개
	유형 02 삼각함수 사이의 관계	087, 092, 103, 117, 126, 132, 147, 152	/ 8개
	유형 03 삼각함수의 그래프	084, 096, 100, 106, 110, 111, 122, 129, 133, 144, 153, 154	/ 12개
	유형 04 삼각함수의 성질	082, 090, 095, 104, 114, 124, 134, 148, 157	/ 9개
① 삼각함수	유형 05 삼각함수의 활용(1) – 기본형	089, 094, 099, 102, 112, 113, 121, 125, 135, 141, 156	/ 11개
	유형 06 삼각함수의 활용(2) – 치환	086, 098, 105, 115, 123, 136, 139, 145, 150, 158	/ 10개
	유형 07 사인법칙의 이해	083, 091, 109, 118, 127, 140, 143, 151	/ 8개
	유형 08 코사인법칙의 이해	085, 093, 108, 120, 128, 137, 146, 159	/ 8개
	유형 09 사인법칙과 코사인법칙의 활용	088, 107, 119, 130, 138, 149, 160	/ 7개

Ⅲ. 수열

중단원명	유형명	문항번호	틀린갯수
① 등차수열과 등비수열	유형 01 등차수열의 뜻과 등차중항	166, 180, 187, 190, 198, 209, 214, 222, 231	/ 9개
	유형 02 등차수열의 합	161, 171, 185, 192, 201, 212, 220, 233	/ 8개
	유형 03 등비수열의 뜻과 등비중항	162, 172, 177, 181, 191, 208, 229, 232	/ 8개
	유형 04 등비수열의 합	164, 179, 184, 193, 205, 217, 226, 240	/ 8개
	유형 05 수열의 합과 일반항 사이의 관계	165, 176, 183, 194, 202, 213, 221, 227, 234	/ 9개
② 수열의 합	유형 06 Σ의 뜻과 성질	168, 174, 186, 204, 211, 225, 235	/ 7개
	유형 07 여러 가지 수열의 합	163, 175, 195, 200, 203, 216, 228, 238	/ 8개
③ 수학적 귀납법	유형 08 수열의 귀납적 정의	167, 173, 182, 197, 206, 215, 230, 237	/ 8개
	유형 09 발견적 추론	170, 178, 189, 199, 210, 219, 223, 236, 239	/ 9개
	유형 10 수학적 귀납법	169, 188, 196, 207, 218, 224	/ 6개

풀이 시간 확인

Ⅰ. 지수함수와 로그함수

SET	SET 01	SET 02	SET 03	SET 04	SET 05	SET 06	SET 07	SET 08
Time								

Ⅱ. 삼각함수

SET	SET 09	SET 10	SET 11	SET 12	SET 13	SET 14	SET 15	SET 16
Time								

Ⅲ. 수열

SET	SET 17	SET 18	SET 19	SET 20	SET 21	SET 22	SET 23	SET 24
Time								

001

실수 a가 $5^a = 15$를 만족시키므로

$5^{a-1} = 3$, $5 = 3^{\frac{1}{a-1}}$ 이다.

$\therefore\ 9^{\frac{1}{a-1}} = (3^2)^{\frac{1}{a-1}} = \left(3^{\frac{1}{a-1}}\right)^2 = 5^2 = 25$

다른풀이

$5^a = 15$ 에서 로그의 정의에 의하여

$a = \log_5 15$ 이므로

$\begin{aligned}
a - 1 &= \log_5 15 - 1 \\
&= \log_5 \frac{15}{5} \\
&= \log_5 3
\end{aligned}$

이다.

$\therefore\ 9^{\frac{1}{a-1}} = 9^{\log_3 5} = 5^{\log_3 9}$

$\qquad = 5^2 = 25$

답 ⑤

002

$\log_2 \dfrac{y}{x} = \log_4 \dfrac{x^8}{y^2}$ 에서 $\log_2 \dfrac{y}{x} = \dfrac{1}{2} \log_2 \dfrac{x^8}{y^2}$ 이므로

$\dfrac{y}{x} = \left(\dfrac{x^8}{y^2}\right)^{\frac{1}{2}}$, 즉 $\dfrac{y}{x} = \dfrac{x^4}{y}$ 이다.

$\therefore\ y^2 = x^5$

따라서 $\log_{x^5} y^2 = 1$ 이므로 $\dfrac{2}{5} \log_x y = 1$ 에서

$\log_x y = \dfrac{5}{2}$ 이다.

$\therefore\ 2\log_x y = 2 \times \dfrac{5}{2} = 5$

답 5

003

이 호수에서 수심이 $2\,\mathrm{m}$ 인 곳에서의 빛의 세기는

$A_0 \times 2^{-\frac{1}{2}}$ 이고,

수심이 $8\,\mathrm{m}$ 인 곳에서의 빛의 세기는 $A_0 \times 2^{-2}$ 이다.

$\therefore\ a = \dfrac{A_0 \times 2^{-\frac{1}{2}}}{A_0 \times 2^{-2}} = 2^{-\frac{1}{2} - (-2)} = 2^{\frac{3}{2}} = 2\sqrt{2}$

답 ④

004

근과 계수의 관계에 의하여

이차방정식 $x^2 + ax + 8 = 0$ 에서

$\alpha + \beta = -a,$ $\qquad\qquad$ ……㉠

$\alpha\beta = 8$ 이고 $\qquad\qquad$ ……㉡

이차방정식 $x^2 + bx - 4 = 0$ 에서 $\qquad$ ……㉢

$\log_2 \alpha + \log_2 \beta = -b$, 즉 $b = -\log_2 \alpha\beta$ 이다. ……㉣

㉡을 ㉣에 대입하면

$b = -\log_2 8 = -\log_2 2^3 = -3$ 이다.

이를 ㉢에 대입하면

$x^2 - 3x - 4 = 0,$

$(x+1)(x-4) = 0$ 이다.

따라서 $\log_2 \alpha$, $\log_2 \beta$의 값은 -1, 4이므로

α, β의 값은 $\dfrac{1}{2}$, 16이다.

따라서 ㉠에 의하여

$a = -\left(\dfrac{1}{2} + 16\right) = -\dfrac{33}{2}$

$\therefore\ a + b = \left(-\dfrac{33}{2}\right) + (-3) = -\dfrac{39}{2}$

답 ①

005

$f(x) = 2^{1-2x} - 8$, $g(x) = 2^x - k$ 라 하자.

함수 $f(x)$는 x의 값이 커질 때 함숫값은 작아지고 함수 $g(x)$는 x의 값이 커질 때 함숫값은 커진다.

또한 함수 $y = f(x)$의 그래프는 두 점 $(-1, 0)$, $(0, -6)$을 지나므로

두 함수 $y = f(x)$, $y = g(x)$의 그래프의 교점이 제3사분면에 존재하려면

$g(-1) < 0$ 이고 $g(0) > -6$ 이어야 한다.

즉, $\dfrac{1}{2} - k < 0$ 이고 $1 - k > -6$ 이어야 한다.

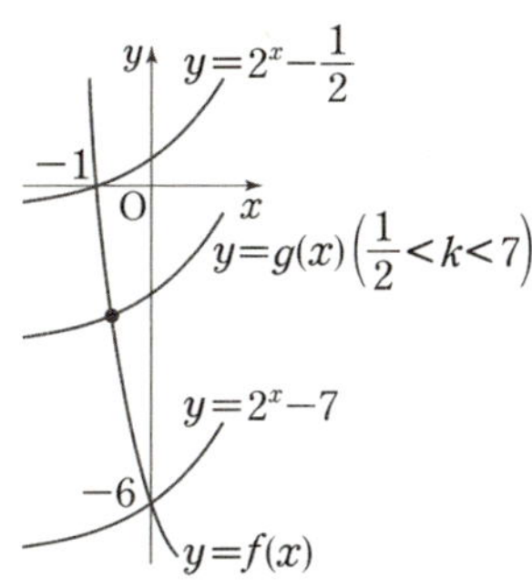

따라서 $\dfrac{1}{2} < k < 7$을 만족시키는 모든 정수 k의 값의 합은

$1 + 2 + 3 + 4 + 5 + 6 = 21$이다.

답 21

006

함수 $y = 2^{1-x} + 1$은 x의 값이 작아질수록 y의 값이 커지므로

$x < 1$일 때 $f(x) = 2^{1-x} + 1 > 2$이다. $\qquad \cdots\cdots$ ㉠

함수 $y = \log_2 \dfrac{4}{x}$, 즉 $y = 2 - \log_2 x$는 x의 값이

커질수록 y의 값이 작아지므로

$x \geq 1$일 때 $f(x) = \log_2 \dfrac{4}{x} \leq 2$이다. $\qquad \cdots\cdots$ ㉡

이때 $f^{-1}(-2) = a$, $f^{-1}(5) = b$라 하면

$f(a) = -2$, $f(b) = 5$이므로

㉠, ㉡에 의하여 $a \geq 1$, $b < 1$이다.

따라서

$f(a) = 2 - \log_2 a = -2$이므로

$\log_2 a = 4$에서 $a = 16$이고

$f(b) = 2^{1-b} + 1 = 5$이므로

$2^{1-b} = 4$에서 $1 - b = 2$, 즉 $b = -1$이다.

$\therefore \ f^{-1}(-2) + f^{-1}(5) = 16 + (-1) = 15$

답 ⑤

007

$x^{\log_3 x} = 27x^3$을 만족시키려면 $x > 0$이고,

위의 식의 양변에 밑이 3인 로그를 취하면

$\log_3 x^{\log_3 x} = \log_3 27x^3$

$(\log_3 x) \times (\log_3 x) = \log_3 27 + \log_3 x^3$

$(\log_3 x)^2 = 3 + 3\log_3 x$

$(\log_3 x)^2 - 3\log_3 x - 3 = 0 \qquad \cdots\cdots$ ㉠

$\log_3 x = t$로 놓으면 $t^2 - 3t - 3 = 0$

이 이차방정식의 두 실근을 α, β라 하면 근과 계수의

관계에 의하여

$\alpha + \beta = 3$

이때 ㉠의 두 실근은 3^{α}, 3^{β}이므로 모든 실근의 곱은

$3^{\alpha + \beta} = 3^3 = 27$

답 27

008

함수 $y = \log_2 (x - t)$의 그래프의 점근선의 방정식은

$x = t$이므로 이 점근선이 두 곡선 $y = -\log_4 x$,

$y = \log_{\frac{1}{2}} \dfrac{16}{x}$과 만나는 점의 좌표는 각각

$A\left(t, \ -\log_4 t\right)$, $B\left(t, \ \log_{\frac{1}{2}} \dfrac{16}{t}\right)$

$\overline{AB} = \left| \log_{\frac{1}{2}} \dfrac{16}{t} + \log_4 t \right|$

$\qquad = \left| \log_2 \dfrac{t}{16} + \dfrac{1}{2} \log_2 t \right|$

$\qquad = \left| \log_2 t - 4 + \dfrac{1}{2} \log_2 t \right|$

$\qquad = \left| \dfrac{3}{2} \log_2 t - 4 \right|$

이때 $\overline{AB} = 5$이므로 $\left| \dfrac{3}{2} \log_2 t - 4 \right| = 5$에서

$\dfrac{3}{2} \log_2 t - 4 = 5$ 또는 $\dfrac{3}{2} \log_2 t - 4 = -5$

$\dfrac{3}{2} \log_2 t = 9$ 또는 $\dfrac{3}{2} \log_2 t = -1$

$\log_2 t = 6$ 또는 $\log_2 t = -\dfrac{2}{3}$

$\therefore \ t = 2^6 = 64$ 또는 $t = 2^{-\frac{2}{3}}$

따라서 $t > 2$이므로 $t = 64$

답 ⑤

009

함수 $y = \sqrt{2^x}$의 그래프와 직선 $y = mx + 1$은 모두

점 $(0, 1)$을 지나므로

두 교점 A, B에 대하여

점 A의 좌표를 $(0, 1)$이라 하고,

점 B의 좌표를 (α, β)라 하자.

이때 삼각형 OAB의 넓이가 3이면

$\dfrac{1}{2} \times 1 \times |\alpha| = 3$이므로 $\alpha = -6$ 또는 $\alpha = 6$이다.

그림과 같이 직선 $y = mx + 1$의 기울기는

$\alpha = -6$일 때 m_1이고, $\alpha = 6$일 때 m_2이다.

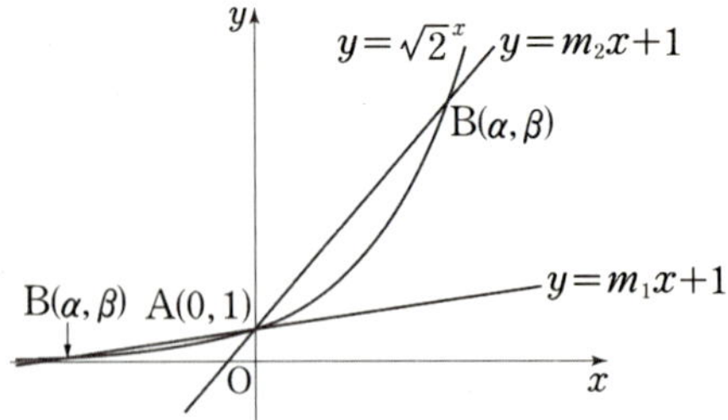

(i) $\alpha = -6$일 때

$2^{-\frac{6}{2}} = -6m_1 + 1$에서 $m_1 = \dfrac{7}{48}$이다.

(ii) $\alpha = 6$일 때

$2^{\frac{6}{2}} = 6m_2 + 1$에서 $m_2 = \dfrac{7}{6}$이다.

(i), (ii)에 의하여 $\dfrac{m_2}{m_1} = \dfrac{7}{6} \times \dfrac{48}{7} = 8$이다.

답 ④

010

(i) a, b가 모두 홀수인 경우

$\log_4 a + \log_4 b = \log_4 ab$이므로

$\log_4 ab \leq 2$, 즉 $ab \leq 16$을 만족시키려면

$a = 1$일 때 $b = 1, 3, 5, \cdots, 15$

$a = 3$일 때 $b = 1, 3, 5$

$a = 5$일 때 $b = 1, 3$

$a = 7, 9, 11, 13, 15$일 때 $b = 1$

이 경우의 순서쌍 (a, b)의 개수는

$8 + 3 + 2 + 5 = 18$이다.

(ii) a, b가 모두 짝수인 경우

$\log_2 a + \log_2 b = \log_2 ab$이므로

$\log_2 ab \leq 2$, 즉 $ab \leq 4$를 만족시키는 순서쌍

(a, b)의 개수는 $(2, 2)$로 1이다.

(iii) a가 홀수, b가 짝수인 경우

$\log_4 a + \log_2 b = \log_4 ab^2$이므로

$\log_4 ab^2 \leq 2$, 즉 $ab^2 \leq 16$을 만족시키는 순서쌍

(a, b)의 개수는 $(1, 2), (1, 4), (3, 2)$로 3이다.

(iv) a가 짝수, b가 홀수인 경우

(iii)에서 구한 순서쌍에서 a, b를 맞바꾼 것과 같으므로

이 경우의 순서쌍 (a, b)의 개수도 3이다.

(i)~(iv)에 의하여 구하는 모든 순서쌍 (a, b)의 개수는

$18 + 1 + 3 + 3 = 25$이다.

답 ③

011

$12^x = 3$에서

$12^{-x} = 3^{-1} = \dfrac{1}{3}$이므로

$12^{2-x} = 12 \times 12 \times 12^{-x} = 144 \times \dfrac{1}{3} = 48$이고

$12 = 48^{\frac{1}{2-x}}$이다. $\qquad\qquad$ ……㉠

㉠을 $12^y = 8$에 대입하면

$(48^{\frac{1}{2-x}})^y = 8$, $48^{\frac{y}{2-x}} = 8$이므로

$48 = 8^{\frac{2-x}{y}}$이다.

$\therefore 64^{\frac{2-x}{y}} = (8^2)^{\frac{2-x}{y}} = (8^{\frac{2-x}{y}})^2 = 48^2$

다른풀이

$12^y = 8$에서 $12 = 8^{\frac{1}{y}}$이고, $\qquad\qquad$ ……㉠

$12^x = 3$에서 $12^{-x} = 3^{-1} = \dfrac{1}{3}$이므로

$12^{2-x} = 12 \times 12 \times 12^{-x}$

$\qquad\quad = 144 \times \dfrac{1}{3} = 48$ $\qquad\qquad$ ……㉡

㉠, ㉡에서 $48 = 12^{2-x} = 8^{\frac{2-x}{y}}$이므로

$64^{\frac{2-x}{y}} = (8^2)^{\frac{2-x}{y}}$

$\qquad\quad = (8^{\frac{2-x}{y}})^2 = 48^2$

답 ②

012

k가 자연수이므로 로그의 진수 조건에서

$x^2 - x + k = \left(x - \dfrac{1}{2}\right)^2 + k - \dfrac{1}{4} > 0$

즉, 모든 실수 x에 대하여 (진수) > 0이다.

한편 $\log_2(x^2 - x + k) = 2$에서 로그의 정의에 의하여

$x^2 - x + k = 2^2$이다.

따라서 주어진 등식을 만족시키는 실수 x가 존재하기 위한 자연수 k의 값은

이차방정식 $x^2 - x + k - 4 = 0$의 실근이 존재하기 위한 자연수 k의 값과 같다.

이차방정식의 판별식을 D라 할 때

$D = (-1)^2 - 4 \times 1 \times (k-4) = 17 - 4k \geq 0$

이어야 한다.

즉, $k \leq \dfrac{17}{4}$을 만족시키는 자연수 k의 값의 합은

$1 + 2 + 3 + 4 = 10$이다.

답 ⑤

013

$\left(\dfrac{x}{2}\right)^{\log_x 3} = x^{\log_3 \frac{x}{2}}$ 에서 로그의 밑과 진수 조건에 의하여

$x > 0,\ x \neq 1$

$\left(\dfrac{x}{2}\right)^{\log_x 3} = x^{\log_3 \frac{x}{2}}$ 에서 $\left(\dfrac{x}{2}\right)^{\log_x 3} = \left(\dfrac{x}{2}\right)^{\log_3 x}$ 이므로

지수가 같은 경우와 밑이 1인 경우로 나누어 생각해 보자.

(i) 지수가 같은 경우

$\log_x 3 = \log_3 x$에서 $\dfrac{1}{\log_3 x} = \log_3 x,\ (\log_3 x)^2 = 1$

$\log_3 x = 1$ 또는 $\log_3 x = -1$

$\therefore\ x = 3$ 또는 $x = \dfrac{1}{3}$

(ii) 밑이 1인 경우

$\dfrac{x}{2} = 1$에서 $x = 2$

(i), (ii)에 의하여 모든 실근의 합은

$3 + \dfrac{1}{3} + 2 = \dfrac{16}{3}$

답 ③

014

$0 < a < 1$일 때 닫힌구간 $[-2,\ 1]$에서 함수 $f(x)$는

$|x| = 2$일 때 최솟값 a^2을 갖고,

$|x| = 0$일 때 최댓값 $a^0 = 1$을 갖는다. **참고**

그런데 최댓값과 최솟값의 합이 10이 될 수 없다.

$\therefore\ a > 1$

$a > 1$일 때 닫힌구간 $[-2,\ 1]$에서 함수 $f(x)$는

$|x| = 2$일 때 최댓값 a^2을 갖고,

$|x| = 0$일 때 최솟값 $a^0 = 1$을 갖는다.

최댓값과 최솟값의 합이 10이므로

$a^2 + 1 = 10,\ a^2 = 9$

$\therefore\ a = 3\ (\because\ a > 0)$

답 ③

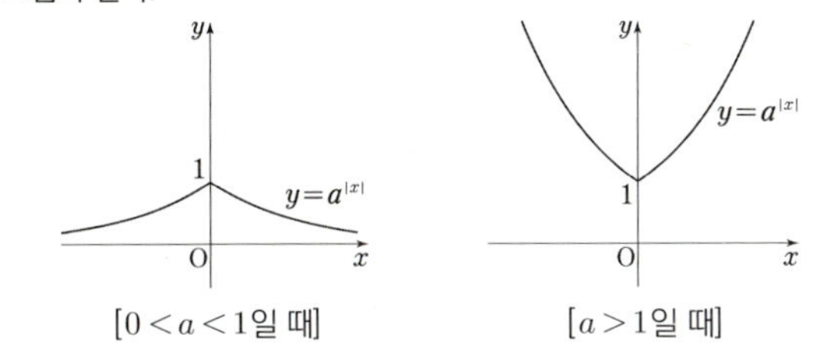

참고

$0 < a < 1$일 때와 $a > 1$일 때의 함수 $y = a^{|x|}$의 그래프는 각각 다음 그림과 같다.

015

삼각형 APB는 선분 AB를 빗변으로 하는 직각이등변삼각형이고 넓이가 16이므로

$\overline{AP} = \overline{BP} = 4\sqrt{2}$ 이다.

함수 $y = f(x)$의 그래프가 y축과 만나는 점이 A 이므로

$A(0,\ 1)$이고,

$\overline{AB} = \sqrt{2} \times \overline{AP} = \sqrt{2} \times 4\sqrt{2} = 8$이므로

$B(0,\ 9)$이다.

삼각형 APB의 넓이가 16이므로 점 P 의 x좌표는 4이다.

즉, $P(4,\ 5)$이다.

함수 $f(x) = a^x\ (a > 1)$의 그래프가 점 $P(4,\ 5)$를 지나므로

$a = \sqrt[4]{5}\ (\because\ a > 1)$이고,

함수 $g(x) = -b^x + c\ (b > 1,\ c > 2)$의 그래프가 점 $P(4,\ 5)$를 지나므로

$-b^4 + c = 5$이다. ……㉠

또한 함수 $g(x) = -b^x + c\ (b > 1,\ c > 2)$의 그래프가 점 $B(0,\ 9)$를 지나므로

$9 = -1 + c$에서 $c = 10$이다.

$c = 10$을 ㉠에 대입하면 $b^4 = 5$이므로

$b = \sqrt[4]{5}\ (\because\ b > 1)$이다.

$\therefore\ (ab)^2 + c = (\sqrt[4]{5} \times \sqrt[4]{5})^2 + 10 = 15$

답 ④

016

곡선 $y = \log_2 x$가 두 직선 $y = a$, $y = -a$와 만나는 점
A, C의 좌표는 각각 로그의 정의에 의하여
$\log_2 x = a$에서 $x = 2^a$이므로 A$(2^a,\ a)$이고
$\log_2 x = -a$에서 $x = 2^{-a}$이므로 C$(2^{-a},\ -a)$이다.
이때 두 곡선 $y = \log_2 x$, $y = -\log_2(-x)$는 원점에
대하여 대칭이므로
점 A를 원점에 대하여 대칭이동시킨 점은
D$(-2^a,\ -a)$이고
점 C를 원점에 대하여 대칭이동시킨 점은
B$(-2^{-a},\ a)$이다.
한편 사각형 ABDC가 $\overline{AB} = \overline{AC}$인 평행사변형이므로
마름모이다.
즉, 두 대각선은 서로를 수직이등분한다.
따라서 두 직선 AD, BC의 기울기의 곱이 -1이므로
$$\frac{2a}{2 \times 2^a} \times \frac{-2a}{2 \times 2^{-a}} = -1,$$
$$a^2 = 1,$$
$$a = 1 \ (\because a > 0)$$
따라서 사각형 ABDC의 넓이는
$$\overline{AB} \times 2a = \{2^1 - (-2^{-1})\} \times 2 = 5 \text{이다.}$$

답 ②

017

$A_1 = 295$, $B_1 = 50$, $A_2 = 15$, $B_2 = 450$일 때 전위차는
$$V_1 = C \log \frac{10 \times 15 + 450}{10 \times 295 + 50}$$
$$= C \log \frac{600}{3000} = C \log \frac{1}{5}$$
$A_1 = 247$, $B_1 = 30$, $A_2 = x$, $B_2 = 350$일 때 전위차는
$$V_2 = C \log \frac{10x + 350}{10 \times 247 + 30}$$
$$= C \log \frac{10x + 350}{2500} = C \log \frac{x + 35}{250}$$
$V_1 = V_2$에서
$$C \log \frac{1}{5} = C \log \frac{x + 35}{250}$$
$$\frac{1}{5} = \frac{x + 35}{250}$$
$$x + 35 = 50 \qquad \therefore x = 15$$

답 ③

018

곡선 $y = -\log_2(-x)$를 x축의 방향으로 4만큼, y축의
방향으로 $k + 2$만큼 평행이동한 곡선은
$y = -\log_2(-x + 4) + k + 2$, 즉
$$f(x) = -\log_2(-x + 4) + k + 2$$

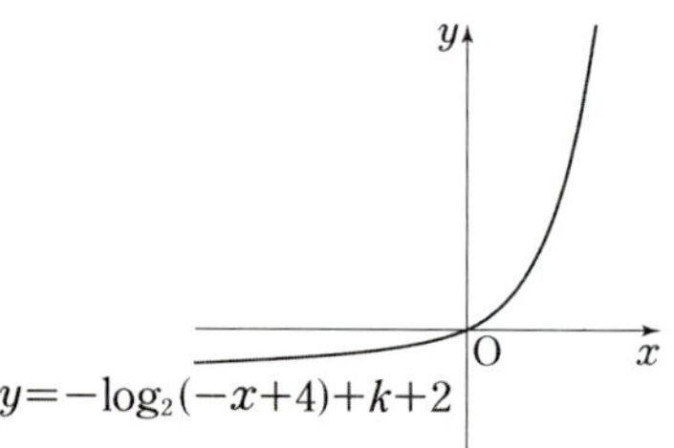

곡선 $y = f(x)$가 제4사분면을 지나지 않으려면
$f(0) \geq 0$이어야 한다.
즉, $-\log_2 4 + k + 2 \geq 0$이므로
$$k \geq \log_2 4 - 2 = 0 \qquad\qquad \cdots\cdots \text{㉠}$$
한편 곡선 $y = 3^{2-x}$을 x축의 방향으로 $-k$만큼, y축의
방향으로 -1만큼 평행이동한 곡선은
$y = 3^{2-(x+k)} - 1$, 즉 $g(x) = 3^{2-(x+k)} - 1$

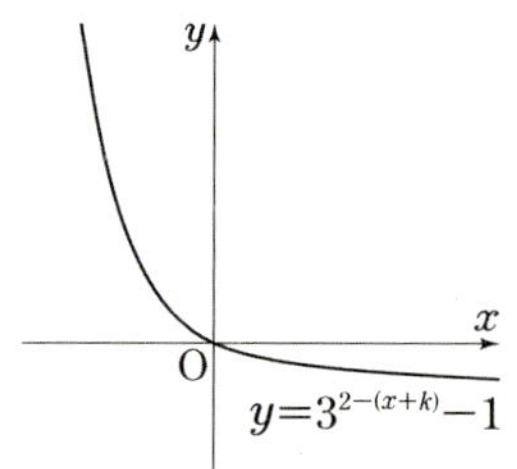

곡선 $y = g(x)$가 제3사분면을 지나지 않으려면
$g(0) \geq 0$이어야 한다.
즉, $3^{2-k} - 1 \geq 0$이므로
$$3^{-k} \geq \frac{1}{9} \qquad \therefore k \leq 2 \qquad\qquad \cdots\cdots \text{㉡}$$
㉠, ㉡에서 $0 \leq k \leq 2$이므로 정수 k는 0, 1, 2이다.
따라서 모든 정수 k의 값의 합은 3이다.

답 3

019

세 점 A, B, C의 x좌표는 각각 방정식
$$a^{-x} = k,\ \left(\frac{1}{5}\right)^x = k,\ b^{-x} = k \text{의 실근이므로}$$
각각 $-\log_a k$, $-\log_5 k$, $-\log_b k$이다.
즉, $\overline{AD} = |-\log_a k| = \log_a k,$
$\overline{BD} = |-\log_5 k| = \log_5 k,$

$\overline{CD} = |-\log_b k| = \log_b k$ 이고

$\overline{AB} : \overline{BC} = 3 : 1$, $\overline{BC} : \overline{CD} = 2 : 1$ 이므로

$$\overline{AB} = 3\overline{BC}, \qquad \cdots\cdots \text{㉠}$$

$$\overline{BC} = 2\overline{CD} \text{ 이다.} \qquad \cdots\cdots \text{㉡}$$

한편

$$\begin{aligned}\overline{BD} &= \overline{BC} + \overline{CD} \\ &= 2\overline{CD} + \overline{CD} = 3\overline{CD} \ (\because \text{㉡}) \qquad \cdots\cdots \text{㉢}\end{aligned}$$

이므로

$\log_5 k = 3\log_b k$ 이고

$$\frac{1}{\log_k 5} = \frac{3}{\log_k b}, \ 3\log_k 5 = \log_k b \text{ 이다.}$$

$$\therefore \ b = 5^3$$

또한 ㉠, ㉡에서

$$\overline{AB} = 3\overline{BC} = 6\overline{CD} \qquad \cdots\cdots \text{㉣}$$

이므로

$$\begin{aligned}\overline{AD} &= \overline{AB} + \overline{BD} \\ &= 6\overline{CD} + 3\overline{CD} \ (\because \text{㉢, ㉣}) \\ &= 9\overline{CD}\end{aligned}$$

즉, $\log_a k = 9\log_b k$ 이므로

$$\frac{1}{\log_k a} = \frac{9}{\log_k b}, \ 9\log_k a = \log_k b \text{ 이다.}$$

$$\therefore \ b = a^9$$

$$\therefore \ a^3 = b^{\frac{1}{3}} = (5^3)^{\frac{1}{3}} = 5$$

$$\therefore \ a^3 b = 5 \times 5^3 = 625$$

답 625

020

함수 $f(x) = a^x - b$의 역함수를 $g(x)$라 하자.

함수 $y = f(x)$의 그래프가 원점 O를 지나므로

$a^0 - b = 0$에서 $b = 1$이다.

함수 $y = f(x)$의 그래프는 x의 값이 커질 때 함숫값이

커지므로 $(\because \ a > 1)$

두 함수 $y = f(x)$, $y = g(x)$의 그래프의 교점은 직선

$y = x$ 위에 있다.

따라서 점 P의 좌표를 (p, p)라 하자.

이때 $\overline{OP} = \dfrac{\sqrt{2}}{2}$라 주어졌으므로

$$\sqrt{p^2 + p^2} = \frac{\sqrt{2}}{2} \text{ 에서 } p^2 = \frac{1}{4}$$

$p = -\dfrac{1}{2}$ 또는 $p = \dfrac{1}{2}$이다.

(i) $p = -\dfrac{1}{2}$일 때

$$f\left(-\frac{1}{2}\right) = -\frac{1}{2} \text{ 이므로}$$

$$a^{-\frac{1}{2}} - 1 = -\frac{1}{2},$$

$$a^{-\frac{1}{2}} = \frac{1}{2} \text{ 이다.}$$

$$\therefore \ a = 4$$

(ii) $p = \dfrac{1}{2}$일 때

$$f\left(\frac{1}{2}\right) = \frac{1}{2} \text{ 이므로}$$

$$a^{\frac{1}{2}} - 1 = \frac{1}{2},$$

$$a^{\frac{1}{2}} = \frac{3}{2} \text{ 이다.}$$

$$\therefore \ a = \frac{9}{4}$$

(i), (ii)에 의하여 모든 순서쌍 (a, b)에 대하여 ab의 값의

합은 $4 \times 1 + \dfrac{9}{4} \times 1 = \dfrac{25}{4}$ 이다.

답 ④

021

$$\begin{aligned}\log_8 75 &= \frac{\log 75}{\log 8} = \frac{\log(5^2 \times 3)}{\log 2^3} \\ &= \frac{2\log 5 + \log 3}{3\log 2} \\ &= \frac{2(1 - \log 2) + \log 3}{3\log 2} \\ &= \frac{2(1 - a) + b}{3a} \\ &= \frac{2 - 2a + b}{3a}\end{aligned}$$

답 ③

022

$f(x) = \log_{\frac{1}{n}} x$, $g(x) = \log_n (x + 2) - 1$이라 하자.

$f(x)$는 감소하는 함수, $g(x)$는 증가하는 함수이고,

$f(1) = \log_{\frac{1}{n}} 1 = 0$, $f(3) = \log_{\frac{1}{n}} 3 = -\log_n 3$이므로

$1 < x_n < 3$을 만족시키려면 곡선 $y = g(x)$는 그림과 같이 두 곡선 (i), (ii) 사이에 있어야 한다.

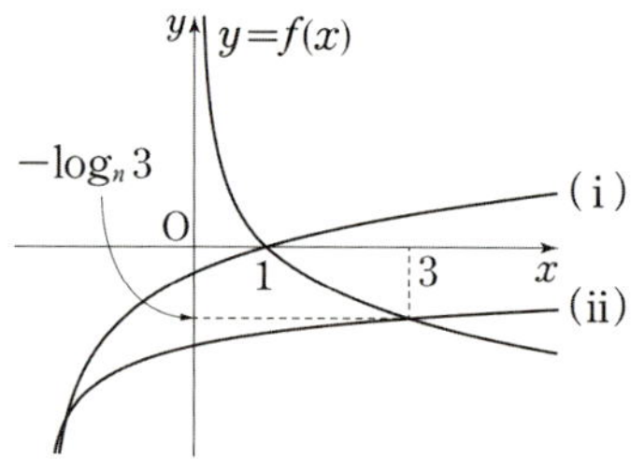

(i) 곡선 $y = g(x)$가 점 $(1,\ 0)$을 지나는 경우

$\quad 0 = \log_n 3 - 1$에서 $\log_n 3 = 1$

$\quad \therefore\ n = 3$

(ii) 곡선 $y = g(x)$가 점 $(3,\ -\log_n 3)$을 지나는 경우

$\quad -\log_n 3 = \log_n 5 - 1$에서 $\log_n 5 + \log_n 3 = 1$

$\quad \log_n 15 = 1 \qquad \therefore\ n = 15$

(i), (ii)에 의하여 $3 < n < 15$이므로 이를 만족시키는 자연수 n은 $4, 5, 6, \cdots, 14$로 그 개수는 11이다.

답 ②

023

함수 $f(x) = \left(\dfrac{1}{3}\right)^{x-4}$ 은 실수 전체의 집합에서 양의 실수 전체 집합으로의 일대일대응이고, 함수 $g(x)$가 모든 양의 실수 x에 대하여 $(f \circ g)(x) = x$를 만족시키므로 두 함수 $f(x)$, $g(x)$는 서로 역함수 관계이다.

$f(a) = 1$이라 하면

$\left(\dfrac{1}{3}\right)^{a-4} = 1$에서 $a - 4 = 0$이므로 $a = 4$이다.

따라서 $g(1) = 4$이다.

$f(b) = 4$라 하면

$\left(\dfrac{1}{3}\right)^{b-4} = 4$에서 $b - 4 = \log_{\frac{1}{3}} 4$이므로

$b = 4 - \log_3 4 = \log_3 \dfrac{81}{4}$ 이다.

따라서 $g(4) = \log_3 \dfrac{81}{4}$ 이다.

$\therefore\ g(g(1)) = g(4) = \log_3 \dfrac{81}{4}$

다른풀이

함수 $f(x) = \left(\dfrac{1}{3}\right)^{x-4}$ 의 역함수 $g(x)$를 구할 수 있다.

$y = \left(\dfrac{1}{3}\right)^{x-4}$ 에서 x를 y에 대한 식으로 나타내면

$x - 4 = \log_{\frac{1}{3}} y$,

$x = 4 - \log_3 y$이고 x와 y를 서로 바꾸면

$y = 4 - \log_3 x$

따라서 $g(x) = \log_3 \dfrac{81}{x}$ 이다.

$\therefore\ g(g(1)) = g(4) = \log_3 \dfrac{81}{4}$

답 ⑤

024

자연수 m에 대하여 $4\log_n 3 = m$이라 하면

$\log_n 3 = \dfrac{m}{4}$, $3 = n^{\frac{m}{4}}$

$\therefore\ n = 3^{\frac{4}{m}} \qquad\qquad \cdots\cdots ㉠$

이때 n이 2 이상의 자연수이므로 ㉠이 성립하려면 $\dfrac{4}{m}$가 자연수이어야 한다.

즉, 가능한 자연수 m의 값은 $1, 2, 4$이다.

(i) $m = 1$일 때 ㉠에서 $n = 3^4 = 81$

(ii) $m = 2$일 때 ㉠에서 $n = 3^2 = 9$

(iii) $m = 4$일 때 ㉠에서 $n = 3$

(i), (ii), (iii)에 의하여 구하는 모든 n의 값의 합은

$81 + 9 + 3 = 93$

답 93

025

$2^{\frac{1}{3}} + 2^{-\frac{1}{3}} = k$라 하면

$k^3 = \left(2^{\frac{1}{3}} + 2^{-\frac{1}{3}}\right)^3$

$\quad = \left(2^{\frac{1}{3}}\right)^3 + 3 \times 2^{\frac{1}{3}} \times 2^{-\frac{1}{3}} \times \left(2^{\frac{1}{3}} + 2^{-\frac{1}{3}}\right) + \left(2^{-\frac{1}{3}}\right)^3$

$\quad = 2 + 3k + \dfrac{1}{2}$

따라서 $k^3 - 3k = \dfrac{5}{2}$이다.

한편 k는 x에 대한 방정식 $2x^3 - 6x - a = 0$의 실근이므로

$2k^3 - 6k - a = 0$을 만족시킨다.

$$\therefore \ a = 2k^3 - 6k$$
$$= 2(k^3 - 3k)$$
$$= 2 \times \frac{5}{2} = 5$$

답 ②

026

$2^{-x+1} \geq \left(\dfrac{1}{2}\right)^x + \dfrac{1}{32}$ 에서

$2 \times 2^{-x} - 2^{-x} \geq 2^{-5}, \ 2^{-x} \geq 2^{-5}$ 이다.

즉, $-x \geq -5$ 이므로 $x \leq 5$ 이다.

따라서 자연수 x 의 최댓값은 5, 최솟값은 1이므로
구하는 합은 $5 + 1 = 6$ 이다.

답 6

027

15개의 선택지 중에서 1개를 선택하는 데 걸리는 시간이
8초이므로

$8 = k \log_2 16,$

$8 = 4k$

$\therefore \ k = 2$

11개, 23개의 선택지 중에서 1개를 선택하는 데 걸리는
시간이 각각 t_1, t_2 초이므로

$t_1 = 2\log_2 12, \ t_2 = 2\log_2 24$ 이다.

$\therefore \ t_2 - t_1 = 2\log_2 24 - 2\log_2 12$
$$= 2\log_2 \frac{24}{12} = 2$$

답 ②

028

두 곡선 $f(x) = a^x, \ g(x) = b^{-x}$ 에 대하여

$f(0) = g(0) = 1$ 이므로 두 곡선의 교점은 $\mathrm{A}(0, 1)$ 이다.

따라서 삼각형 ABC 의 높이는 $\overline{\mathrm{AD}} = 3$ 이고,

삼각형 ABC 의 넓이가 $\dfrac{9}{2}$ 라 주어졌으므로

$\dfrac{1}{2} \times 3 \times \overline{\mathrm{BC}} = \dfrac{9}{2}$ 에서 $\overline{\mathrm{BC}} = 3$ 이다.

이때 $\overline{\mathrm{BD}} : \overline{\mathrm{CD}} = 2 : 1$ 이라 주어졌으므로

$\overline{\mathrm{BD}} = 2, \ \overline{\mathrm{CD}} = 1$

즉, 곡선 $y = a^x$ 과 직선 $y = 4$ 의 교점 B 의 x 좌표가
2이므로

$a^2 = 4$ 에서 $a = 2$ 이다. ($\because \ a > 0$)

곡선 $y = b^{-x}$ 과 직선 $y = 4$ 의 교점 C 의 x 좌표가
-1 이므로

$b^{-(-1)} = 4$ 에서 $b = 4$ 이다.

$\therefore \ a + b = 6$

두 곡선 $f(x) = a^x, \ g(x) = b^{-x}$ 에 대하여

$f(0) = g(0) = 1$ 이므로 두 곡선의 교점은 $\mathrm{A}(0, 1)$ 이다.

곡선 $y = f(x)$ 와 직선 $y = 4$ 의 교점 B 의 x 좌표를 s 라
하면

$a^s = 4$ 에서 $s = \log_a 4$ 이고

곡선 $y = g(x)$ 와 직선 $y = 4$ 의 교점 C 의 x 좌표를 t 라
하면

$b^{-t} = 4$ 에서 $-t = \log_b 4$, 즉 $t = -\log_b 4$ 이다.

한편 삼각형 ABC 의 넓이가 $\dfrac{9}{2}$ 라 주어졌으므로

$\dfrac{1}{2} \times \overline{\mathrm{BC}} \times \overline{\mathrm{AD}} = \dfrac{9}{2}$ 에서

$\dfrac{1}{2} \times \{\log_a 4 - (-\log_b 4)\} \times (4-1) = \dfrac{9}{2},$

$\log_a 4 + \log_b 4 = 3$ 이다. $\qquad \cdots\cdots$ ㉠

또한 $\overline{\mathrm{BD}} : \overline{\mathrm{CD}} = 2 : 1$ 이라 주어졌으므로

$\log_a 4 : \log_b 4 = 2 : 1$ 에서

$\log_a 4 = 2\log_b 4$ 이다. $\qquad \cdots\cdots$ ㉡

㉡을 ㉠에 대입하면

$3\log_b 4 = 3$ 이므로 $b = 4$ 이다.

이를 다시 ㉡에 대입하면

$\log_a 4 = 2\log_4 4$ 이므로 $a = 2$ 이다.

$\therefore \ a + b = 6$

답 ④

029

$2^{2x} + 2^{x+1} - k + 10 \geq 0$ 에서

$2^{2x} + 2 \times 2^x - k + 10 \geq 0$ 이므로

$2^x = t \ (t > 0)$ 라 할 때, 모든 실수 x 에 대하여 주어진
부등식이 성립하려면 $t > 0$ 인 모든 실수 t 에 대하여 부등식

$t^2 + 2t - k + 10 \geq 0$ 이 성립해야 한다. $\qquad \cdots\cdots$ ㉠

$f(t) = t^2 + 2t - k + 10$이라 하면

이차함수 $y = f(t)$의 그래프의 축의 방정식이

$t = -1$이다.

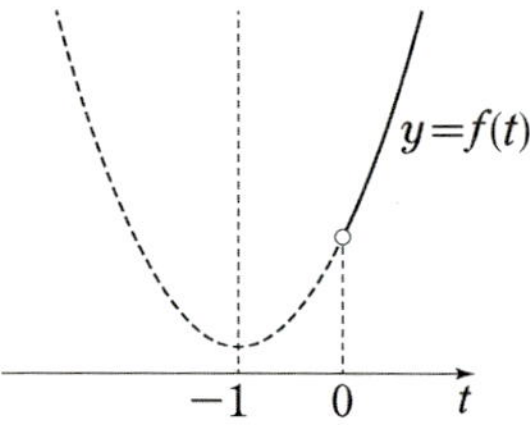

㉠을 만족시키려면 $f(0) \geq 0$을 만족시키면 되므로

$f(0) = -k + 10 \geq 0$에서 $k \leq 10$

따라서 구하는 실수 k의 최댓값은 10이다.

답 ②

030

모든 실수 x에 대하여 $f(-x) = f(x)$이므로

함수 $y = f(x)$의 그래프는 y축에 대하여 대칭이고,

모든 실수 x에 대하여 $f(x + 4) = f(x)$이므로

함수 $f(x)$의 주기는 4이다.

또한 $\log_6 |6| = \log_6 |-6| = 1$이므로 함수 $y = f(x)$의

그래프와 함수 $y = \log_6 |x|$의 그래프는 다음 그림과 같다.

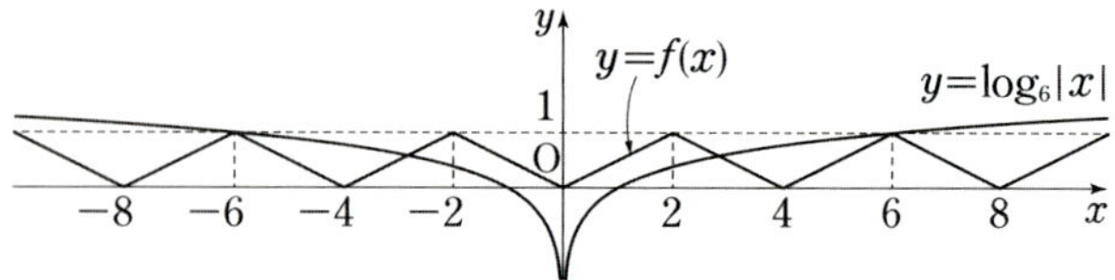

따라서 방정식 $f(x) = \log_6 |x|$의 서로 다른 실근의 개수는

4이다.

답 4

031

$\sqrt[3]{2^{n+1}}$, 즉 $2^{\frac{n+1}{3}}$이 자연수가 되기 위해서는

$\dfrac{n+1}{3}$이 음이 아닌 정수가 되어야 한다.

따라서 구하는 100 이하의 자연수 n은 $2, 5, 8, \cdots, 98$로

33개이다.

답 33

032

$\log_2 a = \log_3 b = \log_6 5 = k$라 하자. (단, k는 상수)

로그의 정의에 의하여

$\log_2 a = k$에서 $a = 2^k$

$\log_3 b = k$에서 $b = 3^k$

$\log_6 5 = k$에서 $5 = 6^k$

$\therefore ab = 2^k \times 3^k = (2 \times 3)^k = 6^k = 5$

다른풀이

로그의 정의에 의하여

$\log_2 a = \log_6 5$에서 $a = 2^{\log_6 5} = 5^{\log_6 2}$

$\log_3 b = \log_6 5$에서 $b = 3^{\log_6 5} = 5^{\log_6 3}$

$$\therefore ab = 5^{\log_6 2} \times 5^{\log_6 3}$$
$$= 5^{\log_6 2 + \log_6 3}$$
$$= 5^{\log_6 6} = 5$$

답 ⑤

033

$f(x) = a^{x-3} + 2$이므로 함수 $y = f(x)$의 그래프와 직선

$y = 4$가 만나는 점 A의 x좌표는 $a^{x-3} + 2 = 4$에서

$a^{x-3} = 2$, $x - 3 = \log_a 2$

$\therefore x = \log_a 2 + 3$, 즉 $A(\log_a 2 + 3, \ 4)$

이때 점 $B(10, 0)$에 대하여 두 직선 OA, AB가 서로

수직이므로 두 직선의 기울기의 곱이 -1이어야 한다.

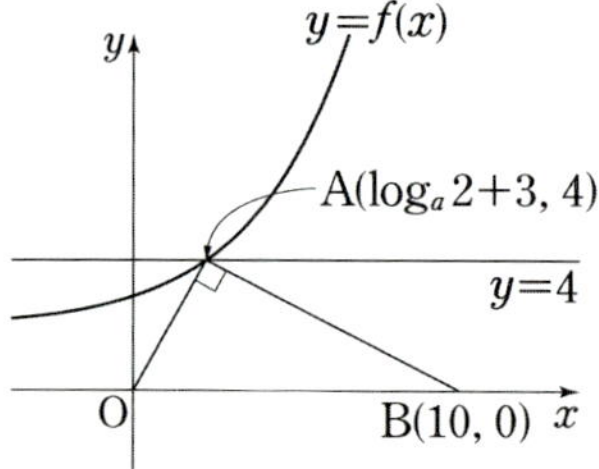

즉, $\dfrac{4 - 0}{\log_a 2 + 3 - 0} \times \dfrac{0 - 4}{10 - (\log_a 2 + 3)} = -1$이므로

$-16 = -10(\log_a 2 + 3) + (\log_a 2 + 3)^2$

$(\log_a 2 + 3)^2 - 10(\log_a 2 + 3) + 16 = 0$

$\{(\log_a 2 + 3) - 2\}\{(\log_a 2 + 3) - 8\} = 0$

$(\log_a 2 + 1)(\log_a 2 - 5) = 0$

$\log_a 2 = -1$ 또는 $\log_a 2 = 5$

$2 = a^{-1}$ 또는 $2 = a^5$

$\therefore a = \dfrac{1}{2}$ 또는 $a = \sqrt[5]{2}$

이때 $a > 1$이므로 구하는 a의 값은 $\sqrt[5]{2}$이다. 답 ③

034

함수 $y = \log_3(9x)$의 그래프를 y축의 방향으로 a만큼

평행이동시킨 함수의 그래프에 대한 식은

$y = \log_3(9x) + a$, 즉 $y = \log_3 x + 2 + a$이다.　　……㉠

함수 $y = 3^{x-1}$의 그래프를 x축의 방향으로 b만큼

평행이동시킨 함수의 그래프에 대한 식은

$y = 3^{x-1-b}$이다.　　……㉡

즉, 역함수 관계인 두 함수 $y = \log_3 x$, $y = 3^x$에 대하여

㉠은 곡선 $y = \log_3 x$를 y축의 방향으로 $2 + a$만큼

평행이동시킨 것이고,

㉡은 곡선 $y = 3^x$을 x축의 방향으로 $1 + b$만큼

평행이동시킨 것이다.

이때 ㉠, ㉡이 직선 $y = x$에 대하여 대칭, 즉 역함수 관계라

주어졌으므로

$2 + a = 1 + b$이어야 한다.

$\therefore\ a - b = -1$

답 ②

035

공기와 냉매의 입구온도차와 출구온도차가 각각 16, 8일

때의 평균온도차는 T_A이므로

$$T_A = \frac{16 - 8}{\log_a 16 - \log_a 8} = \frac{8}{\log_a 2}\ \text{이고}$$

공기와 냉매의 입구온도차와 출구온도차가 각각 24, 6일

때의 평균온도차는 T_B이므로

$$T_B = \frac{24 - 6}{\log_a 24 - \log_a 6} = \frac{18}{\log_a 4} = \frac{9}{\log_a 2}$$

따라서 $\dfrac{T_B}{T_A} = \dfrac{\dfrac{9}{\log_a 2}}{\dfrac{8}{\log_a 2}} = \dfrac{9}{8}$ 이므로

$p + q = 8 + 9 = 17$

답 17

036

$1 \le x \le 6$에서 함수 $g(x) = \dfrac{1}{2}(x-2)^2 - 2$는

$x = 2$일 때 최솟값 -2를 갖고, $x = 6$일 때 최댓값 6을

갖는다.

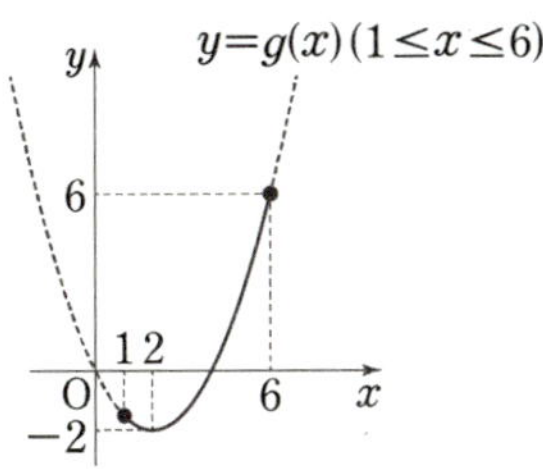

(i) $0 < a < 1$인 경우

함수 $g(x)$가 최솟값을 가질 때, 함수 $(f \circ g)(x)$가

최댓값을 갖는다.

즉, $f(g(2)) = a^{-2} = 64$이므로 $a = \dfrac{1}{8}$이다.

(ii) $a > 1$인 경우

함수 $g(x)$가 최댓값을 가질 때, 함수 $(f \circ g)(x)$가

최댓값을 갖는다.

즉, $f(g(6)) = a^6 = 64$이므로 $a = 2$이다.

따라서 구하는 1이 아닌 모든 양수 a의 값의 합은

$\dfrac{1}{8} + 2 = \dfrac{17}{8}$이다.

답 ⑤

037

두 점 A, C의 x좌표를 s라 하면 y좌표는 각각

$\dfrac{1}{n+1} \log_2(s+1)$, $\log_2(s+1)$이다.

두 점 B, D의 x좌표를 t라 하면 y좌표는 각각

$\dfrac{1}{n+1} \log_2(t+1)$, $\log_2(t+1)$이다.

이때 두 점 C, B의 y좌표가 서로 같으므로

$\log_2(s+1) = \dfrac{1}{n+1} \log_2(t+1)$이다.　　……㉠

한편

$$\overline{\mathrm{AC}} = \log_2(s+1) - \frac{1}{n+1} \log_2(s+1)$$

$$= \frac{n}{n+1} \log_2(s+1)\text{이고}$$

$$\overline{\mathrm{BD}} = \log_2(t+1) - \frac{1}{n+1} \log_2(t+1)$$

$$= \frac{n}{n+1} \log_2(t+1)\text{이므로}$$

㉠에 의하여

$$\frac{\overline{\mathrm{BD}}}{\overline{\mathrm{AC}}} = \frac{\dfrac{n}{n+1} \log_2(t+1)}{\dfrac{n}{n+1} \log_2(s+1)} = n + 1\text{이다.}$$

따라서 $n + 1 = 10$에서 $n = 9$이다.

답 ④

038

모든 실수 x에 대하여 부등식

$4^x + 4 \geq a(2^{x+1} - 3)$이 성립하도록 하는 실수 a의 값의 범위는

$2^x = t \ (t > 0)$라 할 때

모든 양수 t에 대하여 부등식

$t^2 + 4 \geq a(2t - 3)$,

$t^2 - 2at + 4 + 3a \geq 0$,

$(t - a)^2 \geq a^2 - 3a - 4$가 성립하도록 하는 실수 a의 값의 범위와 같다. $\qquad$ ……㉠

이때 $f(t) = (t - a)^2$이라 하자.

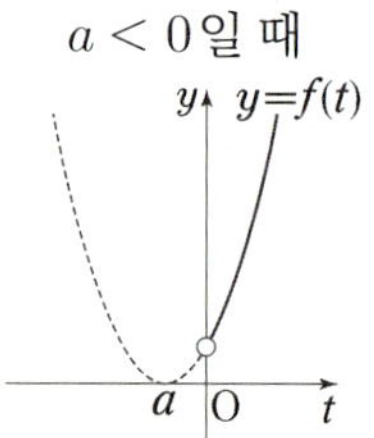

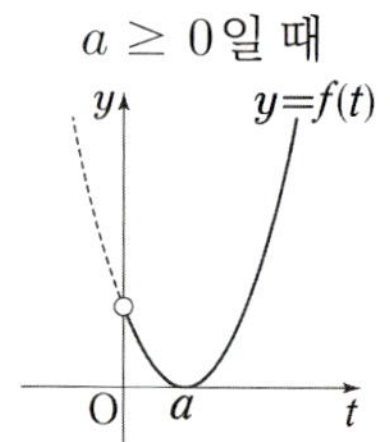

(i) $a < 0$인 경우

모든 양수 t에 대하여 $f(t) > f(0) = a^2$이므로

㉠을 만족시키는 a의 값의 범위는

$a^2 \geq a^2 - 3a - 4$,

$3a \geq -4$,

$a \geq -\dfrac{4}{3}$이다.

따라서 이 경우 $-\dfrac{4}{3} \leq a < 0$이다.

(ii) $a \geq 0$인 경우

모든 양수 t에 대하여 $f(t) \geq f(a) = 0$이므로

㉠을 만족시키는 a의 값의 범위는

$0 \geq a^2 - 3a - 4$,

$0 \geq (a + 1)(a - 4)$,

$-1 \leq a \leq 4$이다.

따라서 이 경우 $0 \leq a \leq 4$이다.

(i), (ii)에 의하여 ㉠을 만족시키는 a의 값의 범위는

$-\dfrac{4}{3} \leq a \leq 4$이다.

따라서 구하는 a의 최댓값과 최솟값의 합은

$4 + \left(-\dfrac{4}{3}\right) = \dfrac{8}{3}$이다.

답 ③

039

2 이상의 자연수 n에 대하여

(i) $n = 3, 5, 7, 9$일 때

실수 $n(n - 6)$의 값의 관계없이 n제곱근 중 실수인 것은 1개이므로

$f(3) = f(5) = f(7) = f(9) = 1$이다.

(ii) $n = 2, 4$일 때

음수 $n(n - 6)$의 n제곱근 중 실수인 것은 없으므로

$f(2) = f(4) = 0$이다.

(iii) $n = 6$일 때

0의 6제곱근 중 실수인 것은 0이므로

$f(6) = 1$이다.

(iv) $n = 8, 10$일 때

양수 $n(n - 6)$의 n제곱근 중 실수인 것은 2개이므로

$f(8) = f(10) = 2$이다.

(i)~(iv)에 의하여

$$\sum_{k=2}^{10} f(k) = 0 + 1 + 0 + 1 + 1 + 1 + 2 + 1 + 2 = 9$$

답 9

040

$k < \log_2(n^2 - 4n + 7) < k + 1$에서

$\log_2 2^k < \log_2(n^2 - 4n + 7) < \log_2 2^{k+1}$

밑이 1보다 크므로

$2^k < n^2 - 4n + 7 < 2^{k+1}$

(i) $k = 3$일 때

$2^3 < n^2 - 4n + 7 < 2^4$에서

$8 < (n - 2)^2 + 3 < 16,\ 5 < (n - 2)^2 < 13$

즉, $(n - 2)^2 = 9$만 가능하고 n은 자연수이므로

$n = 5$

$\therefore S(3) = 5$

(ii) $k = 6$일 때

$2^6 < n^2 - 4n + 7 < 2^7$에서

$64 < (n - 2)^2 + 3 < 128,\ 61 < (n - 2)^2 < 125$

즉, $(n - 2)^2$의 값은 $64, 81, 100, 121$이 가능하고

n은 자연수이므로

$n = 10$ 또는 $n = 11$ 또는 $n = 12$ 또는 $n = 13$

$\therefore S(6) = 10 + 11 + 12 + 13 = 46$

(i), (ii)에 의하여
$$S(3) + S(6) = 5 + 46 = 51$$

답 ④

041

$$\frac{1}{3a} - \frac{1}{b} = \frac{b-3a}{3ab}$$
$$= \frac{\log_3 25}{3 \times \log_{27} 5}$$
$$= \frac{2 \times \log_3 5}{3 \times \left(\frac{1}{3} \times \log_3 5\right)} = 2$$

답 ②

042

1이 아닌 세 양수 a, b, c에 대하여
$\log a \neq 0$, $\log b \neq 0$, $\log c \neq 0$이다.
조건 (가)에 의하여 $(\log b)^2 = \log a \times \log c$ ······㉠
조건 (나)에 의하여 $\dfrac{\log c}{\log b} = 64 \dfrac{\log a}{\log c}$ ······㉡

㉠÷㉡에서
$$\frac{(\log b)^3}{\log c} = \frac{(\log c)^2}{64}, \ \ \text{즉} \ \ \frac{\log b}{\log c} = \frac{1}{4} \text{이다.}$$
$$\therefore \ \log_a b = \frac{\log b}{\log a} = \frac{\log c}{\log b} = 4 \ (\because \ ㉠)$$

답 ③

043

(i) 지수가 0이면 주어진 방정식이 성립한다.
   $$x - 5 = 0 \quad \therefore \ x = 5$$
(ii) 밑이 1이면 주어진 방정식이 성립한다.
   $$x^2 - 5x + 5 = 1, \ x^2 - 5x + 4 = 0$$
   $$(x-1)(x-4) = 0 \quad \therefore \ x = 1 \ \text{또는} \ x = 4$$
(iii) 밑이 -1이고 지수가 $2m$ (m은 정수) 꼴일 때 주어진
   방정식이 성립한다.
   $$x^2 - 5x + 5 = -1, \ x^2 - 5x + 6 = 0$$
   $$(x-2)(x-3) = 0 \quad \therefore \ x = 2 \ \text{또는} \ x = 3$$

ⓐ $x = 2$일 때 지수는 -3이므로 주어진 방정식이
   성립하지 않는다.
ⓑ $x = 3$일 때 지수는 -2이므로 주어진 방정식이
   성립한다.
ⓐ, ⓑ에서 주어진 방정식이 성립하는 경우는
   $$x = 3$$
(i), (ii), (iii)에 의하여 모든 실근의 합은
$$5 + 1 + 4 + 3 = 13$$

답 13

044

(i) 방정식 $4^x - 10 \times 2^x + 16 = 0$의 해
   $2^x = t \ (t > 0)$라 하면
   $$t^2 - 10t + 16 = 0,$$
   $$(t-2)(t-8) = 0,$$
   $$t = 2 \ \text{또는} \ t = 8 \text{이다.}$$
   $2^x = 2$ 또는 $2^x = 8$이므로
   $$x = 1 \ \text{또는} \ x = 3 \text{이다.}$$
(ii) 방정식 $(\log_2 x)^2 = a \log_2 x$의 해
   $\log_2 x = s$라 하면
   $$s^2 - as = 0,$$
   $$s(s-a) = 0$$
   $$s = 0 \ \text{또는} \ s = a \text{이다.}$$
   $\log_2 x = 0$ 또는 $\log_2 x = a$이므로
   $$x = 1 \ \text{또는} \ x = 2^a \text{이다.}$$
(i), (ii)에서 구한 모든 해가 서로 같아야 하므로
$2^a = 3$이다.
$$\therefore \ 4^a = (2^a)^2 = 9$$

답 9

045

점 P의 x좌표는 $2^x = -x + 6$에서
$x = 2$, 즉 $\mathrm{P}(2, 4)$
점 P를 지나고 x축에 평행한 직선과 점 Q를 지나고 y축에
평행한 직선의 교점을 R라 하자.
$\overline{\mathrm{PQ}} = \sqrt{2}$이고 직선 $y = -x + 6$의 기울기가 -1이므로
$\overline{\mathrm{PR}} = 1$, $\overline{\mathrm{QR}} = 1$이다.

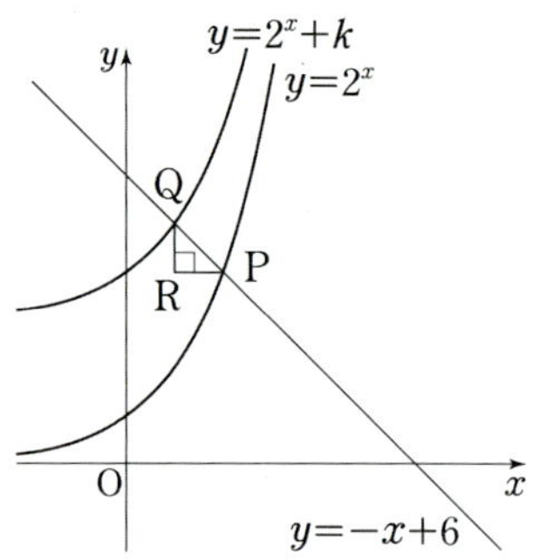

즉, $\mathrm{Q}\,(1,\ 5)$이고 점 Q는 함수 $y=2^x+k$의 그래프 위의 점이므로

$5=2+k$

$\therefore\ k=3$

답 ⑤

046

$\dfrac{2x+1}{x-3}=\dfrac{2(x-3)+7}{x-3}=2+\dfrac{7}{x-3}$ 이므로

함수 $g(x)=\dfrac{2x+1}{x-3}$ 의 그래프는 두 직선 $x=3$, $y=2$를 점근선으로 갖는다.

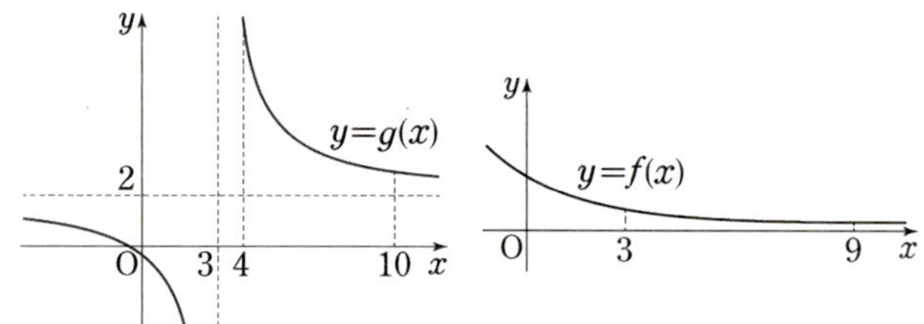

따라서 함수 $g(x)$는 $x>3$인 모든 실수 x에 대하여 x의 값이 커질 때 함숫값은 작아지고,

함수 $f(x)$는 모든 실수 x에 대하여 x의 값이 커질 때 함숫값은 작아지므로

$4\le x\le 10$에서

$g(10)\le g(x)\le g(4)$, 즉 $3\le g(x)\le 9$이고

$f(9)\le f(g(x))\le f(3)$이다.

따라서 $M=\left(\dfrac{1}{2}\right)^3$, $m=\left(\dfrac{1}{2}\right)^9$이다.

$\therefore\ \dfrac{M}{m}=2^6=64$

답 64

047

$k\times\left(\dfrac{1}{2}\right)^{f(x)}\le 16,$

$\log_2\left\{k\times 2^{-f(x)}\right\}\le\log_2 16,$

$\log_2 k-f(x)\le 4,$

$-4+\log_2 k\le f(x)$

이 부등식을 만족시키는 정수 x의 개수가 3이려면 곡선 $y=f(x)$ 위의 x좌표가 정수인 점 중 y좌표가 $-4+\log_2 k$보다 크거나 같은 점의 개수가 3이어야 한다.

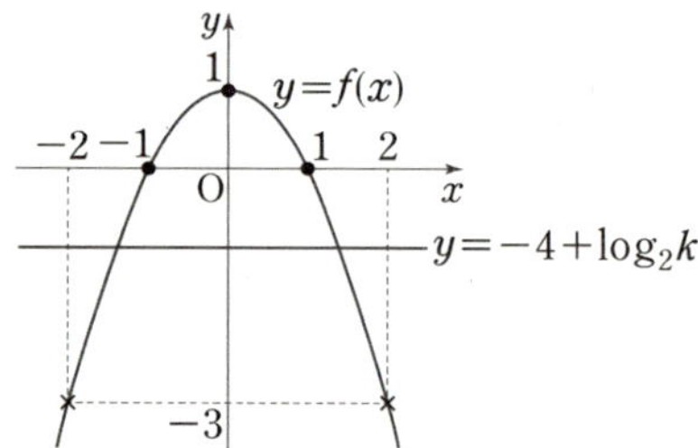

따라서 $f(2)<-4+\log_2 k\le f(1)$, 즉

$-3<-4+\log_2 k\le 0$이어야 한다.

$1<\log_2 k\le 4$에서 밑이 1보다 크므로

$2<k\le 2^4$

$\therefore\ ab=2\times 16=32$

답 ③

048

로그의 진수 조건에 의하여

$x+1>0$이고 $1-2x>0$이므로

$-1<x<\dfrac{1}{2}$이다.   ……㉠

$\log_3(x+1)+\log_3(1-2x)=\log_3 a$에서

$\log_3\{(x+1)(1-2x)\}=\log_3 a,$

$(x+1)(1-2x)=a,$

$2x^2+x+a-1=0$이다.   ……㉡

즉, 주어진 방정식을 만족시키는 실수 x가 존재하려면 ㉠, ㉡을 모두 만족시키는 실수 x가 존재해야 한다.

$f(x)=2x^2+x+a-1$이라 하면

$f(x)=2\left(x+\dfrac{1}{4}\right)^2+a-\dfrac{9}{8}$이므로

㉠, ㉡을 모두 만족시키는 실수 x가 존재하려면 이차함수 $y=f(x)$의 그래프가 오른쪽 그림과 같이 $-1<x<\dfrac{1}{2}$인 범위에서 x축과 적어도 한 점에서 만나야 한다.

이때 이차함수 $y = f(x)$의 그래프는 꼭짓점의 좌표가

$\left(-\dfrac{1}{4},\ a-\dfrac{9}{8}\right)$이므로

$a - \dfrac{9}{8} \leq 0,\ f(-1) = f\left(\dfrac{1}{2}\right) = a > 0$

이어야 한다.

따라서 $0 < a \leq \dfrac{9}{8}$이므로 구하는 자연수 a는 1이다.

답 1

049

직선 $y = -x + 20$이 y축과 만나는 점을 E, x축과 만나는 점을 F라 하면 $\mathrm{E}(0, 20)$, $\mathrm{F}(20, 0)$이다.

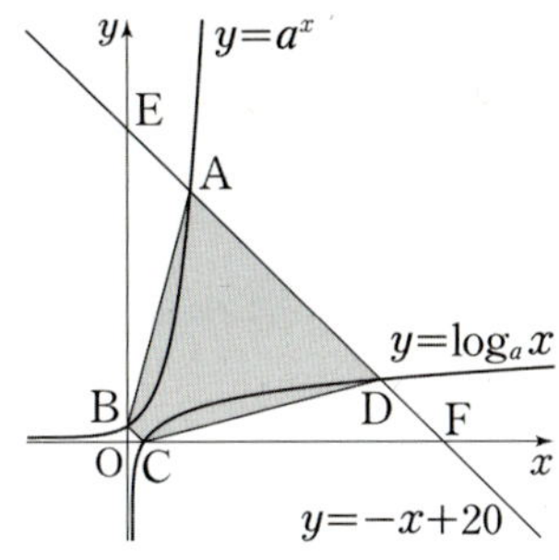

이때 점 D는 선분 AF를 $3:1$로 내분하는 점이므로

$\overline{\mathrm{AD}} : \overline{\mathrm{DF}} = 3:1$이고,

함수 $y = a^x$의 그래프와 함수 $y = \log_a x$의 그래프는 서로 역함수 관계이므로 $\overline{\mathrm{DA}} : \overline{\mathrm{AE}} = 3:1$이다.

즉, $\mathrm{A}(4, 16)$, $\mathrm{D}(16, 4)$이다.

이때 점 $\mathrm{A}(4, 16)$은 함수 $y = a^x$의 그래프 위의 점이므로

$16 = a^4$에서 $a = 2$ $(\because\ a > 1)$이다.

한편 $\mathrm{B}(0, 1)$, $\mathrm{C}(1, 0)$이므로 $\overline{\mathrm{BC}} = \sqrt{2}$이고,

$\mathrm{A}(4, 16)$, $\mathrm{D}(16, 4)$이므로 $\overline{\mathrm{AD}} = 12\sqrt{2}$이다.

직선 AD와 원점 사이의 거리는 $10\sqrt{2}$,

직선 BC와 원점 사이의 거리는 $\dfrac{\sqrt{2}}{2}$이므로

두 직선 AD와 BC 사이의 거리는

$10\sqrt{2} - \dfrac{\sqrt{2}}{2} = \dfrac{19\sqrt{2}}{2}$이다.

따라서 사다리꼴 ABCD의 넓이는

$\dfrac{1}{2} \times (\sqrt{2} + 12\sqrt{2}) \times \dfrac{19\sqrt{2}}{2} = \dfrac{247}{2}$이므로

구하는 값은

$2 \times \dfrac{247}{2} = 247$이다.

답 247

050

$\log_2(32x) = \log_2(2^5 \times x) = 5 + \log_2 x$이므로

함수 $g(x) = \log_2(32x)$의 그래프는 함수

$f(x) = \log_2 x$의 그래프를 y축의 방향으로 5만큼

평행이동시킨 것과 같다.

따라서 $\overline{\mathrm{AB}} = \overline{\mathrm{CD}} = 5$이고

$\mathrm{A}(a, \log_2 a)$, $\mathrm{B}(a, 5 + \log_2 a)$, $\mathrm{C}(b, \log_2 b)$,

$\mathrm{D}(b, 5 + \log_2 b)$이다.

이때 점 B에서 선분 CD에 내린 수선의 발을 H라 하면

$\overline{\mathrm{BH}} = b - a$,

$\overline{\mathrm{DH}} = (5 + \log_2 b) - (5 + \log_2 a) = \log_2 \dfrac{b}{a}$이다.

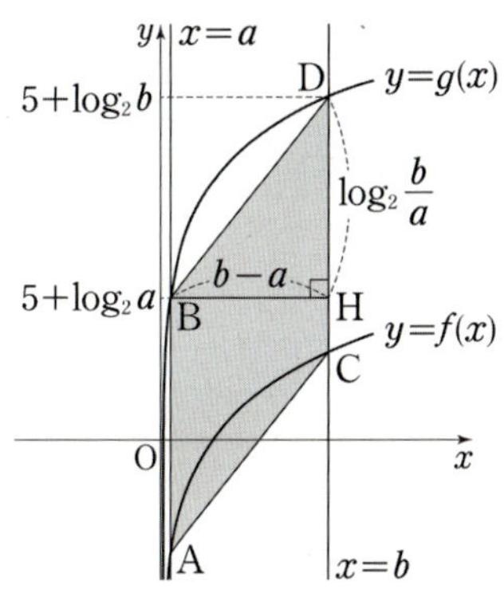

한편 사각형 ACDB의 넓이가 15라 주어졌으므로

$\overline{\mathrm{BH}} \times \overline{\mathrm{CD}} = 15$, 즉 $(b - a) \times 5 = 15$에서

$b - a = 3$이다. $\quad\quad\cdots\cdots$ ㉠

또한 사각형 ACDB가 마름모라 주어졌으므로

$\overline{\mathrm{BD}} = \overline{\mathrm{AC}} = 5$이고

직각삼각형 BHD에서 피타고라스 정리에 의하여

$\overline{\mathrm{DH}} = \sqrt{\overline{\mathrm{BD}}^2 - \overline{\mathrm{BH}}^2}$, 즉 $\log_2 \dfrac{b}{a} = \sqrt{5^2 - 3^2}$에서

$\log_2 \dfrac{b}{a} = 4$이다.

따라서 로그의 정의에 의하여

$\dfrac{b}{a} = 2^4$이므로 $b = 16a$이다. $\quad\quad\cdots\cdots$ ㉡

㉠을 ㉡에 대입하면

$a + 3 = 16a$에서 $a = \dfrac{1}{5}$이고

이를 다시 ㉡에 대입하면 $b = \dfrac{16}{5}$이다.

$\therefore\ a + b = \dfrac{17}{5}$

다른풀이

$\log_2(32x) = \log_2(2^5 \times x) = 5 + \log_2 x$이므로

함수 $g(x) = \log_2(32x)$의 그래프는 함수

$f(x) = \log_2 x$의 그래프를 y축의 방향으로 5만큼

평행이동시킨 것과 같다.

따라서 $\overline{AB} = \overline{CD} = 5$이고

$A(a, \log_2 a)$, $B(a, 5 + \log_2 a)$, $C(b, \log_2 b)$,

$D(b, 5 + \log_2 b)$이다.

이때 마름모 ACDB의 넓이가 15이므로

$5(b-a) = 15$에서 $b - a = 3$이고 $\qquad\qquad$ ……㉠

마름모 ACDB의 두 대각선 AD, BC가 서로 수직으로

만나므로

$$\frac{(5+\log_2 b) - \log_2 a}{b-a} \times \frac{\log_2 b - (5+\log_2 a)}{b-a} = -1$$

$$\frac{5 + \log_2 \dfrac{b}{a}}{3} \times \frac{\log_2 \dfrac{b}{a} - 5}{3} = -1$$

$$\left(\log_2 \frac{b}{a}\right)^2 - 25 = -9,$$

$$\left(\log_2 \frac{b}{a}\right)^2 = 16,$$

$$\log_2 \frac{b}{a} = 4 \ (\because a < b),$$

$b = 16a$ $\qquad\qquad$ ……㉡

㉠, ㉡에서 $a = \dfrac{1}{5}$, $b = \dfrac{16}{5}$이다.

$$\therefore a + b = \frac{17}{5}$$

답 ②

051

주어진 표에 의하여 $\log 2.28 = 0.3579$이므로

$a = \log 2.28$이고

$b = -1 + 0.3579$

$\quad = \log 10^{-1} + \log 2.28$

$\quad = \log 0.228$이므로

$10^a = 10^{\log 2.28} = 2.28,$

$10^b = 10^{\log 0.228} = 0.228$

$\therefore 10^a + 10^b = 2.508$

답 ⑤

052

$\sqrt[3]{2}^{f(n)}$, 즉 $2^{\frac{f(n)}{3}}$은 양수이므로 네제곱근 중 실수인 것은

$-\sqrt[4]{2^{\frac{f(n)}{3}}}$ 과 $\sqrt[4]{2^{\frac{f(n)}{3}}}$, 즉 $-2^{\frac{f(n)}{12}}$ 과 $2^{\frac{f(n)}{12}}$ 으로

2개이고, 이를 모두 곱한 값이 -4이므로

$-2^{\frac{f(n)}{12}} \times 2^{\frac{f(n)}{12}} = -4$에서

$2^{\frac{f(n)}{12} + \frac{f(n)}{12}} = 2^2,\ 2^{\frac{f(n)}{6}} = 2^2,\ \dfrac{f(n)}{6} = 2$

$\therefore f(n) = 12$ $\qquad\qquad$ ……㉠

이때 함수 $f(x) = x^2 - 4x + k$에 대하여 ㉠을 만족시키는

정수 n이 오직 한 개만 존재하므로

$n^2 - 4n + k = 12,\ n^2 - 4n + k - 12 = 0$

에서 n에 대한 이차방정식 $n^2 - 4n + k - 12 = 0$이 중근을

가져야 한다.

즉, 이 이차방정식의 판별식을 D라 하면

$$\frac{D}{4} = 4 - (k-12) = 0$$

$\therefore k = 16$

답 ④

053

$y = 5^{x-2} + k$라 하고 x를 y에 대한 식으로 나타내면

$5^{x-2} = y - k,\ x - 2 = \log_5(y-k)$

$x = \log_5(y-k) + 2$

x와 y를 서로 바꾸면 $y = \log_5(x-k) + 2$

즉, 함수 $f(x)$의 역함수는

$f^{-1}(x) = \log_5(x-k) + 2$

역함수의 그래프를 x축의 방향으로 k^2만큼 평행이동한

그래프를 나타내는 식은 $y = \log_5(x - k^2 - k) + 2$이므로

$g(x) = \log_5(x - k^2 - k) + 2$

이때 곡선 $f(x) = 5^{x-2} + k$의 점근선은 $y = k$이고,

곡선 $g(x) = \log_5(x - k^2 - k) + 2$의 점근선은

$x = k^2 + k$이므로 두 점근선의 교점의 좌표는

$(k^2 + k,\ k)$이다.

이 점이 직선 $y = \dfrac{1}{2}x$ 위에 있으므로 $k = \dfrac{1}{2}(k^2 + k)$에서

$2k = k^2 + k,\ k^2 - k = 0,\ k(k-1) = 0$

$\therefore k = 1 \ (\because k > 0)$

답 ①

054

처음 온도가 $4(℃)$인 달걀이 온도가 $n(℃)$인 물에서
완전히 익는 데 걸리는 시간은 처음 온도가 $20(℃)$인
달걀이 온도가 $100(℃)$인 물에서 완전히 익는 데 걸리는
시간의 2배가 넘으므로

$$b\log_a\left(0.8 \times \frac{n-4}{n-68}\right) > 2b\log_a\left(0.8 \times \frac{100-20}{100-68}\right),$$

$$\log_a\left(0.8 \times \frac{n-4}{n-68}\right) > \log_a\left(0.8 \times \frac{100-20}{100-68}\right)^2$$에서

밑이 1보다 크므로

$$\frac{4(n-4)}{5(n-68)} > 4,$$

$$n-4 > 5n-340,$$

$$4n < 336,$$

$$n < 84$$

따라서 자연수 n의 최댓값은 83이다.

답 ②

055

조건 (가)에 의하여

$$\log_3 \frac{a^5}{b^2} + \log_3 \frac{b^5}{c^2} + \log_3 \frac{c^5}{a^2} = \log_3\left(\frac{a^5}{b^2} \times \frac{b^5}{c^2} \times \frac{c^5}{a^2}\right)$$

$$= \log_3(abc)^3 = 729$$

이므로

$$\log_3(abc) = 243 \ (\because \ abc > 0)$$이다.

$$\therefore abc = 3^{243}$$

조건 (나)에 의하여

$$a^x = b^{\frac{y}{3}} = c^{\frac{z}{6}} = 27$$이므로

$$a = 27^{\frac{1}{x}}, \ b = 27^{\frac{3}{y}}, \ c = 27^{\frac{6}{z}}$$

$$abc = 27^{\frac{1}{x}+\frac{3}{y}+\frac{6}{z}} = 3^{3\left(\frac{1}{x}+\frac{3}{y}+\frac{6}{z}\right)}$$이다.

따라서 $3^{243} = 3^{3\left(\frac{1}{x}+\frac{3}{y}+\frac{6}{z}\right)}$이므로

$$\frac{1}{x} + \frac{3}{y} + \frac{6}{z} = 81$$이다.

답 81

056

두 조건 p, q의 진리집합을 각각 P, Q라 하자.

$$x^2 - (3a+1)x \leq -2a^2 - a,$$

$$x^2 - (3a+1)x + a(2a+1) \leq 0,$$

$$(x-a)(x-2a-1) \leq 0$$

따라서 $a \geq -1$이면 $P = \{x \mid a \leq x \leq 2a+1\}$이고
$a < -1$이면 $P = \{x \mid 2a+1 \leq x \leq a\}$이다. $\quad \cdots\cdots$ ㉠

$$\log_{\frac{1}{3}}(x^2 - 8x + 18) > -1$$에서

이차방정식 $x^2 - 8x + 18 = 0$의 판별식을 D라 할 때

$$\frac{D}{4} = 4^2 - 18 < 0$$이므로

모든 실수 x에 대하여 $x^2 - 8x + 18 > 0$이다.
따라서 모든 실수 x에 대하여 진수의 조건을 만족시킨다.

$\quad\cdots\cdots$ ㉡

$$\log_3(x^2 - 8x + 18) < 1,$$

$$\log_3(x^2 - 8x + 18) < \log_3 3$$에서 밑이 1보다 크므로

$$x^2 - 8x + 18 < 3,$$

$$x^2 - 8x + 15 < 0,$$

$$(x-3)(x-5) < 0,$$

$$3 < x < 5 \quad\cdots\cdots$ ㉢

㉡, ㉢에 의하여 $Q = \{x \mid 3 < x < 5\}$이다.

이때 $q \Rightarrow p$이려면 $Q \subset P$이어야 하므로 $a \leq 3$이고
$2a + 1 \geq 5$이어야 한다. ($\because$ ㉠에 의하여 $a < -1$이면
$P \cap Q = \varnothing$이므로 $a \geq -1$이어야 한다.)

즉, $2 \leq a \leq 3$이어야 하므로 구하는 모든 정수 a의 값의
합은 $2 + 3 = 5$이다.

답 5

057

곡선 $g(x) = \log_2(b-x)$의 점근선의 방정식은
$x = b$이고,
곡선 $f(x) = \log_2(x-a)$와 x축의 교점의 좌표는
$(a+1, 0)$이므로
조건 (가)에 의하여 $b = a + 1$이다. $\quad\cdots\cdots$ ㉠
조건 (나)에 의하여

$$f\left(\frac{7}{2}\right) = g\left(\frac{7}{2}\right), \text{ 즉 } \log_2\left(\frac{7}{2} - a\right) = \log_2\left(b - \frac{7}{2}\right)$$이고

로그함수는 일대일대응이므로

$$\frac{7}{2} - a = b - \frac{7}{2}$$에서 $a + b = 7$이다. $\quad\cdots\cdots$ ㉡

따라서 ㉠, ㉡에서 $a=3$, $b=4$이다.

$\therefore ab=12$

다른풀이

곡선 $g(x)=\log_2(b-x)$의 점근선의 방정식은

$x=b$이고,

곡선 $f(x)=\log_2(x-a)$와 x축의 교점의 좌표는

$(a+1,\,0)$이므로

조건 (가)에 의하여 $b=a+1$이다.　　　……㉠

한편 두 함수 $f(x)$, $g(x)$의 밑이 서로 같으므로

조건 (나)에 의하여 두 곡선 $y=f(x)$, $y=g(x)$는 직선

$x=\dfrac{7}{2}$에 대하여 대칭이다.

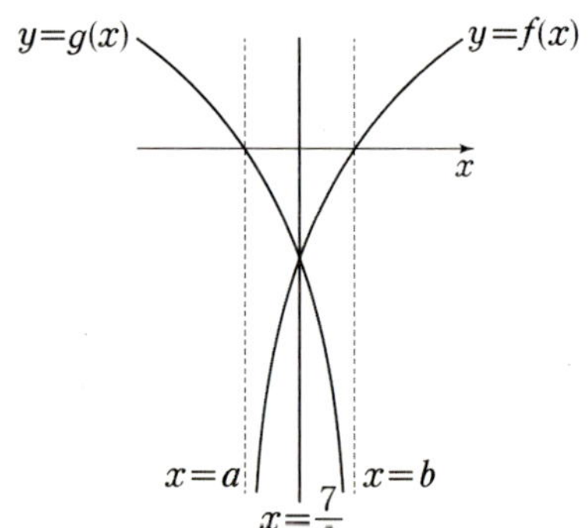

따라서 곡선 $y=f(x)$를 직선 $x=\dfrac{7}{2}$에 대하여

대칭이동시켰을 때 곡선 $y=g(x)$와 일치해야 하므로

$\log_2(7-x-a)=\log_2(b-x)$, 즉 $7-a=b$이어야

한다.　　　……㉡

따라서 ㉠, ㉡에서 $a=3$, $b=4$이다.

$\therefore ab=12$

답 ②

058

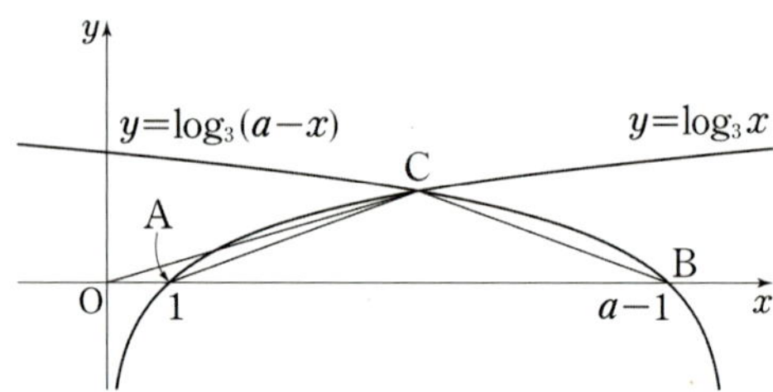

$\log_3 x=0$에서 $x=1$이므로

$A(1,\,0)$이고,

$\log_3(a-x)=0$에서 $a-x=1$, $x=a-1$이므로

$B(a-1,\,0)$이다.

삼각형 CAB의 넓이가 삼각형 COA의 넓이의 8배이므로

$\overline{AB}=8\overline{OA}$에서

$(a-1)-1=8\times1$이다.

$\therefore a=10$

즉, $\log_3 x=\log_3(10-x)$에서 $x=10-x$이므로

$x=5$이다.

$\therefore C(5,\,\log_3 5)$

따라서 점 C의 y좌표는 $\log_3 5$이다.

답 ①

059

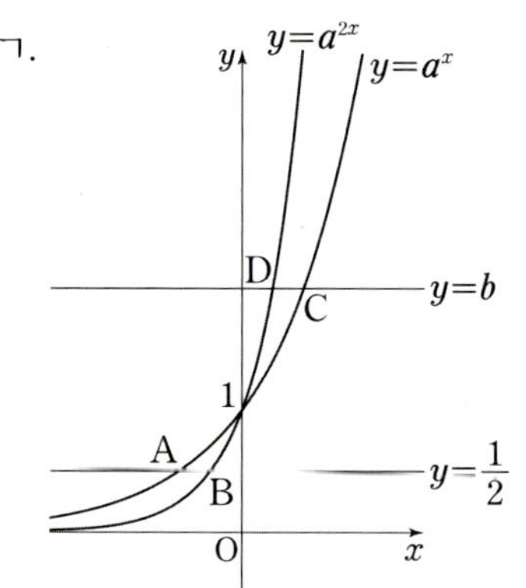

$A\left(-\log_a 2,\,\dfrac{1}{2}\right)$, $B\left(-\dfrac{1}{2}\log_a 2,\,\dfrac{1}{2}\right)$이므로　　　……㉠

점 A의 x좌표는 점 B의 x좌표의 2배이다. (참)

ㄴ. 두 직선 AB, CD가 서로 평행하므로

사각형 $ABCD$가 평행사변형이기 위한 필요충분조건은

$\overline{AB}=\overline{CD}$이다.

$C(\log_a b,\,b)$, $D\left(\dfrac{1}{2}\log_a b,\,b\right)$이므로

$\overline{CD}=\log_a b-\dfrac{1}{2}\log_a b=\dfrac{1}{2}\log_a b$이고

㉠에서

$\overline{AB}=-\dfrac{1}{2}\log_a 2-(-\log_a 2)=\dfrac{1}{2}\log_a 2$이므로

$\dfrac{1}{2}\log_a 2=\dfrac{1}{2}\log_a b$

즉, $b=2$이다. (참)

ㄷ. 두 직선 AD, BC의 기울기가 모두 2로 같으면

사각형 $ABCD$는 평행사변형, 즉 $b=2$이다.

이때 $B\left(-\dfrac{1}{2}\log_a 2,\,\dfrac{1}{2}\right)$, $C(\log_a 2,\,2)$이므로

$$\frac{2-\dfrac{1}{2}}{\log_a 2-\left(-\dfrac{1}{2}\log_a 2\right)}=\frac{\dfrac{3}{2}}{\dfrac{3}{2}\log_a 2}=2$$에서

$a=4$이다. (거짓)

따라서 옳은 것은 ㄱ, ㄴ이다.

답 ②

060

조건 (나)에 의하여 정사각형의 두 대각선의 교점은

곡선 $y=\log_2 x$와 직선 $x=2^n$의 교점의 좌표

$(2^n,\ n)$이다.

한편 곡선 $y=\log_2 x$ 위에 있고 x좌표, y좌표가 모두

자연수인 점 중 점 $(2^n,\ n)$과의 거리가 가장 가까운 점은

$(2^{n-1},\ n-1)$이다.

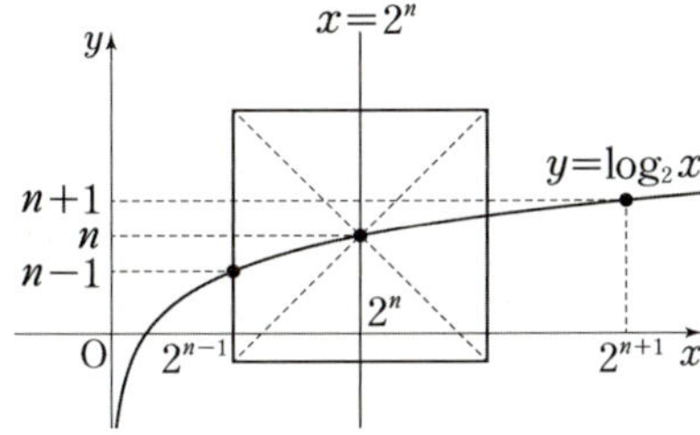

따라서 조건 (가), (다)에 의하여

정사각형 내부에 있는 점 중 곡선 $y=\log_2 x$ 위에 있으며

x좌표, y좌표가 모두 자연수인 점이 $(2^n,\ n)$뿐이려면

정사각형의 둘레 또는 외부에 점 $(2^{n-1},\ n-1)$이 있어야

한다.

즉, 정사각형의 한 변의 길이가 $2(2^n-2^{n-1})$보다 작거나

같아야 한다.

따라서 모든 조건을 만족시키는 가장 큰 정사각형의 한 변의

길이는

$a_n=2^{n+1}-2^n=2^n$이다.

따라서 $2^n<100$을 만족시키는 자연수 n의 최댓값은

6이다.

답 6

061

함수 $f(x)=a-4^{1-x}$은 x의 값이 증가하면 함숫값도

증가한다.

따라서 $-1\le x\le 2$에서 $f(x)$는

$x=-1$일 때 최솟값 $a-16=-10$을 가지므로

$a=6$이고,

$x=2$일 때 최댓값 $6-4^{-1}=M$을 가지므로

$M=\dfrac{23}{4}$이다.

$\therefore\ 4aM=4\times 6\times\dfrac{23}{4}=138$

답 138

062

$\log_4 a=\log_{10} b=\log_{25}(2a+b)=k$라 하자.

(단, k는 상수)

$a=4^k,\ 2a+b=25^k$이고 $\qquad\cdots\cdots$㉠

$b=10^k$, 즉 $b=2^k\times 5^k$이므로 $\qquad\cdots\cdots$㉡

㉡의 양변을 제곱한 후 ㉠을 대입하면

$b^2=4^k\times 25^k$

$\quad=a(2a+b)$이다.

따라서

$2a^2+ab-b^2=0,$

$(2a-b)(a+b)=0$

이므로 $2a-b=0$이다. $(\because\ a>0,\ b>0)$

$\therefore\ \dfrac{b}{a}=2$

다른풀이

$\log_4 a=\log_{10} b=\log_{25}(2a+b)=k$라 하자.

(단, k는 상수)

$a=4^k,\ b=10^k,\ 2a+b=25^k$이므로

$2\times 4^k+10^k=25^k,$

$2\times(2^k)^2+2^k\times 5^k-(5^k)^2=0$

$(2^k+5^k)(2^{k+1}-5^k)=0,$

$2^{k+1}=5^k\ (\because\ 2^k>0,\ 5^k>0)$

$\left(\dfrac{5}{2}\right)^k=2,$

$k=\log_{\frac{5}{2}} 2$

$\therefore\ \dfrac{b}{a}=\dfrac{10^k}{4^k}=\left(\dfrac{5}{2}\right)^{\log_{\frac{5}{2}} 2}=2$

답 ③

063

$(\sqrt{2^3})^{10-n} = \left(2^{\frac{3}{2}}\right)^{10-n} = 2^{\frac{3(10-n)}{2}}$ 이다.

어떤 자연수가 $2^{\frac{3(10-n)}{2}}$ 의 n제곱근 중 하나가 되기 위해서는

$2^{\frac{3(10-n)}{2}} = a^n$, 즉 $2^{\frac{3(10-n)}{2n}} = a$를 만족시키는 자연수 a가 존재하면 된다.

따라서 구하는 2 이상의 자연수 n의 값의 합은

$\dfrac{3(10-n)}{2n}$이 음이 아닌 정수가 되도록 하는 2 이상의 자연수 n의 값의 합과 같다.

$\dfrac{3(10-n)}{2n} = k$라 하면 (단, k는 음이 아닌 정수)

$30 - 3n = 2nk,$

$(2k+3)n = 30$이므로

$k = 0$일 때 $n = 10,$

$k = 1$일 때 $n = 6,$

$k = 6$일 때 $n = 2$이다.

따라서 구하는 2 이상의 모든 자연수 n의 값의 합은

$10 + 6 + 2 = 18$이다.

답 18

064

$\sqrt{3} - 1 = t$라 하면 $0 < t < 1$이고

$t^2 = (\sqrt{3} - 1)^2 = 4 - 2\sqrt{3}$

이므로 주어진 부등식은

$t^m \geq (t^2)^{4-n}, \ t^m \geq t^{8-2n}$

이때 밑이 1보다 작으므로

$m \leq 8 - 2n$

(i) $n = 1$일 때

$1 \leq m \leq 6$이므로 순서쌍 $(m, \ n)$의 개수는 $(1, \ 1), (2, \ 1), (3, \ 1), \cdots, (6, \ 1)$의 6이다.

(ii) $n = 2$일 때

$1 \leq m \leq 4$이므로 순서쌍 $(m, \ n)$의 개수는 $(1, \ 2), (2, \ 2), (3, \ 2), (4, \ 2)$의 4이다.

(iii) $n = 3$일 때

$1 \leq m \leq 2$이므로 순서쌍 $(m, \ n)$의 개수는 $(1, \ 3), (2, \ 3)$의 2이다.

(iv) $n \geq 4$일 때

부등식을 만족시키는 자연수 m은 존재하지 않는다.

(i)~(iv)에 의하여 구하는 모든 순서쌍 $(m, \ n)$의 개수는

$6 + 4 + 2 = 12$

답 ⑤

065

부등식 $3^{|f(x)-2|g(x)} \geq 9^{g(x)}$, 즉 $3^{|f(x)-2|g(x)} \geq 3^{2g(x)}$에서

함수 $y = 3^x$은 x의 값이 커지면 함숫값이 커지는 함수이므로 주어진 부등식을 만족시키는 모든 자연수 x의 값의 합은 부등식 $|f(x)-2|g(x) \geq 2g(x)$를 만족시키는 모든 자연수 x의 값의 합과 같다.

따라서 부등식 $g(x)\{|f(x)-2|-2\} \geq 0$의 자연수인 해를 구하면 다음과 같다.

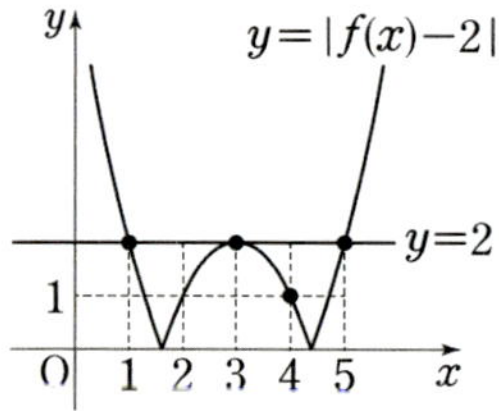

$g(x) < 0$이고 $|f(x)-2| \leq 2$를 만족시키는 자연수 x는 4, 5이고

$g(x) \geq 0$이고 $|f(x)-2| \geq 2$를 만족시키는 자연수 x는 1, 3이다.

따라서 구하는 모든 자연수 x의 값의 합은

$1 + 3 + 4 + 5 = 13$이다.

답 13

066

$\log_{81}\left(\dfrac{3}{n+2}\right)^2 = \log_{3^4}\left(\dfrac{3}{n+2}\right)^2$
$= \dfrac{1}{2}\log_3\left(\dfrac{3}{n+2}\right)$

이고, 이 값이 정수이므로 정수 k에 대하여

$\log_3\left(\dfrac{3}{n+2}\right) = 2k$가 되어야 한다.

$\dfrac{3}{n+2} = 3^{2k}$에서 $\dfrac{3}{n+2} = 9^k$, $\dfrac{n+2}{3} = 9^{-k}$

$n + 2 = 3 \times 9^{-k}$

$\therefore \ n = 3 \times 9^{-k} - 2$

조건 (가)에서 $1 < n < 1000$이므로

$1 < 3 \times 9^{-k} - 2 < 1000$, $3 < 3 \times 9^{-k} < 1002$

$1 < 9^{-k} < 334$ $\qquad \therefore k = -1$ 또는 $k = -2$

(i) $k = -1$일 때 $n = 3 \times 9 - 2 = 25$

(ii) $k = -2$일 때 $n = 3 \times 9^2 - 2 = 241$

(i), (ii)에 의하여 구하는 모든 자연수 n의 값의 합은

$25 + 241 = 266$

🅓 266

067

곡선 $y = \log_{\frac{1}{3}}(x-3)$은 곡선 $y = \log_{\frac{1}{3}} x$를 x축의

방향으로 3만큼 평행이동한 것이고 점 A의 좌표가

$\left(a,\ \log_{\frac{1}{3}} a\right)$이므로

$\mathrm{B}\left(a+3,\ \log_{\frac{1}{3}} a\right)$, $\mathrm{C}\left(a+3,\ \log_{\frac{1}{3}}(a+3)\right)$

$\mathrm{D}\left(a+6,\ \log_{\frac{1}{3}}(a+3)\right)$, $\mathrm{E}\left(a+6,\ \log_{\frac{1}{3}}(a+6)\right)$이다.

삼각형 ABC의 넓이는

$\dfrac{1}{2} \times 3 \times \left\{\log_{\frac{1}{3}} a - \log_{\frac{1}{3}}(a+3)\right\} = \dfrac{3}{2} \log_{\frac{1}{3}} \dfrac{a}{a+3}$

이고, 삼각형 CDE의 넓이는

$\dfrac{1}{2} \times 3 \times \left\{\log_{\frac{1}{3}}(a+3) - \log_{\frac{1}{3}}(a+6)\right\}$

$= \dfrac{3}{2} \log_{\frac{1}{3}} \dfrac{a+3}{a+6}$이다.

이때 삼각형 ABC와 삼각형 CDE의 넓이의 비가

$2 : 1$이므로

$\dfrac{3}{2} \log_{\frac{1}{3}} \dfrac{a}{a+3} : \dfrac{3}{2} \log_{\frac{1}{3}} \dfrac{a+3}{a+6} = 2 : 1$,

$2\log_{\frac{1}{3}} \dfrac{a+3}{a+6} = \log_{\frac{1}{3}} \dfrac{a}{a+3}$,

$\left(\dfrac{a+3}{a+6}\right)^2 = \dfrac{a}{a+3}$,

$(a+3)^3 = a(a+6)^2$,

$a^3 + 9a^2 + 27a + 27 = a^3 + 12a^2 + 36a$,

$a^2 + 3a - 9 = 0$

$\therefore a = \dfrac{-3 \pm 3\sqrt{5}}{2}$

이때 $a > 0$이므로 $a = \dfrac{-3 + 3\sqrt{5}}{2}$이다.

$\therefore 2a = 2 \times \dfrac{-3 + 3\sqrt{5}}{2} = -3 + 3\sqrt{5}$

🅓 ④

068

곡선 $y = a^x + 2$는 곡선 $y = a^x$을 y축의 방향으로 2만큼

평행이동시킨 것이고,

$\log_a(ax - a) = \log_a(x-1) + 1$이므로

곡선 $y = \log_a(ax - a)$는 곡선 $y = \log_a x$를 x축의

방향으로 1만큼, y축의 방향으로 1만큼 평행이동시킨

것이다.

두 곡선 $y = a^x$와 $y = \log_a x$는 직선 $y = x$에 대하여 서로

대칭이므로

두 곡선 $y = a^x + 1$과 $y = \log_a(x-1)$도 직선 $y = x$에

대하여 서로 대칭이다.

따라서 두 곡선 $y = a^x + 2$와 $y = \log_a(x-1) + 1$은

직선 $y = x + 1$에 대하여 서로 대칭이다.

이때 두 직선 $y = -x + 6$과 $y = x + 1$의 기울기의 곱이

-1, 즉 두 직선이 서로 수직이므로 직선 $y = -x + 6$도

직선 $y = x + 1$에 대하여 대칭이다.

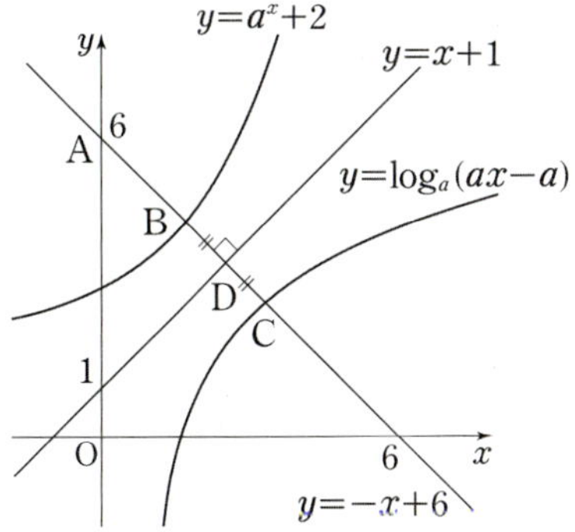

따라서 두 직선 $y = -x + 6$과 $y = x + 1$의 교점을 D라

하면 점 $\mathrm{D}\left(\dfrac{5}{2},\ \dfrac{7}{2}\right)$이 선분 BC의 중점이다.

한편 $\overline{\mathrm{AB}} = \overline{\mathrm{BC}}$이고 $\mathrm{A}(0,\ 6)$이므로 선분 AD를 $2 : 1$로

내분하는 점이 $\mathrm{B}\left(\dfrac{5}{3},\ \dfrac{13}{3}\right)$이다.

이때 점 B는 곡선 $y = a^x + 2$ 위의 점이므로

$a^{\frac{5}{3}} + 2 = \dfrac{13}{3}$, $a^{\frac{5}{3}} = \dfrac{7}{3}$

즉, $a^5 = \left(a^{\frac{5}{3}}\right)^3 = \left(\frac{7}{3}\right)^3 = \frac{343}{27}$ 이다.

$\therefore\ p + q = 27 + 343 = 370$

답 370

069

$(\log_{\frac{1}{2}} x^2)(\log_2 x^2) + 24\log_2|x| \geq n$,

$(-\log_2 x^2)(\log_2 x^2) + 24\log_2|x| \geq n$,

$(-2\log_2|x|)(2\log_2|x|) + 24\log_2|x| \geq n$

$\log_2|x| = t$ 라 하면

$-4t^2 + 24t \geq n$ 이다. $\qquad\qquad$ ……㉠

$f(t) = -4t^2 + 24t$ 라 할 때,

곡선 $y = f(t)$ 와 직선 $y = n$ 이

만나지 않거나 한 점에서만 만나면 조건 (나)를 만족시키지

않으므로 두 점에서 만나야 한다.

이때 곡선 $y = f(t)$ 는 직선 $t = 3$ 에 대하여 대칭이므로

이차함수 $y = f(t)$ 의 그래프와 직선 $y = n$ 이 만나는 점의

x좌표를 α, $6 - \alpha$ 라 할 수 있다. (단, $0 < \alpha < 3$)

㉠을 만족시키는 부등식의 해는 $\alpha \leq t \leq 6 - \alpha$ 이므로

부등식 $\alpha \leq \log_2|x| \leq 6 - \alpha$ 에서

$2^\alpha \leq |x| \leq 2^{6-\alpha}$ 이다.

따라서 조건 (가), (나)에 의하여

부등식을 만족시키는 정수 x 의 개수는

$2(2^{6-\alpha} - 2^\alpha + 1) = 26$ 이므로

$2^{6-\alpha} - 2^\alpha = 12$ 이고 양변에 2^α 을 곱하면

$64 - (2^\alpha)^2 = 12 \times 2^\alpha$ 이다.

이때 $2^\alpha = s\ (s > 0)$ 라 하면

$s^2 + 12s - 64 = 0$,

$(s + 16)(s - 4) = 0$,

$s = 4$, 즉 $2^\alpha = 4$ 이므로 $\alpha = 2$ 이다.

따라서 구하는 자연수 n 의 값은

$f(2) = 32$ 이다.

답 32

070

곡선 $y = 4^x$ 이 직선 $y = p$ 와 만나는 점 A 의 x좌표는

$4^x = p$ 에서 $x = \log_4 p$, 즉 $x = \frac{1}{2}\log_2 p$ 이고

곡선 $y = 2^{-x}$ 이 직선 $y = p$ 와 만나는 점 B 의 x좌표는

$2^{-x} = p$ 에서 $-x = \log_2 p$, 즉 $x = -\log_2 p$ 이므로

$\overline{\mathrm{AB}} = \frac{3}{2}\log_2 p$ 이다.

마찬가지 방법으로 두 곡선 $y = 4^x$, $y = 2^{-x}$ 이 직선

$y = q$ 와 만나는 점 C, D 의 x좌표는 각각 $\frac{1}{2}\log_2 q$,

$-\log_2 q$ 이므로 $\overline{\mathrm{CD}} = \frac{3}{2}\log_2 q$ 이다.

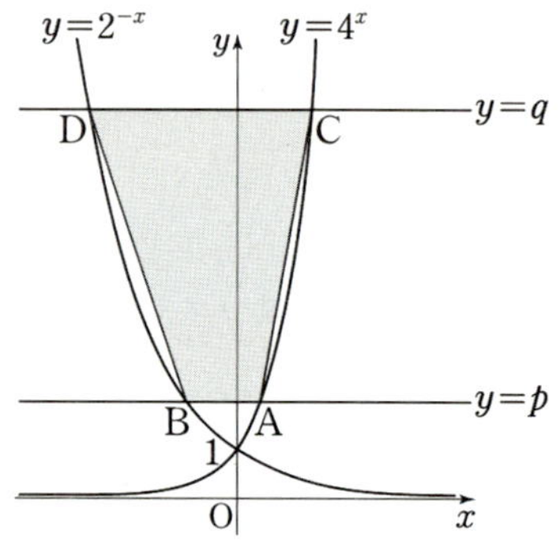

이때 조건 (가)에 의하여

$\frac{3}{2}\log_2 p : \frac{3}{2}\log_2 q = 1 : 3$,

$\log_2 q = \log_2 p^3$ 이고 로그함수는 일대일대응이므로

$q = p^3$ 이다.

따라서 $\mathrm{A}\left(\frac{1}{2}\log_2 p,\ p\right)$, $\mathrm{B}(-\log_2 p,\ p)$,

$\mathrm{C}\left(\frac{3}{2}\log_2 p,\ p^3\right)$, $\mathrm{D}(-3\log_2 p,\ p^3)$ 이고

조건 (나)에 의하여 직선 AC 의 기울기는

$\dfrac{p^3 - p}{\dfrac{3}{2}\log_2 p - \dfrac{1}{2}\log_2 p} = 6$ 이므로

$p^3 - p = 6\log_2 p$ 이다. $\qquad\qquad$ ……㉠

조건 (다)에 의하여 사각형 ACDB 의 넓이는

$\dfrac{\dfrac{3}{2}\log_2 p + \dfrac{9}{2}\log_2 p}{2} \times (p^3 - p) = 18$ 이므로

$p^3 - p = \dfrac{6}{\log_2 p}$ 이다. $\qquad\qquad$ ……㉡

㉠=㉡에서

$6\log_2 p = \dfrac{6}{\log_2 p}$,

$(\log_2 p)^2 = 1$,

$\log_2 p = 1\ (\because\ p > 1)$

즉, $p = 2$이고 $q = 8$이다.

$\therefore\ p + q = 10$

답 10

071

곡선 $y = \log_2(ax + b)$가 점 $(1, 0)$을 지나므로

$0 = \log_2(a + b)$에서 $a + b = 1$이고 ······㉠

점근선이 $x = -2$이므로

$-\dfrac{b}{a} = -2$에서 $b = 2a$이다. ······㉡

따라서 ㉡을 ㉠에 대입하면 $3a = 1$, 즉 $a = \dfrac{1}{3}$이고

이를 다시 ㉡에 대입하면 $b = \dfrac{2}{3}$이다.

$\therefore\ ab = \dfrac{2}{9}$

답 ②

072

$1 < \log_2 x^3 < 25$에서 $1 < 3\log_2 x < 25$

$\therefore\ \dfrac{1}{3} < \log_2 x < \dfrac{25}{3}$

자연수 y에 대하여

$y = \log_2 \sqrt[3]{x} + \dfrac{3}{2} = \dfrac{1}{3}\log_2 x + \dfrac{3}{2}$ 이라 하면

$\dfrac{1}{3} < \log_2 x < \dfrac{25}{3}$ 인 양수 x에 대하여 y의 값의 범위는

$\dfrac{1}{3} \times \dfrac{1}{3} + \dfrac{3}{2} < y < \dfrac{25}{3} \times \dfrac{1}{3} + \dfrac{3}{2}$

$\dfrac{29}{18} < y < \dfrac{77}{18}$

$\therefore\ 1.61\times\times < y < 4.27\times\times$

이때 가능한 자연수 y의 값은 $2, 3, 4$이므로

x의 최댓값은

$\dfrac{1}{3}\log_2 x + \dfrac{3}{2} = 4$, $\log_2 x = \dfrac{15}{2}$이다.

$\therefore\ x = 2^{\frac{15}{2}}$

x의 최솟값은

$\dfrac{1}{3}\log_2 x + \dfrac{3}{2} = 2$, $\log_2 x = \dfrac{3}{2}$이다.

$\therefore\ x = 2^{\frac{3}{2}}$

따라서 x의 최댓값과 최솟값의 곱은

$2^{\frac{15}{2}} \times 2^{\frac{3}{2}} = 2^9 = 512$이다.

답 ③

073

조건 (가)에 의하여

$2^x = 3^y = a^z = k\ (k > 0)$라 하면

$2 = k^{\frac{1}{x}}$, $3 = k^{\frac{1}{y}}$, $a = k^{\frac{1}{z}}$ 이다. ······㉠

조건 (나)에 의하여

$\log 3xy - \log(3x - y) = \log z$이므로

$\log \dfrac{3xy}{3x - y} = \log z$, $\dfrac{3xy}{3x - y} = z$

$\therefore\ \dfrac{1}{z} = \dfrac{1}{y} - \dfrac{1}{3x}$

이때 ㉠을 이용하기 위하여 위의 식을 변형하면

$k^{\frac{1}{z}} = k^{\frac{1}{y} - \frac{1}{3x}}$

$\quad = k^{\frac{1}{y}} \div k^{\frac{1}{3x}}$

$\quad = k^{\frac{1}{y}} \div \left(k^{\frac{1}{x}}\right)^{\frac{1}{3}}$

따라서 ㉠에 의하여

$a = 3 \div 2^{\frac{1}{3}} = \dfrac{3}{\sqrt[3]{2}}$이므로

$a^3 = \dfrac{27}{2}$이다.

답 ⑤

074

로그의 진수 조건에 의하여

$x + 2 > 0$이고 $x + 4 > 0$이어야 하므로

$x > -2$이다. ······㉠

$\log_2 2^3 \le \log_2 (x + 2)(x + 4) \le \log_2 2^k$에서 밑이

1보다 크므로

$2^3 \le x^2 + 6x + 8 \le 2^k$,

$9 \le (x + 3)^2 \le 2^k + 1$이다. ······㉡

㉠, ㉡을 모두 만족시키는 정수 x의 개수가 6이 되어야

한다.

즉, ㉠, ㉡을 모두 만족시키는 정수 x가 $0, 1, 2, 3, 4, 5$로

6개이려면

$8^2 \leq 2^k + 1 < 9^2$이어야 한다.

$\therefore k = 6$

답 6

075

$(x^n - 16)f(x) = 0$에서

$x^n = 16$ 또는 $f(x) = 0$이다.

이때 n은 짝수이므로 $x^n = 16$은 서로 다른 두 실근

$2^{\frac{4}{n}}$, $-2^{\frac{4}{n}}$ 을 갖는다.

조건 (가)에서 $(x^n - 16)f(x) = 0$은 서로 다른 세 실근을
가지고, 조건 (나)에서 이차함수 $f(x)$는 서로 다른 두 양의

실근을 가지므로 $f(x) = 0$은 $2^{\frac{4}{n}}$ 을 근으로 가져야 한다.

또한 조건 (나)에서 두 근의 곱은 1이므로 $f(x) = 0$은

$2^{\frac{4}{n}}$, $2^{-\frac{4}{n}}$ 을 실근으로 가져야 한다.

$$\therefore f(x) = \left(x - 2^{\frac{4}{n}}\right)\left(x - 2^{-\frac{4}{n}}\right)$$
$$= x^2 - \left(2^{\frac{4}{n}} + 2^{-\frac{4}{n}}\right)x + 1$$
$$\therefore f(1) = 2 - \left(2^{\frac{4}{n}} + 2^{-\frac{4}{n}}\right)$$

이때 조건 (다)에서 $f(1)$의 값이 유리수이어야 하므로
가능한 짝수 n의 값은 2, 4이다.

따라서 구하는 모든 짝수 n의 값의 합은

$2 + 4 = 6$

답 ③

076

$n < \log_2 m \leq n + 2$에서 밑이 1보다 크므로

$2^n < m \leq 2^{n+2}$이고

이 부등식을 만족시키는 자연수 m의 개수는

$f(n) = 2^{n+2} - 2^n = 3 \times 2^n$이다.

따라서 $f(k) = 3 \times 2^k$, $f(2k) = 3 \times 2^{2k}$이므로

$f(2k) - 12f(k) + 96 = 0$에서

$3 \times 2^{2k} - 36 \times 2^k + 96 = 0$,

$2^{2k} - 12 \times 2^k + 32 = 0$이다.

$2^k = t \ (t > 0)$라 하면

$t^2 - 12t + 32 = 0$,

$(t-4)(t-8) = 0$,

$t = 4$ 또는 $t = 8$에서

$2^k = 4$ 또는 $2^k = 8$이므로

$k = 2$ 또는 $k = 3$이다.

따라서 구하는 모든 자연수 k의 값의 합은

$2 + 3 = 5$이다.

답 5

077

$P_1(1, 16)$이고 점 $Q_1(x_1, 16)$은 곡선 $y = 4^x$ 위의
점이므로

$4^{x_1} = 16$, $4^{x_1} = 4^2$

$\therefore x_1 = 2$, 즉 $Q_1(2, 16)$

$P_2(2, 16^2)$이고 점 $Q_2(x_2, 16^2)$은 곡선 $y = 4^x$ 위의
점이므로

$4^{x_2} = 16^2$, $4^{x_2} = 4^4$

$\therefore x_2 = 4$, 즉 $Q_2(4, 16^2)$

$P_3(4, 16^4)$이고 점 $Q_3(x_3, 16^4)$은 곡선 $y = 4^x$ 위의
점이므로

$4^{x_3} = 16^4$, $4^{x_3} = 4^8$

$\therefore x_3 = 8$, 즉 $Q_3(8, 16^4)$
$$\vdots$$

이와 같은 과정을 계속하면 자연수 n에 대하여

$x_n = 2 \times 2^{n-1} = 2^n$

이때 $x_n > k$에서 $2^n > k$이고, 이를 만족시키는 자연수

n의 최솟값이 8이므로 $2^7 \leq k < 2^8$이어야 한다.

$\therefore 128 \leq k < 256$

따라서 가능한 자연수 k의 최솟값은 128이다.

답 128

078

방정식 $|3^{-x-1} - 2| = a$의 서로 다른 두 실근 α, β는
함수 $y = |3^{-x-1} - 2|$의 그래프와 직선 $y = a$의 교점의
x좌표와 같다.

이때 함수 $y = 3^{-x-1} - 2$의 그래프는

함수 $y = 3^{-x}$의 그래프를 x축, y축의 방향으로 각각

-1, -2만큼 평행이동시킨 것이다.

따라서 직선 $y=-2$를 점근선으로 갖고 점 $\left(0,\,-\dfrac{5}{3}\right)$를
지난다.
또한 함수 $y=|3^{-x-1}-2|$의 그래프는
함수 $y=3^{-x-1}-2$의 그래프에서 x축보다 아래에 있는
부분을 x축에 대하여 대칭이동시킨 것이므로 그 그래프는
다음 그림과 같다.

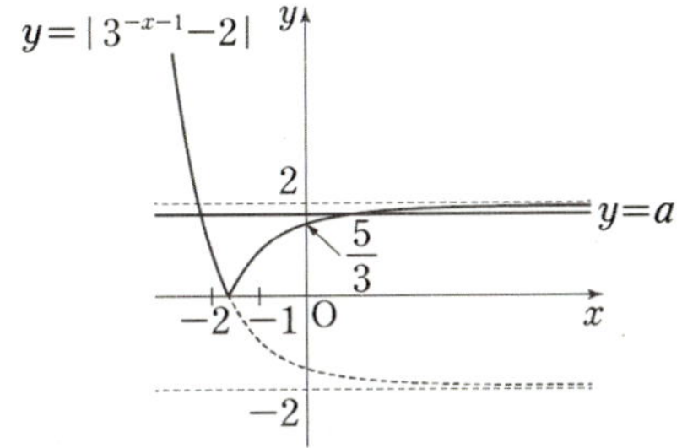

따라서 함수 $y=|3^{-x-1}-2|$의 그래프와 직선 $y=a$의
교점의 x좌표 α, β에 대하여
$\alpha\beta<0$을 만족시키는 양수 a의 값의 범위는
$\dfrac{5}{3}<a<2$이다.

답 ⑤

079

함수 $y=\log_2(x+a)$의 역함수를 구하기 위하여
x를 y에 대한 식으로 나타내면
$x+a=2^y$,
$x=2^y-a$이고 x와 y를 서로 바꾸면 $y=2^x-a$이다.
따라서 $f(x)=\log_2(x+a)$라 하면
$f^{-1}(x)=2^x-a$이다.
함수 $y=\log_2 x$는 x의 값이 커질수록 함숫값이 커지는
함수이고
함수 $y=f(x)$의 그래프는 함수 $y=\log_2 x$의 그래프를
x축의 방향으로 $-a$만큼 평행이동시킨 것이고,
함수 $y=f^{-1}(x)$의 그래프는 함수 $y=f(x)$의 그래프를
직선 $y=x$에 대하여 대칭이동시킨 것이다.
(i) 곡선 $y=f(x)$와 삼각형 ABC가 만나는 경우
곡선 $y=f(x)$가 점 $\mathrm{A}(1,\,5)$를 지날 때 a가 최댓값을
가지므로
$5=\log_2(1+a)$에서
$1+a=2^5$이다.
$\therefore\ a=31$

곡선 $y=f(x)$가 점 $\mathrm{B}(8,\,1)$을 지날 때 a가 최솟값을
가지므로
$1=\log_2(8+a)$에서
$8+a=2^1$이다.
$\therefore\ a=-6$

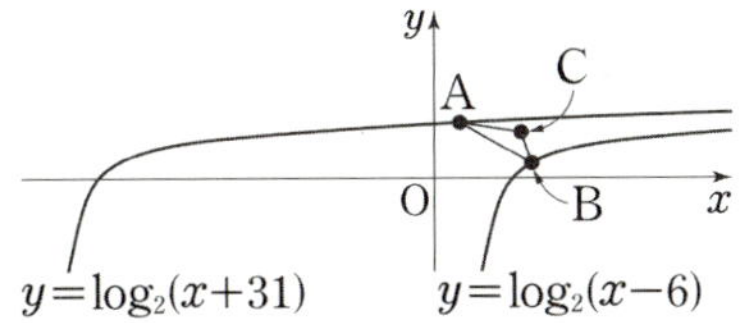

따라서 이때의 a의 값의 범위는 $-6\le a\le 31$이다.
(ii) 곡선 $y=f^{-1}(x)$와 삼각형 ABC가 만나는 경우
곡선 $y=f^{-1}(x)$가 점 $\mathrm{B}(8,\,1)$을 지날 때 a가
최댓값을 가지므로
$1=2^8-a$ $\quad\therefore\ a=255$
곡선 $y=f^{-1}(x)$가 점 $\mathrm{A}(1,\,5)$를 지날 때 a가
최솟값을 가지므로
$5=2^1-a$ $\quad\therefore\ a=-3$

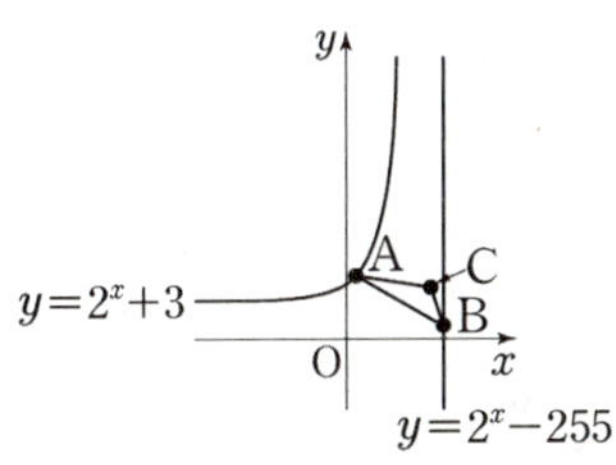

따라서 이때의 a의 값의 범위는 $-3\le a\le 255$이다.
(i), (ii)를 모두 만족시키는 a의 값의 범위는
$-3\le a\le 31$이다.
$\therefore\ M-m=31-(-3)=34$

답 34

TIP

원함수와 역함수의 그래프가 직선 $y=x$에 대하여 대칭임을 이용하면
함수 $y=\log_2(x+a)$의 역함수를 구하지 않고도 (ii)에서 a의 값의
범위를 구할 수 있다.
즉, (ii)에서 역함수의 그래프가 점 $\mathrm{B}(8,\,1)$, 점 $\mathrm{A}(1,\,5)$를 지날 때의
각각의 a의 값은 원함수의 그래프가 점 $(1,\,8)$, 점 $(5,\,1)$을 지날 때의
각각의 a의 값과 같음을 이용하면 된다.

080

ㄱ. 곡선 $y=f(x)$ 위의 점 중 x좌표와 y좌표가 모두
자연수인 점은 $(2,\,1)$, $(2^2,\,2)$, $(2^3,\,3)$, $(2^4,\,4)$,
$(2^5,\,5)$로 5개이다. (참)

ㄴ. $f\left(\sqrt[n]{x}\right) = \log_2 \sqrt[n]{x} = \dfrac{1}{n}\log_2 x$이므로

함수 $f\left(\sqrt[n]{x}\right)$는 $x = 2$일 때 최솟값 $\dfrac{1}{n}$, $x = 2^5$일 때

최댓값 $\dfrac{5}{n}$를 갖는다.

따라서 최댓값과 최솟값의 합은 $\dfrac{6}{n}$이다. (참)

ㄷ. $h(x) = f\left(\sqrt[n]{x}\right) = \dfrac{1}{n}\log_2 x$라 하자.

$n = 4$일 때 $h(16) = 1$, $1 < h(32) < 2$이므로
$g(4)$는 $g(3)$에서 8개의 점 $(9, 1)$, $(10, 1)$, $\cdots$,
$(16, 1)$을 더 세어주면 구할 수 있다.
즉, $g(4) = g(3) + 8$이다.

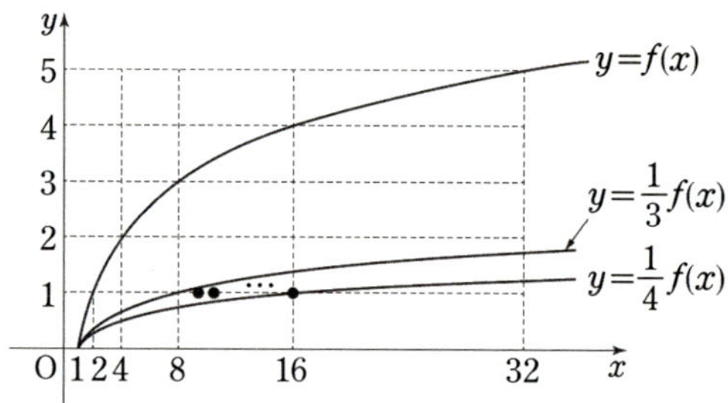

마찬가지 방법으로

$n = 5$일 때 $h(32) = 1$이므로 $g(5)$는 $g(4)$에서
16개의 점 $(17, 1)$, $(18, 1)$, $\cdots$, $(32, 1)$을 더
세어주면 구할 수 있다.
즉, $g(5) = g(4) + 16 = g(3) + 24$이므로
$g(n) \geq g(3) + 16$을 만족시키는 자연수 n의 최솟값은
5이다. (참)
따라서 옳은 것은 ㄱ, ㄴ, ㄷ이다.

답 ⑤

081

제4사분면 위의 점 P 에 대하여

$\overline{\mathrm{OP}} = \sqrt{5^2 + (-12)^2} = 13$이므로

$\sin\theta = -\dfrac{12}{13},$

$\cos\theta = \dfrac{5}{13}$ 이다.

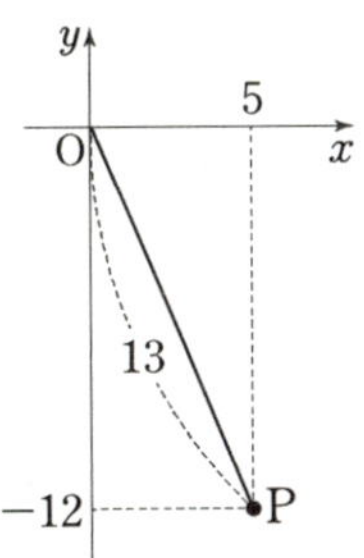

$\therefore\ \sin\theta + \cos\theta = -\dfrac{7}{13}$

답 ①

082

$\sin\left(\dfrac{\pi}{2} + \theta\right) = \cos\theta$이므로 $\cos\theta < 0$

$\sin(2\pi - \theta) - \dfrac{1}{2}\cos\theta = 0$에서

$-\sin\theta - \dfrac{1}{2}\cos\theta = 0,\ \dfrac{1}{2}\cos\theta = -\sin\theta$

$\therefore\ \cos\theta = -2\sin\theta$ $\qquad\cdots\cdots\ \text{㉠}$

$\sin^2\theta + \cos^2\theta = 1$에 ㉠을 대입하면

$\sin^2\theta + (-2\sin\theta)^2 = 1,\ 5\sin^2\theta = 1$

$\sin^2\theta = \dfrac{1}{5}$

이때 $\cos\theta < 0$이므로 ㉠에서 $\sin\theta = -\dfrac{1}{2}\cos\theta > 0$

$\therefore\ \sin\theta = \dfrac{\sqrt{5}}{5}$

답 ④

083

세 점 A , B , D 를 지나는 원의 반지름의 길이를 R_1, 넓이를 S_1 이라 하고

세 점 B , C , D 를 지나는 원의 반지름의 길이를 R_2, 넓이를 S_2 라 하자.

사인법칙에 의하여

$\dfrac{\overline{\mathrm{BD}}}{\sin\left(\dfrac{2}{3}\pi\right)} = 2R_1$에서 $R_1 = \dfrac{\overline{\mathrm{BD}}}{\sqrt{3}}$이고

$\dfrac{\overline{\mathrm{BD}}}{\sin\dfrac{\pi}{4}} = 2R_2$에서 $R_2 = \dfrac{\overline{\mathrm{BD}}}{\sqrt{2}}$이다.

따라서 $S_1 = \pi \times \dfrac{\overline{\mathrm{BD}}^2}{3},\ S_2 = \pi \times \dfrac{\overline{\mathrm{BD}}^2}{2}$이므로

$\dfrac{S_2}{S_1} = \dfrac{3}{2}$이다.

답 ③

084

함수 $f(x) = 2\cos\dfrac{\pi}{2}x$의 주기는 $\dfrac{2\pi}{\dfrac{\pi}{2}} = 4$이므로

$0 < x < 5$에서 함수 $y = f(x)$의 그래프는 다음 그림과 같다.

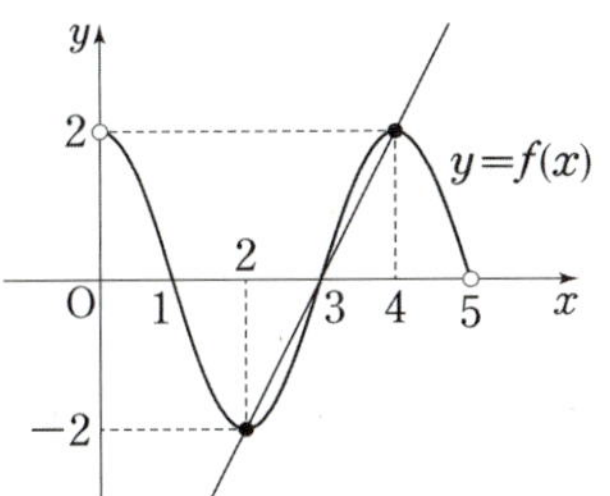

함수 $f(x)$는 $x = 2$에서 최솟값을 갖고 $x = 4$에서 최댓값을 가지므로

$a = 2,\ b = 4$

따라서 곡선 $y = f(x)$ 위의 두 점 $(2,\ -2),\ (4,\ 2)$를 지나는 직선의 기울기는

$\dfrac{2 - (-2)}{4 - 2} = 2$

답 ④

085

$\overline{\mathrm{CA}} = b$라 하면 (단, $b > 0$)

코사인법칙에 의하여

$19 = 9 + b^2 - 2 \times 3 \times b \times \cos\left(\dfrac{2}{3}\pi\right)$이므로 정리하면

$19 = 9 + b^2 + 3b,$

$b^2 + 3b - 10 = 0,$

$(b-2)(b+5) = 0,$

$b = 2\ (\because\ b > 0)$

따라서 삼각형 ABC의 넓이는

$$S = \frac{1}{2} \times 3 \times 2 \times \sin\left(\frac{2}{3}\pi\right) = \frac{3\sqrt{3}}{2} \text{ 이다.}$$

$$\therefore \ 8S^2 = 8 \times \frac{27}{4} = 54$$

답 54

086

삼각함수 사이의 관계에 의하여

$\sin^2 x + \cos^2 x = 1$이고, 양변을 $\cos^2 x$로 나누면

$\tan^2 x + 1 = \dfrac{1}{\cos^2 x}$ 이다.

따라서 주어진 방정식에 이를 대입하면

$1 + \tan x = \tan^2 x + 1$,

$\tan^2 x - \tan x = 0$이다.

이때 $\tan x = t \ (t > 0)$라 하면 $\qquad$ ……㉠

$t^2 - t = 0$,

$t(t-1) = 0$

$t = 0$ 또는 $t = 1$이다. $\qquad$ ……㉡

㉠, ㉡에 의하여 $t = 1$, 즉 $\tan x = 1$이다.

따라서 $0 < x < \dfrac{\pi}{2}$에서 구하는 실근은 $\dfrac{\pi}{4}$ 이다.

답 ③

087

이차방정식 $3x^2 - 2x + k = 0$에서 근과 계수의 관계에 의하여

$\sin\theta + \cos\theta = \dfrac{2}{3}$, $\qquad$ ……㉠

$\sin\theta\cos\theta = \dfrac{k}{3}$이다. $\qquad$ ……㉡

㉠의 양변을 제곱하여 정리하면

$\sin^2\theta + 2\sin\theta\cos\theta + \cos^2\theta = \dfrac{4}{9}$,

$1 + 2\sin\theta\cos\theta = \dfrac{4}{9} \ (\because \ \sin^2\theta + \cos^2\theta = 1)$

$\sin\theta\cos\theta = -\dfrac{5}{18}$이다.

이때 ㉡을 대입하면

$\dfrac{k}{3} = -\dfrac{5}{18} \qquad \therefore \ k = -\dfrac{5}{6}$

답 ①

088

$\dfrac{\sin A}{7} = \dfrac{\sin B}{5} = \dfrac{\sin C}{3}$라 주어졌으므로

$\sin A : \sin B : \sin C = 7 : 5 : 3$이다.

또한 삼각형 ABC에 외접하는 원의 넓이가 12π일 때,

반지름의 길이는 $2\sqrt{3}$이므로

사인법칙에 의하여

$\dfrac{\overline{BC}}{\sin A} = \dfrac{\overline{CA}}{\sin B} = \dfrac{\overline{AB}}{\sin C} = 4\sqrt{3}$이다. $\qquad$ ……㉠

따라서 $\overline{BC} = 7k, \ \overline{CA} = 5k, \ \overline{AB} = 3k$ (단, $k > 0$)라 하면

코사인법칙에 의하여

$$\cos A = \frac{(5k)^2 + (3k)^2 - (7k)^2}{2 \times 5k \times 3k} = -\frac{1}{2} \text{ 이므로}$$

삼각함수 사이의 관계에 의하여

$$\sin A = \sqrt{1 - \left(-\frac{1}{2}\right)^2} = \frac{\sqrt{3}}{2} \text{ 이다. } (\because \ 0 < A < \pi)$$

㉠에 의하여 $\dfrac{\overline{BC}}{\frac{\sqrt{3}}{2}} = 4\sqrt{3}$이다.

$$\therefore \ \overline{BC} = 6$$

답 6

089

주어진 함수 $y = f(x)$의 그래프에 의하여

함수 $f(x)$의 최댓값, 최솟값이 각각 $2, -2$이므로

$a = 2$이고, $(\because \ a > 0)$

함수 $f(x)$의 주기가 $\dfrac{2\pi}{b} = 4$이므로 $(\because \ b > 0)$

$b = \dfrac{\pi}{2}$이다.

한편 방정식 $g(x) = 1$의 실근은 $x = 0$ 또는 $x = 1$이므로

$f(x) = 0$ 또는 $f(x) = 1$일 때 방정식 $(g \circ f)(x) = 1$을

만족시킨다.

(ⅰ) 방정식 $2\sin\left(\dfrac{\pi}{2}x\right) = 0$의 실근인 경우

$\dfrac{\pi}{2}x = \pi$ 또는 $\dfrac{\pi}{2}x = 2\pi$이어야 하므로

$x = 2$ 또는 $x = 4$이다.

(ⅱ) 방정식 $2\sin\left(\dfrac{\pi}{2}x\right) = 1$의 실근인 경우

$\dfrac{\pi}{2}x = \dfrac{\pi}{6}$ 또는 $\dfrac{\pi}{2}x = \dfrac{5}{6}\pi$이어야 하므로

$x = \dfrac{1}{3}$ 또는 $x = \dfrac{5}{3}$이다.

(i), (ii)에 의하여 $0 < x \leq 4$에서

방정식 $(g \circ f)(x) = 1$을 만족시키는 모든 x의 값의 곱은

$2 \times 4 \times \dfrac{1}{3} \times \dfrac{5}{3} = \dfrac{40}{9}$ 이다.

답 ③

참고

$0 < x \leq 4$에서

방정식 $f(x) = 0$ 또는 $f(x) = 1$의 서로 다른 실근의 곱을

곡선 $y = f(x)$와 직선 $y = 0$ 또는 직선 $y = 1$의 서로 다른 교점의

x좌표의 곱으로 구할 수도 있다.

함수 $2\sin\left(\dfrac{\pi}{2}x\right)$의 주기가 4이므로 함수 $y = f(x)$의 그래프는

다음 그림과 같고, 구하는 교점의 x좌표는 $\dfrac{1}{3}$, $\dfrac{5}{3}$, 2, 4이다.

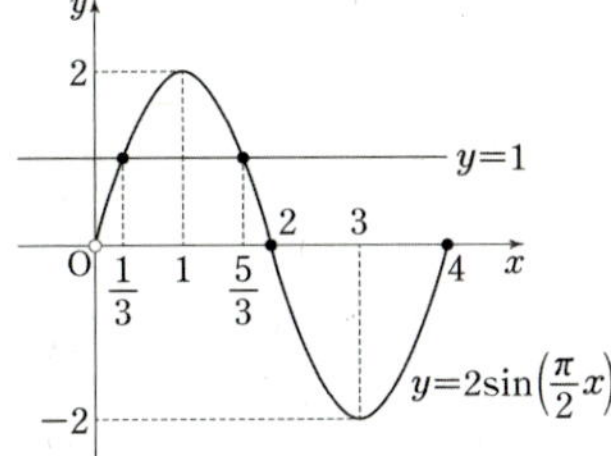

따라서 구하는 답은 $\dfrac{1}{3} \times \dfrac{5}{3} \times 2 \times 4 = \dfrac{40}{9}$ 이다.

090

반지름의 길이가 1인 부채꼴에 대하여

(호의 길이) = (반지름의 길이) × (중심각의 크기)

＝ (중심각의 크기)이다.

이때 모든 자연수 n에 대하여 점 P_n은 원 $x^2 + y^2 = 1$

위의 점이므로

점 P_{n+1}을 얻기 위해 점 P_n을 원 위의 호를 따라 시계

반대 방향으로 이동시키는 거리는

동경 OP_{n+1}을 얻기 위해 동경 OP_n을 회전시킨 각의

크기와 같다.

따라서 점 P_1의 좌표가 $\left(-\dfrac{1}{2}, \dfrac{\sqrt{3}}{2}\right)$, 즉

$\left(\cos\left(\dfrac{2}{3}\pi\right), \sin\left(\dfrac{2}{3}\pi\right)\right)$일 때, $\theta = \dfrac{2}{3}\pi$이고

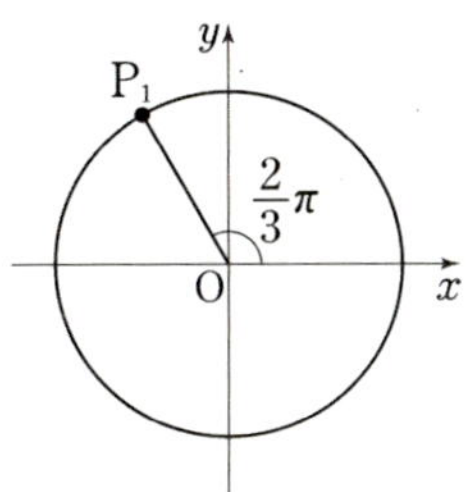

조건 (가), (나), (다)를 다음과 같이 적용할 수 있다.

점 P_1이 제2사분면 위의 점이므로

조건 (나)에 의하여 $P_2\left(\cos\left(\dfrac{4}{3}\pi\right), \sin\left(\dfrac{4}{3}\pi\right)\right)$이다.

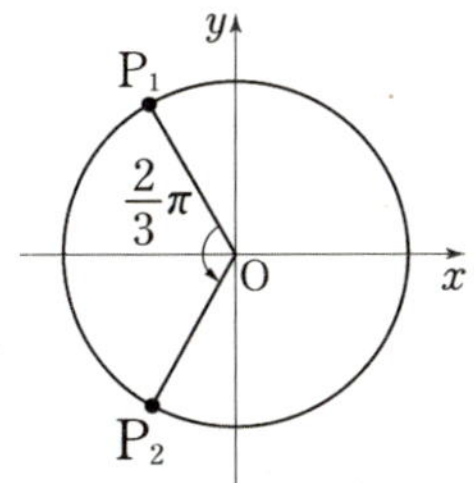

점 P_2가 제3사분면 위의 점이므로

조건 (가)에 의하여 $P_3\left(\cos\left(\dfrac{11}{6}\pi\right), \sin\left(\dfrac{11}{6}\pi\right)\right)$이다.

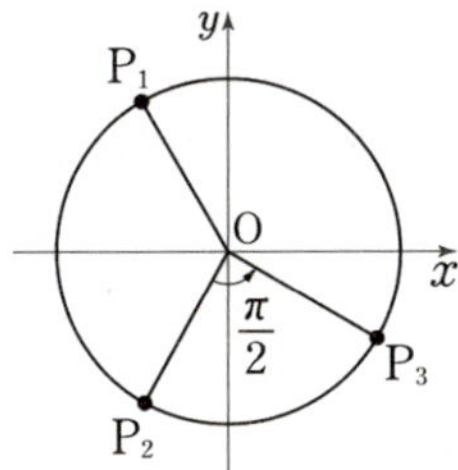

점 P_3이 제4사분면 위의 점이므로

조건 (다)에 의하여 $P_4\left(\cos\left(\dfrac{13}{6}\pi\right), \sin\left(\dfrac{13}{6}\pi\right)\right)$이다.

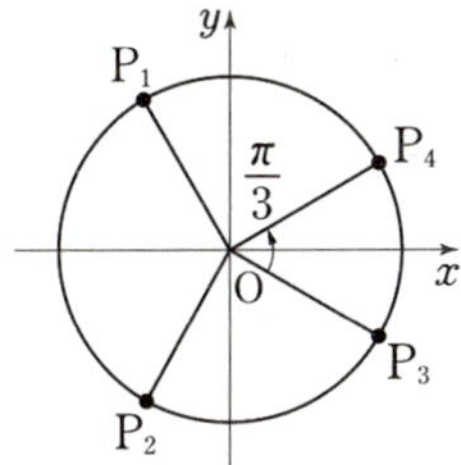

점 P_4가 제1사분면 위의 점이므로

조건 (가)에 의하여 $P_5\left(\cos\left(\dfrac{8}{3}\pi\right), \sin\left(\dfrac{8}{3}\pi\right)\right)$이다.

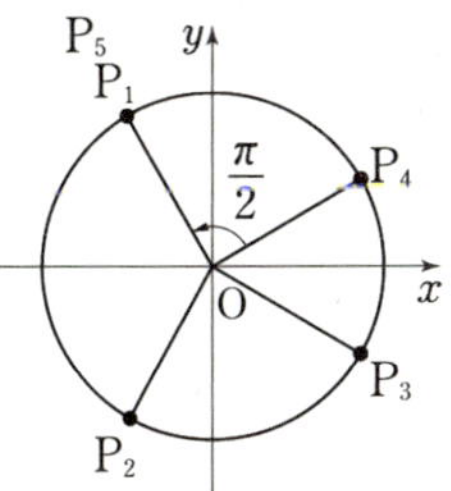

이때 점 P_5는 점 P_1과 일치하므로

점 P_n의 좌표는 $\left(-\dfrac{1}{2}, \dfrac{\sqrt{3}}{2}\right)$, $\left(-\dfrac{1}{2}, -\dfrac{\sqrt{3}}{2}\right)$,

$\left(\dfrac{\sqrt{3}}{2}, -\dfrac{1}{2}\right)$, $\left(\dfrac{\sqrt{3}}{2}, \dfrac{1}{2}\right)$이 반복되어 나타난다.

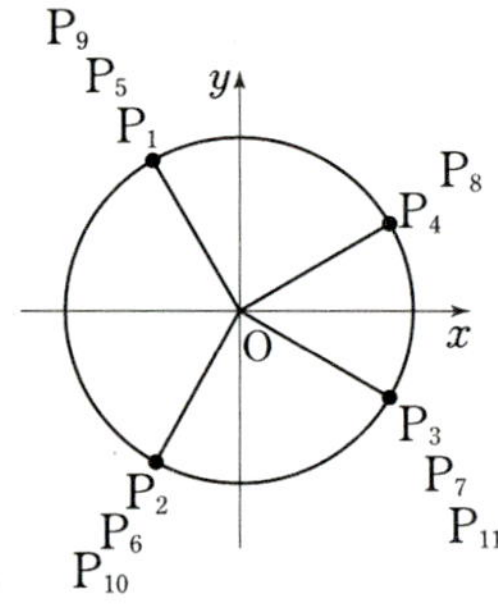

따라서 점 P_{11}의 좌표는 $\left(\dfrac{\sqrt{3}}{2},\ -\dfrac{1}{2}\right)$이다.

답 ③

091

사인법칙에 의하여 $\dfrac{\overline{AC}}{\sin\dfrac{\pi}{3}}=8\sqrt{2}$ 이므로

$\overline{AC}=8\sqrt{2}\times\sin\dfrac{\pi}{3}=8\sqrt{2}\times\dfrac{\sqrt{3}}{2}=4\sqrt{6}$ 이다.

또한 $\overline{CH}=8\sin\dfrac{\pi}{3}=8\times\dfrac{\sqrt{3}}{2}=4\sqrt{3}$ 이다.

따라서 직각삼각형 AHC에서

$\overline{AH}^2=(4\sqrt{6})^2-(4\sqrt{3})^2=48$

답 48

092

$\dfrac{\sin\theta}{(1-\sin\theta)(1+\sin\theta)}+\dfrac{\cos\theta}{(1-\cos\theta)(1+\cos\theta)}$

$=\dfrac{\sin\theta}{1-\sin^2\theta}+\dfrac{\cos\theta}{1-\cos^2\theta}$

$=\dfrac{\sin\theta}{\cos^2\theta}+\dfrac{\cos\theta}{\sin^2\theta}$

$=\dfrac{\sin^3\theta+\cos^3\theta}{\sin^2\theta\cos^2\theta}$

이때 $\sin\theta+\cos\theta=\dfrac{1}{2}$ 이므로 $\qquad$ ……㉠

㉠의 양변을 제곱하면

$\sin^2\theta+\cos^2\theta+2\sin\theta\cos\theta=\left(\dfrac{1}{2}\right)^2$

$1+2\sin\theta\cos\theta=\dfrac{1}{4}\ (\because\ \sin^2\theta+\cos^2\theta=1)$

$\therefore\ \sin\theta\cos\theta=-\dfrac{3}{8}\qquad$ ……㉡

㉠의 양변을 세제곱하면

$\sin^3\theta+\cos^3\theta+3\sin\theta\cos\theta(\sin\theta+\cos\theta)=\left(\dfrac{1}{2}\right)^3$

$\sin^3\theta+\cos^3\theta+3\times\left(-\dfrac{3}{8}\right)\times\dfrac{1}{2}=\dfrac{1}{8}\ (\because\ ㉡)$

$\sin^3\theta+\cos^3\theta-\dfrac{9}{16}=\dfrac{1}{8}$

$\therefore\ \sin^3\theta+\cos^3\theta=\dfrac{11}{16}$

따라서 구하는 값은

$\dfrac{\sin^3\theta+\cos^3\theta}{\sin^2\theta\cos^2\theta}=\dfrac{\dfrac{11}{16}}{\left(-\dfrac{3}{8}\right)^2}=\dfrac{\dfrac{11}{16}}{\dfrac{9}{64}}=\dfrac{44}{9}$

답 ①

093

삼각형 ABC에서 코사인법칙에 의하여

$\cos A=\dfrac{4^2+5^2-(\sqrt{21})^2}{2\times4\times5}=\dfrac{1}{2}$ 이므로

$A=\dfrac{\pi}{3}$ 이다.

즉, $\angle BAD=\angle CAD=\dfrac{\pi}{6}$ 이다.

삼각형 ABC의 넓이는 삼각형 ABD와 삼각형 ADC의 넓이의 합이므로

$\dfrac{1}{2}\times4\times5\times\sin\dfrac{\pi}{3}$

$=\dfrac{1}{2}\times4\times\overline{AD}\times\sin\dfrac{\pi}{6}+\dfrac{1}{2}\times5\times\overline{AD}\times\sin\dfrac{\pi}{6}$

$5\sqrt{3}=\overline{AD}+\dfrac{5}{4}\overline{AD}=\dfrac{9}{4}\overline{AD}$

$\therefore\ \overline{AD}=5\sqrt{3}\times\dfrac{4}{9}=\dfrac{20\sqrt{3}}{9}$

답 ④

094

$\log_2(\cos a)=-\dfrac{1}{2}$ 에서 로그의 정의에 의하여

$\cos a=2^{-\frac{1}{2}}=\dfrac{\sqrt{2}}{2}$ 이므로

$a=\dfrac{\pi}{4}$ 일 때 $\sin a=\dfrac{\sqrt{2}}{2}$ 이고

$a=\dfrac{7}{4}\pi$ 일 때 $\sin a=-\dfrac{\sqrt{2}}{2}$ 이다.

따라서 구하는 $a \sin a$의 값의 합은
$$\frac{\sqrt{2}}{8}\pi + \left(-\frac{7\sqrt{2}}{8}\pi\right) = -\frac{3\sqrt{2}}{4}\pi \text{이다.}$$

답 ②

095

삼각함수 성질에 의하여
$$\sin\left(\frac{\pi}{2}+\theta\right) = \cos\theta > 0 \text{이므로}$$
$$\cos\theta = \sqrt{1-\sin^2\theta} = \sqrt{1-\frac{7}{25}} = \frac{3\sqrt{2}}{5},$$
$$\tan\theta = \frac{\sin\theta}{\cos\theta} = \frac{\frac{\sqrt{7}}{5}}{\frac{3\sqrt{2}}{5}} = \frac{\sqrt{14}}{6} \text{이다.}$$

$$\therefore \{\tan(50\pi-\theta) + \tan(60\pi-\theta) + \tan(70\pi-\theta)$$
$$+ \tan(80\pi-\theta) + \tan(90\pi-\theta) + \tan(100\pi-\theta)\}^2$$
$$= \{\tan(-\theta) + \tan(-\theta) + \tan(-\theta)$$
$$+ \tan(-\theta) + \tan(-\theta) + \tan(-\theta)\}^2$$
$$= \{-\tan\theta + (-\tan\theta) + (-\tan\theta)$$
$$+ (-\tan\theta) + (-\tan\theta) + (-\tan\theta)\}^2$$
$$= (-6\tan\theta)^2$$
$$= \left(-6 \times \frac{\sqrt{14}}{6}\right)^2 = 14$$

답 14

096

함수 $y = \begin{cases} 0 & (\cos(\pi x) < 0) \\ 2\cos(\pi x) & (\cos(\pi x) \geq 0) \end{cases}$ 의 주기는 2이고,

직선 $y = \frac{1}{8}x + 1$은 두 점 $(0, 1)$, $(-8, 0)$을 지나므로

이를 좌표평면 위에 나타내면 다음 그림과 같다.

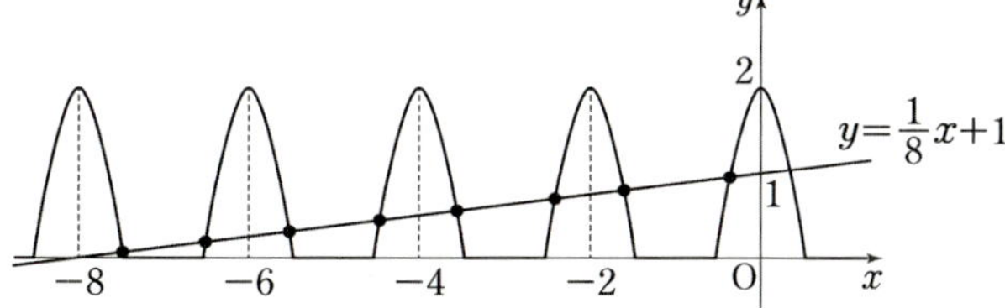

따라서 구하는 모든 교점의 개수는 8이다.

답 8

097

다음 그림과 같이 선분 AB의 중점을 반원의 중심 O라 하면
선분 AB의 길이가 12이므로 주어진 반원의 반지름의
길이는 6이다.

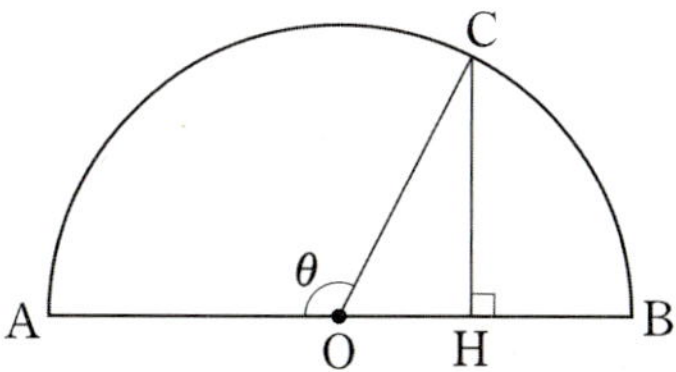

$\angle \text{AOC} = \theta$라 하면 호 AC의 길이가 4π이므로
$$6\theta = 4\pi \qquad \therefore \ \theta = \frac{2}{3}\pi$$

즉, $\angle \text{COB} = \pi - \frac{2}{3}\pi = \frac{\pi}{3}$이므로 직각삼각형

COH에서
$$\cos\frac{\pi}{3} = \frac{\overline{\text{OH}}}{\overline{\text{CO}}}, \ \frac{1}{2} = \frac{\overline{\text{OH}}}{6}$$
$$\therefore \ \overline{\text{OH}} = 3$$

이때 $\overline{\text{OB}} = 6$이므로
$$\overline{\text{HB}} = \overline{\text{OB}} - \overline{\text{OH}} = 6 - 3 = 3$$

답 3

098

삼각함수의 성질에 의하여
$$\cos(3\pi - x) = -\cos x \text{이고}$$
$$\sin\left(\frac{3}{2}\pi - x\right) = -\cos x \text{이므로}$$
$$f(x) = 4\cos^2(3\pi - x) + 8\sin\left(\frac{3}{2}\pi - x\right)$$
$$= 4(-\cos x)^2 + 8(-\cos x)$$
$$= 4\cos^2 x - 8\cos x$$

이다.

이때 $\cos x = t$라 하면

함수 $f(x)$의 최댓값, 최솟값은 각각

$-1 \leq t \leq 1$에서의 함수 $g(t) = 4t^2 - 8t$의 최댓값,

최솟값과 같다.

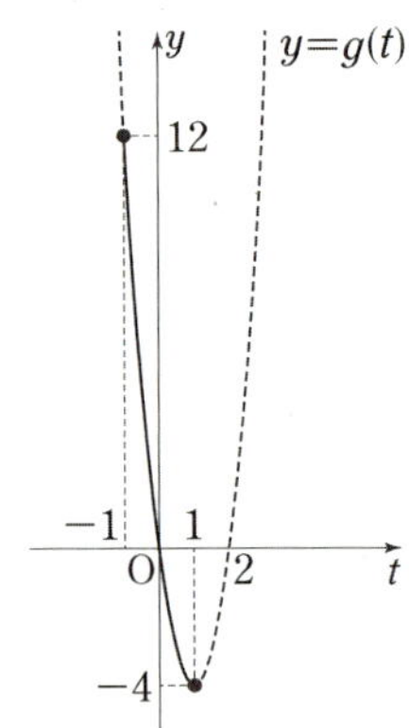

$g(t) = 4(t-1)^2 - 4$이므로

함수 $g(t)$는 $t = -1$에서 최댓값 12, $t = 1$에서 최솟값 -4를 갖는다.

따라서 구하는 최댓값, 최솟값의 합은

$12 + (-4) = 8$이다.

답 8

099

$0 \le \alpha \le 2\pi$이므로 $-\pi \le \pi\cos\alpha \le \pi$이고

$0 \le \beta \le 2\pi$이므로 $-\pi \le \pi\sin\beta \le \pi$이다.

이때 $\sin^2(\pi\cos\alpha) + \cos^2(\pi\sin\beta) = 0$이려면

$\sin(\pi\cos\alpha) = 0$이고 $\cos(\pi\sin\beta) = 0$이어야 한다.

(i) $\sin(\pi\cos\alpha) = 0$인 경우

$\pi\cos\alpha$의 값이 $-\pi$ 또는 0 또는 π이어야 한다.

이를 만족시키는 α의 개수는 $0 \le x \le 2\pi$에서

함수 $y = \cos x$의 그래프가 직선 $y = -1$, $y = 0$,

$y = 1$과 만나는 교점의 개수와 같으므로 5이다.

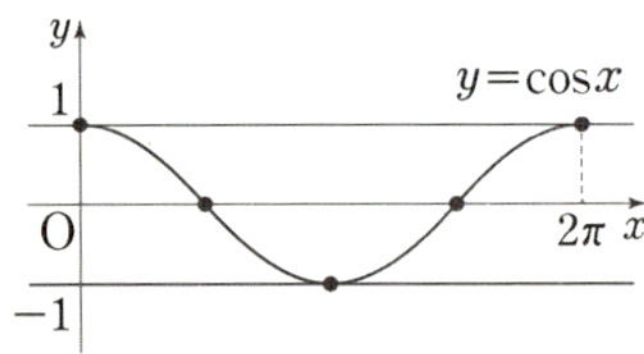

(ii) $\cos(\pi\sin\beta) = 0$인 경우

$\pi\sin\beta$의 값이 $-\dfrac{\pi}{2}$ 또는 $\dfrac{\pi}{2}$이어야 한다.

이를 만족시키는 β의 개수는 $0 \le x \le 2\pi$에서

함수 $y = \sin x$의 그래프가 직선 $y = -\dfrac{1}{2}$, $y = \dfrac{1}{2}$과

만나는 교점의 개수와 같으므로 4이다.

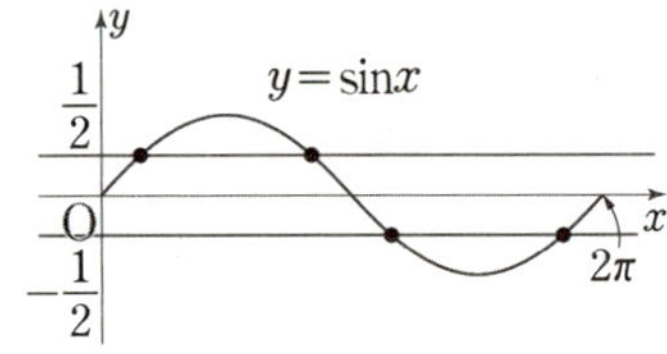

(i), (ii)에 의하여 구하는 순서쌍 (α, β)의 개수는

$5 \times 4 = 20$이다.

답 20

100

$0 \le x \le 2\pi$에서 정의된 함수를

$f(x) = \sin\left(ax + \dfrac{b}{3}\pi\right)$라 하자.

함수 $f(x)$의 주기가 $\dfrac{2\pi}{a}$이고

$0 < x \le \dfrac{2\pi}{a}$에서 함수 $y = f(x)$의 그래프와 x축의

교점의 개수가 2이므로

$0 < x \le 2\pi$에서 함수 $y = f(x)$의 그래프와 x축의

교점의 개수는 $2a$이다.

따라서 $0 \le x \le 2\pi$에서 함수 $y = f(x)$의 그래프와

x축의 교점의 개수는

$f(0) = 0$이면 $2a + 1$이고, $f(0) \ne 0$이면 $2a$이다.

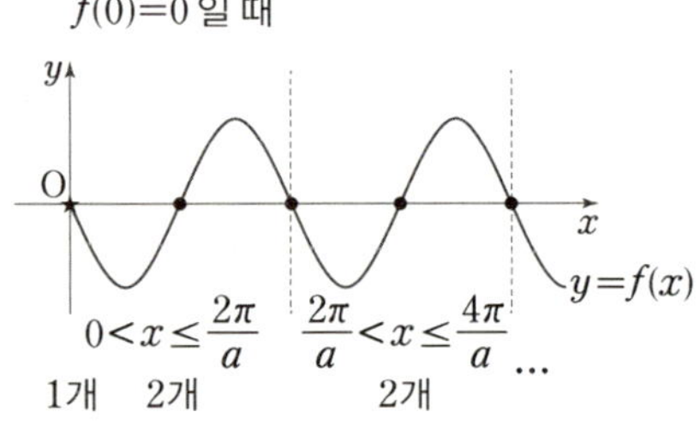

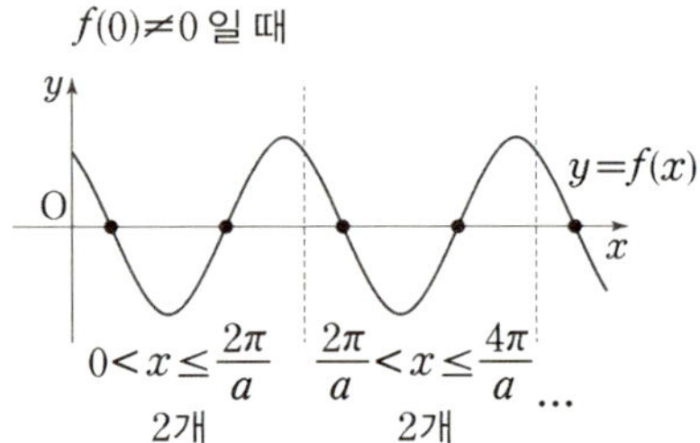

따라서 교점의 개수가 7이려면

$f(0) = 0$이고 $a = 3$이어야 한다.

$f(0) = \sin\left(\dfrac{b}{3}\pi\right) = 0$이고 b는 5 이하의 자연수이므로

$\dfrac{b}{3}\pi = \pi$에서 $b = 3$이다.

$\therefore ab = 3 \times 3 = 9$

답 9

101

두 함수 $f(x)$, $g(x)$가 서로 역함수 관계이므로

$g\left(\dfrac{1}{2}\right) = a$라 하면 $f(a) = \dfrac{1}{2}$이다. (단, $-\pi < a < \pi$)

따라서 $\sin\dfrac{a}{2}=\dfrac{1}{2}$ 에서 $\dfrac{a}{2}=\dfrac{\pi}{6}$ 이다.

$$\therefore\ a=\dfrac{\pi}{3}$$

답 ⑤

102

$0\le x\le 2\pi$ 에서

부등식 $2\cos x\le\sqrt{3}$, 즉 $\cos x\le\dfrac{\sqrt{3}}{2}$ 의 해는

$\dfrac{\pi}{6}\le x\le\dfrac{11}{6}\pi$ 이다.

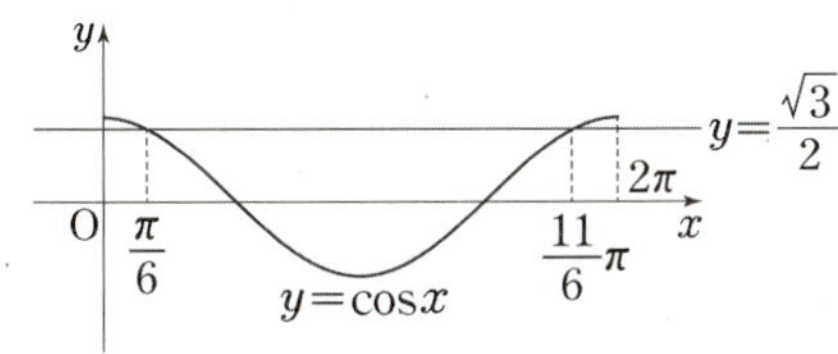

따라서 $\beta-\alpha=\dfrac{11}{6}\pi-\dfrac{\pi}{6}=\dfrac{5}{3}\pi$ 이다.

$$\therefore\ \cos(\beta-\alpha)=\cos\left(\dfrac{5}{3}\pi\right)=\cos\left(2\pi-\dfrac{\pi}{3}\right)$$
$$=\cos\dfrac{\pi}{3}=\dfrac{1}{2}$$

답 ④

103

삼각함수 사이의 관계에 의하여

$\sin^2\theta+\cos^2\theta=1$ 이므로 $\sin^2\theta-1=-\cos^2\theta$ 이고,

$\tan\theta=\dfrac{\sin\theta}{\cos\theta}$ 이므로 $\cos\theta\tan\theta=\sin\theta$ 이다.

따라서

$$(\sin^2\theta-1)(1-\tan^2\theta)=-\cos^2\theta(1-\tan^2\theta)$$
$$=-\cos^2\theta+\cos^2\theta\tan^2\theta$$
$$=(\sin^2\theta-1)+\sin^2\theta$$
$$=2\sin^2\theta-1=\dfrac{1}{3}$$

$\sin^2\theta=\dfrac{2}{3}$,

$\sin\theta=\dfrac{\sqrt{6}}{3}$ 이므로

$$\cos\theta=-\sqrt{1-\sin^2\theta}\ \left(\because\ \dfrac{\pi}{2}<\theta<\pi\right)$$
$$=-\dfrac{\sqrt{3}}{3}$$

$$\therefore\ \sin\theta-\cos\theta=\dfrac{\sqrt{6}}{3}-\left(-\dfrac{\sqrt{3}}{3}\right)=\dfrac{\sqrt{6}+\sqrt{3}}{3}$$

답 ①

104

$$f(x)=k\sin x+\sin(\pi+x)$$
$$=k\sin x-\sin x$$
$$=(k-1)\sin x\text{이므로}$$

(i) $k<1$ 인 경우

$k-1\le f(x)\le 1-k$ 이므로

함수 $f(x)$ 의 최솟값은 $k-1=3k$ 이다.

따라서 이 경우 $k=-\dfrac{1}{2}$ 이다.

(ii) $k=1$ 인 경우

모든 실수 x 에 대하여 $f(x)=0$ 이므로 최솟값이

$3k=3$ 이라는 조건에 어긋난다.

(iii) $k>1$ 인 경우

$1-k\le f(x)\le k-1$ 이므로

함수 $f(x)$ 의 최솟값은 $1-k=3k$ 이다.

즉, $k=\dfrac{1}{4}$ 이므로 $k>1$ 인 조건에 어긋난다.

(i)~(iii)에 의하여 $f(x)=-\dfrac{3}{2}\sin x$ 이다.

$$\therefore\ f\left(\dfrac{\pi}{6}\right)=-\dfrac{3}{2}\times\dfrac{1}{2}=-\dfrac{3}{4}$$

답 ①

105

$2\cos^2\left(x-\dfrac{\pi}{6}\right)-3\sin\left(x+\dfrac{\pi}{3}\right)+1\le 0$ 에서

$x-\dfrac{\pi}{6}=t$ 라 하면 $-\dfrac{7}{6}\pi\le t\le\dfrac{5}{6}\pi$ 이고

$2\cos^2 t-3\sin\left(t+\dfrac{\pi}{2}\right)+1\le 0$ 이다.

삼각함수 성질에 의하여

$\sin\left(t+\dfrac{\pi}{2}\right)=\cos t$ 이므로

$2\cos^2 t-3\cos t+1\le 0$,

$(2\cos t-1)(\cos t-1)\le 0$,

$\dfrac{1}{2}\le\cos t\le 1$ 이다.

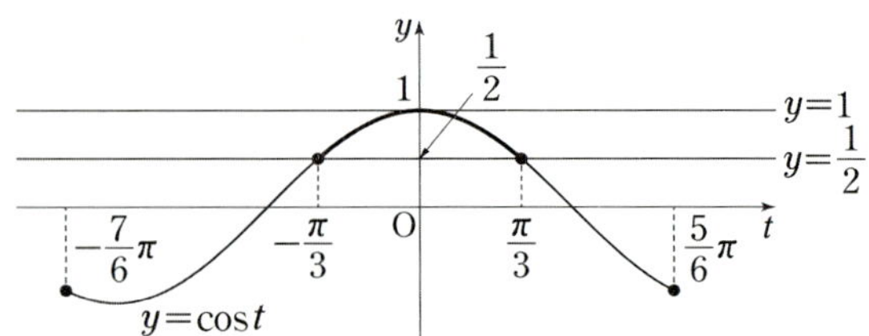

$-\dfrac{7}{6}\pi \le t \le \dfrac{5}{6}\pi$에서 부등식 $\dfrac{1}{2} \le \cos t \le 1$의 해는

$-\dfrac{\pi}{3} \le t \le \dfrac{\pi}{3}$이다.

따라서 주어진 부등식의 해는 $-\dfrac{\pi}{6} \le x \le \dfrac{\pi}{2}$이므로

$a = -\dfrac{1}{6}$, $b = \dfrac{1}{2}$이다.

$\therefore\ a+b = -\dfrac{1}{6} + \dfrac{1}{2} = \dfrac{1}{3}$

답 ①

106

함수 $3\sin(ax)$의 주기는 $\dfrac{2\pi}{a}$이므로 $(\because a > 0)$

두 점 $(\alpha,\ -1)$, $(\beta,\ -1)$은 직선 $x = \dfrac{3\pi}{2a}$에 대하여 대칭이다.

따라서 $\alpha + \beta = \dfrac{3\pi}{a}$이므로

$\cos(\alpha + \beta) = \cos\left(\dfrac{3\pi}{a}\right) = \dfrac{1}{2}$을 만족시키려면

$\dfrac{3\pi}{a} = \dfrac{\pi}{3},\ \dfrac{5}{3}\pi,\ \dfrac{7}{3}\pi,\ \dfrac{11}{3}\pi,\ \cdots$이어야 한다.

즉, $a = 9,\ \dfrac{9}{5},\ \dfrac{9}{7},\ \dfrac{9}{11},\ \cdots$이므로

구하는 자연수 a의 값은 9이다.

답 9

107

선분 AP가 $\angle \mathrm{BAC}$의 이등분선이고

$\overline{\mathrm{AB}} : \overline{\mathrm{AC}} = 4 : 3$이므로

$\overline{\mathrm{BP}} : \overline{\mathrm{PC}} = 4 : 3$

$\overline{\mathrm{PC}} = 3k\ (k > 0)$라 하면 $\overline{\mathrm{BP}} = 4k$이므로

$\overline{\mathrm{BC}} = 7k$

삼각형 ABC에서 코사인법칙에 의하여

$\overline{\mathrm{BC}}^2 = 4^2 + 3^2 - 2 \times 4 \times 3 \times \cos\dfrac{\pi}{3}$

$(7k)^2 = 16 + 9 - 24 \times \dfrac{1}{2}$

$49k^2 = 13,\ k^2 = \dfrac{13}{49}$

$\therefore\ k = \dfrac{\sqrt{13}}{7}$, 즉 $\overline{\mathrm{PC}} = \dfrac{3\sqrt{13}}{7}$

삼각형 APC의 외접원의 반지름의 길이를 R라 하면 사인법칙에 의하여

$\dfrac{\dfrac{3\sqrt{13}}{7}}{\sin\dfrac{\pi}{6}} = 2R$

$\therefore\ R = \dfrac{\dfrac{3\sqrt{13}}{7}}{\dfrac{1}{2}} \times \dfrac{1}{2} = \dfrac{3\sqrt{13}}{7}$

따라서 삼각형 APC의 외접원의 넓이는

$\pi \times \left(\dfrac{3\sqrt{13}}{7}\right)^2 = \dfrac{117}{49}\pi$

답 ①

108

다음 그림과 같이 점 R에서 선분 AD에 내린 수선의 발을 H라 하자.

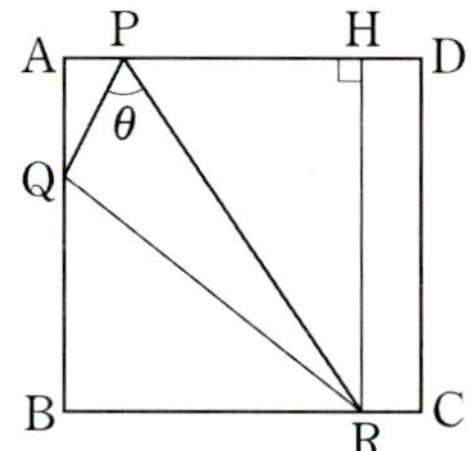

정사각형 ABCD의 한 변의 길이를 $6k\ (k > 0)$라 하면 직각삼각형 PRH에서 $\overline{\mathrm{PH}} = 4k$, $\overline{\mathrm{HR}} = 6k$이므로

$\overline{\mathrm{PR}} = \sqrt{(4k)^2 + (6k)^2} = 2\sqrt{13}\,k$

직각삼각형 PAQ에서 $\overline{\mathrm{AP}} = k$, $\overline{\mathrm{AQ}} = 2k$이므로

$\overline{\mathrm{PQ}} = \sqrt{k^2 + (2k)^2} = \sqrt{5}\,k$

직각삼각형 QBR에서 $\overline{\mathrm{QB}} = 4k$, $\overline{\mathrm{BR}} = 5k$이므로

$\overline{\mathrm{QR}} = \sqrt{(4k)^2 + (5k)^2} = \sqrt{41}\,k$

따라서 삼각형 PQR에서 코사인법칙에 의하여

$\cos\theta = \dfrac{(\sqrt{5}\,k)^2 + (2\sqrt{13}\,k)^2 - (\sqrt{41}\,k)^2}{2 \times \sqrt{5}\,k \times 2\sqrt{13}\,k}$

$= \dfrac{4}{\sqrt{65}} = \dfrac{4\sqrt{65}}{65}$

삼각함수 사이의 관계에 의하여

$\sin^2\theta = 1 - \cos^2\theta$이므로

$$\sin^2\theta = 1 - \left(\frac{4\sqrt{65}}{65}\right)^2 = \frac{49}{65}$$

답 ③

109

그림과 같이 원이 두 선분 AB, AC와 만나는 점을 각각
E, F라 하자.

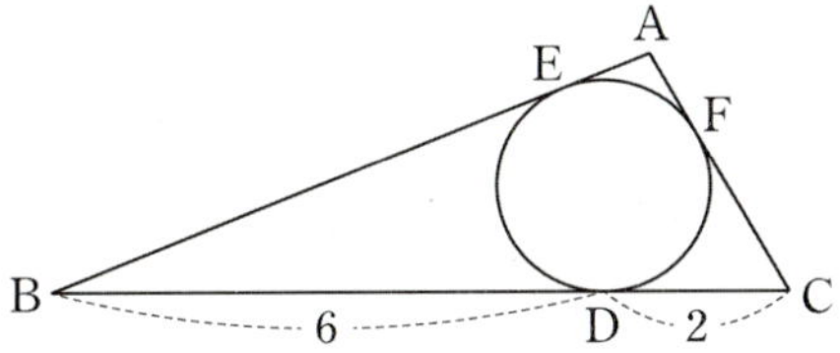

원이 삼각형 ABC에 내접하므로

$\overline{\mathrm{BE}} = \overline{\mathrm{BD}} = 6$, $\overline{\mathrm{CF}} = \overline{\mathrm{CD}} = 2$

$\overline{\mathrm{AE}} = \overline{\mathrm{AF}} = x$ $(x > 0)$라 하면

$\overline{\mathrm{AB}} = x + 6$, $\overline{\mathrm{BC}} = 8$, $\overline{\mathrm{CA}} = x + 2$

한편 원의 중심을 O라 할 때, 직각삼각형 ODC에서

$\overline{\mathrm{OD}} : \overline{\mathrm{DC}} = 1 : \sqrt{3}$이므로

$\angle\mathrm{OCD} = 30°$이고 $\angle\mathrm{ACB} = 60°$이다.

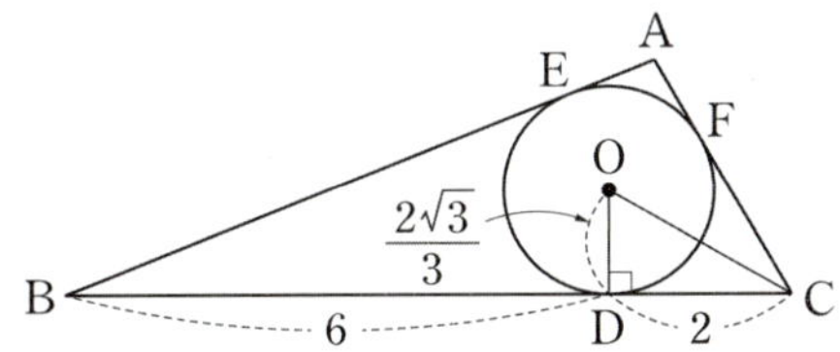

따라서 삼각형 ABC에서 코사인법칙에 의하여

$(x+6)^2 = 8^2 + (x+2)^2 - 2 \times 8 \times (x+2) \times \cos 60°$

$x^2 + 12x + 36 = x^2 - 4x + 52$

$16x = 16$ $\qquad \therefore\ x = 1$

삼각형 ABC의 외접원의 반지름의 길이를 R라 하면

$\overline{\mathrm{AB}} = 7$, $\angle\mathrm{ACB} = 60°$이므로 사인법칙에 의하여

$$\frac{\overline{\mathrm{AB}}}{\sin(\angle\mathrm{ACB})} = 2R, \quad \frac{7}{\sin 60°} = 2R$$

$$\therefore\ R = 7 \times \frac{2}{\sqrt{3}} \times \frac{1}{2} = \frac{7}{\sqrt{3}}$$

따라서 구하는 삼각형 ABC의 외접원의 넓이는

$$\pi R^2 = \pi \times \left(\frac{7}{\sqrt{3}}\right)^2 = \frac{49}{3}\pi$$

답 ③

110

5 이하인 모든 자연수 k에 대하여
$f(x) = \sin(k\pi x)$는 $f(k-1) = 0$이며 주기가

$\dfrac{2\pi}{k\pi} = \dfrac{2}{k}$이다.

함수 $y = \cos(\pi x)$는 주기가 $\dfrac{2\pi}{\pi} = 2$이다.

따라서 그림과 같이
두 함수 $y = f(x)$, $y = \cos(\pi x)$의 그래프의 교점은

$0 \le x < 1$에서 1개,

$1 \le x < 2$에서 1개,

$2 \le x < 3$에서 3개,

$3 \le x < 4$에서 3개,

$4 \le x \le 5$에서 5개이다.

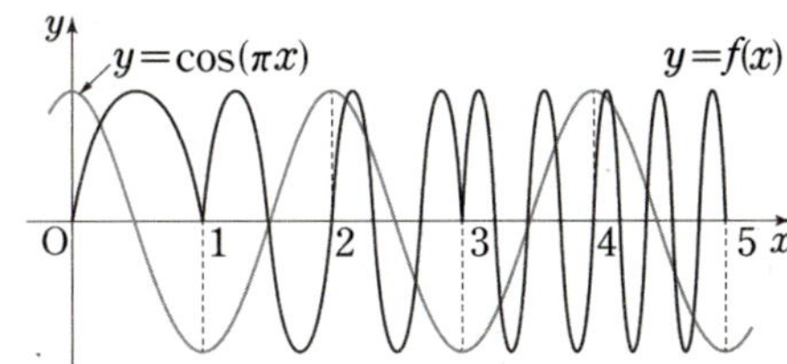

따라서 모든 교점의 개수는 $1 + 1 + 3 + 3 + 5 = 13$이다.

답 ②

111

함수 $y = 3\sin 4x + 2$는 주기가 $\dfrac{2\pi}{4} = \dfrac{\pi}{2}$, 최댓값이

$3 + 2 = 5$, 최솟값이 $-3 + 2 = -1$이므로 닫힌구간
$[0,\ 2\pi]$에서 곡선 $y = |3\sin 4x + 2|$는 다음 그림과 같다.

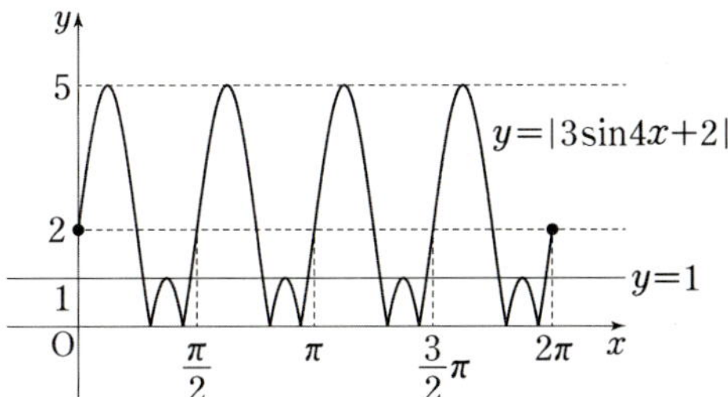

따라서 닫힌구간 $[0,\ 2\pi]$에서 곡선 $y = |3\sin 4x + 2|$와
직선 $y = 1$이 만나는 서로 다른 점의 개수는

$3 \times 4 = 12$

답 ③

112

$0 \le x \le 2\pi$일 때

방정식 $\sin(2x) \times \cos(3x) = 0$의 서로 다른 실근의

개수는

두 방정식 $\sin(2x) = 0$, $\cos(3x) = 0$의 서로 다른 실근의

개수의 합과 같다.

방정식 $\sin(2x) = 0$의 실근은

$0,\ \dfrac{\pi}{2},\ \pi,\ \dfrac{3}{2}\pi,\ 2\pi$이고

방정식 $\cos(3x) = 0$의 실근은

$\dfrac{\pi}{6},\ \dfrac{\pi}{2},\ \dfrac{5}{6}\pi,\ \dfrac{7}{6}\pi,\ \dfrac{3}{2}\pi,\ \dfrac{11}{6}\pi$이다.

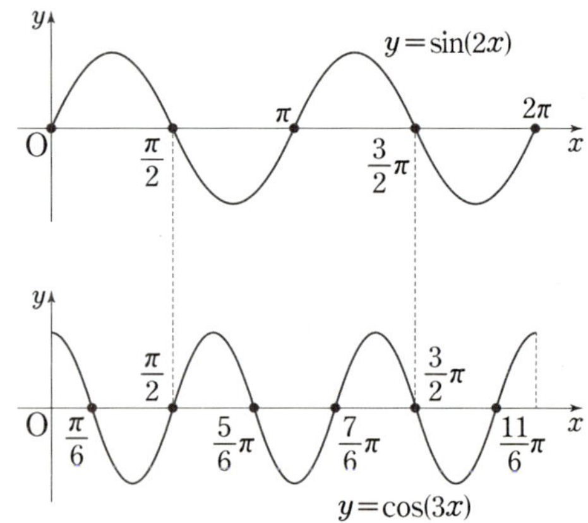

이때 두 방정식은 $\dfrac{\pi}{2},\ \dfrac{3}{2}\pi$를 모두 실근으로 가지므로

구하는 서로 다른 실근의 개수는

$5 + 6 - 2 = 9$이다.

답 ④

113

$4\cos^2\theta - 3 \ge 0$에서

$(2\cos\theta - \sqrt{3})(2\cos\theta + \sqrt{3}) \ge 0$이므로

$\cos\theta \le -\dfrac{\sqrt{3}}{2}$ 또는 $\cos\theta \ge \dfrac{\sqrt{3}}{2}$이다.

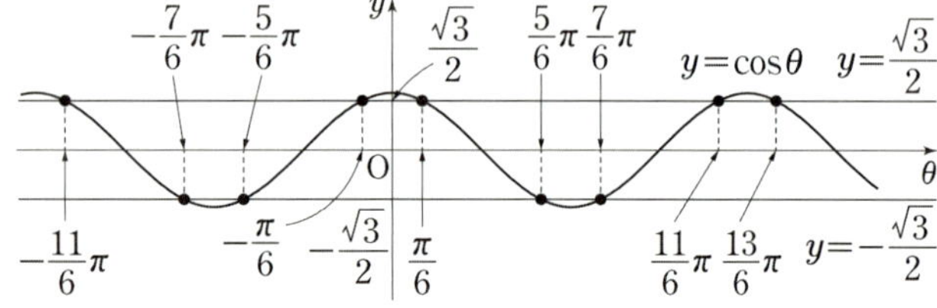

위의 그림에서 주어진 부등식을 만족시키는 θ의 값의 범위는

$2n\pi - \dfrac{\pi}{6} \le \theta \le 2n\pi + \dfrac{\pi}{6}$ 또는

$2n\pi + \dfrac{5}{6}\pi \le \theta \le 2n\pi + \dfrac{7}{6}\pi$ (단, n은 정수)이다.

이때 점 P가 나타내는 곡선의 길이는 반지름의 길이가 1이고

중심각의 크기가 $\dfrac{\pi}{3}$인 부채꼴의 호의 길이의 2배와 같다.

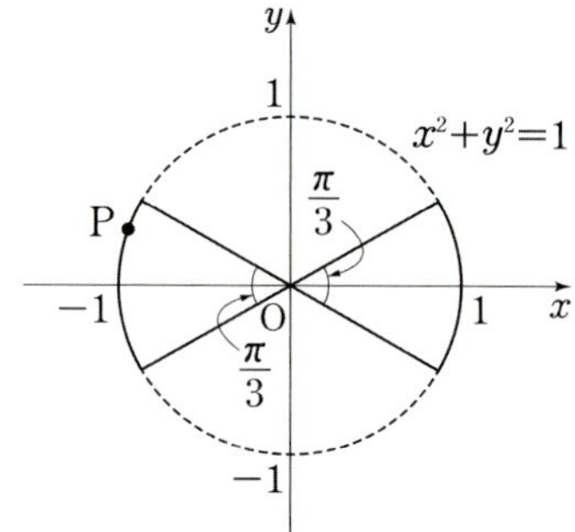

따라서 구하는 곡선의 길이는

$2 \times \left(1 \times \dfrac{\pi}{3}\right) = \dfrac{2}{3}\pi$이다.

답 ②

114

이차방정식 $3x^2 - ax + 4 = 0$에서 근과 계수의 관계에

의하여

$$x_1 + x_2 = \dfrac{a}{3} \qquad\qquad \cdots\cdots ㉠$$

$$x_1 x_2 = \dfrac{4}{3} \qquad\qquad \cdots\cdots ㉡$$

㉡에 의하여

$$\tan(x_1 x_2 \pi) = \tan\dfrac{4}{3}\pi = \tan\dfrac{\pi}{3} = \sqrt{3}$$

즉, $\tan(x_1 x_2 \pi) = x_1 - x_2$이므로

$$x_1 - x_2 = \sqrt{3} \qquad\qquad \cdots\cdots ㉢$$

따라서 ㉠에 의하여 $a = 3(x_1 + x_2)$이므로

$$\begin{aligned}
|a| &= 3|x_1 + x_2| \\
&= 3\sqrt{(x_1 - x_2)^2 + 4x_1 x_2} \\
&= 3\sqrt{(\sqrt{3})^2 + 4 \times \dfrac{4}{3}} \quad (\because ㉡, ㉢) \\
&= 5\sqrt{3}
\end{aligned}$$

답 ①

115

방정식 $16\cos^2 x - 8\cos x = k$에서 $\cos x = t$라 하자.

$-1 \le t \le 1$인 모든 실수 t에 대하여

방정식 $16t^2 - 8t = k$, 즉 $16\left(t - \dfrac{1}{4}\right)^2 - 1 = k$가 실근을 갖지 않아야 한다.

따라서 $-1 \le t \le 1$에서 $f(t) = 16\left(t - \dfrac{1}{4}\right)^2 - 1$이라 할 때,

곡선 $y = f(t)$와 직선 $y = k$가 만나지 않아야 한다.

이때 $f(-1) = 24$, $f\left(\dfrac{1}{4}\right) = -1$, $f(1) = 8$이므로

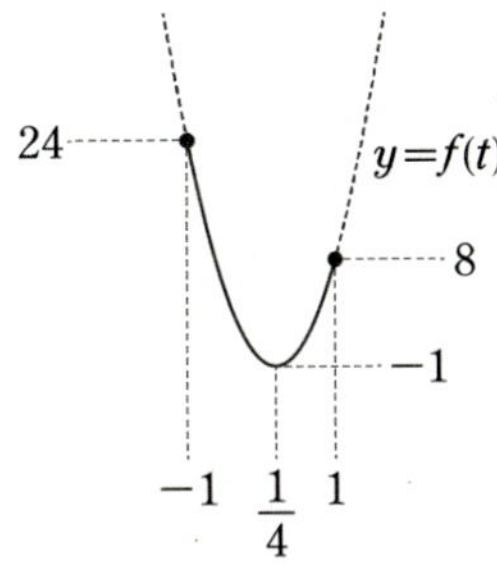

$k > 24$ 또는 $k < -1$이어야 한다.

$\therefore\ m - M = 25 - (-2) = 27$

답 27

116

두 호 AB, CD와 두 선분 AC, BD로 둘러싸인 도형의 넓이를 S, 둘레의 길이를 l이라 하고

$\overline{AC} = a$라 하자. (단, $a > 0$)

$\overline{OA} : \overline{OC} = 4 : 3$이므로

$\overline{OA} = 4a$, $\overline{OC} = 3a$이다.

따라서

$$S = \dfrac{1}{2} \times (4a)^2 \times \dfrac{3}{7}\pi - \dfrac{1}{2} \times (3a)^2 \times \dfrac{3}{7}\pi$$

$$= \dfrac{3}{2}a^2\pi = 6\pi$$

이므로 $a = 2$이다.

$$\therefore\ l = 2a + 4a \times \dfrac{3}{7}\pi + 3a \times \dfrac{3}{7}\pi$$

$$= (2 + 3\pi)a = 4 + 6\pi$$

답 ④

117

모든 실수 θ에 대하여 $\sin^2\theta + \cos^2\theta = 1$이므로

양변을 $\cos^2\theta$로 나누면 $\tan^2\theta + 1 = \dfrac{1}{\cos^2\theta}$이다.

(단, $\cos\theta \neq 0$)

따라서

$$f(x) = x^2 - 2x\tan\theta - \dfrac{1}{\cos^2\theta}$$

$$= x^2 - 2x\tan\theta - (\tan^2\theta + 1)$$

$$= (x - \tan\theta)^2 - 2\tan^2\theta - 1$$

이다.

곡선 $y = f(x)$의 꼭짓점 $(\tan\theta,\ -2\tan^2\theta - 1)$이 직선 $2x + y + 5 = 0$ 위에 있으려면

$2\tan\theta + (-2\tan^2\theta - 1) + 5 = 0$이어야 한다.

이를 정리하면

$-2\tan^2\theta + 2\tan\theta + 4 = 0$,

$\tan^2\theta - \tan\theta - 2 = 0$,

$(\tan\theta + 1)(\tan\theta - 2) = 0$이므로

$\tan\theta = -1$ 또는 $\tan\theta = 2$이다.

$\therefore\ a^2 + b^2 = (-1)^2 + 2^2 = 5$

답 5

118

사각형 ABCD에 외접하는 원의 반지름의 길이를 R라 하면 삼각형 ACD에서 사인법칙에 의하여

$$\dfrac{\overline{AC}}{\sin(\angle ADC)} = 2R$$이다.

$$\therefore\ R = \dfrac{\overline{AC}}{\sin(\angle ADC)} \times \dfrac{1}{2}$$

$$= \dfrac{3}{\sin 30°} \times \dfrac{1}{2}$$

$$= \dfrac{3}{\frac{1}{2}} \times \dfrac{1}{2} = 3$$

한편 삼각형 DAB에서 사인법칙에 의하여

$$\dfrac{\overline{BD}}{\sin(\angle DAB)} = 2R$$이므로

$$\sin(\angle DAB) = \dfrac{\overline{BD}}{2R} = \dfrac{2\sqrt{5}}{2 \times 3} = \dfrac{\sqrt{5}}{3}$$이다.

$$\therefore\ \sin^2(\angle DAB) = \left(\dfrac{\sqrt{5}}{3}\right)^2 = \dfrac{5}{9}$$

따라서 삼각함수 사이의 관계에 의하여

$$\cos^2(\angle DAB) = 1 - \sin^2(\angle DAB)$$

$$= 1 - \dfrac{5}{9} = \dfrac{4}{9}$$

이므로

$$\tan^2(\angle DAB) = \frac{\sin^2(\angle DAB)}{\cos^2(\angle DAB)}$$

$$= \frac{\dfrac{5}{9}}{\dfrac{4}{9}} = \frac{5}{4}$$

$$\therefore\ pq = 4 \times 5 = 20$$

📍 답 20

119

점 D가 선분 CA를 $3:1$로 내분하는 점이므로

$$\overline{AD} = 2,\ \overline{CD} = 6$$

삼각형 ABD에서 사인법칙에 의하여

$$\frac{\overline{BD}}{\sin(\angle BAD)} = 2R_1,\ \frac{\overline{BD}}{\sin\dfrac{\pi}{6}} = 2R_1$$

$$\therefore\ R_1 = \overline{BD}$$

삼각형 ABD에서 코사인법칙에 의하여

$$\overline{BD}^2 = \overline{AB}^2 + \overline{AD}^2 - 2 \times \overline{AB} \times \overline{AD} \times \cos(\angle BAD)$$

$$= (2\sqrt{3})^2 + 2^2 - 2 \times 2\sqrt{3} \times 2 \times \frac{\sqrt{3}}{2} = \boxed{4}$$

이때 삼각형 ABD는 $\overline{AD} = \overline{BD}$ 인 이등변삼각형이므로

$$\angle BDC = \angle DBA + \angle BAD = \frac{\pi}{6} + \frac{\pi}{6} = \frac{\pi}{3}$$

삼각형 BCD에서 사인법칙에 의하여

$$\frac{\overline{BC}}{\sin(\angle BDC)} = 2R_2,\ \frac{\overline{BC}}{\sin\dfrac{\pi}{3}} = 2R_2$$

$$\therefore\ R_2 = \boxed{\frac{\sqrt{3}}{3}} \times \overline{BC}$$

삼각형 BCD에서 코사인법칙에 의하여

$$\overline{BC}^2 = \overline{BD}^2 + \overline{CD}^2 - 2 \times \overline{BD} \times \overline{CD} \times \cos(\angle BDC)$$

$$= 2^2 + 6^2 - 2 \times 2 \times 6 \times \frac{1}{2} = \boxed{28}$$

$$\therefore\ R_1{}^2 \times R_2{}^2 = \overline{BD}^2 \times \left(\frac{\sqrt{3}}{3} \times \overline{BC}\right)^2$$

$$= 4 \times \frac{1}{3} \times 28 = \frac{112}{3}$$

따라서 $p = 4,\ q = \dfrac{\sqrt{3}}{3},\ r = 28$이므로

$$q^2 \times (2p + r) = \frac{1}{3} \times (2 \times 4 + 28) = 12$$

📍 답 12

120

$\angle ABC = \dfrac{\pi}{2}$이고 $\overline{AB} : \overline{BC} = 4 : 3$이라 주어졌으므로

$\overline{AB} = 4t,\ \overline{BC} = 3t$라 하면 (단, $t > 0$인 상수)

피타고라스 정리에 의하여

$$\overline{CA} = \sqrt{(4t)^2 + (3t)^2} = 5t\,\text{이다.}$$

한편 세 점 A, B, C는 각각 세 직사각형의 두 대각선의

교점이므로

$$\overline{AD} = \overline{AF},\ \overline{BD} = \overline{BE},\ \overline{CE} = \overline{CF}\,\text{이다.}$$

이때 $\overline{CE} = \overline{CF} = a$라 하면

$$\overline{AD} = \overline{AF} = 5t - a,$$

$$\overline{BD} = \overline{BE} = 3t - a\text{이므로}$$

$\overline{AB} = \overline{AD} + \overline{BD}$ 에서

$$4t = (5t - a) + (3t - a),$$

$$a = 2t\,\text{이다.}$$

한편 $\overline{BF} = \sqrt{29}$ 라

주어졌으므로

삼각형 BCF에서 코사인법칙에 의하여

$$29 = (3t)^2 + (2t)^2 - 2 \times 3t \times 2t \times \cos(\angle ACB)$$

$$29 = 13t^2 - 12t^2 \times \frac{3}{5},$$

$$29 = \frac{29}{5}t^2,$$

$$t = \sqrt{5}\,\text{이다.}$$

따라서

$$\overline{AD} = \overline{AF} = 3t = 3\sqrt{5},$$

$$\overline{BD} = \overline{BE} = t = \sqrt{5},$$

$$\overline{CE} = \overline{CF} = 2t = 2\sqrt{5}\text{이므로}$$

$S_1 = (\text{삼각형 ADF의 넓이}) \times 4$

$$= \left\{\frac{1}{2} \times (3\sqrt{5})^2 \times \sin(\angle CAB)\right\} \times 4$$

$$= \left(\frac{1}{2} \times 45 \times \frac{3}{5}\right) \times 4 = 54$$

$S_2 = (\text{삼각형 BDE의 넓이}) \times 4$

$$= \left(\frac{1}{2} \times \sqrt{5}^2\right) \times 4 = 10$$

$S_3 = (\text{삼각형 CEF의 넓이}) \times 4$

$$= \left\{\frac{1}{2} \times (2\sqrt{5})^2 \times \sin(\angle ACB)\right\} \times 4$$

$$= \left(\frac{1}{2} \times 20 \times \frac{4}{5}\right) \times 4 = 32$$

$$\therefore \ S_1 + S_2 + S_3 = 54 + 10 + 32 = 96$$

답 96

121

구하는 모든 실근의 합은

$-2\pi < x < 2\pi$에서 두 곡선 $y = \sin x$, $y = \cos x$가

만나는 점의 x좌표의 합과 같다.

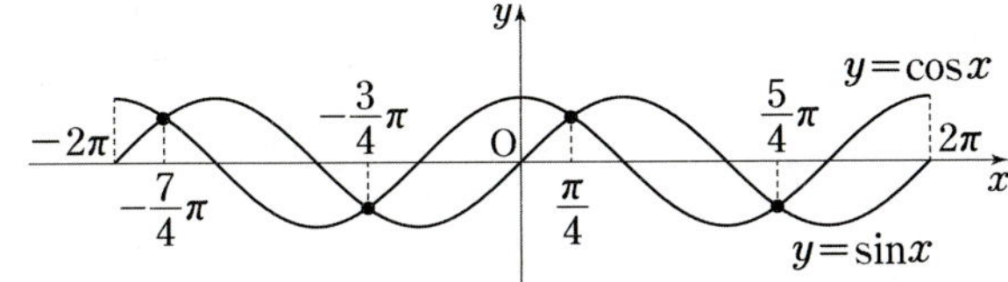

따라서 구하는 모든 실근의 합은

$$\left(-\frac{7}{4}\pi\right) + \left(-\frac{3}{4}\pi\right) + \frac{\pi}{4} + \frac{5}{4}\pi = -\pi \text{이다.}$$

다른풀이

$\cos x = 0$이면 $\sin x = -1$ 또는 $\sin x = 1$이므로

방정식 $\cos x = 0$의 실근은 방정식 $\sin x = \cos x$의

실근이 될 수 없다.

따라서 $-2\pi < x < 2\pi$에서

방정식 $\sin x = \cos x$의 모든 실근의 합은

방정식 $\dfrac{\sin x}{\cos x} = \dfrac{\cos x}{\cos x}$, 즉 $\tan x = 1$의 모든 실근의

합과 같다.

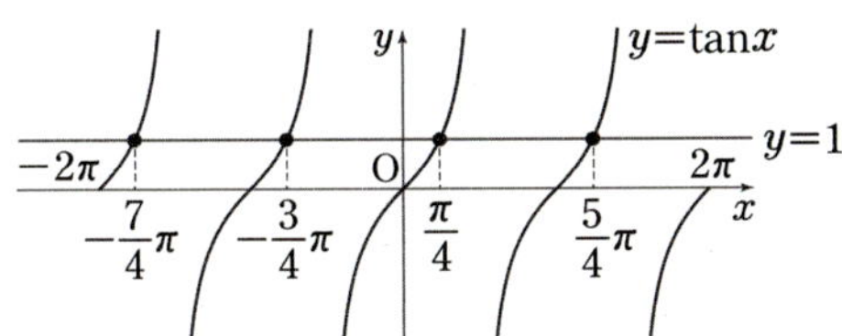

따라서 구하는 모든 실근의 합은

$$\left(-\frac{7}{4}\pi\right) + \left(-\frac{3}{4}\pi\right) + \frac{\pi}{4} + \frac{5}{4}\pi = -\pi \text{이다.}$$

답 ②

122

모든 실수 x에 대하여

$\{f(x+a) - f(x)\}^2 + \{g(x+a) - g(x)\}^2 = 0$이려면

$f(x+a) = f(x)$이고 $g(x+a) = g(x)$이어야 한다.

함수 $f(x) = \sin \dfrac{\pi}{3}x$의 주기는 $\dfrac{2\pi}{\frac{\pi}{3}} = 6$이므로

모든 실수 x에 대하여 $f(x+a) = f(x)$를 만족시키는

양수 a의 값은 $6, 12, 18, 24, \cdots$이다. ……㉠

함수 $g(x) = \cos \dfrac{\pi}{4}x$의 주기는 $\dfrac{2\pi}{\frac{\pi}{4}} = 8$이므로

모든 실수 x에 대하여 $g(x+a) = g(x)$를 만족시키는

양수 a의 값은 $8, 16, 24, 32, \cdots$이다. ……㉡

따라서 ㉠, ㉡을 모두 만족시키는 양수 a의 최솟값은

6과 8의 최소공배수인 24이다.

답 ②

123

$|2\sin^2 x - 1| = \cos x$에서

$|2(1 - \cos^2 x) - 1| = \cos x$

$|1 - 2\cos^2 x| = \cos x$

(i) $1 - 2\cos^2 x \geq 0$, 즉 $\cos^2 x \leq \dfrac{1}{2}$일 때

$1 - 2\cos^2 x = \cos x$, $2\cos^2 x + \cos x - 1 = 0$

$(\cos x + 1)(2\cos x - 1) = 0$

$\cos x = -1$ 또는 $\cos x = \dfrac{1}{2}$

그런데 $\cos^2 x \leq \dfrac{1}{2}$이어야 하므로 $\cos x = \dfrac{1}{2}$

$\therefore \ x = \dfrac{\pi}{3}$ 또는 $x = \dfrac{5}{3}\pi \ (\because \ 0 \leq x < 2\pi)$

(ii) $1 - 2\cos^2 x < 0$, 즉 $\cos^2 x > \dfrac{1}{2}$일 때

$2\cos^2 x - 1 = \cos x$, $2\cos^2 x - \cos x - 1 = 0$

$(2\cos x + 1)(\cos x - 1) = 0$

$\cos x = -\dfrac{1}{2}$ 또는 $\cos x = 1$

그런데 $\cos^2 x > \dfrac{1}{2}$이어야 하므로 $\cos x = 1$

$\therefore \ x = 0 \ (\because \ 0 \leq x < 2\pi)$

(i), (ii)에 의하여 구하는 모든 실근의 합은

$$\frac{\pi}{3} + \frac{5}{3}\pi = 2\pi$$

답 ⑤

124

두 함수 $y = f(b+x)$, $y = f(b-x)$의 그래프가 x축에
대하여 대칭이라는 것은
두 함수 $y = f(b+x)$, $y = -f(b-x)$의 그래프가
일치하는 것과 같다.
이때
$f(b+x) = \tan\{a(x+b)\}$이고
$-f(b-x) = -\tan\{a(b-x)\} = \tan\{a(x-b)\}$이므로
함수 $y = f(b+x)$의 그래프를 x축의 방향으로 $2b$만큼
평행이동시키면
함수 $y = -f(b-x)$의 그래프와 일치한다.
이때 이를 만족시키는 양수 b의 최솟값이 3π이므로
함수 $f(x)$의 주기가 $2 \times 3\pi$이어야 한다.

즉, $\dfrac{\pi}{a} = 6\pi$에서 $a = \dfrac{1}{6}$이다.

답 ①

125

방정식 $f(x) = a$의 서로 다른 모든 실근의 합이

$\dfrac{5}{3}\pi$이므로

곡선 $y = f(x)$와 직선 $y = a$의 서로 다른 모든 교점의

x좌표의 합이 $\dfrac{5}{3}\pi$이다.   ……㉠

$a \le 0$인 경우 [그림 1]과 같이
1개의 교점을 가지고 이 교점의 x좌표를 α라 하면

$\dfrac{\pi}{2} < \alpha \le \pi$이다.

$a > 0$인 경우 [그림 2]와 같이
2개의 교점을 가지고 함수 $\tan x$의 주기가 π이므로
서로 다른 두 교점의 x좌표를 β, $\beta + \pi$라 할 수 있다.

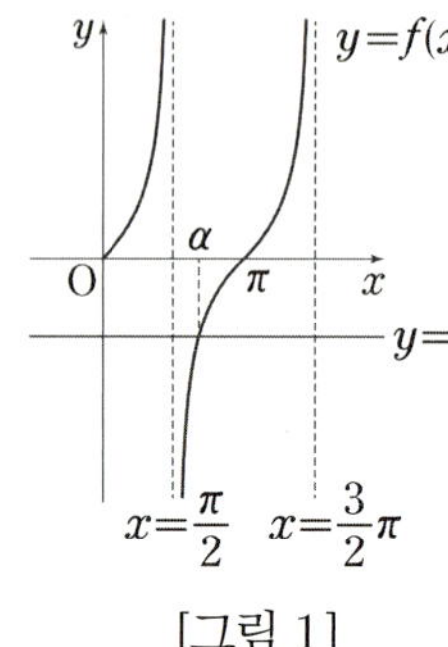 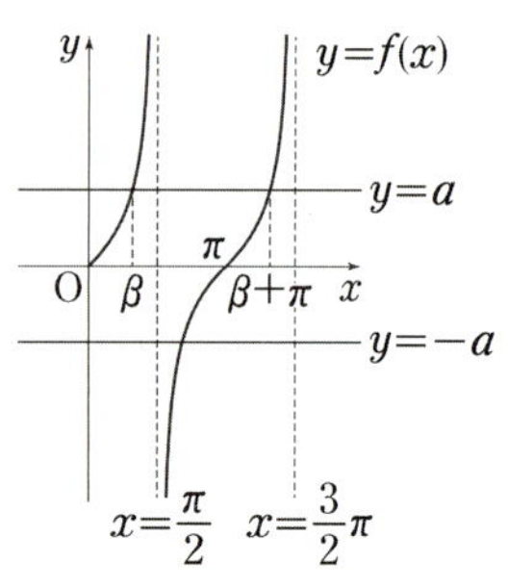

[그림 1]   [그림 2]

이때 ㉠을 만족시키려면 $a > 0$이고

$\beta + (\beta + \pi) = \dfrac{5}{3}\pi$, 즉 $\beta = \dfrac{\pi}{3}$이어야 한다.

따라서 $a = f\left(\dfrac{\pi}{3}\right) = \sqrt{3}$이므로

방정식 $f(x) = -a$, 즉 $\tan x = -\sqrt{3}$의 실근은 $\dfrac{2}{3}\pi$이다.

답 ③

> **참고**
>
> $\beta = \dfrac{\pi}{3}$임을 구한 뒤,
>
> 곡선 $y = f(x)$와 직선 $y = -a$의 교점의 x좌표를 구할 때 삼각함수의
> 그래프의 대칭성을 이용할 수도 있다.
> 곡선 $y = \tan x$는 점 $(\pi, 0)$에 대하여 대칭이므로
> 교점의 x좌표를 k라 하면
> 그림과 같이 두 점 $\left(\dfrac{4}{3}\pi, a\right)$, $(k, -a)$도 점 $(\pi, 0)$에 대하여
> 대칭이다.
>
> 즉, $\dfrac{\frac{4}{3}\pi + k}{2} = \pi$이므로 $k = \dfrac{2}{3}\pi$이다.
>
> 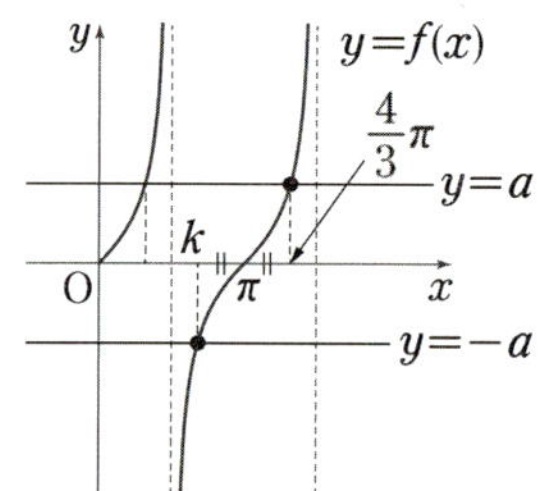

126

삼각함수 사이의 관계에 의하여
$\sin^2\theta + \cos^2\theta = 1$이므로

$\sin\theta + \cos\theta = \dfrac{\sqrt{5}}{2}$의 양변을 제곱하여 정리하면

$\sin^2\theta + 2\sin\theta\cos\theta + \cos^2\theta = \dfrac{5}{4}$,

$1 + 2\sin\theta\cos\theta = \dfrac{5}{4}$,

$\sin\theta\cos\theta = \dfrac{1}{8}$이다.

$\therefore \tan^2\theta + \dfrac{1}{\tan^2\theta}$

$= \dfrac{\sin^2\theta}{\cos^2\theta} + \dfrac{\cos^2\theta}{\sin^2\theta}$

$= \dfrac{\sin^4\theta + \cos^4\theta}{(\sin\theta\cos\theta)^2}$

$= 64\{\sin^2\theta(1 - \cos^2\theta) + \cos^2\theta(1 - \sin^2\theta)\}$

$$= 64\{1 - 2(\sin\theta\cos\theta)^2\}$$
$$= 64\left(1 - 2 \times \frac{1}{64}\right)$$
$$= 62$$

답 62

127

삼각형 ABE에서 $\angle AEB = \pi - \left(\dfrac{\pi}{3} + \dfrac{\pi}{6}\right) = \dfrac{\pi}{2}$,

삼각형 ADC에서 $\angle ADC = \pi - \left(\dfrac{\pi}{3} + \dfrac{\pi}{6}\right) = \dfrac{\pi}{2}$ 이다.

따라서 사각형 BCED에서 $\angle BEC = \dfrac{\pi}{2}$,

$\angle BDC = \dfrac{\pi}{2}$ 이고 반원에 대한 원주각의 크기는 $\dfrac{\pi}{2}$ 이므로

사각형 BCED에 외접하는 원의 지름의 길이는

$\overline{BC} = \sqrt{3}$ 이다.

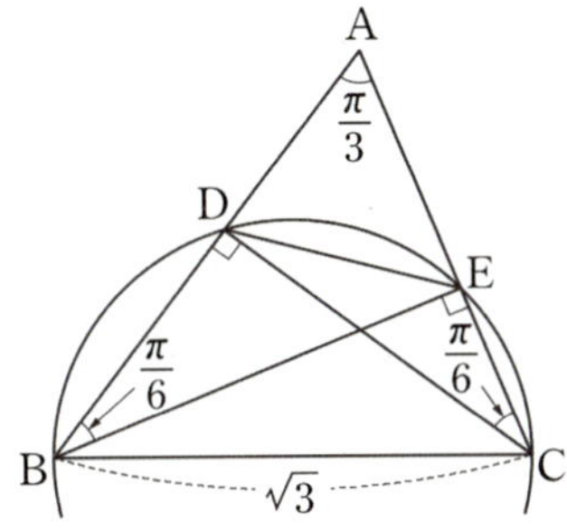

따라서 삼각형 BED에서 사인법칙에 의하여

$$\frac{\overline{DE}}{\sin\dfrac{\pi}{6}} = \sqrt{3}, \ \ 즉 \ \overline{DE} = \frac{\sqrt{3}}{2} \ 이고$$

직각삼각형 ADC에서

$$\overline{DC} = \overline{AC}\cos\frac{\pi}{6} = \frac{\sqrt{3}}{2}\overline{AC} \ 이다.$$

$$\therefore \ \frac{\overline{DC}}{\overline{DE}} = \overline{AC}$$

답 ①

128

삼각형 APQ의 두 변 AP, AQ의 길이는 각각

$$\overline{AP} = \frac{3}{4}\overline{AB}, \qquad\qquad \cdots\cdots \ ㉠$$

$$\overline{AQ} = \left(1 + \frac{a}{100}\right)\overline{AC} \ 이다. \qquad \cdots\cdots \ ㉡$$

두 삼각형 ABC, APQ의 넓이가 서로 같으므로

$$\frac{1}{2} \times \overline{AB} \times \overline{AC} \times \sin(\angle BAC)$$

$$= \frac{1}{2} \times \overline{AP} \times \overline{AQ} \times \sin(\angle PAQ) 에서$$

$$1 = \frac{3}{4}\left(1 + \frac{a}{100}\right), \ 즉 \ 1 + \frac{a}{100} = \frac{4}{3} \ 이다.$$

$\overline{AB} = 4$, $\overline{AC} = 6$이므로 ㉠, ㉡에서

$$\overline{AP} = \frac{3}{4} \times 4 = 3, \ \overline{AQ} = \frac{4}{3} \times 6 = 8 \ 이다.$$

또한 $\angle BAC = \dfrac{\pi}{3}$ 이므로 코사인법칙에 의하여

$$\overline{PQ}^2 = 3^2 + 8^2 - 2 \times 3 \times 8 \times \cos\frac{\pi}{3}$$
$$= 9 + 64 - 24 = 49$$
$$\therefore \ \overline{PQ} = 7$$

답 ①

129

$f(x) = \cos\left(\dfrac{5}{4}x\right)$ $(0 \le x \le 2\pi)$라 하면

함수 $f(x)$의 주기는 $\dfrac{2\pi}{\dfrac{5}{4}} = \dfrac{8}{5}\pi$ 이다.

따라서 곡선 $y = f(x)$와 직선 $y = a$가 만나는

두 점 (α, a), (β, a)는 직선 $x = \dfrac{4}{5}\pi$에 대하여

대칭이므로

$$\frac{\alpha + \beta}{2} = \frac{4}{5}\pi 에서 \ \alpha + \beta = \frac{8}{5}\pi 이고, \qquad \cdots\cdots ㉠$$

두 점 (β, a), (γ, a)는 직선 $x = \dfrac{8}{5}\pi$에 대하여

대칭이므로

$$\frac{\beta + \gamma}{2} = \frac{8}{5}\pi 에서 \ \beta + \gamma = \frac{16}{5}\pi 이다. \qquad \cdots\cdots ㉡$$

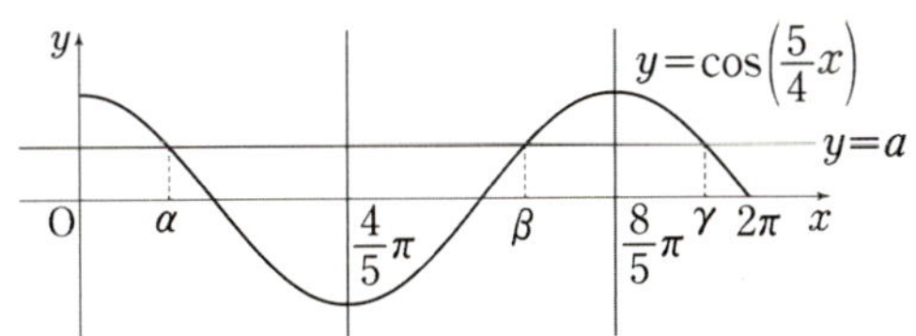

이때 $\dfrac{\beta}{\alpha} = 4$, 즉 $\beta = 4\alpha$ 라 주어졌으므로

㉠에서 $\alpha + 4\alpha = \dfrac{8}{5}\pi$ 에서

$\alpha = \dfrac{8}{25}\pi$ 이고 $\beta = \dfrac{32}{25}\pi$ 이다.

이를 ⓒ에 대입하면 $\gamma = \dfrac{48}{25}\pi$이다.

$$\therefore \ \frac{\gamma}{\alpha} = \frac{\dfrac{48}{25}\pi}{\dfrac{8}{25}\pi} = 6$$

답 ③

130

삼각형 ABC의 세 내각의 크기의 합은
$A + B + C = \pi$이므로

$$\sin(A+B) \times \sin C = \frac{1}{2}$$에서

$$\sin(\pi - C) \times \sin C = \frac{1}{2},$$

$\sin^2 C = \dfrac{1}{2}$, $\sin C = \dfrac{\sqrt{2}}{2}$이다. ($\because 0 < C < \pi$)

이때 삼각함수 사이의 관계에 의하여
$\sin^2 C + \cos^2 C = 1$이므로

$\cos C = -\dfrac{\sqrt{2}}{2}$ 또는 $\cos C = \dfrac{\sqrt{2}}{2}$이다. ······ ㉠

또한 삼각형 ABC의 넓이는 $\dfrac{1}{2}$이므로

$$\frac{1}{2} \times \overline{BC} \times \overline{CA} \times \sin C = \frac{1}{2}$$에서

$\overline{BC} \times \overline{CA} = \sqrt{2}$이다.

따라서 코사인법칙에 의하여

$$\overline{BC}^2 + \overline{CA}^2 = \overline{AB}^2 + 2 \times \overline{BC} \times \overline{CA} \times \cos C$$
$$= \overline{AB}^2 + 2\sqrt{2}\cos C \text{이다.} \quad ······ ㉡$$

한편 삼각형 ABC의 외접원의 넓이가 $\dfrac{5}{2}\pi$이므로

이 원의 반지름의 길이는 $\dfrac{\sqrt{10}}{2}$이고 사인법칙에 의하여

$$\frac{\overline{AB}}{\dfrac{\sqrt{2}}{2}} = \sqrt{10}$$이므로 $\overline{AB} = \sqrt{5}$이다. ······ ㉢

따라서 ㉡, ㉢에 의하여
$\overline{AB}^2 + \overline{BC}^2 + \overline{CA}^2 = 10 + 2\sqrt{2}\cos C$이므로

㉠에서 $\cos C = -\dfrac{\sqrt{2}}{2}$일 때

$\overline{AB}^2 + \overline{BC}^2 + \overline{CA}^2$은 최솟값

$10 + 2\sqrt{2} \times \left(-\dfrac{\sqrt{2}}{2}\right) = 8$을 갖는다.

답 8

131

반원의 반지름의 길이를 $r \ (r > 0)$,
$\angle AOC = \theta \ (0 < \theta < \pi)$라 하면

$\overset{\frown}{AC} = \dfrac{3}{4}\pi$이므로 $r\theta = \dfrac{3}{4}\pi$에서 $\theta = \dfrac{3}{4r}\pi$이다.

$$\therefore \ \angle BOC = \pi - \frac{3}{4r}\pi = \left(1 - \frac{3}{4r}\right)\pi \quad ······ ㉠$$

이때 부채꼴 BOC의 넓이가 $\dfrac{5}{4}\pi$이므로

$\dfrac{1}{2}r^2 \times \left(1 - \dfrac{3}{4r}\right)\pi = \dfrac{5}{4}\pi$, $4r^2 - 3r - 10 = 0$,

$(4r+5)(r-2) = 0$에서 $r = 2$이다.

따라서 $\angle BOC = \dfrac{5}{8}\pi$이므로 ($\because$ ㉠)

부채꼴 BOC의 둘레의 길이는

$2 \times 2 + 2 \times \dfrac{5}{8}\pi = 4 + \dfrac{5}{4}\pi$이다.

답 ④

132

$\tan\theta - \dfrac{4}{\tan\theta} = 3$이므로

$\tan^2\theta - 3\tan\theta - 4 = 0$,

$(\tan\theta - 4)(\tan\theta + 1) = 0$

θ가 제3사분면의 각이므로 $\tan\theta = 4$

이때 $\sin^2\theta + \cos^2\theta = 1$이므로 ······ ㉠

㉠의 양변을 $\cos^2\theta$로 나누면

$$\frac{\sin^2\theta}{\cos^2\theta} + 1 = \frac{1}{\cos^2\theta}$$

$$\therefore \ \frac{1}{\cos^2\theta} = \tan^2\theta + 1 = 16 + 1 = 17$$

㉠의 양변을 $\sin^2\theta$로 나누면

$$1 + \frac{\cos^2\theta}{\sin^2\theta} = \frac{1}{\sin^2\theta}$$

$$\therefore \ \frac{1}{\sin^2\theta} = 1 + \frac{1}{\tan^2\theta} = 1 + \frac{1}{16} = \frac{17}{16}$$

$$\therefore \ \frac{1}{\cos^2\theta} - \frac{1}{\sin^2\theta} = 17 - \frac{17}{16} = \frac{255}{16}$$

답 ⑤

$\sin\theta$, $\cos\theta$의 값을 직접 구하여 해결해 보면
θ가 제3사분면의 각이므로 $\sin\theta < 0$, $\cos\theta < 0$이다.

$$\therefore \sin\theta = -\frac{4}{\sqrt{17}}, \cos\theta = -\frac{1}{\sqrt{17}}$$

$$\therefore \frac{1}{\cos^2\theta} - \frac{1}{\sin^2\theta} = 17 - \frac{17}{16} = \frac{255}{16}$$

133

조건 (가)에 의하여 $f(x) = a\sin bx + c\ (a > 0,\ b > 0)$의
최댓값이 8, 최솟값이 -2이므로
$a + c = 8$, $-a + c = -2$이다.
위의 두 식을 연립하여 풀면
$a = 5$, $c = 3$이다.
조건 (나)에 의하여 모든 실수 x에 대하여
$f(x + p) = f(x)$를 만족시키는 음수 p의 최댓값이
$-\dfrac{\pi}{6}$이므로 $f(x)$의 주기는 $\dfrac{\pi}{6}$이다.

즉, $\dfrac{2\pi}{b} = \dfrac{\pi}{6}$에서 $b = 12$이다.

$$\therefore ac + b = 5 \times 3 + 12 = 27$$

답 27

134

$f(x) = -2\tan(\pi - ax) - b = 2\tan(ax) - b$이므로
함수 $f(x) = 2\tan(ax) - b$의 주기는

$$\frac{\pi}{|a|} = 4\pi$$이다.

이때 $a > 0$이므로 $a = \dfrac{1}{4}$이다.

함수 $y = f(x)$의 그래프는 함수 $y = 2\tan(ax)$의
그래프를 y축의 방향으로 $-b$만큼 평행이동한 것이고,
함수 $y = 2\tan(ax)$의 그래프는 점 $(0, 0)$에 대하여
대칭이므로 함수 $y = f(x)$의 그래프는 점 $(0, -b)$에
대하여 대칭이다.
즉, $b = -3$이다.

$$\therefore ab = \frac{1}{4} \times (-3) = -\frac{3}{4}$$

답 ④

135

삼각함수 성질에 의하여

$$\cos\left(\frac{\pi}{2} - x\right) > \sin\left(\frac{\pi}{2} + x\right)$$에서 $\sin x > \cos x$이므로

이를 만족시키는 x의 값의 범위는
함수 $y = \sin x$의 그래프가 함수 $y = \cos x$의 그래프보다
위쪽에 있는 x의 값의 범위이다.

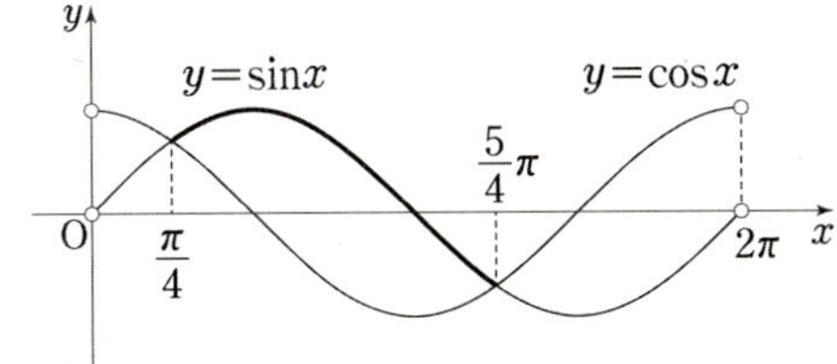

즉, 부등식 $\cos\left(\dfrac{\pi}{2} - x\right) > \sin\left(\dfrac{\pi}{2} + x\right)$의 해는

$$\frac{\pi}{4} < x < \frac{5}{4}\pi$$이다. $\qquad\cdots\cdots\ \bigcirc$

한편 $\sin(4\pi + x)\cos(\pi - x) < 0$에서
$\sin x(-\cos x) < 0$이므로 $\sin x \cos x > 0$이다.

$\therefore \sin x > 0,\ \cos x > 0$ 또는 $\sin x < 0,\ \cos x < 0$

따라서 x는 제1사분면 또는 제3사분면의 각이므로
$0 < x < 2\pi$에서 이를 만족시키는 x의 값의 범위는

$$0 < x < \frac{\pi}{2}$$ 또는 $\pi < x < \dfrac{3}{2}\pi$이다. $\qquad\cdots\cdots\ \bigcirc$

$\bigcirc$, $\bigcirc$에 의하여 $\dfrac{\pi}{4} < x < \dfrac{\pi}{2}$ 또는 $\pi < x < \dfrac{5}{4}\pi$이므로

$$\frac{rs}{pq} = \frac{\pi \times \dfrac{5}{4}\pi}{\dfrac{\pi}{4} \times \dfrac{\pi}{2}} = 10$$

답 10

136

x에 대한 이차방정식 $3x^2 + (4\sin\theta)x + 2\cos\theta = 0$이
실근을 가지려면 판별식을 D라 할 때

$$\frac{D}{4} = (2\sin\theta)^2 - 6\cos\theta \geq 0$$

이때 삼각함수 사이의 관계에 의하여
$4(1 - \cos^2\theta) - 6\cos\theta \geq 0$이므로 정리하면
$2\cos^2\theta + 3\cos\theta - 2 \leq 0$이다.
$\cos\theta = t\ (-1 \leq t \leq 1)$라 하면 $\qquad\cdots\cdots\ \bigcirc$
$2t^2 + 3t - 2 \leq 0$,
$(2t - 1)(t + 2) \leq 0$,

$$-2 \leq t \leq \frac{1}{2} \qquad\qquad \cdots\cdots \text{ⓛ}$$

㉠, ⓛ에 의하여 $-1 \leq t \leq \frac{1}{2}$, 즉

$-1 \leq \cos\theta \leq \frac{1}{2}$ 이다.

$0 \leq \theta < 2\pi$ 이므로 구하는 θ 의 값의 범위는

$\dfrac{\pi}{3} \leq \theta \leq \dfrac{5}{3}\pi$ 이다.

$$\therefore \ \alpha + 2\beta = \frac{\pi}{3} + \frac{10}{3}\pi = \frac{11}{3}\pi$$

답 ⑤

137

$\angle ACB = \theta \ \left(0 < \theta < \dfrac{\pi}{2}\right)$ 라 하면 삼각형 ABC 에서

$\overline{AC} = 6$, $\overline{CB} = 5$, $\cos\theta = \dfrac{3}{4}$ 이므로 코사인법칙에

의하여

$$\overline{AB}^2 = 6^2 + 5^2 - 2 \times 6 \times 5 \times \cos\theta$$
$$= 36 + 25 - 60 \times \frac{3}{4} = 16$$

$$\therefore \ \overline{AB} = 4$$

$\angle ACB$ 와 $\angle ADB$ 는 호 AB 에 대한 원주각이므로

$\angle ADB = \theta$

$\overline{AD} = x \ (x > 0)$ 라 하면 삼각형 ABD 에서

$\overline{AB} = 4$, $\overline{BD} = 4$ 이므로 코사인법칙에 의하여

$$\overline{AB}^2 = x^2 + 4^2 - 2 \times x \times 4 \times \cos\theta$$
$$16 = x^2 + 16 - 8x \times \frac{3}{4}$$

$x(x-6) = 0 \qquad \therefore \ x = 6$, 즉 $\overline{AD} = 6$

한편 두 삼각형 ACM, BDM 이 서로 닮음(AA 닮음)이다.

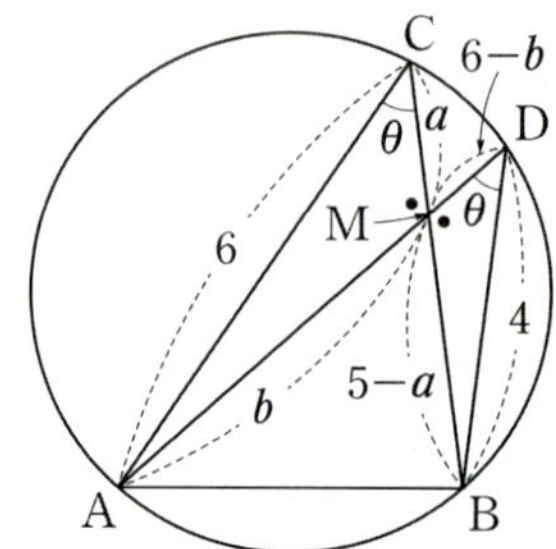

두 양수 a, b 에 대하여

$\overline{CB} = 5$ 이므로 $\overline{MC} = a$, $\overline{MB} = 5 - a$ 라 하고

$\overline{AD} = 6$ 이므로 $\overline{MA} = b$, $\overline{MD} = 6 - b$ 라 하면

$\overline{MC} : \overline{MD} = \overline{AC} : \overline{BD}$ 에서

$a : (6-b) = 6 : 4 = 3 : 2$, $3(6-b) = 2a$

$$\therefore \ 2a + 3b = 18 \qquad\qquad \cdots\cdots \text{㉠}$$

또, $\overline{MA} : \overline{MB} = \overline{AC} : \overline{BD}$ 에서

$b : (5-a) = 6 : 4 = 3 : 2$, $3(5-a) = 2b$

$$\therefore \ 3a + 2b = 15 \qquad\qquad \cdots\cdots \text{ⓛ}$$

㉠, ⓛ을 연립하여 풀면

$$a = \frac{9}{5}, \ b = \frac{24}{5}$$

$$\therefore \ \overline{CM} = \frac{9}{5}$$

답 ①

138

$\overline{AC} = x \ (x > 0)$ 라 하고 $\angle ADC = \theta$ 라 하면

삼각형 ACD 에서 코사인법칙에 의하여

$$x^2 = 7^2 + 7^2 - 2 \times 7 \times 7 \times \cos\theta$$
$$= 98 - 98\cos\theta \qquad\qquad \cdots\cdots \text{㉠}$$

한편 $\angle ADC + \angle ABC = \pi$ 이므로

$\angle ABC = \pi - \theta$

삼각형 ABC 에서 코사인법칙에 의하여

$$x^2 = 5^2 + 3^2 - 2 \times 5 \times 3 \times \cos(\pi - \theta)$$
$$= 34 + 30\cos\theta \qquad\qquad \cdots\cdots \text{ⓛ}$$

㉠$=$ⓛ에서

$$98 - 98\cos\theta = 34 + 30\cos\theta$$
$$128\cos\theta = 64 \qquad \therefore \ \cos\theta = \frac{1}{2}$$

$\cos\theta = \dfrac{1}{2}$ 을 ⓛ에 대입하면

$$x^2 = 34 + 30 \times \frac{1}{2} = 49$$

$$\therefore \ x = 7 \ (\because \ x > 0), \ \text{즉} \ \overline{AC} = 7$$

이때 $\theta = \dfrac{\pi}{3}$ 이므로 $\sin\theta = \dfrac{\sqrt{3}}{2}$

따라서 원의 반지름의 길이를 R 라 하면

삼각형 ACD 에서 사인법칙에 의하여

$$\frac{7}{\frac{\sqrt{3}}{2}} = 2R$$

$$\therefore \ R = \frac{14}{\sqrt{3}} \times \frac{1}{2} = \frac{7\sqrt{3}}{3}$$

답 ①

139

$\sin\theta = t \ (-1 \le t \le 1)$라 하면

삼각함수 사이의 관계에 의하여

$\cos^2\theta = 1 - \sin^2\theta$이므로 $\cos^2\theta = 1 - t^2$이고,

$$
\begin{aligned}
f(\theta) &= \cos^2\theta + 2x\sin\theta - 5 \\
&= 1 - t^2 + 2xt - 5 \\
&= -(t-x)^2 + x^2 - 4 \ (-1 \le t \le 1)
\end{aligned}
$$

이때 $h(t) = -(t-x)^2 + x^2 - 4 \ (-1 \le t \le 1)$라 하자.

(i) $-1 \le x \le 1$인 경우

함수 $h(t)$는 $t = x$일 때 최댓값 $x^2 - 4$를 가지므로

$g(x) = x^2 - 4$

(ii) $x > 1$인 경우

함수 $h(t)$는 $t = 1$일 때 최댓값 $2x - 5$를 가지므로

$g(x) = 2x - 5$

(iii) $x < -1$인 경우

함수 $h(t)$는 $t = -1$일 때 최댓값 $-2x - 5$를 가지므로

$g(x) = -2x - 5$

(i)~(iii)에 의하여 함수 $y = g(x)$의 그래프는 다음 그림과 같다.

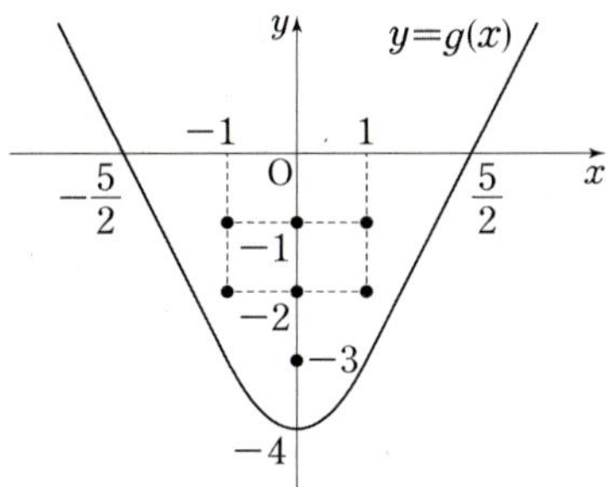

따라서 함수 $y = g(x)$의 그래프와 x축으로 둘러싸인 도형의 내부에 있고 x좌표와 y좌표가 모두 정수인 점은 $(-1, -1), (-1, -2), (0, -1), (0, -2), (0, -3),$ $(1, -1), (1, -2)$로 7개이다.

답 7

140

$\angle ACB = \theta$라 하고 선분 BC의 중점을 M, 삼각형 ABC의 내접원의 중심을 O라 하자.

삼각형 ABC에서 사인법칙에 의하여

$\dfrac{t}{\sin\theta} = 2R$에서 $R = \dfrac{t}{2\sin\theta}$이다. $\qquad \cdots\cdots$ ㉠

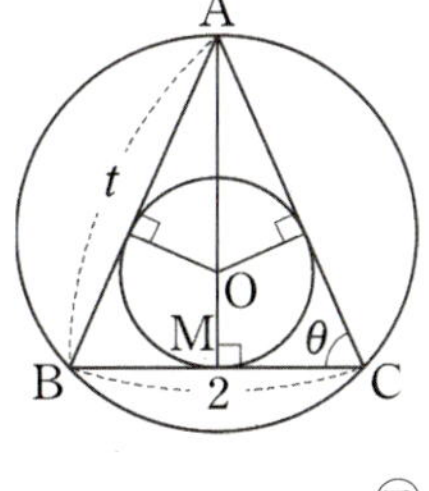

삼각형 ABC의 넓이는 세 삼각형 OAB, OBC, OCA의 넓이의 합과 같으므로

$$\frac{1}{2} \times \overline{AB} \times \overline{BC} \times \sin\theta$$

$$= \frac{1}{2} \times \overline{AB} \times r + \frac{1}{2} \times \overline{BC} \times r + \frac{1}{2} \times \overline{CA} \times r$$에서

$$\frac{1}{2} \times t \times 2 \times \sin\theta = \frac{1}{2} \times (t + 2 + t) \times r,$$

$$r = \frac{t\sin\theta}{t+1}$$이다. $\qquad \cdots\cdots$ ㉡

㉠, ㉡에 의하여

$$\frac{r}{R} = \frac{\dfrac{t\sin\theta}{t+1}}{\dfrac{t}{2\sin\theta}} = \frac{2\sin^2\theta}{t+1}$$이다.

이때 $\cos\theta = \dfrac{1}{t}$이므로

삼각함수 사이의 관계에 의하여

$$\sin^2\theta = 1 - \cos^2\theta = 1 - \frac{1}{t^2} = \frac{t^2 - 1}{t^2}$$이다.

따라서

$$\frac{r}{R} = \frac{2(t^2-1)}{t^2(t+1)} = \frac{2(t-1)}{t^2} = \frac{5}{18}$$이므로

$$5t^2 = 36(t-1),$$

$$5t^2 - 36t + 36 = 0$$이다.

따라서 이차방정식의 근과 계수의 관계에 의하여

조건을 만족시키는 모든 t의 값의 곱은 $\dfrac{36}{5}$이다. **참고**

답 ①

참고

조건을 만족시키는 t의 값을 구하면

$5t^2 - 36t + 36 = 0,$

$(5t - 6)(t - 6) = 0$에서

$t = \dfrac{6}{5}$ 또는 $t = 6$이다.

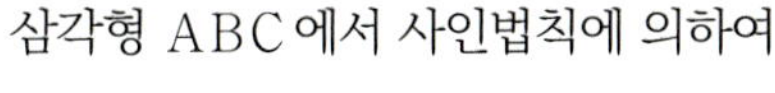

두 근 모두 양수임을 확인하고 넘어가자.

141

조건 (가)에서 $f(x) \le 8$이고 조건 (나)에서 x에 대한 방정식 $f(x) = 8$의 실근이 존재하므로 함수 $f(x)$의 최댓값은 8이다.

이때 함수 $f(x)$의 최댓값은 $a + a = 2a$이므로

"

$2a = 8$ $\therefore\ a = 4$

함수 $f(x) = 4\cos bx + 4$의 주기는 $\dfrac{2\pi}{b}$이므로 곡선

$y = f(x)$는 다음 그림과 같다.

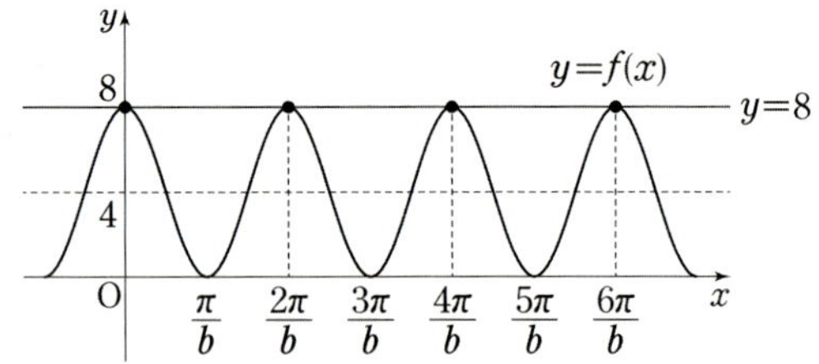

이때 조건 (나)를 만족시키려면 $0 \le x < 2\pi$에서 함수

$f(x)$의 최댓값이 3개 존재해야 하므로

$\dfrac{4\pi}{b} < 2\pi \le \dfrac{6\pi}{b}$ 이어야 한다.

$\dfrac{4\pi}{b} < 2\pi$에서 $b > 2$

$2\pi \le \dfrac{6\pi}{b}$에서 $b \le 3$

즉, $2 < b \le 3$이고 b는 자연수이므로

$b = 3$

$\therefore\ a + b = 4 + 3 = 7$

답 ⑤

142

$\dfrac{1}{5}\theta$와 4θ의 동경이 시초선을 포함하는 직선에 대하여 서로

대칭이려면

정수 n에 대하여 $\dfrac{1}{5}\theta + 4\theta = 2n\pi$이어야 한다.

따라서 $\theta = \dfrac{10}{21}n\pi$이고 $0 < \theta < \pi$인 θ의 값은

$n = 1$일 때 $\theta = \dfrac{10}{21}\pi$이고

$n = 2$일 때 $\theta = \dfrac{20}{21}\pi$이다.

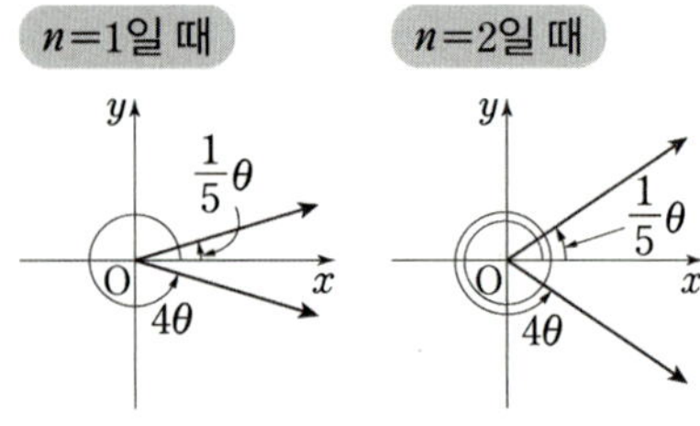

따라서 구하는 모든 θ의 값의 합은

$\dfrac{10}{21}\pi + \dfrac{20}{21}\pi = \dfrac{10}{7}\pi$이다.

답 ⑤

143

반원에 대한 원주각의 크기는 $\angle\mathrm{ACE} = \dfrac{\pi}{2}$이므로

피타고라스 정리에 의하여

$\overline{\mathrm{CE}} = \sqrt{\overline{\mathrm{AE}}^2 - \overline{\mathrm{AC}}^2} = \sqrt{5^2 - 4^2} = 3$이다.

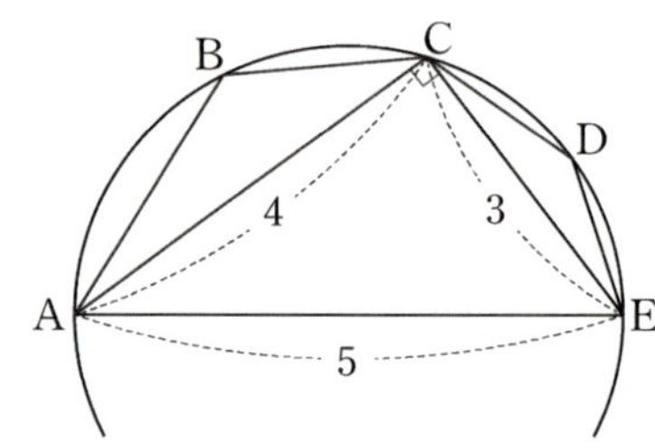

한편 삼각형 ABC와 삼각형 CDE에 외접하는 원의 지름의

길이가 5이므로 사인법칙에 의하여

$\dfrac{4}{\sin(\angle\mathrm{ABC})} = 5$에서 $\sin(\angle\mathrm{ABC}) = \dfrac{4}{5}$이고

$\dfrac{3}{\sin(\angle\mathrm{CDE})} = 5$에서 $\sin(\angle\mathrm{CDE}) = \dfrac{3}{5}$이다.

$\therefore\ \sin(\angle\mathrm{ABC}) - \sin(\angle\mathrm{CDE}) = \dfrac{1}{5}$

답 ①

144

함수 $f(x)$의 주기는 4π이고

$f(x) = \begin{cases} x + \pi & (-2\pi \le x < 0) \\ -x + \pi & (0 \le x \le 2\pi) \end{cases}$이다.

따라서 합성함수 $(g \circ f)(x)$의 주기는 4π이고

$(g \circ f)(x) = \begin{cases} \cos\left(\dfrac{x}{2} + \dfrac{\pi}{2}\right) & (-2\pi \le x < 0) \\ \cos\left(-\dfrac{x}{2} + \dfrac{\pi}{2}\right) & (0 \le x \le 2\pi) \end{cases}$

$= \begin{cases} -\sin\dfrac{x}{2} & (-2\pi \le x < 0) \\ \sin\dfrac{x}{2} & (0 \le x \le 2\pi) \end{cases}$이다.

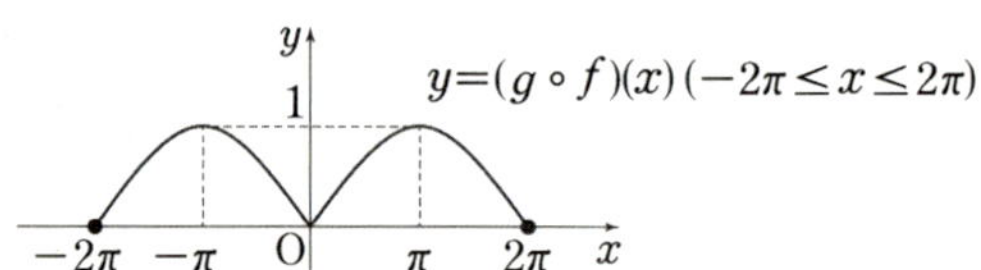

즉, 함수 $y = (g \circ f)(x)$의 그래프는 위의 그림을

주기를 4π로 하여 반복해서 그린 ④와 같다.

답 ④

145

삼각함수 성질에 의하여

$$\cos\left(x+\frac{11}{6}\pi\right)=\cos\left\{\frac{\pi}{2}+\left(x+\frac{4}{3}\pi\right)\right\}$$
$$=-\sin\left(x+\frac{4}{3}\pi\right)$$

이고,

삼각함수 사이의 관계에 의하여

$$\cos^2\left(x+\frac{4}{3}\pi\right)=1-\sin^2\left(x+\frac{4}{3}\pi\right)$$이므로

$\sin\left(x+\frac{4}{3}\pi\right)=t\ (-1\leq t\leq 1)$라 하면

$$y=\cos^2\left(x+\frac{4}{3}\pi\right)+\cos\left(x+\frac{11}{6}\pi\right)+3$$
$$=1-\sin^2\left(x+\frac{4}{3}\pi\right)-\sin\left(x+\frac{4}{3}\pi\right)+3$$
$$=1-t^2-t+3$$
$$=-\left(t+\frac{1}{2}\right)^2+\frac{17}{4}\ (-1\leq t\leq 1)$$

이다.

이 함수는 $t=-\dfrac{1}{2}$일 때 최댓값 $\dfrac{17}{4}$을 가지므로

$M=\dfrac{17}{4}$이고

$t=\sin\left(x+\dfrac{4}{3}\pi\right)=-\dfrac{1}{2}$일 때

$x+\dfrac{4}{3}\pi=\dfrac{7}{6}\pi$ 또는 $x+\dfrac{4}{3}\pi=\dfrac{11}{6}\pi$이므로

$x=-\dfrac{\pi}{6}$ 또는 $x=\dfrac{\pi}{2}$이다.

$\therefore\ \alpha=-\dfrac{\pi}{6},\ \beta=\dfrac{\pi}{2}\ (\because\ \alpha<\beta)$

또한 이 함수는 $t=1$일 때 최솟값 2를 가지므로 $m=2$이고

$t=\sin\left(x+\dfrac{4}{3}\pi\right)=1$일 때

$x+\dfrac{4}{3}\pi=\dfrac{\pi}{2}$이므로 $x=-\dfrac{5}{6}\pi$이다.

$\therefore\ \gamma=-\dfrac{5}{6}\pi$

$$\therefore\ \frac{\alpha\beta}{\gamma\pi}+Mm=\frac{-\dfrac{\pi}{6}\times\dfrac{\pi}{2}}{-\dfrac{5}{6}\pi\times\pi}+\frac{17}{4}\times 2$$
$$=\frac{1}{10}+\frac{17}{2}=\frac{43}{5}$$

답 ⑤

146

$\angle ACD=\angle DCE=\angle BDE=\theta$라 하면

이등변삼각형 ABC에서 $\angle ABC=\angle ACB=2\theta$이므로

$\angle CAD=\pi-4\theta$이다.

따라서 삼각형 ADC에서 $\angle ADC=3\theta$이고,

삼각형 BED에서 $\angle DEC=3\theta$이다.

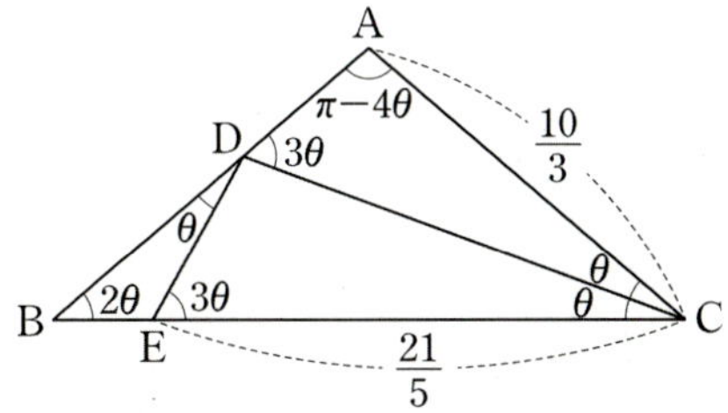

두 삼각형 ADC, DEC가

서로 닮음 (AA 닮음)이므로 ……㉠

$\dfrac{10}{3}:\overline{CD}=\overline{CD}:\dfrac{21}{5}$에서

$\overline{CD}^2=\dfrac{21}{5}\times\dfrac{10}{3}=14$이다.

$\therefore\ \overline{CD}=\sqrt{14}$

한편 삼각형 ADC에서 코사인법칙에 의하여

$$\overline{AD}^2=\left(\frac{10}{3}\right)^2+\left(\sqrt{14}\right)^2-2\times\frac{10}{3}\times\sqrt{14}\times\frac{\sqrt{14}}{4}$$
$$=\frac{100}{9}+14-\frac{70}{3}=\frac{16}{9}$$

이므로 $\overline{AD}=\dfrac{4}{3}$이다.

즉, $\overline{BD}=\dfrac{10}{3}-\dfrac{4}{3}=2$이고, ㉠에 의하여

$\dfrac{10}{3}:\sqrt{14}=\dfrac{4}{3}:\overline{DE}$에서

$\overline{DE}=\dfrac{4\sqrt{14}}{3}\times\dfrac{3}{10}=\dfrac{2\sqrt{14}}{5}$이다.

또한 삼각함수 사이의 관계에 의하여

$$\sin\theta=\sqrt{1-\cos^2\theta}$$
$$=\sqrt{1-\left(\frac{\sqrt{14}}{4}\right)^2}=\frac{\sqrt{2}}{4}$$

이다.

따라서 삼각형 BDE의 넓이는

$\dfrac{1}{2}\times 2\times\dfrac{2\sqrt{14}}{5}\times\dfrac{\sqrt{2}}{4}=\dfrac{\sqrt{7}}{5}$이다.

답 ④

147

$\dfrac{\cos\theta}{1-\sin\theta}+\dfrac{\sin\theta}{1-\cos\theta}=-2$의 양변에

$(1-\sin\theta)(1-\cos\theta)$를 곱하면

$(좌변)=\cos\theta\times(1-\cos\theta)+\sin\theta\times(1-\sin\theta)$

$\qquad=\sin\theta+\cos\theta-(\sin^2\theta+\cos^2\theta)$

$\qquad=\sin\theta+\cos\theta-1$ $\qquad\qquad$ ……㉠

$(우변)=-2(1-\sin\theta)(1-\cos\theta)$

$\qquad=-2+2(\sin\theta+\cos\theta)-2\sin\theta\cos\theta$ ……㉡

이때 $\sin\theta+\cos\theta=x$라 하고 양변을 제곱하면

$\sin^2\theta+\cos^2\theta+2\sin\theta\cos\theta=x^2$

$1+2\sin\theta\cos\theta=x^2$

$2\sin\theta\cos\theta=x^2-1$

그런데 $\sin\theta\cos\theta\neq0$이므로

$x^2-1\neq0$ $\quad\therefore\ x\neq\pm1$

따라서 ㉠, ㉡에서

$(좌변)=\sin\theta+\cos\theta-1=x-1$

$(우변)=-2+2(\sin\theta+\cos\theta)-2\sin\theta\cos\theta$

$\qquad=-2+2x-(x^2-1)$

즉, $x-1=-2+2x-(x^2-1)$이므로

$x^2-x=0,\ x(x-1)=0$

$\therefore\ x=0\ (\because\ x\neq\pm1)$

답 ③

148

함수 $\tan x$의 성질에 의하여

$\dfrac{1}{f\left(\dfrac{\pi}{5}\right)}=f\left(\dfrac{\pi}{2}-\dfrac{\pi}{5}\right)=f\left(\dfrac{3}{10}\pi\right)$이다.

따라서 함수 $y=f(x)$의 그래프가

직선 $y=f\left(\dfrac{\pi}{5}\right)$ 또는 직선 $y=f\left(\dfrac{3}{10}\pi\right)$와

만나는 점을 나타내면 다음 그림과 같다.

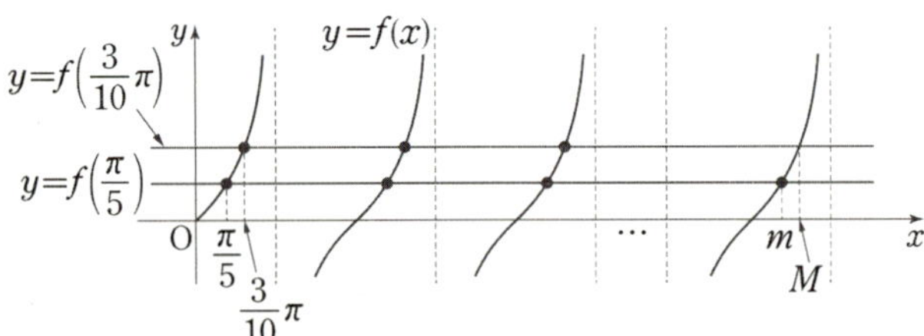

이때 함수 $f(x)$의 주기는 π이므로

$f\left(\dfrac{\pi}{5}\right)=f\left(\dfrac{\pi}{5}+\pi\right)=f\left(\dfrac{\pi}{5}+2\pi\right)=\cdots$

$\qquad\quad=f\left(\dfrac{\pi}{5}+7\pi\right)=\cdots$

이고,

$f\left(\dfrac{3}{10}\pi\right)=f\left(\dfrac{3}{10}\pi+\pi\right)=f\left(\dfrac{3}{10}\pi+2\pi\right)=\cdots$

$\qquad\quad=f\left(\dfrac{3}{10}\pi+7\pi\right)=\cdots$

이다.

따라서 $0\leq x\leq a$에서 함수 $y=f(x)$의 그래프가

두 직선과 만나는 점의 개수가 15이려면

직선 $y=f\left(\dfrac{\pi}{5}\right)$와 만나는 점의 개수가 8이고,

직선 $y=f\left(\dfrac{3}{10}\pi\right)$와 만나는 점의 개수가 7이어야 한다.

즉, $\dfrac{\pi}{5}+7\pi\leq a<\dfrac{3}{10}\pi+7\pi$이어야 하므로

구하는 a의 값의 범위는 $\dfrac{36}{5}\pi\leq a<\dfrac{73}{10}\pi$이다.

$\therefore\ \dfrac{M}{m}=\dfrac{\dfrac{73}{10}\pi}{\dfrac{36}{5}\pi}=\dfrac{73}{72}$

답 ③

149

삼각형 ACD에서 외접원의 반지름의 길이가

$\sqrt{\dfrac{13}{3}}=\dfrac{\sqrt{39}}{3}$이므로

사인법칙에 의하여

$\dfrac{\overline{AC}}{\sin\dfrac{2}{3}\pi}=2\times\dfrac{\sqrt{39}}{3}$이다.

$\therefore\ \overline{AC}=2\times\dfrac{\sqrt{39}}{3}\times\sin\dfrac{2}{3}\pi$

$\qquad=2\times\dfrac{\sqrt{39}}{3}\times\dfrac{\sqrt{3}}{2}=\sqrt{13}$

이때 $\overline{AD}=a,\ \overline{CD}=3a\ (a>0)$라 하면

삼각형 ACD에서 코사인법칙에 의하여

$(\sqrt{13})^2=a^2+(3a)^2-2\times a\times3a\times\cos\dfrac{2}{3}\pi,$

$$13 = a^2 + 9a^2 - 6a^2 \times \left(-\frac{1}{2}\right),$$

$13a^2 = 13$, $a^2 = 1$이다.

$$\therefore \ a = 1$$

따라서 $\overline{BC} = 2a = 2$이고

$\angle ABC = \pi - \angle ADC = \dfrac{\pi}{3}$이므로

$\overline{AB} = b \ (b > 0)$라 하면 삼각형 ABC에서 코사인법칙에 의하여

$$(\sqrt{13})^2 = 2^2 + b^2 - 2 \times 2 \times b \times \cos\frac{\pi}{3},$$

$$13 = 4 + b^2 - 4b \times \frac{1}{2},$$

$b^2 - 2b - 9 = 0$이다.

$$\therefore \ b = 1 + \sqrt{10} \ (\because \ b > 0)$$

답 ③

150

정의역에 속하는 모든 실수 x에 대하여 $f(a) \geq f(x)$, $f(b) \leq f(x)$이려면 함수 $f(x)$는 $x = a$에서 최댓값을, $x = b$에서 최솟값을 가져야 한다.

삼각함수 사이의 관계에 의하여

$\cos^2 x = 1 - \sin^2 x$이고,

삼각함수 성질에 의하여

$$\cos\left(\frac{3}{2}\pi + x\right) = \cos\left(\pi + \frac{\pi}{2} + x\right)$$
$$= -\cos\left(\frac{\pi}{2} + x\right)$$
$$= \sin x$$

이므로

$$f(x) = 3\cos^2 x + 2\cos\left(\frac{3}{2}\pi + x\right)$$
$$= 3(1 - \sin^2 x) + 2\sin x$$
$$= -3\left(\sin x - \frac{1}{3}\right)^2 + \frac{10}{3}$$

이다.

이때 $\sin x = t$라 하면

함수 $f(x)$의 최댓값, 최솟값은 $-1 \leq t \leq 1$에서의 함수

$g(t) = -3\left(t - \dfrac{1}{3}\right)^2 + \dfrac{10}{3}$의 최댓값, 최솟값과 같다.

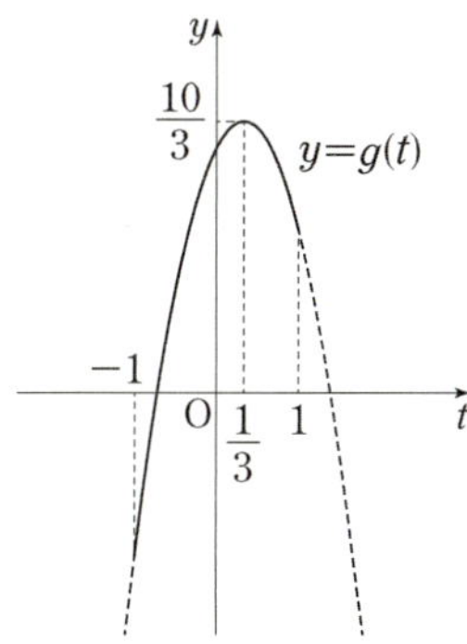

함수 $g(t)$는 $t = \dfrac{1}{3}$, 즉 $\sin x = \dfrac{1}{3}$에서 최댓값,

$t = -1$, 즉 $\sin x = -1$에서 최솟값을 갖는다.

따라서 a, b는 $\sin a = \dfrac{1}{3}$, $\sin b = -1$이 되도록 하는 값이다.

$\sin a = \dfrac{1}{3}$인 실수 $a \ (0 \leq a < 4\pi)$의 개수는 4이고,

곡선 $y = \sin x$는 직선 $x = \dfrac{3}{2}\pi$에 대하여 대칭이므로

$$S = 4 \times \frac{3}{2}\pi = 6\pi$$

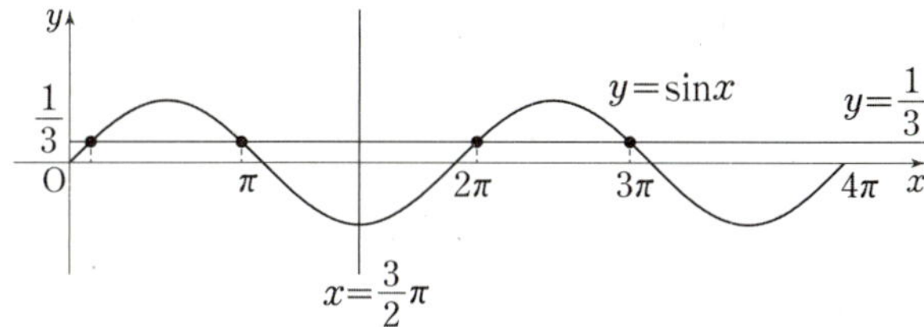

$\sin b = -1$인 실수 $b \ (0 \leq b < 4\pi)$는 $\dfrac{3}{2}\pi$, $\dfrac{7}{2}\pi$이므로

$$T = \frac{3}{2}\pi + \frac{7}{2}\pi = 5\pi$$

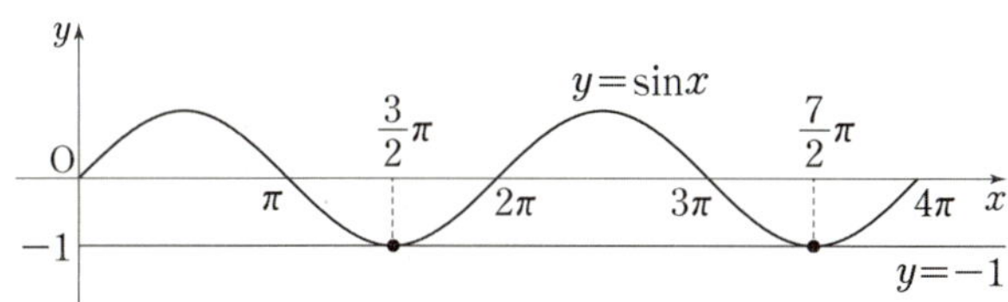

$$\therefore \ S - T = 6\pi - 5\pi = \pi$$

답 ②

151

둘레의 길이가 25π인 원의 지름의 길이는 25이다.

세 변 AB, BC, CA의 대각의 크기를 α, β, γ라 하면 사인법칙에 의하여

$$\frac{\overline{AB}}{\sin\alpha} = \frac{\overline{BC}}{\sin\beta} = \frac{\overline{CA}}{\sin\gamma} = 25$$이다.

$$\therefore\ 100(\sin\alpha + \sin\beta + \sin\gamma)$$

$$= 100\left(\frac{\overline{AB}}{25} + \frac{\overline{BC}}{25} + \frac{\overline{CA}}{25}\right)$$

$$= 100 \times \frac{54}{25} = 216$$

답 216

152

이차방정식 $x^2 - k = 0$의 두 실근 $2\cos\theta$, $3\tan\theta$의 합은 근과 계수의 관계에 의하여 0이므로

$$2\cos\theta + 3\tan\theta = 0,\ 2\cos\theta + 3 \times \frac{\sin\theta}{\cos\theta} = 0$$

$$2\cos^2\theta + 3\sin\theta = 0,\ 2(1 - \sin^2\theta) + 3\sin\theta = 0$$

$$2\sin^2\theta - 3\sin\theta - 2 = 0,\ (2\sin\theta + 1)(\sin\theta - 2) = 0$$

$$\therefore\ \sin\theta = -\frac{1}{2}\ (\because\ -1 \le \sin\theta \le 1)$$

한편 이차방정식 $x^2 - k = 0$의 두 근의 곱은 근과 계수의 관계에 의하여 $-k$이므로

$$2\cos\theta \times 3\tan\theta = -k$$

$$\therefore\ k = -2\cos\theta \times 3\tan\theta = -6\sin\theta$$

$$= -6 \times \left(-\frac{1}{2}\right) = 3$$

답 3

153

$-3 \le f(x) \le 3$이므로 $p = 3$이다.

$\dfrac{7}{6}\pi - \dfrac{5}{6}\pi = \dfrac{\pi}{3}$이므로 함수 $f(x)$의 주기는 $\dfrac{4}{3}\pi$이다.

$\dfrac{2\pi}{q} = \dfrac{4}{3}\pi$에서 $q = \dfrac{3}{2}$이므로

$$f(x) = 3\sin\left(\frac{3}{2}x - \frac{3}{4}\pi\right) = 3\sin\frac{3}{2}\left(x - \frac{\pi}{2}\right)$$이다.

$g(x) = \dfrac{3}{4}p\sin\left(4qx + \dfrac{\pi}{2}\right)$에서 $p = 3$, $q = \dfrac{3}{2}$이므로

$$g(x) = \frac{9}{4}\sin\left(6x + \frac{\pi}{2}\right) = \frac{9}{4}\sin 6\left(x + \frac{\pi}{12}\right)$$이고,

함수 $g(x)$의 최댓값 a는 $a = \dfrac{9}{4}$이다.

등식 $g(x + k) = g(x)$를 만족시키는 양수 k의 최솟값 b는 주기이므로

$$b = \frac{2\pi}{6} = \frac{\pi}{3}$$이다.

함수 $g(x) = \dfrac{9}{4}\sin 6\left(x + \dfrac{\pi}{12}\right)$의 그래프는 함수

$y = \dfrac{9}{4}\sin 6x$의 그래프를 x축의 방향으로 $-\dfrac{\pi}{12}$만큼

평행이동하였으므로 방정식 $g(x) = 0$을 만족시키는 양수 x의 최솟값 c는

$$c = \frac{1}{2} \times \frac{\pi}{3} - \frac{\pi}{12} = \frac{\pi}{12}$$이다.

$$\therefore\ \frac{144abc}{\pi^2} = \frac{144 \times \dfrac{9}{4} \times \dfrac{\pi}{3} \times \dfrac{\pi}{12}}{\pi^2} = 9$$

답 9

154

$\angle AOB = \theta$라 하면 반지름의 길이가 1인 원 위의 점 A의 좌표는 $(\cos\theta,\ \sin\theta)$이다.

점 $A(\cos\theta,\ \sin\theta)$는 함수 $y = \sin(2x)$의 그래프 위의 점이기도 하므로

$$\sin\theta = \sin(2\cos\theta)$$이다.

이때 $0 < \theta < \dfrac{\pi}{2}$이고 $0 < 2\cos\theta < 2$이므로

$$\theta = 2\cos\theta$$이다. $\qquad\cdots\cdots\ \bigcirc$

$$S_1 = \frac{1}{2} \times \overline{OB} \times \overline{AB} = \frac{1}{2}\cos\theta\sin\theta$$

$$S_2 = \frac{1}{2} \times \overline{OC} \times \overline{AB} = \frac{1}{2}\sin\theta$$

$$S_3 = \frac{1}{2} \times \overline{OA}^2 \times \theta = \frac{1}{2}\theta = \cos\theta\ (\because\ \bigcirc)$$

$$\therefore\ \frac{S_2 \times S_3}{S_1} = \frac{\dfrac{1}{2}\sin\theta \times \cos\theta}{\dfrac{1}{2}\cos\theta\sin\theta} = 1$$

답 ③

155

그림과 같이 삼각형 ABC의 변 BC 위에 다음 조건을 만족시키는 점 D가 있다.

$$\angle DAB = \angle DBA = \angle DCA = \theta,\ \overline{AC} = \overline{DC} = 1$$

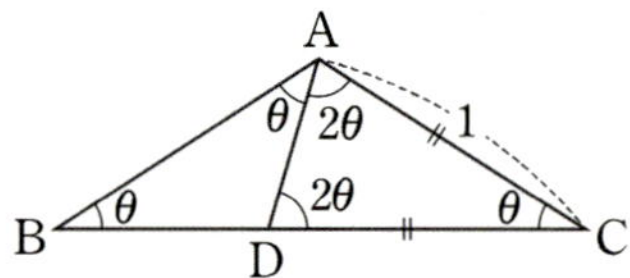

$$\angle \mathrm{CAD} = \angle \mathrm{CDA}$$
$$= \angle \mathrm{DAB} + \angle \mathrm{DBA}$$
$$= 2\theta \text{이므로}$$

삼각형 ABC의 세 내각의 크기의 합은
$3\theta + \theta + \theta = \pi$이다.

따라서 $\theta = \dfrac{\pi}{5}$이므로

$$\frac{2}{5}\pi = \boxed{2} \times \theta$$

이고, 삼각형 ABC와 삼각형 DAB는 서로 닮음이므로
$\overline{\mathrm{BC}} : \overline{\mathrm{AB}} = \overline{\mathrm{AB}} : \overline{\mathrm{DA}}$, 즉 $(\overline{\mathrm{DA}} + 1) : 1 = 1 : \overline{\mathrm{DA}}$에
의하여

$$\overline{\mathrm{DA}}^2 + \overline{\mathrm{DA}} - 1 = 0,$$

$$\overline{\mathrm{DA}} = \boxed{\frac{-1 + \sqrt{5}}{2}} \ (\because \overline{\mathrm{DA}} > 0)$$

이다. 따라서

$$\cos\left(\frac{2}{5}\pi\right) = \cos(2\theta)$$

$$= \frac{\dfrac{1}{2}\overline{\mathrm{DA}}}{\overline{\mathrm{AC}}} = \frac{\overline{\mathrm{DA}}}{2\overline{\mathrm{AC}}}$$

$$= \boxed{\frac{-1 + \sqrt{5}}{4}}$$

이다.

(가) : $a = \dfrac{-1 + \sqrt{5}}{4}$, (나) : $b = 2$,

(다) : $c = \dfrac{-1 + \sqrt{5}}{2}$

$$\therefore \ ac + b = \frac{6 - 2\sqrt{5}}{8} + 2$$

$$= \frac{11 - \sqrt{5}}{4}$$

답 ③

156

함수 $f(x) = \sqrt{3}\,\tan\left(x - \dfrac{\pi}{2}\right) + a$의 그래프는 함수

$y = \sqrt{3}\,\tan x$의 그래프를 x축의 방향으로 $\dfrac{\pi}{2}$만큼, y축의

방향으로 a만큼 평행이동한 것이므로 다음 그림과 같다.

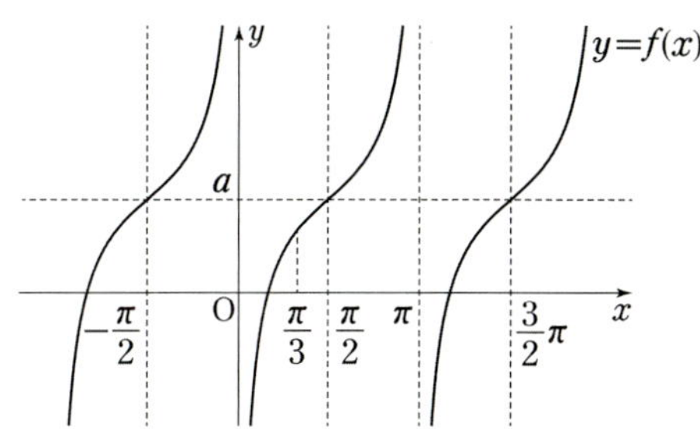

이때 함수 $f(x)$가 닫힌구간 $\left[\dfrac{\pi}{3},\ b\right]$에서 최댓값 6,

최솟값 2를 가지므로 $\dfrac{\pi}{3} < b < \pi$이고

$f\left(\dfrac{\pi}{3}\right) = 2,\ f(b) = 6$이어야 한다.

$$f\left(\frac{\pi}{3}\right) = \sqrt{3}\,\tan\left(\frac{\pi}{3} - \frac{\pi}{2}\right) + a$$

$$= \sqrt{3}\,\tan\left(-\frac{\pi}{6}\right) + a$$

$$= -\sqrt{3}\,\tan\frac{\pi}{6} + a$$

$$= -\sqrt{3} \times \frac{\sqrt{3}}{3} + a$$

$$= a - 1$$

이므로 $a - 1 = 2$에서 $a = 3$

$$\therefore \ f(x) = \sqrt{3}\,\tan\left(x - \frac{\pi}{2}\right) + 3$$

또한 $f(b) = 6$에서 $\sqrt{3}\,\tan\left(b - \dfrac{\pi}{2}\right) + 3 = 6$

$$\tan\left(b - \frac{\pi}{2}\right) = \sqrt{3}$$

그런데 $\dfrac{\pi}{3} < b < \pi$에서 $-\dfrac{\pi}{6} < b - \dfrac{\pi}{2} < \dfrac{\pi}{2}$이므로

$$b - \frac{\pi}{2} = \frac{\pi}{3} \qquad \therefore \ b = \frac{5}{6}\pi$$

$$\therefore \ ab = 3 \times \frac{5}{6}\pi = \frac{5}{2}\pi$$

답 ⑤

157

함수 $y = \sin(3x)$의 그래프를 x축의 방향으로 a만큼
평행이동시킨 그래프를 나타내는 함수는
$y = \sin(3x - 3a)$이다.
한편 모든 실수 x에 대하여

$$\cos(3x - \pi) = \sin\left(\frac{\pi}{2} + 3x - \pi\right)\text{이다.}$$

따라서 두 함수 $y = \sin(3x - 3a)$,

$y = \sin\left(\dfrac{\pi}{2} + 3x - \pi\right)$의 그래프가 서로 일치해야 한다.

함수 $\sin x$의 주기가 2π이므로

$\sin(3x - 3a) = \sin\left(\dfrac{\pi}{2} + 3x - \pi\right)$에서

$3x - 3a = \dfrac{\pi}{2} + 3x - \pi + 2n\pi$이다. (단, n은 정수)

따라서 $a = \dfrac{\pi}{6} - \dfrac{2n\pi}{3}$이다.

이때 $0 \le a < 2\pi$라 주어졌으므로

$0 \le \dfrac{\pi}{6} - \dfrac{2n\pi}{3} < 2\pi$에서

$-\dfrac{1}{6} \le -\dfrac{2n}{3} < \dfrac{11}{6}$

$\therefore -\dfrac{11}{4} < n \le \dfrac{1}{4}$

따라서 부등식을 만족시키는 정수 n은 $-2, -1, 0$으로
3개이고, 주어진 조건을 만족시키는 실수 a도 3개이다.

답 ③

158

삼각함수 사이의 관계에 의하여

$\sin^2 \dfrac{n\pi}{4} + \cos^2 \dfrac{n\pi}{4} = 1$이므로

부등식 $2\sin^2 \dfrac{n\pi}{4} > 1 + \cos \dfrac{n\pi}{4}$에서

$2\left(1 - \cos^2 \dfrac{n\pi}{4}\right) > 1 + \cos \dfrac{n\pi}{4}$

$2\cos^2 \dfrac{n\pi}{4} + \cos \dfrac{n\pi}{4} - 1 < 0$이다.

이때 $\cos \dfrac{n\pi}{4} = t$라 하면 $-1 \le t \le 1$이고

$2t^2 + t - 1 < 0$,
$(t + 1)(2t - 1) < 0$,
$-1 < t < \dfrac{1}{2}$이므로

$-1 < \cos \dfrac{n\pi}{4} < \dfrac{1}{2}$이다.

$-1 < \cos \dfrac{n\pi}{4} < \dfrac{1}{2}$을 만족시키는 10 이하의 자연수 n의

개수는

함수 $y = \cos \dfrac{\pi x}{4}$의 그래프 위의 점 중

x좌표가 10 이하의 자연수이고, y좌표가 -1보다 크고

$\dfrac{1}{2}$보다 작은 점의 개수와 같다.   ……㉠

이때 $1 \le x \le 10$이면 $\dfrac{\pi}{4} \le \dfrac{\pi x}{4} \le \dfrac{5}{2}\pi$이므로

방정식 $\cos \dfrac{\pi x}{4} = \dfrac{1}{2}$의 해는

$\dfrac{\pi x}{4} = \dfrac{\pi}{3}$, $\dfrac{\pi x}{4} = \dfrac{5\pi}{3}$, $\dfrac{\pi x}{4} = \dfrac{7\pi}{3}$에서

$x = \dfrac{4}{3}$, $x = \dfrac{20}{3}$, $x = \dfrac{28}{3}$이다.

따라서 주기가 $\dfrac{2\pi}{\frac{\pi}{4}} = 8$인 함수 $y = \cos \dfrac{\pi x}{4}$의 그래프와

두 직선 $y = -1$, $y = \dfrac{1}{2}$을 나타내면 다음 그림과 같다.

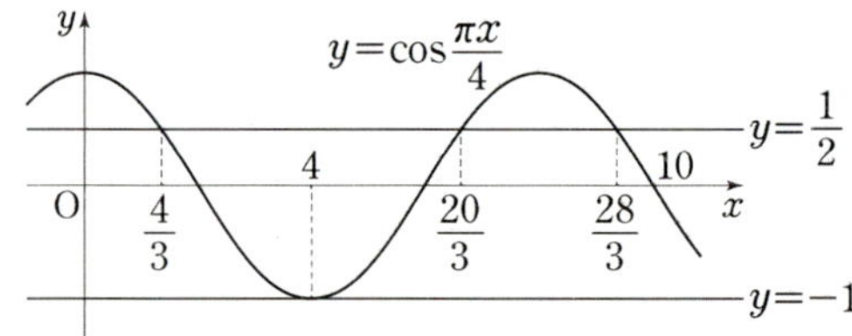

이때 ㉠을 만족시키는 점의 x좌표는 $2, 3, 5, 6, 10$으로
5개이다.

답 ③

159

정팔각형의 가장 긴 대각선의 길이가 2라 주어졌으며
정팔각형은 8개의 합동인
이등변삼각형으로 이루어졌으므로
1개의 이등변삼각형에 대하여
길이가 1인 두 변 사이의 끼인각의

크기는 $\dfrac{2\pi}{8} = \dfrac{\pi}{4}$이다.

따라서 정팔각형의 넓이는

$\left(\dfrac{1}{2} \times 1 \times 1 \times \sin \dfrac{\pi}{4}\right) \times 8 = 2\sqrt{2}$이다.   ……㉠

한편 정팔각형의 한 변의 길이를 a라 하자.
코사인법칙에 의하여

$a^2 = 1^2 + 1^2 - 2 \times 1 \times 1 \times \cos \dfrac{\pi}{4} = 2 - \sqrt{2}$이다.

또한 직각이등변삼각형의 빗변이 아닌 나머지 두 변의

길이는 $\dfrac{\sqrt{2}}{2}a$이므로

직각이등변삼각형 4개의 넓이의 합은

$$\left\{\frac{1}{2}\times\left(\frac{\sqrt{2}}{2}a\right)^2\right\}\times 4 = a^2 = 2-\sqrt{2}\ \text{이다.} \qquad \cdots\cdots ㉡$$

㉠, ㉡에 의하여 구하는 도형의 넓이는

$$2\sqrt{2}-(2-\sqrt{2})=3\sqrt{2}-2\ \text{이다.}$$

다른풀이

직각이등변삼각형의 빗변이 아닌 두 변의 길이를 a라 하면
정팔각형의 한 변의 길이는 직각삼각형의 빗변의 길이
$\sqrt{2}\,a$와 같다.

이때 오른쪽 그림에서의 직각삼각형
ABC에서
피타고라스 정리에 의하여

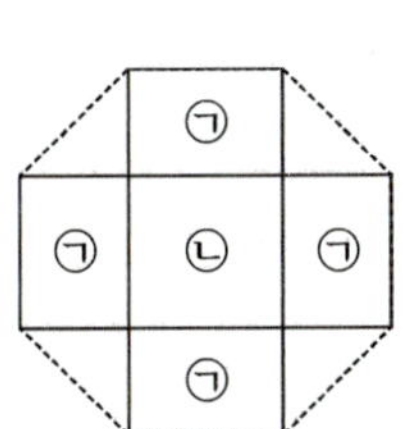

$$\overline{AB}^2+\overline{BC}^2=\overline{CA}^2$$
$$(2a+\sqrt{2}\,a)^2+(\sqrt{2}\,a)^2=2^2,$$
$$(8+4\sqrt{2})a^2=4,$$
$$(2+\sqrt{2})a^2=1,$$
$$a^2=\frac{1}{2+\sqrt{2}}=\frac{2-\sqrt{2}}{2}\ \text{이다.}$$

이때 구하는 도형의 넓이는
㉠으로 표시된 직사각형 4개와 ㉡으로
표시된 정사각형 1개의 넓이의 합이다.

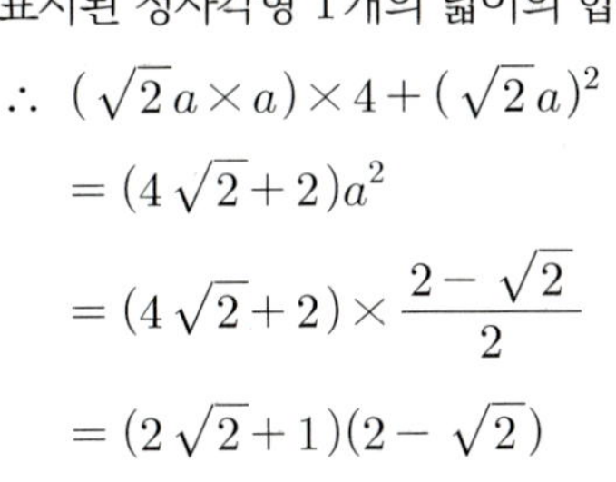

$$\therefore\ (\sqrt{2}\,a\times a)\times 4+(\sqrt{2}\,a)^2$$
$$=(4\sqrt{2}+2)a^2$$
$$=(4\sqrt{2}+2)\times\frac{2-\sqrt{2}}{2}$$
$$=(2\sqrt{2}+1)(2-\sqrt{2})$$
$$=3\sqrt{2}-2$$

답 ①

160

삼각형 ABC에서 코사인법칙에 의하여

$$\cos(\angle BAC)=\frac{6^2+2^2-(2\sqrt{6})^2}{2\times 6\times 2}=\frac{2}{3}\ \text{이므로}$$

$$\sin(\angle BAC)=\sqrt{1-\cos^2(\angle BAC)}$$
$$=\sqrt{1-\left(\frac{2}{3}\right)^2}=\frac{\sqrt{5}}{3}\ \text{이다.}$$

이때 삼각형 ABC의 외접원의 반지름의 길이를 R라 하면
사인법칙에 의하여

$$2R=\frac{2\sqrt{6}}{\sin(\angle BAC)},\ \text{즉}\ R=\frac{3\sqrt{30}}{5}\ \text{이다.}$$

한편 삼각형 BCP의 밑변을 선분 BC라 하면
$\overline{BC}=2\sqrt{6}$ 으로 정해져 있으므로
삼각형의 높이가 최대일 때 넓이가 최대가 된다.
그림과 같이 외접원의 중심을 O라 하고 점 O에서 선분
BC에 내린 수선의 발을 M이라 하자.
선분 BC에 평행한 직선이 원에 접할 때
접점 중 점 M과의 거리가 더 먼 점을 P라 하면 삼각형
BCP의 높이가 최대가 된다.

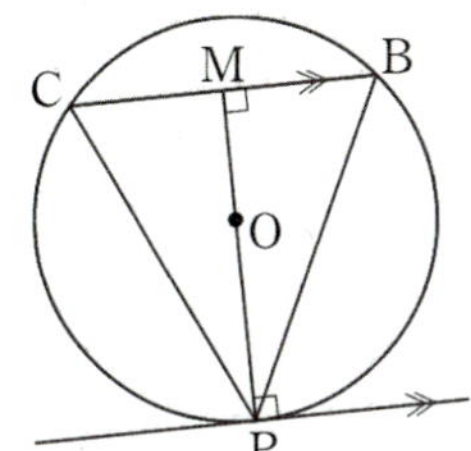

$$\overline{OM}=\sqrt{\left(\frac{3\sqrt{30}}{5}\right)^2-\sqrt{6}^2}=\frac{2\sqrt{30}}{5}$$

따라서 삼각형 BCP의 넓이의 최댓값은

$$\frac{1}{2}\times 2\sqrt{6}\times\left(\frac{2\sqrt{30}}{5}+\frac{3\sqrt{30}}{5}\right)=6\sqrt{5}$$

$$\therefore\ k^2=(6\sqrt{5})^2=180$$

답 180

161

$a_5 + a_6 = 5$이므로

$a_1 + a_2 + a_3 + \cdots + a_{10}$

$= (a_1 + a_{10}) + (a_2 + a_9) + (a_3 + a_8)$
$\qquad\qquad\qquad\quad + (a_4 + a_7) + (a_5 + a_6)$

$= 5(a_5 + a_6)$

$= 25$

답 ⑤

162

등비수열 $\{a_n\}$의 공비가 3이므로

$a_2 + a_4 = (a_3)^2$에서

$a_1 \times 3 + a_1 \times 3^3 = (a_1 \times 3^2)^2,$

$30a_1 = 81(a_1)^2,$

$a_1 = \dfrac{10}{27}\ (\because\ a_1 \neq 0)$이다.

$\therefore\ a_5 = \dfrac{10}{27} \times 3^4 = 30$

답 30

163

$$\sum_{k=1}^{n} (a_{k+1} - a_k) = 4n \qquad\qquad \cdots\cdots \text{㉠}$$

㉠의 양변에 $n=2$를 대입하면

$$\sum_{k=1}^{2} (a_{k+1} - a_k) = (a_2 - a_1) + (a_3 - a_2)$$
$$= a_3 - a_1 = 8$$

이고, $a_3 = 10$이므로

$10 - a_1 = 8 \qquad \therefore\ a_1 = 2$

㉠의 양변에 $n=7$을 대입하면

$$\sum_{k=1}^{7} (a_{k+1} - a_k)$$

$= (a_2 - a_1) + (a_3 - a_2) + \cdots + (a_8 - a_7)$

$= a_8 - a_1 = 28$

이고, $a_1 = 2$이므로

$a_8 - 2 = 28$

$\therefore\ a_8 = 30$

$$\sum_{k=1}^{n} (a_{k+1} - a_k)$$

$= (a_2 - a_1) + (a_3 - a_2) + \cdots + (a_{n+1} - a_n)$

$= -a_1 + a_{n+1} = 4n$

이므로 모든 자연수 n에 대하여

$a_{n+1} = a_1 + 4n$이다.

$a_3 = a_1 + 4 \times 2 = 10$이므로

$a_1 = 2$이다.

$\therefore\ a_8 = a_1 + 4 \times 7 = 2 + 28 = 30$

답 30

164

등비수열 $\{a_n\}$의 공비를 $r\ (r > 0)$라 하면

$4 \times 4r \times 4r^2 \times 4r^3 \times \cdots \times 4r^9$

$= 4^{10} \times r^{1+2+3+\cdots+9} = 4^{10} \times r^{45}$이므로

$4^{10} \times r^{45} = 2^{110}$이다.

즉, $r^{45} = \dfrac{2^{110}}{(2^2)^{10}} = 2^{90}$이므로

$r = 2^2 = 4\ (\because\ r > 0)$이다.

따라서 $a_n = 4 \times 4^{n-1} = 4^n$이므로

수열 $\{a_n\}$의 첫째항부터 제20항까지의 합은

$$\dfrac{4 \times (4^{20} - 1)}{4 - 1} = \dfrac{4}{3}(2^{40} - 1)$$

답 ②

165

수열 $\{a_n\}$의 첫째항부터 제n항까지의 합 S_n에 대하여

수열 $\{a_n + S_n\}$이 공차가 4인 등차수열을 이루므로

$(a_8 + S_8) - (a_7 + S_7) = 4,$

$a_8 - a_7 + (S_8 - S_7) = 4,$

$2a_8 - a_7 = 4$이다.

$\therefore\ a_7 = 2a_8 - 4 = 12\ (\because\ a_8 = 8)$

답 ②

166

조건 (가), (나)에 의하여 수열 $\{y_n\}$은 첫째항이 4이고

공차가 4인 등차수열이므로

$y_n = 4n$이다.

조건 (다)에 의하여

$S_n = x_n \times y_n = n \times 2^{n+2}$이므로

$x_n = 2^n$이다.

$\therefore\ \mathrm{C}_n(2^n,\ 4n)$

따라서 $\mathrm{C}_3(8,\ 12)$, $\mathrm{C}_4(16,\ 16)$이므로 선분 $\mathrm{C}_3\mathrm{C}_4$의

길이는

$\sqrt{8^2 + 4^2} = 4\sqrt{5}$ 이다.

답 ③

167

$a_3 = 1$이고

$a_{n+1} + (-1)^n a_n = 5n$이므로

$n = 2$를 대입하면

$1 + a_2 = 10$에서 $a_2 = 9$

$n = 1$을 대입하면

$9 - a_1 = 5$에서 $a_1 = 4$

$n = 3$을 대입하면

$a_4 - 1 = 15$에서 $a_4 = 16$

$n = 4$를 대입하면

$a_5 + 16 = 20$에서 $a_5 = 4$

$\therefore\ a_1 + a_5 = 4 + 4 = 8$

답 ④

168

$a_1 = -\dfrac{1}{2}$이고

$a_n = 1 + \displaystyle\sum_{k=1}^{n-1} a_k\ (n \geq 2)$이므로

$n = 2$일 때

$a_2 = 1 + \left(-\dfrac{1}{2}\right) = \dfrac{1}{2}$이고

$n \geq 2$일 때

$$a_{n+1} - a_n = \left(1 + \sum_{k=1}^{n} a_k\right) - \left(1 + \sum_{k=1}^{n-1} a_k\right)$$

$$= \sum_{k=1}^{n} a_k - \sum_{k=1}^{n-1} a_k$$

$$= a_n$$

에서 $a_{n+1} = 2a_n$이다.

따라서 수열 $\{a_n\}$은 $a_1 = -\dfrac{1}{2}$이고

$a_n = 2^{n-3}\ (n \geq 2)$이다.

$$\therefore\ \sum_{k=1}^{9} a_k = a_1 + \sum_{k=2}^{9} 2^{k-3}$$

$$= \left(-\dfrac{1}{2}\right) + \dfrac{\dfrac{1}{2}(2^8 - 1)}{2 - 1}$$

$$= -\dfrac{1}{2} + \dfrac{255}{2} = 127$$

답 ①

169

(ⅰ) $n = 1$일 때

(좌변) $= a_1 = 9$, (우변) $= 8 + 1 = 9$이므로 $(*)$이

성립한다.

(ⅱ) $n = k$일 때 $(*)$이 성립한다고 가정하면

$a_k = 2 \times 4^k + k \times 2^{1-k}$이므로

$$2ka_{k+1} = (k+1)a_k + (7k-1)2^{2k+1}$$

$$= (k+1)a_k + (\boxed{14k-2}) \times 4^k$$

$$= (k+1)(2 \times 4^k + k \times 2^{1-k}) + (14k-2)4^k$$

$$= 16k \times 4^k + k(k+1)2^{1-k}$$

$$= k \times 4^{\boxed{k+2}} + k(k+1)2^{1-k}$$

이때 양변을 $2k$로 나누면

$$a_{k+1} = 2 \times 4^{k+1} + (k+1)2^{-k}$$

이다. 따라서 $n = k+1$일 때도 $(*)$이 성립한다.

(ⅰ), (ⅱ)에 의하여 모든 자연수 n에 대하여

$a_n = 2 \times 4^n + n \times 2^{1-n}$이다.

(가) : $f(k) = 14k - 2$, (나) : $g(k) = k + 2$

$\therefore\ f(6) + g(8) = 82 + 10 = 92$

답 ②

170

조건 (나)의 $|a_{n+1} - a_n| = 2n$에서

$a_{n+1} - a_n = 2n$ 또는 $a_{n+1} - a_n = -2n$

$\therefore \ a_{n+1} = a_n + 2n$ 또는 $a_{n+1} = a_n - 2n$ ······㉠

㉠에 $n = 2$를 대입하면

$a_3 = a_2 + 4$ 또는 $a_3 = a_2 - 4$

이때 $a_3 = 8$이므로

$8 = a_2 + 4$ 또는 $8 = a_2 - 4$

$\therefore \ a_2 = 4$ 또는 $a_2 = 12$

(i) $a_2 = 4$일 때

　㉠에서 $4 = a_1 + 2$ 또는 $4 = a_1 - 2$이므로

　$a_1 = 2$ 또는 $a_1 = 6$

　조건 (가)에서 $a_1 < a_2$이므로

　$a_1 = 2$

(ii) $a_2 = 12$일 때

　㉠에서 $12 = a_1 + 2$ 또는 $12 = a_1 - 2$이므로

　$a_1 = 10$ 또는 $a_1 = 14$

　조건 (가)에서 $a_1 < a_2$이므로

　$a_1 = 10$

같은 방법으로 ㉠에 $n = 3$을 대입하면

$a_4 = a_3 + 6$ 또는 $a_4 = a_3 - 6$

이때 $a_3 = 8$이고 $a_3 < a_4$이므로

$a_4 = 8 + 6 = 14$

㉠에 $n = 4$를 대입하면

$a_5 = a_4 + 8$ 또는 $a_5 = a_4 - 8$

$a_5 = 22$ 또는 $a_5 = 6$

㉠에 $n = 5$를 대입하면

$a_6 = a_5 + 10$ 또는 $a_6 = a_5 - 10$

이때 $a_5 < a_6$이므로

$a_6 = 22 + 10 = 32$ 또는 $a_6 = 6 + 10 = 16$

따라서 $a_1 + a_6$의 최댓값은

$10 + 32 = 42$

답 42

171

첫째항이 10이고 공차가 -2인 등차수열의
첫째항부터 제n항까지의 합이 0이려면

$\dfrac{n\{2 \times 10 + (n-1) \times (-2)\}}{2} = 0,$

$n(22 - 2n) = 0$이어야 한다.

$\therefore \ n = 11 \ (\because n$은 자연수$)$

답 11

172

등비수열 $\{a_n\}$의 첫째항을 $a \ (a > 0)$,

공비를 $r \ (r > 0, \ r \neq 1)$라 하면

$\dfrac{a_{11} - a_{12}}{a_5 - a_6} = 3^7$에서

$\dfrac{ar^{10} - ar^{11}}{ar^4 - ar^5} = 3^7$이므로

$\dfrac{ar^{10}(1 - r)}{ar^4(1 - r)} = 3^7,$

$r^6 = 3^7$

$\therefore \ r = 3^{\frac{7}{6}}$

답 ⑤

173

$a_1 = 1$이고

모든 자연수 n에 대하여 $a_n a_{n+1} = \dfrac{2n-1}{n+1}$이므로

$1 \times a_2 = \dfrac{1}{2}$에서 $a_2 = \dfrac{1}{2},$

$\dfrac{1}{2} \times a_3 = \dfrac{3}{3}$에서 $a_3 = 2,$

$2 \times a_4 = \dfrac{5}{4}$에서 $a_4 = \dfrac{5}{8},$

$\dfrac{5}{8} \times a_5 = \dfrac{7}{5}$에서 $a_5 = \dfrac{56}{25}$이다.

답 ③

174

$\displaystyle\sum_{k=1}^{10} ca_k = \sum_{k=1}^{10} (c + b_k)$에서

$c\displaystyle\sum_{k=1}^{10} a_k = \sum_{k=1}^{10} c + \sum_{k=1}^{10} b_k$

이때 $\displaystyle\sum_{k=1}^{10} a_k = 20, \ \sum_{k=1}^{10} b_k = 10$이므로

$$20c = 10c + 10$$
$$\therefore \ c = 1$$

답 1

175

주어진 식의 양변을 $a_n a_{n+1}$로 나누면

$$\frac{1}{a_{n+1}} - \frac{1}{a_n} = d$$이므로

수열 $\left\{ \dfrac{1}{a_n} \right\}$은 첫째항이 1이고, 공차가 d인 등차수열이다.

$a_{31} = \dfrac{1}{91}$이므로 $\dfrac{1}{a_{31}} = 1 + 30d = 91$

$$\therefore \ d = 3$$

따라서 수열 $\left\{ \dfrac{1}{a_n} \right\}$의 일반항은

$$\frac{1}{a_n} = 1 + 3(n-1) = 3n - 2$$이므로

$a_n = \dfrac{1}{3n-2}$이다.

$$\therefore \ \sum_{k=1}^{20} a_k a_{k+1} = \sum_{k=1}^{20} \frac{1}{(3k-2)(3k+1)}$$
$$= \frac{1}{3} \left\{ \left(1 - \frac{1}{4}\right) + \left(\frac{1}{4} - \frac{1}{7}\right) + \left(\frac{1}{7} - \frac{1}{10}\right) \right.$$
$$\left. + \cdots + \left(\frac{1}{58} - \frac{1}{61}\right) \right\}$$
$$= \frac{1}{3}\left(1 - \frac{1}{61}\right) = \frac{20}{61}$$

답 ④

176

$S_n = 2^n - 5n + 10$에서

$n = 1$일 때 $a_1 = S_1 = 7$이다.

$n \geq 2$일 때

$$a_n = S_n - S_{n-1}$$
$$= 2^n - 5n + 10 - \left\{ 2^{n-1} - 5(n-1) + 10 \right\}$$
$$= 2^{n-1} - 5$$이므로

$0 < 2^{n-1} - 5 < 100$, 즉 $5 < 2^{n-1} < 105$를 만족시키는
2 이상의 자연수 n의 값은 $4, 5, 6, 7$이다.

따라서 구하는 모든 자연수 n의 값의 합은
$1 + 4 + 5 + 6 + 7 = 23$이다.

답 ①

177

$\sqrt{2}, a, b, c, d, \sqrt{5}$가 이 순서대로 등비수열을 이루므로
$b \times c = a \times d = \sqrt{2} \times \sqrt{5}$이다.

$$\therefore \ \log(a^2) + \log(b^2) + \log(c^2) + \log(d^2)$$
$$= \log(a^2 b^2 c^2 d^2)$$
$$= \log(abcd)^2$$
$$= 2\log(abcd)$$
$$= 2\log(\sqrt{10} \times \sqrt{10})$$
$$= 2\log 10 = 2$$

답 ②

178

주어진 조건에 의하여

$a_1 = 8,$

$a_2 = \dfrac{8}{2} = 4,$

$a_3 = \dfrac{4}{2} = 2,$

$a_4 = \dfrac{2}{2} = 1,$

$a_5 = 1 + 5 = 6,$

$a_6 = \dfrac{6}{2} = 3,$

$a_7 = 3 + 5 = 8,$

$$\vdots$$

이므로 수열 $\{a_n\}$은 $8, 4, 2, 1, 6, 3$이 반복적으로
나타난다.

$40 = 6 \times 6 + 4$이므로

$$\sum_{n=1}^{40} a_n = (8 + 4 + 2 + 1 + 6 + 3) \times 6 + (8 + 4 + 2 + 1)$$
$$= 24 \times 6 + 15$$
$$= 159$$

답 159

179

등비수열 $\{a_n\}$의 첫째항을 a, 공비를 $r \ (r \neq 1)$라 하자.

조건 (가)에서 $a + ar^{10} = 1$ $\qquad \cdots\cdots \ \bigcirc$

조건 (나)에서 $a_1 - a_2, a_6, S_{10}$이 이 순서대로 등비수열을
이루므로

$$(a_6)^2 = (a_1 - a_2) \times S_{10}$$

$$(ar^5)^2 = a(1-r) \times \frac{a(1-r^{10})}{1-r}$$

$$a^2 r^{10} = a^2(1 - r^{10})$$

이때 $a \neq 0$이므로 $2r^{10} = 1$ $\qquad \therefore r^{10} = \frac{1}{2}$

이를 ㉠에 대입하면 $a + \frac{1}{2}a = 1$ $\qquad \therefore a = \frac{2}{3}$

$$\therefore a_{21} = ar^{20} = \frac{2}{3} \times \left(\frac{1}{2}\right)^2 = \frac{1}{6}$$

답 ②

180

$f(x) = \log_{\frac{1}{4}} x$, $g(x) = \log_4 x$, $h(x) = \frac{2}{3}\log_4 x$에

대하여

직선 $y = k$가 y축 및 세 곡선 $y = f(x)$, $y = g(x)$,

$y = h(x)$와 만나는 점의 x좌표를 각각 0, b, c, d라 하면

$\log_{\frac{1}{4}} b = k$에서 $b = \left(\frac{1}{4}\right)^k = 2^{-2k}$,

$\log_4 c = k$에서 $c = 4^k = 2^{2k}$,

$\frac{2}{3}\log_4 d = k$에서 $d = 4^{\frac{3}{2}k} = 2^{3k}$이다.

이때 세 선분 AB, BC, CD의 길이는 각각

$\overline{AB} = 2^{-2k}$,

$\overline{BC} = 2^{2k} - 2^{-2k}$,

$\overline{CD} = 2^{3k} - 2^{2k}$

이고 $\overline{CD}$는 $\overline{AB}$와 $\overline{BC}$의 등차중항이므로

$2(2^{3k} - 2^{2k}) = 2^{-2k} + (2^{2k} - 2^{-2k})$

$2 \times 2^{3k} - 3 \times 2^{2k} = 0$,

$2^{2k}(2 \times 2^k - 3) = 0$,

$2 \times 2^k = 3 \ (\because 2^{2k} > 0)$,

$2^k = \frac{3}{2}$

$$\therefore k = \log_2 \frac{3}{2}$$

문제에서 주어진 그림에서

$\overline{AC} = \overline{AB} + \overline{BC}$이다. $\qquad \cdots\cdots$ ㉠

세 선분 AB, CD, BC의 길이가 이 순서대로 등차수열을

이루므로

$\overline{CD}$는 $\overline{AB}$와 $\overline{BC}$의 등차중항, 즉

$2\overline{CD} = \overline{AB} + \overline{BC}$이다. $\qquad \cdots\cdots$ ㉡

㉠, ㉡에 의하여 $\overline{AC} = 2\overline{CD}$이므로

점 C의 x좌표를 $2t$라 하면 점 D의 x좌표는 $3t$이다.

(단, $t > 0$)

따라서 $g(2t) = h(3t)$이므로

$-f(2t) = -\frac{2}{3}f(3t)$,

$\log_4(2t) = \frac{2}{3}\log_4(3t)$,

$3\log_4(2t) = 2\log_4(3t)$,

$\log_4(2t)^3 = \log_4(3t)^2$

이때 로그함수는 일대일대응이므로

$(2t)^3 = (3t)^2$,

$8t^3 = 9t^2$,

$t = \frac{9}{8} \ (\because t > 0)$

$$\therefore k = g\left(\frac{9}{4}\right) = \log_4 \frac{9}{4} = \log_2 \frac{3}{2}$$

답 ③

181

등비수열 $\{a_n\}$의 첫째항을 a, 공비를 r라 하자. (단, $a > 0$)

$\frac{a_4}{a_2} + \frac{a_2}{a_1} = 12$에서

$r^2 + r = 12$,

$r^2 + r - 12 = 0$,

$(r+4)(r-3) = 0$,

$r = -4$ 또는 $r = 3$이다.

이때 $a_4 = -1$로 음수이므로 $r = -4$이어야 한다.

따라서 $a(-4)^3 = -1$에서 $a = \frac{1}{64}$이다.

답 ④

182

$a_m - a_n = a_{m-n}$에서

$m = 2$, $n = 1$을 대입하면 $a_2 - a_1 = a_1$

$a_2 = 2a_1$

$m = 3$, $n = 2$를 대입하면 $a_3 - a_2 = a_1$

$a_3 = a_1 + a_2 = 3a_1$

$m = 4$, $n = 3$을 대입하면 $a_4 - a_3 = a_1$

$a_4 = a_1 + a_3 = 4a_1$

$m = 5$, $n = 4$를 대입하면 $a_5 - a_4 = a_1$

$a_5 = a_1 + a_4 = 5a_1$

$m = 6$, $n = 5$를 대입하면 $a_6 - a_5 = a_1$

$a_6 = a_1 + a_5 = 6a_1$

$m = 7$, $n = 6$을 대입하면 $a_7 - a_6 = a_1$

$a_7 = a_1 + a_6 = 7a_1$

이때 $a_7 = 63$이므로 $7a_1 = 63$

$\therefore a_1 = 9$

답 9

183

$S_{n+2} - S_n = a_{n+2} + a_{n+1}$이므로

$S_{n+2} - S_n = 3a_{n+1} - a_n$에서

$a_{n+2} + a_{n+1} = 3a_{n+1} - a_n$

$\therefore a_{n+2} - a_{n+1} = a_{n+1} - a_n$

따라서 수열 $\{a_n\}$은 등차수열이고, $a_1 = 1$이므로

$$S_{20} = \frac{20(a_1 + a_{20})}{2} = 10(1 + a_{20}) = 100$$

$\therefore a_{20} = 9$

답 9

184

다항식 $(x-3)^n + 1$을 $x - 1$로 나눈 나머지는

$a_n = (-2)^n + 1$이다.

$$\therefore \sum_{n=1}^{10} a_n = \sum_{n=1}^{10} \{(-2)^n + 1\}$$

$$= \sum_{n=1}^{10} (-2)^n + \sum_{n=1}^{10} 1$$

$$= \frac{(-2)\{(-2)^{10} - 1\}}{(-2) - 1} + 10$$

$$= \frac{2}{3} \times 1023 + 10 = 692$$

답 692

185

$$S_n = \frac{n\{430 + (n-1) \times (-4)\}}{2} = \frac{n(434 - 4n)}{2}$$

$S_n < 0$일 때 $434 - 4n < 0$이므로

$n > \dfrac{434}{4} = 108.5$이다.

$n = 108$일 때

$$S_{108} = \frac{108(434 - 4 \times 108)}{2} = \frac{108 \times 2}{2} = 108,$$

$n = 109$일 때

$$S_{109} = \frac{109(434 - 4 \times 109)}{2} = \frac{109 \times (-2)}{2} = -109$$

따라서 $|S_n|$이 최소가 되는 자연수 n의 값은 108이다.

답 108

186

$k - 1 < \log_2 n \le k$에서 $2^{k-1} < n \le 2^k$이다.

$k = 0$일 때 $\dfrac{1}{2} < n \le 1$이므로 $a_1 = 0 + 1 = 1$

$k = 1$일 때 $1 < n \le 2$이므로 $a_2 = 1 + 1 = 2$

$k = 2$일 때 $2 < n \le 4$이므로 $a_n = 2 + 1 = 3$

$$\therefore \sum_{n=3}^{4} a_n = 2 \times 3 = 6$$

$k = 3$일 때 $4 < n \le 8$이므로 $a_n = 3 + 1 = 4$

$$\therefore \sum_{n=5}^{8} a_n = 4 \times 4 = 16$$

$k = 4$일 때 $8 < n \le 16$이므로 $a_n = 4 + 1 = 5$

$$\therefore \sum_{n=9}^{16} a_n = 8 \times 5 = 40$$

$k = 5$일 때 $16 < n \le 32$이므로 $a_n = 5 + 1 = 6$

$$\therefore \sum_{n=17}^{32} a_n = 16 \times 6 = 96$$

$k = 6$일 때 $32 < n \le 64$이므로 $a_n = 6 + 1 = 7$

$$\therefore \sum_{n=33}^{50} a_n = 18 \times 7 = 126$$

$$\therefore \sum_{n=1}^{50} a_n = a_1 + a_2 + \sum_{n=3}^{4} a_n + \sum_{n=5}^{8} a_n + \sum_{n=9}^{16} a_n$$

$$+ \sum_{n=17}^{32} a_n + \sum_{n=33}^{50} a_n$$

$$= 1 + 2 + 6 + 16 + 40 + 96 + 126 = 287$$

답 287

187

두 등차수열 $\{a_n\}$, $\{b_n\}$의 공차를 각각 c, d라 하면
$$a_n = a_1 + (n-1)c, \ b_n = b_1 + (n-1)d$$
이다. 이때
$$\begin{aligned}
a_n + b_n &= \{a_1 + (n-1)c\} + \{b_1 + (n-1)d\} \\
&= (c+d)n + (a_1 + b_1 - c - d) \\
&= (a_1 + b_1) + (n-1)(c+d)
\end{aligned}$$
이므로 수열 $\{a_n + b_n\}$은 첫째항이 $a_1 + b_1$이고 공차가 $c+d$인 등차수열이다.

조건 (가)에 의하여 등차수열 $\{a_n + b_n\}$은 첫째항이 6이고 공차가 5이다.

즉, $a_1 + b_1 = 6$, $c + d = 5$이다.

또한 조건 (나)에 의하여 $a_6 - a_3 = b_6 - b_3$이므로 $c = d$이다.

이를 $c + d = 5$에 대입하면 $2c = 5$이므로
$$c = \frac{5}{2}$$
이다.
$$\begin{aligned}
\therefore \ a_2 + b_4 &= (a_1 + c) + (b_1 + 3d) \\
&= (a_1 + b_1) + (c + 3d) \\
&= (a_1 + b_1) + 4c \\
&= 6 + 4 \times \frac{5}{2} = 16
\end{aligned}$$

답 16

188

(i) $n = 1$일 때
$$(\text{좌변}) = \sum_{k=1}^{1} k(-2k+3) = 1, \ (\text{우변}) = 1$$
이므로 $(*)$이 성립한다.

(ii) $n = m$일 때, $(*)$이 성립한다고 가정하면
$$\sum_{k=1}^{m} k\{2(m-1) - 2k + 3\}$$
$$= \frac{m(m+1)(2m+1)}{6}$$
이고 $n = m+1$일 때
$$\sum_{k=1}^{m+1} k\{2(m+1-1) - 2k + 3\}$$
$$= \sum_{k=1}^{m+1} k(2m - 2k + 3)$$

$$= \sum_{k=1}^{m} k(2m - 2k + 3) + \boxed{m+1}$$
$$= \sum_{k=1}^{m} [k\{2(m-1) - 2k + 3\} + 2k] + m + 1$$
$$= \sum_{k=1}^{m} k\{2(m-1) - 2k + 3\}$$
$$\qquad\qquad + 2 \times \frac{m(m+1)}{2} + m + 1$$
$$= \sum_{k=1}^{m} k\{2(m-1) - 2k + 3\} + \boxed{(m+1)^2}$$
$$= \frac{m(m+1)(2m+1)}{6} + (m+1)^2$$
$$= \frac{(m+1)(m+2)(2m+3)}{6}$$
이다. 따라서 $n = m + 1$일 때도 $(*)$이 성립한다.

(i), (ii)에 의하여 모든 자연수 n에 대하여 $(*)$이 성립한다.

(가) : $f(m) = m + 1$, (나) : $g(m) = (m+1)^2$
$$\therefore \ f(15) + g(4) = 16 + 25 = 41$$

답 ⑤

189

$a_1 = 45$이고 모든 자연수 n에 대하여
$a_{n+1} = (103 - 4n) - a_n$이므로
$$\begin{aligned}
a_2 &= 99 - 45 = 54, \\
a_3 &= 95 - 54 = 41, \\
a_4 &= 91 - 41 = 50, \\
a_5 &= 87 - 50 = 37, \\
a_6 &= 83 - 37 = 46, \\
&\ \vdots
\end{aligned}$$
이다.

즉, 수열 $\{a_{2n-1}\}$은 첫째항이 45이고 공차가 -4인 등차수열이므로
$$a_{2n-1} = 45 + (n-1)(-4) = 49 - 4n$$
이고 수열 $\{a_{2n}\}$은 첫째항이 54이고 공차가 -4인 등차수열이므로
$$a_{2n} = 54 + (n-1)(-4) = 58 - 4n$$
이다.

$49 - 4n > 0$, 즉 $n < \dfrac{49}{4}$를 만족시키는 자연수 n의 최댓값은 12이므로

$a_k > 0$을 만족시키는 홀수 k의 최댓값은
$$2 \times 12 - 1 = 23$$
이다.

$58 - 4n > 0$, 즉 $n < \dfrac{29}{2}$ 를 만족시키는 자연수 n의

최댓값은 14이므로

$a_k > 0$을 만족시키는 짝수 k의 최댓값은

$2 \times 14 = 28$이다.

따라서 구하는 자연수 k의 최댓값은 28이다.

답 28

190

조건 (가)에서

$a_1 + a_2 + \cdots + a_{10} = |a_1| + |a_2| + \cdots + |a_{10}|$ ······㉠

즉, $1 \le n \le 10$일 때 $a_n \ge 0$이다.

조건 (나)에서

$a_1 + a_2 + \cdots + a_{12}$

$= |a_1| + |a_2| + \cdots + |a_{12}| - 2$ ······㉡

㉠, ㉡에서 $a_{11} + a_{12} = |a_{11}| + |a_{12}| - 2$ ······㉢

즉, $a_{11} + a_{12} < |a_{11}| + |a_{12}|$이므로 a_{11}, a_{12} 중에서

음수인 항이 적어도 하나 존재한다.

따라서 등차수열 $\{a_n\}$의 공차를 d라 하면 $d < 0$이어야

한다.

(ⅰ) $a_{11} < 0$일 때

$\quad d < 0$이고 $a_{11} < 0$이므로 $a_{12} < 0$

$\quad$ 이때 ㉢에서 $a_{11} + a_{12} = -a_{11} - a_{12} - 2$이므로

$\quad 2a_{11} + 2a_{12} = -2,\ 4a_{11} + 2d = -2$

$\quad a_{11} = -\dfrac{2 + 2d}{4} < 0,\ d > -1$

$\quad \therefore\ -1 < d < 0$

$\quad$ 그런데 d는 정수이므로 조건을 만족시키지 않는다.

(ⅱ) $a_{11} > 0,\ a_{12} < 0$일 때

$\quad$ ㉢에서 $a_{11} + a_{12} = a_{11} - a_{12} - 2$

$\quad 2a_{12} = -2 \qquad \therefore\ a_{12} = -1$

$\quad$ 이때 $a_{11} > 0$이므로

$\quad a_{12} - d > 0$에서 $-1 - d > 0$

$\quad \therefore\ d < -1$

(ⅰ), (ⅱ)에서 $a_{12} = -1,\ d < -1$이므로 a_1의 값이

최소이려면 $d = -2$이어야 한다.

따라서 구하는 a_1의 최솟값은

$a_1 = a_{12} - 11d = -1 - 11 \times (-2) = 21$

답 21

191

등비수열 $\{a_n\}$의 공비를 r라 하자.

$(a_2)^2 + a_5 = 6$,

$(a_3)^2 + a_7 = 12$,

$a_3 a_5 + a_9 = (a_4)^2 + a_9$는 이 순서대로 공비가 r^2인

등비수열을 이루므로

12는 6과 $a_3 a_5 + a_9$의 등비중항이다.

따라서 $12^2 = 6 \times (a_3 a_5 + a_9)$이므로

$a_3 a_5 + a_9 = 24$이다.

답 24

192

수열 $\{a_n\}$이 모든 자연수 n에 대하여 $a_n - a_{n+1} = k$를

만족시키므로

수열 $\{a_n\}$은 공차가 $-k$인 등차수열이다.

$\dfrac{5(2a_1 - 4k)}{2} = 10$에서 $a_1 - 2k = 2$이고

$\dfrac{10(2a_1 - 9k)}{2} = 30$에서 $2a_1 - 9k = 6$이므로

$a_1 = \dfrac{6}{5},\ k = -\dfrac{2}{5}$이다.

$\therefore\ \dfrac{a_1}{k} = -3$

답 ①

193

첫째항이 4인 등비수열 $\{a_n\}$의 공비를 $r\ (r \ne 0)$라 하자.

(ⅰ) $r = 1$인 경우

$\quad$ 수열 $\{8 + S_n\}$의 일반항은 $8 + S_n = 4n + 8$이므로

$\quad$ 이 수열은 등비수열이 아니다.

(ⅱ) $r \ne 1$인 경우

$\quad$ 수열 $\{8 + S_n\}$의 일반항은

$\quad 8 + S_n = 8 + \dfrac{4(r^n - 1)}{r - 1} = \dfrac{4r^n}{r - 1} + \dfrac{8r - 12}{r - 1}$이다.

$\quad$ 이때 이 수열이 등비수열이려면 $\dfrac{8r - 12}{r - 1} = 0$이어야

$\quad$ 한다.

(ⅰ), (ⅱ)에 의하여 $r = \dfrac{3}{2}$이다.

다른풀이

첫째항이 4인 등비수열 $\{a_n\}$의 공비를 $r \ (r \neq 0)$라 하자.

수열 $\{8 + S_n\}$이 등비수열이므로

$8 + S_2$는 $8 + S_1$과 $8 + S_3$의 등비중항이다.

이때

$8 + S_1 = 8 + 4 = 12,$

$8 + S_2 = 8 + (4 + 4r) = 4(3 + r),$

$8 + S_3 = 8 + (4 + 4r + 4r^2) = 4(3 + r + r^2)$이므로

$16(3 + r)^2 = 48(3 + r + r^2),$

$r^2 + 6r + 9 = 3r^2 + 3r + 9,$

$2r^2 - 3r = 0,$

$2r\left(r - \dfrac{3}{2}\right) = 0$

$\therefore \ r = \dfrac{3}{2}$

답 ⑤

참고

$r = \dfrac{3}{2}$일 때 수열 $\{8 + S_n\}$의 일반항은

$$8 + S_n = 8 + \dfrac{4\left\{\left(\dfrac{3}{2}\right)^n - 1\right\}}{\dfrac{3}{2} - 1} = 8\left(\dfrac{3}{2}\right)^n$$이므로

수열 $\{8 + S_n\}$은 첫째항이 12이고 공비가 $\dfrac{3}{2}$인 등비수열임을 확인할 수 있다.

194

$S_{3n} - S_{n+1} = 8n^2 - 6n + 1 \ (n \geq 1)$의 양변에

$n = 1$을 대입하면 $a_3 = 3$이고,

$n = 2$를 대입하면 $a_4 + a_5 + a_6 = 21$이다.

이때 등차수열 $\{a_n\}$의 공차를 d라 하면

$(a_3 + d) + (a_3 + 2d) + (a_3 + 3d) = 21$이므로

$9 + 6d = 21 \ (\because \ a_3 = 3), \ 6d = 12$이다.

$\therefore \ d = 2$

$\therefore \ a_{10} = a_3 + 7d = 3 + 7 \times 2 = 17$

다른풀이

$S_{3n} - S_{n+1} = a_{n+2} + a_{n+3} + \cdots + a_{3n-1} + a_{3n}$

이때 항의 개수가 $3n - (n+1) = 2n - 1$로 홀수개이고,

등차중항에 의하여

$$\dfrac{a_{n+2} + a_{3n}}{2} = \dfrac{a_{n+3} + a_{3n-1}}{2} = \cdots$$

$$= a_{\frac{(n+2) + 3n}{2}}$$

$$= a_{2n+1}$$

이다.

즉, $a_{n+2} + a_{3n} = a_{n+3} + a_{3n-1} = \cdots = 2a_{2n+1}$이므로

$S_{3n} - S_{n+1} = a_{2n+1} \times (2n - 1)$이다.

또한 $8n^2 - 6n + 1 = (4n - 1)(2n - 1)$이므로

$a_{2n+1} \times (2n - 1) = (4n - 1)(2n - 1)$에서

$a_{2n+1} = 4n - 1 \ (n \geq 1)$이다.

이때 $a_3 = 3, \ a_5 = 7, \cdots$을 만족시키는 등차수열 $\{a_n\}$의

일반항은 $a_n = 2n - 3 \ (n \geq 1)$이므로

$a_{10} = 17$이다.

답 ③

195

$$\sum_{k=1}^{n} \dfrac{a_{k+1} - a_k}{a_k a_{k+1}}$$

$$= \sum_{k=1}^{n} \left(\dfrac{1}{a_k} - \dfrac{1}{a_{k+1}} \right)$$

$$= \left(\dfrac{1}{a_1} - \dfrac{1}{a_2} \right) + \left(\dfrac{1}{a_2} - \dfrac{1}{a_3} \right) + \cdots + \left(\dfrac{1}{a_n} - \dfrac{1}{a_{n+1}} \right)$$

$$= \dfrac{1}{a_1} - \dfrac{1}{a_{n+1}} = 1 - \dfrac{1}{a_{n+1}} \ (\because \ a_1 = 1)$$

이므로 $1 - \dfrac{1}{a_{n+1}} = \dfrac{2n+2}{2n+3}$에서

$$\dfrac{1}{a_{n+1}} = \dfrac{1}{2n+3} \qquad \therefore \ a_{n+1} = 2n + 3$$

즉, $n \geq 2$일 때 $a_n = 2n + 1$이고 $a_1 = 1$이므로

$$a_n = \begin{cases} 1 & (n = 1) \\ 2n + 1 & (n \geq 2) \end{cases}$$

$$\therefore \ \sum_{k=1}^{10} a_k = 1 + \sum_{k=2}^{10} (2k + 1)$$

$$= 1 + \sum_{k=1}^{10} (2k + 1) - 3$$

$$= 2 \times \dfrac{10 \times 11}{2} + 10 - 2 = 118$$

답 118

196

(i) $n = 1$일 때

(좌변) $= a_1 = 1$,

(우변) $= \dfrac{2}{1^2 \times (1+1)} = 1$이므로

($*$)이 성립한다.

(ii) $n = m$일 때, ($*$)이 성립한다고 가정하면

$$a_m = \frac{2}{m^2(m+1)} \text{ 이므로}$$

$$\boxed{(m+1)^3} \times a_{m+1} = \sum_{k=1}^{m+1} ka_k$$

$$= \sum_{k=1}^{m} ka_k + (m+1)a_{m+1}$$

$$= \boxed{m^3} \times a_m + (m+1)a_{m+1}$$

이다. 따라서

$$(m^3 + 3m^2 + 2m)a_{m+1} = m^3 a_m,$$

$$m(m+1)(m+2)a_{m+1} = m^3 a_m,$$

$$a_{m+1} = \boxed{\frac{m^2}{(m+1)(m+2)}} \times a_m$$

$$= \frac{m^2}{(m+1)(m+2)} \times \frac{2}{m^2(m+1)}$$

$$= \frac{2}{(m+1)^2(m+2)}$$

이므로 $n = m+1$일 때도 ($*$)이 성립한다.

(i), (ii)에 의하여 모든 자연수 n에 대하여

$$a_n = \frac{2}{n^2(n+1)} \text{이다.}$$

(가) : $f(m) = (m+1)^3$, (나) : $g(m) = m^3$,

(다) : $h(m) = \dfrac{m^2}{(m+1)(m+2)}$

$$\therefore \frac{f(2)h(4)}{g(4)} = \frac{3^3 \times 4^2}{4^3 \times 5 \times 6} = \frac{9}{40}$$

답 ②

197

$$\sum_{k=2}^{n+2} a_k - \sum_{k=1}^{n} a_k = a_{n+2} + a_{n+1} - a_1 \text{이므로}$$

$$a_{n+1} + a_{n+2} = a_1 + 4 \qquad \cdots\cdots \text{㉠}$$

㉠에 $n = 1, 3, 5, \cdots, 19$를 대입하여 변끼리 더하면

$$a_2 + a_3 + a_4 + \cdots + a_{21} = 10(a_1 + 4)$$

이때

$$\sum_{k=1}^{21} a_k = a_1 + (a_2 + a_3 + a_4 + \cdots + a_{21})$$

$$= a_1 + 10(a_1 + 4) = 11a_1 + 40$$

이므로 $11a_1 + 40 = 73$에서 $a_1 = 3$

㉠에 $n = 1, 3, 5, \cdots, 29$를 대입하여 변끼리 더하면

$$a_2 + a_3 + a_4 + \cdots + a_{31} = 15(a_1 + 4)$$

$$= 15 \times (3+4) = 105$$

$$\therefore \sum_{k=1}^{31} a_k = a_1 + (a_2 + a_3 + a_4 + \cdots + a_{31})$$

$$= 3 + 105 = 108$$

답 108

198

등차수열 $\{a_n\}$의 공차를 d라 하자.

(i) $d = 0$인 경우

모든 자연수 n에 대하여 $a_n = a$ (단, a는 상수)라 할 수 있다.

조건 (가)는 만족시키지만

조건 (나)를 만족시키려면 $3|2a| = 3a - 2$이어야 하는데

$a \geq 0$일 때 $6a = 3a - 2$에서 $a = -\dfrac{2}{3}$ (<0)이므로 모순이고

$a < 0$일 때 $-6a = 3a - 2$에서 $a = \dfrac{2}{9}$ (>0)이므로 모순이다.

(ii) $d \neq 0$인 경우

조건 (가)에서

$a_3 = -a_7$, 즉 $a_3 + a_7 = 0$이고

이때 a_5는 a_3과 a_7의 등차중항이므로

$2a_5 = 0$에서 $a_5 = 0$이다.

조건 (나)에서

$$3|(a_5 + 4d) + (a_5 - d)| = 3(a_5 - 4d) - 2,$$

$$3|4d + (-d)| = 3(-4d) - 2,$$

$$9|d| = -12d - 2 \text{이다.}$$

$d > 0$일 때 $9d = -12d - 2$에서

$d = -\dfrac{2}{21}$ (<0)이므로 모순이다.

$d < 0$일 때 $-9d = -12d - 2$에서 $d = -\dfrac{2}{3}$이다.

(i), (ii)에 의하여 $a_5 = 0$, $d = -\dfrac{2}{3}$이다.

$$\therefore\ a_2 = a_5 - 3d = 0 - 3 \times \left(-\dfrac{2}{3}\right) = 2$$

답 ⑤

199

수열 $\{a_n\}$의 일반항을 $a_n = a \times 7^{n-1}$이라 하자.

(단, a는 9 이하의 자연수)

수열 $\{b_n\}$은 a, $7a$, $7^2 a$, $7^3 a$, $7^4 a$, $7^5 a$, $\cdots$의 일의 자리 수와 같고

결국 a, $7a$, $9a$, $3a$, a, $7a$, $\cdots$의 일의 자리 수와 같다.

a, $7a$, $9a$, $3a$의 일의 자리 수의 합은

$a = 1$일 때 $1 + 7 + 9 + 3 = 20$,

$a = 2$일 때 $2 + 4 + 8 + 6 = 20$,

$a = 3$일 때 $3 + 1 + 7 + 9 = 20$,

$\qquad \vdots$

$a = 7$일 때 $7 + 9 + 3 + 1 = 20$,

$a = 8$일 때 $8 + 6 + 2 + 4 = 20$,

$a = 9$일 때 $9 + 3 + 1 + 7 = 20$이다.

즉, a의 값에 관계없이 a, $7a$, $9a$, $3a$의 일의 자리 수의 합은 20이고

$15 = 4 \times 4 - 1$이므로

$\displaystyle\sum_{n=1}^{15} b_n$의 값은 20×4에서 $3a$의 일의 자리 수를 뺀 값과 같다.

따라서 $a = 3$일 때 $m = 20 \times 4 - 9 = 71$,

$a = 7$일 때 $M = 20 \times 4 - 1 = 79$이다.

$$\therefore\ m + M = 71 + 79 = 150$$

답 150

200

조건 (가)에 의하여

$n \times 2^{n + a_n} = 2^n$이므로

$\log_2 n + n + a_n = n$,

$a_n = -\log_2 n$이다. $\qquad\qquad \cdots\cdots$ ㉠

조건 (나)에 의하여

$f(a_n)$, $f(0)$, $f(b_n)$이 이 순서대로 등비수열을 이루므로

n은 $n \times 2^{a_n}$과 $n \times 2^{b_n}$의 등비중항이다.

즉, $n^2 = (n \times 2^{a_n}) \times (n \times 2^{b_n})$에서

$n^2 = n^2 \times 2^{a_n + b_n}$,

$1 = 2^{a_n + b_n}$,

$a_n + b_n = 0$이다. $\qquad\qquad \cdots\cdots$ ㉡

따라서 ㉠, ㉡에 의하여 $b_n = \log_2 n$이다.

즉, $\mathrm{A}_n(-\log_2 n,\ 1)$, $\mathrm{B}_n(\log_2 n,\ n^2)$이므로

x좌표가 0인 점 C_n은 선분 $\mathrm{A}_n \mathrm{B}_n$의 중점이다.

따라서 점 C_n의 y좌표는 $c_n = \dfrac{n^2 + 1}{2}$이다.

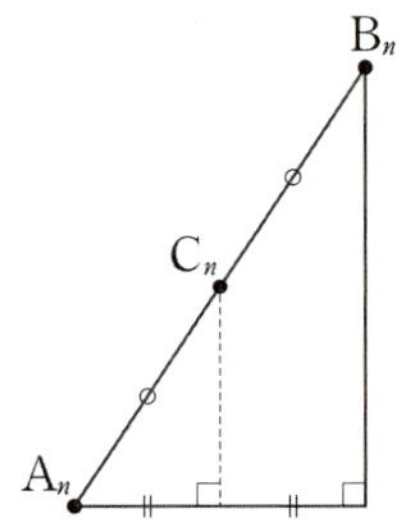

$$\therefore\ \sum_{n=2}^{10} c_n = \dfrac{1}{2} \sum_{n=2}^{10} (n^2 + 1)$$
$$= \dfrac{1}{2} \sum_{n=1}^{10} (n^2 + 1) - 1$$
$$= \dfrac{1}{2}\left(\dfrac{10 \times 11 \times 21}{6} + 10\right) - 1$$
$$= \dfrac{393}{2}$$

답 ②

201

등차수열 $\{a_n\}$의 공차를 d라 할 때,

$S_{10} + 5a_1 = 5(S_8 - S_4)$에서

$$S_8 - S_4 = a_5 + a_6 + a_7 + a_8$$
$$= (a_1 + 4d) + (a_1 + 5d) + (a_1 + 6d) + (a_1 + 7d)$$
$$= 4a_1 + 22d$$

이므로

$$\dfrac{10(2a_1 + 9d)}{2} + 5a_1 = 5(4a_1 + 22d),$$

$10a_1 + 45d + 5a_1 = 20a_1 + 110d$,

$5a_1 = -65d \qquad \therefore\ a_1 = -13d$

$$\therefore\ \dfrac{a_7}{a_2} = \dfrac{a_1 + 6d}{a_1 + d} = \dfrac{-13d + 6d}{-13d + d} = \dfrac{7}{12}$$

답 ①

202

2 이상의 자연수 n에 대하여

$S_{n+1} - 2a_n = S_n - a_{n-1}$에서

$S_{n+1} - S_n - a_n = a_n - a_{n-1}$,

$a_{n+1} - a_n = a_n - a_{n-1}$이므로

수열 $\{a_n\}$은 등차수열이다.

이때 공차를 d라 하면 $S_6 - S_5 = a_4 + 7$에서

$a_6 = a_4 + 7$, $2d = 7$, $d = \dfrac{7}{2}$이다.

$\therefore a_{11} - a_1 = 10d = 35$

답 35

> **참고**
>
> 수열 $\{a_n\}$이 등차수열임을 나타내는 이웃하는 항 사이의 관계식은
> 다음과 같이 다양하다.
> ❶ $a_{n+1} = a_n + d\,(n \geq 1)$ (단, d는 상수)
> ❷ $a_{n+2} - a_{n+1} = a_{n+1} - a_n\,(n \geq 1)$
> ❸ $a_{n+1} = \dfrac{a_n + a_{n+2}}{2}\,(n \geq 1)$
>
> 이 문제에서 주어진 관계식을 정리하면
> $a_{n+1} - a_n = a_n - a_{n-1}\,(n \geq 2)$이므로(❷와 같음) 수열 $\{a_n\}$이
> 등차수열임을 알 수 있다.
> 이처럼 등차수열 또는 등비수열임을 간접적으로 나타내는 다양한 꼴의
> 관계식이 제시될 수 있으므로 적절히 변형하여 ❶ 또는 ❷ 또는 ❸과
> 같이 잘 알고 있는 관계식으로 바꾸는 연습을 충분히 하도록 하자.

203

첫째항이 1이고 공차가 2인 등차수열 $\{a_n\}$의 일반항은

$a_n = 1 + (n-1) \times 2 = 2n - 1$

$\therefore \displaystyle\sum_{k=1}^{40} \frac{1}{\sqrt{a_{k+1}} + \sqrt{a_k}}$

$= \displaystyle\sum_{k=1}^{40} \frac{\sqrt{a_{k+1}} - \sqrt{a_k}}{(\sqrt{a_{k+1}} + \sqrt{a_k})(\sqrt{a_{k+1}} - \sqrt{a_k})}$

$= \displaystyle\sum_{k=1}^{40} \frac{\sqrt{a_{k+1}} - \sqrt{a_k}}{a_{k+1} - a_k}$

$= \dfrac{1}{2} \displaystyle\sum_{k=1}^{40} \left(\sqrt{a_{k+1}} - \sqrt{a_k} \right)\, (\because a_{k+1} - a_k = 2)$

$= \dfrac{1}{2} \left\{ \left(\sqrt{a_2} - \sqrt{a_1} \right) + \left(\sqrt{a_3} - \sqrt{a_2} \right) + \cdots \right.$

$\left. + \left(\sqrt{a_{41}} - \sqrt{a_{40}} \right) \right\}$

$= \dfrac{1}{2} \left(\sqrt{a_{41}} - \sqrt{a_1} \right) = \dfrac{1}{2} \left(\sqrt{81} - \sqrt{1} \right)$

$= \dfrac{1}{2} \times (9 - 1) = 4$

답 ③

204

$\displaystyle\sum_{k=1}^{10} a_k = 20$이고

$\displaystyle\sum_{k=1}^{6} (a_k + a_{k+4})$

$= (a_1 + a_5) + (a_2 + a_6) + \cdots + (a_6 + a_{10})$

$= (a_1 + a_2 + \cdots + a_{10}) + a_5 + a_6$

$= \displaystyle\sum_{k=1}^{10} a_k + a_5 + a_6 = 72$

이다.

$\therefore a_5 + a_6 = \displaystyle\sum_{k=1}^{6} (a_k + a_{k+4}) - \sum_{k=1}^{10} a_k$

$\qquad\qquad = 72 - 20 = 52$

답 ③

205

등비수열 $\{a_n\}$의 첫째항을 $a\,(a > 0)$, 공비를

$r\,(r > 0)$라 하자.

$r = 1$이면 조건 (가)에 의하여

$\dfrac{S_{12}}{S_6} = \dfrac{12a}{6a} = 2 \neq 730$이므로

$r \neq 1$이다.

이때

$S_3 = \dfrac{a(r^3 - 1)}{r - 1}$,

$S_6 = \dfrac{a(r^6 - 1)}{r - 1} = \dfrac{a(r^3 - 1)(r^3 + 1)}{r - 1} = (r^3 + 1)S_3$,

$S_{12} = \dfrac{a(r^{12} - 1)}{r - 1} = \dfrac{a(r^6 - 1)(r^6 + 1)}{r - 1} = (r^6 + 1)S_6$

이고, 조건 (가)에 의하여 $S_{12} = 730S_6$이므로

$r^6 + 1 = 730$, $r^6 = 729$이다.

$\therefore r = 3 \,(\because r > 0)$

조건 (나)에 의하여 $20S_6 = kS_3$이므로

$20(r^3 + 1)S_3 = kS_3$이다.

$$\therefore \ k = 20(r^3 + 1)$$
$$= 20 \times 28 = 560$$

답 560

206

$a_n a_{n+1} = S_n$에서 $a_{n+1} = \dfrac{S_n}{a_n}$이므로

$$a_2 = \frac{S_1}{a_1} = \frac{a_1}{a_1} = 1,$$

$$a_3 = \frac{S_2}{a_2} = \frac{a_1 + a_2}{a_2} = \frac{4}{1} = 4,$$

$$a_4 = \frac{S_3}{a_3} = \frac{a_1 + a_2 + a_3}{a_3} = \frac{8}{4} = 2,$$

$$a_5 = \frac{S_4}{a_4} = \frac{a_1 + a_2 + a_3 + a_4}{a_4} = \frac{10}{2} = 5 \text{이다.}$$

$$\therefore \ S_5 = a_1 + a_2 + a_3 + a_4 + a_5$$
$$= 3 + 1 + 4 + 2 + 5 = 15$$

다른풀이

$n > 2$일 때

$$a_n a_{n+1} = S_n \qquad \cdots\cdots \text{㉠}$$
$$a_{n-1} a_n = S_{n-1} \qquad \cdots\cdots \text{㉡}$$

㉠$-$㉡에서

$$a_n(a_{n+1} - a_{n-1}) = a_n,$$
$$a_{n+1} - a_{n-1} = 1 \ (\because a_n \neq 0) \text{이다.}$$

$a_1 = 3$이고

$$a_2 = \frac{S_1}{a_1} = \frac{a_1}{a_1} = 1 \text{이므로}$$

$$a_3 = 3 + 1 = 4,$$
$$a_4 = 1 + 1 = 2,$$
$$a_5 = 4 + 1 = 5 \text{이다.}$$

$$\therefore \ S_5 = a_1 + a_2 + a_3 + a_4 + a_5$$
$$= 3 + 1 + 4 + 2 + 5 = 15$$

답 ⑤

207

$a_1 = 1$인 수열 $\{a_n\}$에 대하여

$(n+1)a_{n+1} = -S_n + 5$에 $n = 1$을 대입하면

$$2a_2 = -a_1 + 5,$$
$$2a_2 = 4,$$
$$a_2 = 2 \text{이다.}$$

(i) $n = 2$일 때

(좌변)$= a_2 = 2$이고 (우변)$= 2$이므로

($*$)이 성립한다.

(ii) $n = m \ (m \geq 2)$일 때 ($*$)이 성립한다고 가정하면

$$a_m = \frac{4}{(m-1)m} \text{이므로}$$

$$(m+1)a_{m+1} = -S_m + 5$$
$$= -a_m - S_{m-1} + 5$$
$$= -a_m + ma_m$$
$$= (\boxed{m-1}) \times a_m$$
$$= \boxed{\dfrac{4}{m}}$$

이다. 따라서 양변을 $m+1$로 나누면

$$a_{m+1} = \frac{4}{m(m+1)}$$

이므로 $n = m + 1$일 때도 ($*$)이 성립한다.

(i), (ii)에 의하여 2 이상의 모든 자연수 n에 대하여

$$a_n = \frac{4}{(n-1)n} \text{이다.}$$

(가): $f(m) = m - 1$

(나): $g(m) = \dfrac{4}{m}$

$$\therefore \ f(10) + g(10) = 9 + \frac{2}{5}$$
$$= \frac{47}{5}$$

답 ②

208

$a_2 a_4 = 4$에서 $(a_3)^2 = 4$

$$\therefore \ a_3 = -2 \text{ 또는 } a_3 = 2$$

등비수열 $\{a_n\}$의 공비를 $r \ (r > 0)$라 하자.

(i) $a_3 = -2$일 때

$$a_2 = -\frac{2}{r}, \ a_4 = -2r$$이므로

$$\sum_{k=2}^{4}(|a_k| \times a_k) = -\frac{4}{r^2} - 4 - 4r^2 < 0$$

즉, 조건을 만족시키지 않는다.

(ii) $a_3 = 2$일 때

$$a_2 = \frac{2}{r}, \ a_4 = 2r$$이므로

$$\sum_{k=2}^{4}(|a_k| \times a_k) = \frac{4}{r^2} + 4 + 4r^2 = 21$$에서

$$4r^4 - 17r^2 + 4 = 0,$$
$$(4r^2 - 1)(r^2 - 4) = 0$$
$$(2r+1)(2r-1)(r+2)(r-2) = 0$$

이때 r는 자연수이므로 $r = 2$

(i), (ii)에서 $a_3 = 2$, $r = 2$이므로

$$a_5 = 2 \times 2^2 = 8$$

답 8

209

조건 (가)를 만족시키는 어떤 자연수 k에 대하여

(i) $a_k \geq 0$인 경우

$d > 0$이므로 $a_{2k} > 0$이다.

$||a_{3k} - |a_k|| = |a_{3k} - a_k| = |2kd| = 2kd$이고
$|a_{2k}| = a_{2k} = a_1 + (2k-1)d$이므로
$2kd = a_1 + (2k-1)d$에서 $d = a_1$이다.

이때 조건 (나)에 의하여 $a_1 = 20$이므로

구하는 자연수 d의 값은 20이다.

(ii) $a_k < 0$인 경우

$d > 0$이므로 조건 (나)에 의하여 $a_1 = -30$이다.

세 수 a_k, a_{2k}, a_{3k}는 이 순서대로 등차수열을 이루므로

$||a_{3k} - |a_k|| = |a_{3k} + a_k| = |2a_{2k}|$,

즉 $|2a_{2k}| = |a_{2k}|$에서 $a_{2k} = 0$이다.

이때 $(2k-1)d = 30$을 만족시키는 두 자연수

k, d의 순서쌍 (k, d)는

$(1, 30)$, $(2, 10)$, $(3, 6)$, $(8, 2)$이다.

따라서 구하는 값은 $20 + 30 + 10 + 6 + 2 = 68$이다.

답 ②

210

a_1이 자연수이고 모든 자연수 n에 대하여

$$a_{n+1} = \begin{cases} \dfrac{a_n + 1}{2} & (a_n \text{이 홀수인 경우}) \\ a_n + 1 & (a_n \text{이 짝수인 경우}) \end{cases}$$

이므로 모든 자연수 n에 대하여 a_n은 자연수이다.

이때 $a_3 + a_5 = 6$이므로 a_3과 a_5는

모두 짝수이거나 모두 홀수이어야 한다.

(i) a_3과 a_5가 모두 짝수인 경우

$a_4 = a_3 + 1$이고 홀수이므로

$$a_5 = \frac{a_4 + 1}{2} = \frac{1}{2}a_3 + 1$$이다.

$$a_3 + a_5 = a_3 + \left(\frac{1}{2}a_3 + 1\right) = \frac{3}{2}a_3 + 1$$이므로

$$\frac{3}{2}a_3 + 1 = 6$$에서 $a_3 = \frac{10}{3}$

그런데 이는 자연수(짝수)가 아니다.

(ii) a_3과 a_5가 모두 홀수인 경우

$$a_4 = \frac{a_3 + 1}{2}$$이고

❶ a_4가 짝수이면 $a_5 = a_4 + 1 = \dfrac{1}{2}a_3 + \dfrac{3}{2}$이다.

$$a_3 + a_5 = a_3 + \left(\frac{1}{2}a_3 + \frac{3}{2}\right) = \frac{3}{2}a_3 + \frac{3}{2}$$이므로

$$\frac{3}{2}a_3 + \frac{3}{2} = 6$$에서 $a_3 = 3$

❷ a_4가 홀수이면 $a_5 = \dfrac{a_4 + 1}{2} = \dfrac{1}{4}a_3 + \dfrac{3}{4}$이다.

$$a_3 + a_5 = a_3 + \left(\frac{1}{4}a_3 + \frac{3}{4}\right) = \frac{5}{4}a_3 + \frac{3}{4}$$이므로

$$\frac{5}{4}a_3 + \frac{3}{4} = 6$$에서 $a_3 = \frac{21}{5}$

그런데 이는 자연수(홀수)가 아니다.

(i), (ii)에서 $a_3 = 3$이고,

가능한 a_2, a_1의 값은 다음과 같다.

a_3	a_2	a_1
3	2	3
	5	4
		9

따라서 $a_3 + a_5 = 6$이 되도록 하는 모든 a_1의 값의 합은

$3 + 4 + 9 = 16$

답 ③

211

$\displaystyle\sum_{k=1}^{5} a_{k+1} = \sum_{k=1}^{6}(a_k + 2)$에서

$\displaystyle\sum_{k=1}^{6} a_k - a_1 = \sum_{k=1}^{6} a_k + 2 \times 6$이다.

$\therefore \ a_1 = -12$

답 ①

212

S_n의 값이 최소가 되도록 하는 자연수 n이 12, 13이므로

$a_{13} = a_1 + 12 \times 3 = 0$이어야 한다.

$\therefore \ a_1 = -36$

따라서 수열 $\{a_n\}$의 일반항은 $a_n = 3n - 39$이므로

$S_{30} = \dfrac{30(a_1 + a_{30})}{2}$

$\quad\ = \dfrac{30(-36 + 51)}{2}$

$\quad\ = 225$

답 225

213

$\dfrac{S_8 - S_5}{S_5 - S_2} = \dfrac{a_6 + a_7 + a_8}{a_3 + a_4 + a_5}$

$\qquad\qquad = \dfrac{a_3 \times r^3 + a_4 \times r^3 + a_5 \times r^3}{a_3 + a_4 + a_5}$

$\qquad\qquad = r^3$

이므로

$r^3 = r^2 + 18,$

$r^3 - r^2 - 18 = 0,$

$(r-3)(r^2 + 2r + 6) = 0$이다.

$\therefore \ r = 3$

답 ③

214

직선 $y = a_n$과 곡선 $y = \sqrt{x-1}$의 교점의 x좌표가

b_n이므로

$a_n = \sqrt{b_n - 1}$에서

$b_n = (a_n)^2 + 1$이다.

이때 수열 $\{a_n\}$의 공차가 $\dfrac{1}{2}$이라 주어졌으므로

$b_6 - b_2 = \{(a_6)^2 + 1\} - \{(a_2)^2 + 1\}$

$\qquad\quad = (a_6)^2 - (a_2)^2$

$\qquad\quad = (a_6 - a_2)(a_6 + a_2)$

$\qquad\quad = \left(4 \times \dfrac{1}{2}\right)\left\{\left(a_5 + \dfrac{1}{2}\right) + \left(a_5 - 3 \times \dfrac{1}{2}\right)\right\}$

$\qquad\quad = 2(2a_5 - 1) = 8$

$\therefore \ a_5 = \dfrac{5}{2}$

답 ①

215

$n = 1$을 대입하면

$a_2 = (a_1 - 1) \times (-2)^1 = -2a_1 + 2$

$n = 2$를 대입하면

$a_3 = (a_2 - 1) \times (-2)^2 = 4a_2 - 4$

$\quad\ = 4(-2a_1 + 2) - 4$

$\quad\ = -8a_1 + 4$

$n = 3$을 대입하면

$a_4 = (a_3 - 1) \times (-2)^3 = -8a_3 + 8$

$\quad\ = -8(-8a_1 + 4) + 8$

$\quad\ = 64a_1 - 24$

$n = 4$를 대입하면

$a_5 = 3a_4 + 2 = 3(64a_1 - 24) + 2$

$\quad\ = 192a_1 - 70$

$n = 5$를 대입하면

$a_6 = (a_5 - 1) \times (-2)^5 = -32a_5 + 32$

$\quad\ = -32(192a_1 - 70) + 32$

$\quad\ = -6144a_1 + 2272$

이때 $a_4 - a_6 = 0$이므로 $a_4 = a_6$이다.

즉, $64a_1 - 24 = -6144a_1 + 2272$이므로

$6208a_1 = 2296$

$\therefore \ 776a_1 = 287$

답 287

216

$b_n = \dfrac{a_n}{n}$이라 하고 수열 $\{b_n\}$의 첫째항부터 제n항까지의

합을 S_n이라 하면 $n \geq 2$일 때

$b_n = S_n - S_{n-1}$

$\quad = n^2 + 3n - \{(n-1)^2 + 3(n-1)\}$

$\quad = 2n + 2$

이때 $b_1 = S_1 = 4$이므로

$b_n = 2n + 2$ (단, $n \geq 1$)

즉, $\dfrac{a_n}{n} = 2n + 2$이므로

$a_n = 2n(n+1)$

$\therefore \displaystyle\sum_{n=1}^{10} \dfrac{2}{a_n} = \sum_{n=1}^{10} \dfrac{1}{n(n+1)}$

$\qquad\qquad = \displaystyle\sum_{n=1}^{10} \left(\dfrac{1}{n} - \dfrac{1}{n+1} \right)$

$\qquad\qquad = \left(1 - \dfrac{1}{2} \right) + \left(\dfrac{1}{2} - \dfrac{1}{3} \right) + \cdots + \left(\dfrac{1}{10} - \dfrac{1}{11} \right)$

$\qquad\qquad = 1 - \dfrac{1}{11} = \dfrac{10}{11}$

답 ⑤

217

첫째항이 3인 등비수열 $\{a_n\}$의 공비를 r (r는 정수)라 하면

$30 < S_3 - S_1 \leq 39$이므로

$30 < a_2 + a_3 \leq 39,\ 30 < 3r + 3r^2 \leq 39$

$\therefore\ 10 < r(r+1) \leq 13$

이때 $r(r+1)$은 연속한 두 정수의 곱이므로 11, 13이 될

수 없다.

따라서 $r(r+1) = 12$이므로

$r^2 + r - 12 = 0,\ (r+4)(r-3) = 0$

$\therefore\ r = -4$ 또는 $r = 3$

(i) $r = -4$일 때

$\quad S_m = \dfrac{3\{(-4)^m - 1\}}{-4 - 1} = 120$에서

$\quad (-4)^m - 1 = -200,\ (-4)^m = -199$

그런데 이를 만족시키는 자연수 m은 존재하지 않는다.

(ii) $r = 3$일 때

$\quad S_m = \dfrac{3(3^m - 1)}{3 - 1} = 120$에서

$\quad 3^m - 1 = 80,\ 3^m = 81 \qquad \therefore\ m = 4$

(i), (ii)에서 $r = 3$, $m = 4$이므로

$a_m = a_4 = a_1 r^3 = 3^4 = 81$

답 81

218

(i) $n = 1$일 때

$\quad$ (좌변)$=$(우변)$= \boxed{-12}$

이므로 주어진 등식은 성립한다.

(ii) $n = m$일 때 주어진 등식이 성립한다고 가정하면

$$\sum_{k=1}^{2m} \{(-1)^{k+1} \times 2^k \times 2k\} = \dfrac{4 - (6m+1)4^{m+1}}{9}$$

이다. $n = m + 1$일 때 성립함을 보이면

$$\sum_{k=1}^{2m+2} \{(-1)^{k+1} \times 2^k \times 2k\}$$

$$= \sum_{k=1}^{2m} \{(-1)^{k+1} \times 2^k \times 2k\}$$

$$\qquad + 2^{2m+1} \times 2(2m+1) - 2^{2m+2} \times 2(2m+2)$$

$$= \sum_{k=1}^{2m} \{(-1)^{k+1} \times 2^k \times 2k\}$$

$$\qquad\qquad + (2m+1 - 4m - 4)2^{2m+2}$$

$$= \sum_{k=1}^{2m} \{(-1)^{k+1} \times 2^k \times 2k\} - \boxed{(2m+3)4^{m+1}}$$

$$= \dfrac{4 - (6m+1)4^{m+1}}{9} - \dfrac{9(2m+3)4^{m+1}}{9}$$

$$= \dfrac{1}{9}\{4 - (\boxed{24m+28})4^{m+1}\}$$

$$= \dfrac{4 - (6m+7)4^{m+2}}{9}$$

이다. 따라서 $n = m + 1$일 때도 성립한다.

따라서 모든 자연수 n에 대하여 주어진 등식은 성립한다.

(가) : $p = -12$, (나) : $f(m) = (2m+3)4^{m+1}$,

(다) : $g(m) = 24m + 28$

$\therefore\ f(1) + g(2) + p = 80 + 76 + (-12)$

$\qquad\qquad\qquad = 144$

답 ③

219

$a_1 \geq 1$이므로 $a_2 = a_1 - 1 \geq 0$이고

$a_3 = a_2 - 1 = a_1 - 2 \geq -1$이다.

그런데 $a_3 = a_1 - 2 \geq 0$이면

$a_4 = a_3 - 1 = a_1 - 3 \neq a_1$이다.

따라서 $-1 \leq a_3 < 0$이므로

$a_4 = -3a_3 = -3a_1 + 6$이고,

$-3a_1 + 6 = a_1$에서 $4a_1 = 6$이다.

$$\therefore \ a_1 = \frac{3}{2}$$

즉, $a_2 = a_1 - 1 = \dfrac{1}{2}$, $a_3 = a_2 - 1 = -\dfrac{1}{2}$이고,

$a_4 = a_1$이므로 수열 $\{a_n\}$은 3개의 항 $\dfrac{3}{2}$, $\dfrac{1}{2}$, $-\dfrac{1}{2}$이

반복된다.

이때 20을 3으로 나눈 나머지는 2이므로

$$a_{20} = a_2 = \frac{1}{2}$$이다.

답 ③

220

등차수열 $\{a_n\}$의 공차를 d라 하자.

조건 (가)에서

$a_3 + a_8 = (a_1 + 2d) + (a_1 + 7d) = 2a_1 + 9d = 2$

$\therefore \ 2a_1 = 2 - 9d$ ……㉠

한편 $a_1 > 10$이므로

$2a_1 = 2 - 9d > 20$ $\quad \therefore \ d < -2$ ……㉡

또한 조건 (나)에서

$$S_5 = \frac{5(2a_1 + 4d)}{2}$$

$$= \frac{5\{(2 - 9d) + 4d\}}{2} \ (\because ㉠)$$

$$= \frac{5(2 - 5d)}{2} < 60$$

이므로 $d > -\dfrac{22}{5}$ ……㉢

㉡, ㉢에서 $-\dfrac{22}{5} < d < -2$

이때 d는 정수이므로 $d = -4$ 또는 $d = -3$

(i) $d = -3$일 때 ㉠에서 $a_1 = \dfrac{29}{2}$

　　그런데 모든 항이 정수라는 조건에 모순이다.

(ii) $d = -4$일 때 ㉠에서 $a_1 = 19$

(i), (ii)에서

$a_n = 19 + (n-1) \times (-4) = -4n + 23$

$$\therefore \ S_{20} = \frac{20 \times \{2 \times 19 + (20 - 1) \times (-4)\}}{2} = -380$$

답 ②

221

등차수열 $\{a_n\}$의 공차를 d라 하면

$S_{10} - S_6 = S_5 - S_1 + 10$에서

$a_{10} + a_9 + a_8 + a_7 = a_5 + a_4 + a_3 + a_2 + 10$,

$a_5 + a_4 + a_3 + a_2 + 20d = a_5 + a_4 + a_3 + a_2 + 10$,

$20d = 10$,

$d = \dfrac{1}{2}$이다.

$$\therefore \ a_5 = a_1 + 4d = 1 + 4 \times \frac{1}{2} = 3$$

답 3

222

등차수열 $\{a_n\}$의 공차를 d라 하면

$a_2 = a_4 + 10$, 즉 $a_4 - a_2 = -10$에서

$2d = -10$, $d = -5$이다.

$a_4 + a_6 = 10$, 즉 $(a_1 + 3d) + (a_1 + 5d) = 10$에서

$2a_1 + 8d = 10$,

$2a_1 - 40 = 10$,

$a_1 = 25$이다.

따라서 수열 $\{a_n\}$의 일반항은

$a_n = 25 + (n-1)(-5) = 30 - 5n$이다.

$a_1 + a_k = 0$, 즉 $a_k = -25$를 만족시키는 자연수 k의 값은

$30 - 5k = -25$에서 $k = 11$이다.

답 ③

223

$$a_{n+1}=\begin{cases} a_n-2 & (a_n \geq 0) \\ a_n+6 & (a_n < 0) \end{cases} \qquad \cdots\cdots\ \text{㉠}$$

$a_1=3$이고 ㉠에 $n=1,\,2,\,3,\,\cdots$ 을 차례대로 대입하면

$a_2=a_1-2=1,\ a_3=a_2-2=-1,\ a_4=a_3+6=5,$

$a_5=a_4-2=3=a_1,\ a_6=a_5-2=1=a_2,\ \cdots$

따라서 수열 $\{a_n\}$은 $3,\,1,\,-1,\,5$가 이 순서대로 반복되어 나타나므로

$$\sum_{k=1}^{50} a_k = 12(a_1+a_2+a_3+a_4)+a_{49}+a_{50}$$

$$= 12\times\{3+1+(-1)+5\}+a_1+a_2$$

$$= 12\times 8+3+1=100$$

답 ③

224

(i) $n=1$일 때

(좌변)$=$(우변)$=\boxed{\dfrac{1}{2}}$ 이므로 ($*$)이 성립한다.

(ii) $n=m$일 때

$$\sum_{k=1}^{m} \frac{k}{(k+1)!}=1-\frac{1}{(m+1)!}$$ 이 성립한다고 가정하면

$$\sum_{k=1}^{m+1} \frac{k}{(k+1)!}=\sum_{k=1}^{m}\frac{k}{(k+1)!}+\frac{m+1}{(m+2)!}$$

$$=1-\frac{1}{(m+1)!}+\boxed{\frac{m+1}{(m+2)!}}$$

$$=1-\frac{m+2}{(m+2)!}+\frac{m+1}{(m+2)!}$$

$$=1-\boxed{\frac{1}{(m+2)!}}$$

이므로 $n=m+1$일 때도 ($*$)이 성립한다.

(i), (ii)에 의하여 모든 자연수 n에 대하여 ($*$)이 성립한다.

(가)$:\alpha=\dfrac{1}{2}$, (나)$:f(m)=\dfrac{m+1}{(m+2)!}$,

(다)$:g(m)=\dfrac{1}{(m+2)!}$

$$\therefore\ \frac{\alpha\times f(3)}{g(4)}=\frac{\dfrac{1}{2}\times\dfrac{4}{5!}}{\dfrac{1}{6!}}=12$$

답 ①

225

$$\sum_{k=1}^{10} a_k=(a_1+a_2)+(a_3+a_4)+\cdots+(a_9+a_{10})$$

$$=\sum_{k=1}^{5}(a_{2k-1}+a_{2k})=\sum_{k=1}^{5}(1+3b_k)$$

$$=5+3\sum_{k=1}^{5}b_k=50$$

이므로

$$3\sum_{k=1}^{5}b_k=45\text{이다.}$$

$$\therefore\ \sum_{k=1}^{5}b_k=15$$

답 ③

226

등비수열 $\{a_n\}$의 첫째항을 $a\,(a>0)$, 공비를 $r\,(r\neq 1)$라 하면

조건 (가)에 의하여 $a+ar=\dfrac{5}{36}$ 이므로

$$a(1+r)=\frac{5}{36}\text{이다.} \qquad \cdots\cdots\ \text{㉠}$$

이때

$$\sum_{k=1}^{30} a_k=\frac{a(r^{30}-1)}{r-1},$$

$$\sum_{k=1}^{15} (a_k)^2=\frac{a^2\{(r^2)^{15}-1\}}{r^2-1}=\frac{a^2(r^{30}-1)}{(r+1)(r-1)}$$

이므로 조건 (나)에 의하여 $\dfrac{r+1}{a}=5$이다.

$$\therefore\ r+1=5a \qquad \cdots\cdots\ \text{㉡}$$

㉠, ㉡을 연립하여 풀면

$$a=\frac{1}{6},\ r=-\frac{1}{6}\text{이다.}$$

따라서

$$\sum_{k=1}^{45} a_k=\frac{a(r^{45}-1)}{r-1},$$

$$\sum_{k=1}^{15} (a_k)^3=\frac{a^3\{(r^3)^{15}-1\}}{r^3-1}=\frac{a^3(r^{45}-1)}{(r-1)(r^2+r+1)}$$

이므로

$$n=\frac{r^2+r+1}{a^2}=\frac{\left(-\dfrac{1}{6}\right)^2-\dfrac{1}{6}+1}{\left(\dfrac{1}{6}\right)^2}=31$$

답 31

227

$a_n = S_n - S_{n-1} \ (n \geq 2)$이고

$S_n = n^2 a_n$, $S_{n-1} = (n-1)^2 a_{n-1}$이므로

$a_n = n^2 a_n - (n-1)^2 a_{n-1}$에서

$(n^2 - 1)a_n = (n-1)^2 a_{n-1}$

$\therefore \ a_n = \dfrac{n-1}{n+1} a_{n-1}$ (단, $n \geq 2$)

$a_2 = \dfrac{1}{3} a_1$,

$a_3 = \dfrac{1}{2} a_2 = \dfrac{1}{2} \times \dfrac{1}{3} a_1 = \dfrac{1}{6} a_1$,

$a_4 = \dfrac{3}{5} a_3 = \dfrac{3}{5} \times \dfrac{1}{6} a_1 = \dfrac{1}{10} a_1$이므로

$a_3 a_4 = \dfrac{1}{60} a_1{}^2 = \dfrac{1}{15}$에서

$a_1{}^2 = 4 \qquad \therefore \ a_1 = 2 \ (\because \ a_1 > 0)$

$\therefore \ a_5 = \dfrac{2}{3} a_4 = \dfrac{2}{3} \times \dfrac{1}{10} \times 2 = \dfrac{2}{15}$

답 ④

228

등차수열 $\{a_n\}$의 첫째항과 공차를 각각

a, d (a는 자연수, d는 음이 아닌 정수)라 하자.

$S_5 = 5a_3 = 50$에서 $a_3 = 10$

$\therefore \ a + 2d = 10 \qquad\qquad \cdots\cdots \ ㉠$

$$\sum_{k=1}^{4} S_k = \sum_{k=1}^{4} \dfrac{k\{2a + (k-1)d\}}{2}$$

$$= \sum_{k=1}^{4} \left(\dfrac{d}{2} k^2 + \dfrac{2a-d}{2} k \right)$$

$$= \dfrac{d}{2} \times \dfrac{4 \times 5 \times 9}{6} + \dfrac{2a-d}{2} \times \dfrac{4 \times 5}{2}$$

$$= 10(a + d)$$

이고 $\displaystyle\sum_{k=1}^{4} S_k$의 값이 30의 배수이므로

$a + d$는 3의 배수이다.

㉠에서 $d = 10 - (a+d)$이므로

$d = 1$ 또는 $d = 4$ 또는 $d = 7$이다.

(i) $d = 1$인 경우

㉠에서 $a = 8$이므로

$a_{10} = a + 9d = 17$

(ii) $d = 4$인 경우

㉠에서 $a = 2$이므로

$a_{10} = a + 9d = 38$

(iii) $d = 7$인 경우

㉠에서 $a = -4$이므로 자연수가 아니다.

(i)~(iii)에서 모든 a_{10}의 값의 합은

$17 + 38 = 55$

답 55

229

조건 (가), (나)에 의하여

세 수 a, b, c는 이 순서대로 공비가 2 이상의 자연수인

등비수열을 이룬다.

따라서 $b = ar$, $c = ar^2$이라 하면 $ar^2 \leq 100$이어야 한다.

또한 조건 (다)에 의하여

$a + b + c = a(1 + r + r^2)$이 홀수이려면

r의 값에 관계없이 $1 + r + r^2 = 1 + r(r+1)$은

홀수이므로 a가 홀수이면 된다.

따라서 구하는 순서쌍 (a, b, c)의 개수는

$ar^2 \leq 100$을 만족시키는 홀수 a와 2 이상의 자연수 r의

순서쌍 (a, r)의 개수와 같다.

$r = 2$일 때 $4a \leq 100$인 홀수 a의 값은 $1, 3, 5, \cdots,$

25로 13개이다.

$r = 3$일 때 $9a \leq 100$인 홀수 a의 값은 $1, 3, 5, \cdots,$

11로 6개이다.

$r = 4$일 때 $16a \leq 100$인 홀수 a의 값은 $1, 3, 5$로

3개이다.

$r = 5$일 때 $25a \leq 100$인 홀수 a의 값은 $1, 3$으로

2개이다.

$6 \leq r \leq 10$일 때 $ar^2 \leq 100$인 홀수 a의 값은 1로

1개이다.

따라서 순서쌍 (a, r)의 개수는

$13 + 6 + 3 + 2 + 1 \times 5 = 29$이다.

답 29

230

2 이상의 모든 자연수 n에 대하여

n이 짝수이면

$a_n = \dfrac{a_{n-1} + a_{n+1}}{2}$에서 $a_{n+1} = 2a_n - a_{n-1}$이고,

n이 홀수이면

$a_n = a_{n-1} + a_{n+1}$에서 $a_{n+1} = a_n - a_{n-1}$이다.

이때 $a_1 = 1$이고 $a_2 = a$라 하자.

$a_3 = 2a_2 - a_1 = 2a - 1$

$a_4 = a_3 - a_2 = (2a - 1) - a = a - 1$

$a_5 = 2a_4 - a_3 = 2(a - 1) - (2a - 1) = -1$

$a_6 = a_5 - a_4 = -1 - (a - 1) = -a$

$a_7 = 2a_6 - a_5 = 2(-a) - (-1) = -2a + 1$

$a_8 = a_7 - a_6 = (-2a + 1) - (-a) = -a + 1$

$a_8 = 5$라 주어졌으므로

$-a + 1 = 5$에서 $a = -4$이다.

$\therefore \ a_3 = -9$

답 ①

231

등차수열 $\{a_n\}$의 공차를 $d \ (d > 0)$라 하자.

$a_2 = 3$이므로 $a_5 a_6 = 99$에서

$(3 + 3d)(3 + 4d) = 99$,

$12d^2 + 21d + 9 = 99$,

$4d^2 + 7d - 30 = 0$,

$(d - 2)(4d + 15) = 0$,

$d = 2$이다. $(\because \ d > 0)$

$\therefore \ a_{10} = a_2 + 8d = 3 + 8 \times 2 = 19$

답 ⑤

232

a, b, c가 이 순서대로 등차수열을 이루므로

$a + c = 2b$이다. $\cdots\cdots$ ㉠

2^a, 3^b, 4^c이 이 순서대로 등비수열을 이루므로

$2^a \times 4^c = (3^b)^2$이다. $\cdots\cdots$ ㉡

㉠, ㉡에 의하여

$(3^b)^2 = 3^{2b} = 3^{a+c}$이고, $\cdots\cdots$ ㉢

㉡, ㉢에 의하여

$3^a \times 3^c = 2^a \times 4^c$이므로

$\dfrac{3^a}{2^a} = \dfrac{4^c}{3^c}$,

$\left(\dfrac{3}{2}\right)^a = \left(\dfrac{4}{3}\right)^c$이다.

$\therefore \ \left(\dfrac{4}{3}\right)^{\frac{c}{a}} = \dfrac{3}{2}$

답 ②

233

등차수열 $\{a_n\}$의 첫째항을 a, 공차를 $d \ (d \neq 0)$라 하자.

$|a_3 - 5| = |a_7 - 5|$이고 $a_3 \neq a_7$이므로

$a_3 - 5 = -a_7 + 5$에서 $a_3 + a_7 = 10$

$2a + 8d = 10$ $\therefore \ a + 4d = 5$ $\cdots\cdots$ ㉠

한편 $S_{10} = \dfrac{10(2a + 9d)}{2} = 60$이므로

$2a + 9d = 12$ $\cdots\cdots$ ㉡

㉠, ㉡을 연립하여 풀면 $a = -3$, $d = 2$

$\therefore \ a_{12} = -3 + 11 \times 2 = 19$

답 19

234

$S_5 - S_4 = \dfrac{1}{4a_7}$에서

$a_5 a_7 = \dfrac{1}{4}$, 즉 $(a_6)^2 = \dfrac{1}{4}$이므로 $\cdots\cdots$ ㉠

$a_6 = -\dfrac{1}{2}$ 또는 $a_6 = \dfrac{1}{2}$이다.

$S_{10} - S_9 = \dfrac{16}{a_8}$에서

$a_{10} a_8 = 16$, 즉 $(a_9)^2 = 16$이므로 $\cdots\cdots$ ㉡

$a_9 = -4$ 또는 $a_9 = 4$이다.

또한 ㉡÷㉠에서

$r^6 = 64$이므로 $r = -2$ 또는 $r = 2$이다.

이때 $a_3 < a_1 < a_2$를 만족시키려면

$a_1 < 0$, $r = -2$이어야 하므로

$a_6 = \dfrac{1}{2}$, $a_9 = -4$이다.

따라서 $a_1 = \dfrac{a_6}{r^5} = -\dfrac{1}{64}$, $a_2 = a_1 r = \dfrac{1}{32}$이다.

$\therefore \ a_2 - a_1 = \dfrac{3}{64}$

답 ①

235

등차수열 $\{a_n\}$의 공차를 c, 등차수열 $\{b_n\}$의 공차를 d라 하자.

$a_n = a_1 + (n-1)c$, $b_n = b_1 + (n-1)d$이므로

$3a_n + 2b_n = (3a_1 + 2b_1) + (n-1)(3c + 2d)$

이때 수열 $\{3a_n + 2b_n\}$은 첫째항이 6이고,

제6항이 16인 등차수열이므로

수열 $\{3a_n + 2b_n\}$의 공차는 2이다.

즉, $\displaystyle\sum_{k=1}^{20}(3a_k + 2b_k) = \dfrac{20(2 \times 6 + 19 \times 2)}{2} = 500$이고,

$\displaystyle\sum_{k=1}^{20}(3a_k + 2b_k) = 3\sum_{k=1}^{20}a_k + 2\sum_{k=1}^{20}b_k = 3S_{20} + 2T_{20}$

이므로

$3S_{20} + 2T_{20} = 500$이다.

이때 $S_{20} = 88$이므로

$3 \times 88 + 2T_{20} = 500$,

$2T_{20} = 236$이다.

$\therefore\ T_{20} = 118$

답 118

236

$a_{n+1} = \begin{cases} 2a_n & (a_n > 0) \\ 2^{a_n} & (a_n \leq 0) \end{cases}$

이므로 2 이상의 모든 자연수 n에 대하여 $a_n > 0$이다.

$a_4 > 0$에서 $a_5 = 2a_4$이므로 $a_4 = 2$ $(\because a_5 = 4)$

$a_3 > 0$에서 $a_4 = 2a_3$이므로 $a_3 = 1$

$a_2 > 0$에서 $a_3 = 2a_2$이므로 $a_2 = \dfrac{1}{2}$

(ⅰ) $a_1 > 0$일 때

$\qquad a_2 = 2a_1$이므로 $a_1 = \dfrac{1}{4}$

(ⅱ) $a_1 \leq 0$일 때

$\qquad a_2 = 2^{a_1}$이므로 $a_1 = -1$

(ⅰ), (ⅱ)에서 a_1의 값이 될 수 있는 모든 수의 합은

$\dfrac{1}{4} + (-1) = -\dfrac{3}{4}$

답 ①

237

$a_1 = 2$이므로 조건 (나)에서

$a_2 = 3 \times 1 = 3$,

$a_3 = 3 \times 2 = 6$,

$a_6 = 3 \times 3 = 9$,

$a_9 = 3 \times 6 = 18$,

$a_{18} = 3 \times 9 = 27$

수열 $\{a_n\}$의 모든 항이 자연수이고 조건 (가)에서

$a_{n+1} > a_n$이므로

$a_9 < a_{10} < a_{11} < \cdots < a_{18}$

이다.

$a_9 = 18$, $a_{18} = 27$이므로

$a_{10} = 19$, $a_{11} = 20$, $a_{12} = 21$, $\cdots$, $a_{17} = 26$이다.

$\therefore\ a_{13} = 22$

답 ③

238

방정식 $f(x) = \left|\dfrac{1}{n}x\right|$의 실근의 개수는

함수 $y = f(x)$의 그래프와 함수 $y = \left|\dfrac{1}{n}x\right|$의 그래프의

교점의 개수와 같다.

모든 실수 x에 대하여 $f(x+4) = f(x)$를 만족시키므로

함수 $f(x)$의 그래프의 주기는 4이다.

따라서 함수 $y = f(x)$의 그래프와

n의 값이 $1, 2, 3, \cdots$일 때의 함수 $y = \left|\dfrac{1}{n}x\right|$의 그래프는

다음 그림과 같다.

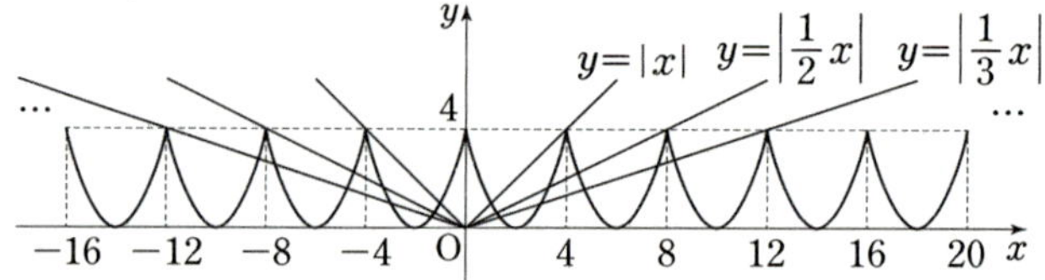

이때 두 함수의 그래프의 교점의 개수는

$a_1 = 4$, $a_2 = 8$, $a_3 = 12$, $\cdots$이므로

$a_n = 4n$ $(n \geq 1)$이다.

$\therefore\ \displaystyle\sum_{k=1}^{10}a_k = \sum_{k=1}^{10}4k = 4 \times \dfrac{10 \times 11}{2} = 220$

답 ④

239

$a_1 = 4$이고 $a_2 = t$라 하자.

조건 (나)에 의하여

$a_3 = a_1 - 2 = 4 - 2 = 2$,

$a_4 = a_2 - 2 = t - 2$이다.

따라서

$$a_1 + a_2 + a_3 + a_4 = 4 + t + 2 + (t - 2)$$
$$= 2t + 4$$

이다.

자연수 n에 대하여

$b_n = a_{4n-3} + a_{4n-2} + a_{4n-1} + a_{4n}$이라 하면

조건 (다)에 의하여 $b_{n+1} = b_n + 4$이다.

즉, 수열 $\{b_n\}$은 첫째항이 $2t + 4$이고 공차가 4인

등차수열이다.

또한 $29 = 1 + 4 \times 7$이므로

$a_{29} = a_1 + 1 \times 7 = 11$이고

$30 = 2 + 4 \times 7$이므로

$a_{30} = a_2 + 1 \times 7 = t + 7$이다.

$$\therefore \sum_{n=1}^{30} a_n = \sum_{n=1}^{7} b_n + a_{29} + a_{30}$$
$$= \frac{7\{2(2t+4) + 6 \times 4\}}{2} + 11 + (t + 7)$$
$$= 15t + 130 = 120$$

즉, $15t = -10$이므로 $t = -\dfrac{2}{3}$이다.

$$\therefore a_2 = -\frac{2}{3}$$

답 ②

240

점 A_1의 좌표를 (a, a)라 하고, $a_n = \overline{A_{n-1}A_n}$이라 하자.

점 A_{n+1}은 선분 $A_{n-1}A_n$을 $3 : 2$로 외분하는 점, 즉

$\overline{A_{n-1}A_{n+1}} : \overline{A_nA_{n+1}} = 3 : 2$이므로

$a_n : a_{n+1} = 1 : 2$이다.

따라서 수열 $\{a_n\}$은 첫째항이 $\sqrt{2}\,a$이고 공비가 2인

등비수열이다.

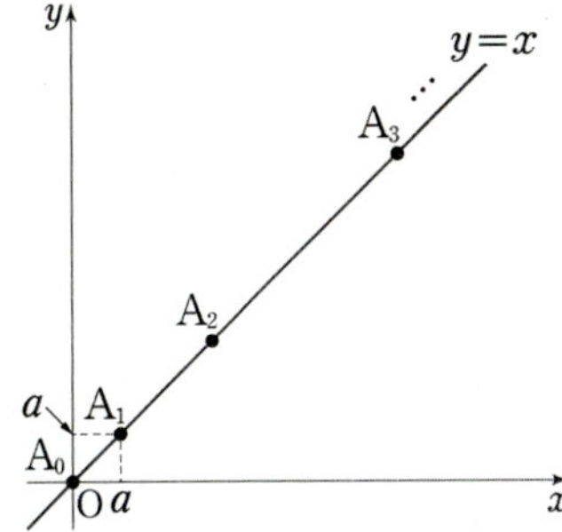

따라서

$$\overline{A_1A_9} = a_2 + a_3 + \cdots + a_9$$
$$= \frac{2\sqrt{2}\,a(2^8 - 1)}{2 - 1}$$
$$= 510\sqrt{2}\,a = 15\sqrt{2}$$

이므로 $a = \dfrac{1}{34}$이다.

즉, 점 A_1의 좌표는 $\left(\dfrac{1}{34}, \dfrac{1}{34}\right)$이므로 x좌표와 y좌표의

합은 $\dfrac{1}{34} + \dfrac{1}{34} = \dfrac{1}{17}$이다.

$$\therefore p + q = 17 + 1 = 18$$

답 18

Memo